**MBA大师**

综合能力

名校冲刺

9套卷

MBA大师教材编写组　编著

中国农业出版社
CHINA AGRICULTURE PRESS
·北京·

**图书在版编目（CIP）数据**

综合能力名校冲刺9套卷 / MBA大师教材编写组编著.
北京：中国农业出版社，2024.6. -- ISBN 978-7-109
-32042-0（2025.5重印）

Ⅰ.G643-44

中国国家版本馆CIP数据核字第20246DJ252号

综合能力名校冲刺 **9** 套卷
ZONGHE NENGLI MINGXIAO CHONGCI 9TAOJUAN

中国农业出版社出版
地址：北京市朝阳区麦子店街 18 号楼
邮编：100125
责任编辑：章颖 杜梦梦
责任校对：吴丽婷
印刷：天津市蓟县宏图印务有限公司
版次：2024 年 6 月第 1 版
印次：2025 年 5 月天津第 2 次印刷
发行：新华书店北京发行所
开本：787mm×1092mm　1/16
印张：21.5
字数：510 千字
定价：79.80 元

　　《综合能力名校冲刺9套卷》为MBA大师教材编写组严格按照"管理类联考综合能力考试大纲"的要求，对近些年考点及命题趋势进行深入剖析后精心打造的9套试卷。9套试卷包含3套基础卷、3套强化卷和3套满分冲刺卷。基础卷主要包含基础、常考的考点，试卷整体难度不高；强化卷中的题目难度比基础卷略高且包含一些进阶的考点，试卷整体难度与真题难度相当；满分冲刺试卷中的题目整体难度高且包含一些较为低频的考点。基础卷、强化卷适用于所有学员，满分冲刺卷主要适用于学习效率高且需要冲刺满分的同学。

　　《综合能力名校冲刺9套卷》配备详尽的文字解析，不仅包括常规解法，更总结出高效的解题方法及快速做题技巧。通过掌握高效解题方法及快速做题技巧，极大提升备考效率。

# 目录

管理类联考综合能力基础卷（一）答案及解析⋯⋯⋯⋯⋯⋯⋯⋯⋯⋯⋯⋯⋯⋯⋯⋯⋯⋯⋯⋯⋯⋯ 001

管理类联考综合能力基础卷（二）答案及解析⋯⋯⋯⋯⋯⋯⋯⋯⋯⋯⋯⋯⋯⋯⋯⋯⋯⋯⋯⋯⋯⋯ 020

管理类联考综合能力基础卷（三）答案及解析⋯⋯⋯⋯⋯⋯⋯⋯⋯⋯⋯⋯⋯⋯⋯⋯⋯⋯⋯⋯⋯⋯ 040

管理类联考综合能力强化卷（一）答案及解析⋯⋯⋯⋯⋯⋯⋯⋯⋯⋯⋯⋯⋯⋯⋯⋯⋯⋯⋯⋯⋯⋯ 061

管理类联考综合能力强化卷（二）答案及解析⋯⋯⋯⋯⋯⋯⋯⋯⋯⋯⋯⋯⋯⋯⋯⋯⋯⋯⋯⋯⋯⋯ 083

管理类联考综合能力强化卷（三）答案及解析⋯⋯⋯⋯⋯⋯⋯⋯⋯⋯⋯⋯⋯⋯⋯⋯⋯⋯⋯⋯⋯⋯ 104

管理类联考综合能力满分卷（一）答案及解析⋯⋯⋯⋯⋯⋯⋯⋯⋯⋯⋯⋯⋯⋯⋯⋯⋯⋯⋯⋯⋯⋯ 126

管理类联考综合能力满分卷（二）答案及解析⋯⋯⋯⋯⋯⋯⋯⋯⋯⋯⋯⋯⋯⋯⋯⋯⋯⋯⋯⋯⋯⋯ 149

管理类联考综合能力满分卷（三）答案及解析⋯⋯⋯⋯⋯⋯⋯⋯⋯⋯⋯⋯⋯⋯⋯⋯⋯⋯⋯⋯⋯⋯ 173

# 基础卷（一）答案及解析

## 一、问题求解

1. **答案▶ B**

   **解析▶**【破题标志词】全比例问题⟹特值法.设甲购入了股票 100 元，当天该股票上涨了 10%，股票价格为 $100 \times (1+10\%)=110$，随后几天中该股票累计下跌了 20%，股票价格为 $110 \times (1-20\%)=88$，然后该股票又上涨了 10%，股票价格为 $88 \times (1+10\%)=96.8$，则甲赔了 $\dfrac{100-96.8}{100}=3.2\%$.

2. **答案▶ C**

   **解析▶** 设小数为 $x$，则 $10x-\dfrac{x}{10}=\dfrac{99x}{10}=2.4$ 解得 $x=\dfrac{8}{33}$，分母比分子大 25.

3. **答案▶ C**

   **解析▶** 设购买甲商品的件数为 $m$，乙商品的件数为 $n$，其中 $m$，$n$ 均为自然数.根据题意知需要选取 $m$，$n$ 的值，使得 $16m+12n \leqslant 100$ 且 $16m+12n$ 尽可能接近 100，化简得 $4m+3n \leqslant 25$，由穷举法可知，当 $m=4$，$n=3$ 或 $m=1$，$n=7$ 时，有 $4m+3n=25$，可最大化利用购物券，根据选项可知选 C.

4. **答案▶ C**

   **解析▶**【破题标志词】正难则反⟹总体剔除/对立事件.
   一共取 3 张，至少 2 张价格相同，反面的情况就是 3 张价格全部都不相同.

   $P\{至少\ 2\ 张相同\}=1-P\{3\ 张各不相同\}=1-\dfrac{C_5^1 C_3^1 C_2^1}{C_{10}^3}=\dfrac{3}{4}$.

**5.** 答案▶ **C**

解析▶ $\angle ACB=90°$，$CD\perp AB$，$CE$为$AB$边上的高，即$E$为$AB$的中点，所以$AE=BE$，$AD=2$. 直角三角形斜边中线等于斜边一半可得$CE=AE=BE$. 因此$AE=CE=5$，$DE=AE-AD=5-2=3$. 由勾股定理得$CD=\sqrt{CE^2-DE^2}=\sqrt{5^2-3^2}=4$.

**6.** 答案▶ **E**

解析▶ 由【破题标志词】等差数列某几项和⇒下标和相等的两项之和相等. 可知 $a_1+a_9=a_2+a_8$ 由韦达定理知，$a_2+a_8=4$. 故 $S_9=\dfrac{9}{2}(a_1+a_9)=\dfrac{9}{2}(a_2+a_8)=\dfrac{9}{2}\times 4=18$.

**7.** 答案▶ **B**

解析▶ 第一步，先选 3 支代表队，有 $C_6^3$ 种；

第二步，选 1 支代表队，让这个队的 2 人都获奖，有 $C_3^1$ 种；

第三步，另外 2 支队每队选 1 人，有 $C_2^1 C_2^1$ 种.

由乘法原理可得，不同获奖情况种数共有 $C_6^3 C_3^1 C_2^1 C_2^1$ 种.

**8.** 答案▶ **C**

解析▶ 根据圆锥体积公式 $V=\dfrac{1}{3}\pi r^2 h$ 可知，过滤溪水体积为 $\dfrac{1}{3}\times\pi\times\left(\dfrac{20}{2}\right)^2\times 6=200\pi$ cm³.

根据圆柱体积公式 $V=\pi r^2 h$ 可得，圆柱型容器的水面高度达到 $h=\dfrac{V}{\pi r^2}=\dfrac{200\pi}{\pi\times 5^2}=8$ cm.

**9.** 答案▶ **A**

解析▶ 第一步：计算总方法数. 需要从 12 本中选取 3 个，有 $C_{12}^3$ 种取法；

第二步：计算满足要求的方法数. 取到同一科目有三种情况，从同一科目分别选出 3 本，有 $C_3^3+C_4^3+C_5^3=15$ 种取法；

第三步：相除得概率. 则取出的书均来自于同一科目的概率为 $P=\dfrac{15}{C_{12}^3}=\dfrac{15}{220}=\dfrac{3}{44}$.

10. **答案** E

**解析** 【破题标志词】分母为乘积形式的多分数和化简求值 $\Longrightarrow$ 裂项相消.

$$f(x)=\frac{1}{(x+1)(x+2)}+\frac{1}{(x+2)(x+3)}+\frac{1}{(x+3)(x+4)}+\cdots+\frac{1}{(x+8)(x+9)}$$

$$=\frac{1}{x+1}-\frac{1}{x+2}+\frac{1}{x+2}-\frac{1}{x+3}+\frac{1}{x+3}-\frac{1}{x+4}\cdots+\frac{1}{x+8}-\frac{1}{x+9}$$

$$=\frac{1}{x+1}-\frac{1}{x+9}$$

因此，$f(9)=\dfrac{1}{9+1}-\dfrac{1}{9+9}=\dfrac{2}{45}$.

11. **答案** B

**解析** 二次函数 $y=x^2+bx+c$ 的顶点坐标为 $\left(-\dfrac{b}{2},\dfrac{4c-b^2}{4}\right)$，顶点的横坐标是纵坐标的 2 倍，即 $-\dfrac{b}{2}=2\times\dfrac{4c-b^2}{4}$. 对称轴为 $x=-\dfrac{b}{2}$，它与 $x$ 轴的交点即为点 $\left(-\dfrac{b}{2},0\right)$，代入一次函数方程 $y=x-c$ 得 $-\dfrac{b}{2}-c=0$，$b=-2c$. 代入 $-\dfrac{b}{2}=2\times\dfrac{4c-b^2}{4}$ 整理得 $c(2c-1)=0$，$c=0$ 或 $\dfrac{1}{2}$，故 $b=0$ 或 $b=-2\times\dfrac{1}{2}=-1$. 题干要求顶点在第一象限即 $-\dfrac{b}{2}>0$，$b<0$，$\dfrac{4c-b^2}{4}>0$，$4c>b^2$. 故 $b=-1$，$c=\dfrac{1}{2}$，$b+c=-\dfrac{1}{2}$.

12. **答案** C

**解析** 连接 $AC$，则 $EC$ 是 $\triangle ACD$ 的中线，直线 $CE$ 把梯形分成上下两部分的面积可以设为 15 和 7，【破题标志词】$\triangle DEC$ 和 $\triangle AEC$ [底同线] + [共顶点] $\Longrightarrow$ 等高模型，则 $S_{\triangle DEC}=S_{\triangle AEC}=7\Longrightarrow S_{\triangle ABC}=15-7=8$. $\triangle ABC$ 与 $\triangle ADC$ 高均为梯形的高，故面积比等于底边比，即 $\dfrac{S_{\triangle ABC}}{S_{\triangle ADC}}=\dfrac{AB}{CD}=\dfrac{8}{14}=\dfrac{4}{7}$.

13. **答案** D

**解析** 由题意，动车前半程行驶 3 小时，停留 30 分钟，故按计划后半程需要 2.5 小时. 则速度为 $1200\div2.5=480$（千米/时），而原定速度为 $2400\div6=400$（千米/时），则速度需要加快 80 千米/时.

**14.** 答案 **B**

解析 根据方差的性质：一组数据的每一个数都加上同一个常数，所得的一组新数据的方差不变；当把一组数变为原来的$n$倍后，这组数的方差会变为原来的$n^2$倍；

代入本题，可得样本 $2x_1$，$2x_2$，$\cdots$，$2x_n$ 的方差为 12，样本 $x_1+5$，$x_2+5$，$\cdots$，$x_n+5$ 的方差仍为 3.

**15.** 答案 **A**

解析 "添进去 2 个新节目"后，共有 5 个节目，5 个节目全排列为 $A_5^5$，其中 3 个节目相对顺序不变，符合【破题标志词】局部元素定序⟹局部有几个元素定序，就除以几的全排列. 故安排方法有 $\dfrac{A_5^5}{A_3^3}=20$ 种.

## 二、条件充分性判断

**16.** 答案 **E**

解析 条件（1），由于 29 为奇数，且 $2n$ 为偶数，奇数＋偶数＝奇数，因此，$3m$ 为奇数，从而 $m$ 是奇数.不充分.

条件（2），不充分，比如 $a=2$，$b=3$，$c=4$，此时 $m=2+3+4=9$ 为奇数，不充分.

两个条件联合也不充分.

**17.** 答案 **A**

解析 设长方体长宽高分别为 $x$、$y$、$z$，体对角线长 $a=\sqrt{x^2+y^2+z^2}$，表面积 $S=2xy+2xz+2yz=2a^2 \Rightarrow xy+yz+xz=x^2+y^2+z^2 \Rightarrow x=y=z$，即长方体各边相等，为正方体，故条件（1）充分，条件（2）不充分.

**18.** 答案 **D**

解析 将 $x^2+y^2+4mx-2y+5m=0$ 配方得 $(x+2m)^2+(y-1)^2=4m^2-5m+1$，若它代表的曲线是圆，则圆心为 $(-2m,1)$ 点，半径为 $r=\sqrt{4m^2-5m+1}$. 故题干结论成立要求 $4m^2-5m+1=(4m-1)(m-1)>0$，解得 $m<\dfrac{1}{4}$ 或 $m>1$.条件（1）条件（2）均充分.

**19.** 答案▶ **D**

解析▶ 条件（1）：原来 2 件的价格是现在 5 件的价格，则现在一件的价格是原来一件价格的 $\dfrac{2}{5}$，价格下降了 60%，充分.

条件（2）：原来的价格是现在价格的 2.5 倍，即现在一件的价格是原来一件价格的 $\dfrac{2}{5}$，亦充分.

**20.** 答案▶ **B**

解析▶ 本题符合【破题标志词】给定某数列前 $n$ 项和 $S_n$ 的表达式，要求通项 $a_n$ 的表达式.

需要利用 $a_n = \begin{cases} a_1 = S_1, & n = 1 \\ S_n - S_{n-1}, & n \geq 2 \end{cases}$ 求解.

条件（1）$a_n = \begin{cases} a_1 = S_1 = 1^2 + 1 - 1 = 1, & n = 1 \\ S_n - S_{n-1} = n^2 + n - 1 - [(n-1)^2 + (n-1) - 1] = 2n, & n \geq 2 \end{cases}$. 当 $n=1$ 时，$a_1 = 1 \neq 2 \times 1$，

故数列仅在 $n \geq 2$ 时满足 $a_n = 2n$，条件（1）不充分.

条件（2）$a_n = \begin{cases} a_1 = S_1 = 1^2 + 1 = 2, & n = 1 \\ S_n - S_{n-1} = n^2 + n - [(n-1)^2 + (n-1)] = 2n, & n \geq 2 \end{cases}$. 当 $n=1$ 时，$a_1 = 2 = 2 \times 1$，故

在 $n = 1$，2，3…时数列均有 $a_n = 2n$，条件（2）充分.

【陷阱】在已知 $S_n$ 求 $a_n$ 时，一定要注意分 $n=1$ 和 $n \geq 2$ 两种情况讨论，最后验证 $a_1$ 是否符合 $n \geq 2$ 时 $a_n$ 的表达式，若符合，则可求出一般意义上的通项公式.

**21.** 答案▶ **C**

解析▶ 条件（1）条件（2）单独均不充分，故考虑联合.设甲的工作效率为 $x$，乙的工作效率为 $y$，工作总量设为 1.

条件（1）甲、乙一起做 9 天能完成整个工程的 $\dfrac{7}{12}$，即 $9(x+y) = \dfrac{7}{12}$. 条件（2）甲的工作

效率 $x = \dfrac{1}{\text{甲单独做完需要的天数}}$，乙的工作效率 $y = \dfrac{1}{\text{乙单独做完需要的天数}} =$

$\dfrac{1}{\frac{3}{4} \times \text{甲单独做完需要的天数}} = \dfrac{4}{3}x$，代入得 $9(x+y) = 9\left(x + \dfrac{4}{3}x\right) = \dfrac{7}{12}$，$x = \dfrac{1}{36}$，$y = \dfrac{1}{27}$. 此时甲、

乙效率已求出，工作分配方案已知，故可确定完成这项工程所需的天数，联合充分.

注：工程问题中工作效率和工作分配方案已知的情况下，可唯一确定完成工作的时间，

本题并不需要求出此时间.（若需要求出总工作时间，则可设甲乙还需一起做$a$天才能完成，故$3 \times \frac{1}{36} + \left( \frac{1}{27} + \frac{1}{36} \right) a = 1$，解得$a = \frac{99}{7}$，完成工程至少需要$15 + 3 = 18$天.）

22. **答案 ▶** B

**解析 ▶** 条件（1）代入$a = 0$得$\big||x-2|-1\big| = 0$，故$|x-2|-1 = 0$，$|x-2| = 1$，$x-2 = \pm1$，$x = 1$或$x = 3$，方程仅有两正整数解，条件（1）不充分.

条件（2）代入$a = 1$得$\big||x-2|-1\big| = 1$，$|x-2|-1 = \pm1$.当$|x-2|-1 = 1$时，$|x-2| = 2$，$x-2 = \pm2$，$x = 0$或$x = 4$.当$|x-2|-1 = -1$时，$|x-2| = 0$，$x = 2$.故方程有三个整数解，条件（2）充分.

23. **答案 ▶** C

**解析 ▶** 对于条件（1），$f(0) = f(1)$，$b = 1 + a + b$，$a = -1$，无法确定$b$的值.

对于条件（2），$x^2 + (a-1)x + b = 0$有两个相等的实数根，则$\Delta = (a-1)^2 - 4b = 0$，无法确定$a$，$b$的值，所以条件（2）不充分.

条件（1）（2）联合，$\begin{cases} a = -1 \\ (a-1)^2 - 4b = 0 \end{cases} \Rightarrow \begin{cases} a = -1 \\ b = 1 \end{cases}$，$f(x) = x^2 - x + 1$，所以联合后充分.

24. **答案 ▶** C

**解析 ▶** 结论比较$P$，$Q$的大小，条件（1）是$P$，条件（2）是$Q$，显然两个条件缺一不可，需要联立.

条件（1），可得$P = \frac{6}{10} \times \frac{5}{9} \times \frac{4}{8} + \frac{6}{10} \times \frac{4}{9} \times \frac{3}{8} = \frac{4}{15} = \frac{20}{75}$；

条件（2），可得$Q = \frac{6}{10} \times \frac{6}{10} \times \frac{4}{10} + \frac{6}{10} \times \frac{4}{10} \times \frac{4}{10} = \frac{6}{25} = \frac{18}{75}$.

故$P > Q$，联立充分.

25. **答案 ▶** D

**解析 ▶** 条件（1），连接$OD$，$OA = OD$，且$OA \perp OB$，$\angle OAC = 60°$，$\angle OCA = 30°$，则$\triangle AOD$为等边三角形，$\triangle AOC$为30°直角三角形，三边长度之比为$1 : \sqrt{3} : 2$，$CD = AC - AD = AC - OA = 2OA - OA = OA = 7.5$，充分；

条件（2），$\angle OAC = 2\angle OCA$，且$\angle OAC + \angle OCA = 90°$，所以$\angle OAC = 60°$，$\angle OCA = 30°$条件（2）与条件（1）等价，亦充分.

# 三、逻辑推理

**26. 答案▶ C**

**解析▶** 题干论据：注射T激素，小鼠毛发重新长出。

题干结论：T激素对毛发的再生有不可或缺的作用。

C选项，建立了T激素和头发生长的关系，建立联系支持题干。

A选项，未提及T激素是否能促进头发生长和再生，不能支持。

B选项，该项说T激素对维持机体免疫耐受至关重要，但不清楚是否是毛发再生的原因，不能支持。

D选项，该项说补救措施是使用T激素来抑制皮肤的免疫反应，也就是说T激素可以抑制急性脱发，但不清楚是否可以使毛发再生，不能支持。

E选项，该项说T细胞本身有极强的自我再生功能，但不清楚是否可以使毛发再生，不能支持。

**27. 答案▶ D**

**解析▶** 论据：如果每天的热量摄取均小于身体的热量耗费时，能够逐渐变瘦。（每天摄入热量小）

结论：避免肥胖，控制饮食，要少吃一些食物。

可以看出文中的推理将论据中的"摄取热量小"和结论中"吃的食物少"画了等号。

所以指出二者相同就是对题干的支持，指出不同就是对题干的削弱。

D选项指出，吃得少不一定等于摄取热量少，用指出不同的方法削弱了上述建议。

**28. 答案▶ E**

**解析▶** 7人去7个城市，每人去1个城市并且不重复，说明本题为7元素——对应题型。

题干逻辑如下：

（1）甲去上海➡乙去成都 and 丙去南京；

（2）甲不去上海➡丁去西安 and 戊去深圳；

（3）丙去成都 or 己去南京；等价于：非丙去成都➡己去南京；非己去南京➡丙去成都；

（4）丁去西安➡庚去成都。

假设条件（1）逻辑前件为真，则后件"乙去成都 and 丙去南京"为真。如果后件为真，意味着成都和南京均确定人选，其他人都不能去成都或南京，与条件（3）产生矛盾。

说明条件（1）的逻辑前件不能为真，否则会推出后件为真，导致矛盾。所以可知：甲不能去上海。

将甲不能去上海代入（2）的逻辑箭头中可推出，丁去西安，戊去深圳。

将丁去西安代入（4）中可得出庚去成都（其他人不能再去成都）。

结合条件（3）非丙去成都➡己去南京，所以可推出，己去南京。

所以 E 选项"己去上海"一定为假。

29. **答案▶** B

**解析▶** 从上一问，已经确定的信息有：

丁去西安，戊去深圳，庚去成都，己去南京，甲不能去上海。

再加上本问附加条件"丙去北京"，可以画出下面的图。

很容易可看出，没有确定归属的只剩下甲、乙两个人，和上海、广州两个城市。再加上甲不能去上海，可知甲必须去广州，从而乙只能去上海。

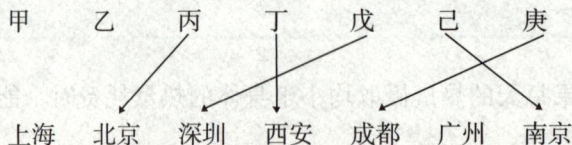

30. **答案▶** D

**解析▶** 本题问质疑，并且带"除了"，说明有 4 个选项能够质疑题干的推理，只有 1 个选项不能。

题干中的结论和论据如下：

论据：从"70后"到"95后"，第一份工作的平均时长明显缩短（结果）

结论：是因为"95后"更加"娇气"，吃苦敬业的精神大大不如以前的人。（原因）

文中的推理为，通过看到的结果"工作平均时长缩短"，推出导致该结果的原因是"'95后'更加'娇气'"。质疑由果推因的推理，只需要引入一个让结果成立的其他原因即可。

A选项指出，并不是"'95后'娇气"导致短期容易换工作，而是"专业对口率低"导致他们第一份工作往往不够合适，所以更倾向短期内换工作。用导致"短期换工作"的其他原因，质疑了题干结论给出的原因。

B、C、E选项同理，通过指出是因为"公司存活时间短""更倾向于选择更有挑战的岗位""猎头公司的出现"等原因，说明导致短时间换工作的原因不是因为"95后"更加"娇气"，而是受到了其他因素的影响，均可以质疑文中的推理。

D选项不能质疑，"95后"的工作经验和能力往往不如已经工作十余年的老员工，这两者的比较和题干没有关系。

**31.** 答案▶ **E**

解析▶ 题干中的结论和论据如下：

论据："纹身墨水"，可以植入人体皮肤并以纹身图案的方式体现在皮肤上。

结论：（纹身墨水的发明）可以对那些经常需要采集血液样本的人提供非常大的便利。

要支持上述论述，就要建立起"纹身墨水"带来的某个影响或功能，与频繁采集血液样本的人的需求之间的关系。

E选项指出，人们可以直接根据皮肤颜色判断自己的血液的状况，不再需要频繁地把血液样本取出身体，从而可以给那些经常需要采集血液样本的人带来便利，建立联系支持了题干。

**32.** 答案▶ **A**

解析▶ 题干逻辑整理如下：

（1）多样化的人群 and 足够的人群规模 and 合理的职业结构 ➡ 提供多元化服务供给；

（2）社会健康发展 ➡ 有不同供给 ➡ 有不同角色；

（3）A国满足：非多元化服务供给 and 有多样化人群。

条件（1）的逆否命题为：

非提供多元化服务供给 ➡ 非多样化的人群 or 非足够的人群规模 or 非合理的职业结构

由条件（3）可知"非多元化服务的供给"为真，带入上面的逻辑中可以推出：

"非多样化的人群 or 非足够的人群规模 or 非合理的职业结构"为真。

同时由条件（3）可知，"有多样化的人群"也为真，所以可推出：

非足够的人群规模 or 非合理的职业结构。即：足够的人群规模 ➡ 非合理的职业结构。

**33.** 答案▶ **C**

解析▶ 题干指出，冰箱事业部的销售额占公司销售额的比例从30%提升到了40%，新增了10%，冰箱事业部销售额占的公司总体销售额的比例增高了，这说明冰箱事业部的销售额增长速度一定超过其他事业部（电视和洗衣机两者平均）的销售额的增长速度。因此，冰箱事业部销售额的增长速度不可能比其他每个事业部（电视和洗衣机）

的增长都少。

C选项不可能为真，其他选项均有可能为真。

如果从数学的角度来理解，设a代表冰箱的增长速度，b代表电视的增长速度，c代表洗衣机的增长速度。

题干条件"冰箱销售额增长速度超过其他事业部销售额增长速度"，即 $a > (b + c) / 2$。

很显然上述不等式成立的话，a 不可能同时既小于b，又小于c。

34. **答案** D

**解析** 题目入手点为：每行、每列不能与已有的元素重复。

首先根据第一行的问号空格不可能是"勤和绩"，排除C和E选项。

根据第二行的问号空格不可能是"能"，排除A选项。

根据第二行第4列的空格，不能是"绩、德、勤、能"，得到其只能是"廉"，所以第二行的问号空格不可能是"廉"，排除B选项。

35. **答案** C

**解析** 论据：服用了"EGCG＋阿魏酸"后的第1组小鼠的空间感和记忆力明显高于未服用的第2组小鼠。

结论：定期服用"EGCG＋阿魏酸"很可能会有助于治疗阿尔茨海默病。（两组老鼠表现出空间感和记忆力的不同，是由于是否服用"EGCG＋阿魏酸"造成的）

所以如果指出第1组和第2组实验前的基本情况是相同的，说明之前表现相同，服药后表现不同，说明药物和表现的差别有相关性，是对推理的支持，或者推理成立需要的假设。

反之，如果指出第1组和第2组实验前的基本情况不同，那就是削弱。

因此，C选项是上述论述成立所需要的假设，如果两组小鼠在实验之前的病情不同，那么就不能说明是说服用了"EGCG＋阿魏酸"的原因，结论就不能成立。

D选项的错误在于，以3个月为周期的药物实验，并不需要假设药物的效果必须在第1个月就有所体现。也可以第1个月相同，后面2个月体现药效。如果把"进行1个月"改为"实验开始之前"，就是对题干论述的削弱。

36. **答案** E

**解析** 题干信息：

（1）嵩山➡华山；

（2）华山➡衡山；

（3）嵩山、华山、泰山至少要去其中两座山。

将（1）（2）结合可得：嵩山➡华山➡衡山，逆否：非衡山➡非华山➡非嵩山。

如果不去衡山的话，也就不去华山，不去嵩山。就不满足条件（3）至少要去其中的两座山。所以必须要去衡山。同理，不去华山就不去嵩山，也不能满足条件（3），所以也必须去华山。因此，衡山和华山必须去。

（这里需要注意的是：问的是哪两座山必须去，并不等于只能去这两座山。）

37. **答案** D

**解析** 题干中给出逻辑连词，并问一定为假的选项，说明这道题为考查前真后假的题型。

题干所给逻辑：

（1）有利的资源条件 and 实行制度与政策➡实现长期较快经济增长 and 不断提升综合实力 and 缩小差距；

（2）形成共同发展局面 or 适应生产力发展要求 or 实现贸易畅通、百业兴达➡彼此尊重发展中国家的发展成就。

题目问一定为假的选项，只要找到满足其中某个逻辑前真后假的选项即可。

D选项给出三个事实真，即"有利资源""实施制度与政策""差距在增大"，分别代入题干逻辑（1），"有利资源 and 实施制度与政策"满足前件为真，"差距在增大"满足后件为假。所以D选项代入使逻辑（1）满足前真后假，为一定为假的选项。

38. **答案** B

**解析** 题干信息：

（1）老虎和羚羊不能相邻；

（2）长颈鹿和狮子不能相邻。

由图可知，F展馆跟其他的每一个展馆都相邻。如果老虎放在F展馆，意味着羚羊将无处可放，产生矛盾。可推出，老虎不能放在F展馆。同理可推出，羚羊、长颈鹿、狮子均不能放在F展馆。能够放在F展馆的动物只有大象或牦牛。本问给出条件：大象在E展馆展出。所以可推出，能放在F展馆的必须是牦牛。

39. **答案** D

**解析** 题干信息：

（1）老虎和羚羊不能相邻；

（2）长颈鹿和狮子不能相邻。

上问已经推出，能放在F展馆的只可能是大象或牦牛。本问给出条件大象在A展馆展出，可以推出牦牛一定在F馆展出。牦牛已经确定归属，可进一步推出D展馆必须是狮子。

由条件（2）知，长颈鹿不能放在与D展馆相邻的C、E展馆。

A展馆确定为大象，D展馆确定为狮子，同时也排除与狮子相邻的C、E展馆。可知长颈鹿必须放在B展馆。

40. **答案** B

**解析** 题干逻辑：

独角兽企业数量增多➡一个国家经济的未来和发展后劲很足。

逆否：非（一个国家经济的未来发展后劲很足）➡独角兽企业数量不会增多。

B选项和题干逻辑的逆否命题是一致的，正确。

C选项和题干逻辑方向相反。

其他选项无法从题干中得出。

41. **答案** D

**解析** 题干的结构为：A➡B，非A➡非B。

D选项：A➡B，非A➡非B。和题干结构相似。

A选项：A➡B，C➡D。和题干结构不相似。

B选项：A➡B，C➡D。和题干结构不相似。

C选项：A➡B。和题干结构不相似。

E选项：A➡B，C➡D。和题干结构不相似。

42. **答案** E

**解析** 论据：被主人饲养时间越长，狗与主人的心率变化越容易同步。

结论：狗和主人之间能发生"情绪传染"。

要想让推论成立，所以就要补上"心率变化同步"和"两者之间有情绪传染"之间的逻辑关系，即心率变异性相似➡具有近似的情绪。

E选项通过逻辑连词补全了二者的关系，支持了上述论述。

A的智商与情绪，C选项的用餐周期相近，D选项的狗的性别与情绪，均没有建立心率与情绪之间的关系。

题干论述是狗与人，而B选项说的是人与人，与题干逻辑无关。

43. **答案** C

**解析** 题干需要解释的现象是，为什么在小鼠寻找蔗糖的过程中，随着寻找难度的增加，大脑分泌的痛敏肽的量明显增加，最终痛敏肽的增加会导致小鼠放弃寻找蔗糖。

要解释为什么会分泌痛敏肽，就要引入寻找蔗糖的难度增加对于大脑活动的影响。

C选项，说明了大脑认为寻求这种不稳定的回报对自己是不利的，从而通过分泌痛敏肽来抑制这种行为，最终导致放弃寻找，可以解释题干的现象。

其他选项均没有解释为什么大脑会分泌痛敏肽。

44. **答案** A

**解析** 论据：白色卫生纸需要进行漂白，会有少量残留，而本色纸则不需要进行漂白。

结论：本色纸比传统的白色卫生纸更健康更安全。

题干的推理为"不需要漂白"会减少含氯的化合物，从而让纸张更有利健康。

如果"不做漂白行为"虽然减少了氯化物，但是在其他环节增加了对健康的弊，就是对题干的削弱。反之，如果"不需要漂白"仅仅是减少氯化物，同时并不会从其他环节带来对健康更大的弊端，则是对题干论述的支持。

A选项指出，虽然本色纸不需要漂白，但是为了达到同等柔软的效果会添加更多的化学剂。这样，就引入了"不需要漂白"导致在其他环节产生的弊端，质疑了上述论述。

C选项为迷惑选项，个别厂家生产环境的卫生不过关，导致的细菌超标，并不能代表本色纸整体对于健康的影响。举个例子，好比题干的论述为：燕窝的营养价值，要高于一般食品。但即使有个别厂商因为生产的燕窝质量不合格，只是糖水，营养价值非常低。这种特殊情况的个例，并不能质疑"燕窝的营养价值高于一般食品"的论述。

**45.** **答案** ▸ A

**解析** ▸ 题干给出信息，田赛有 3 个选择，径赛有 2 个选择。

同时给出下列条件：

（1）甲、乙学校的代表参加的均不是径赛；

（2）丁学校举办的是 400 米比赛；

（3）丁学校的代表参加 1500 米 ➡ 非丙铅球 and 非乙铅球；

（4）丙学校的代表参加了跳远的项目。

（5）自己不能参加自己学校组织的比赛项目。

根据条件（1）可知，甲、乙均非径赛，所以一定是在跳高、跳远、铅球中各选择 1 个。由（4）可知，丙学校占据了跳远。所以甲、乙学校参加的项目一定是跳高和铅球。此时三个田赛名额被甲、乙、丙三个学校占满，丁、戊只能在 400 米和 1500 米中选择。由条件（2）和（5）可知，400 米在丁学校举办，丁不能参加自己举办的活动，只能参加 1500 米。把"丁参加 1500 米"代入条件（3），可推出，乙、丙校均未参加铅球，所以必须甲学校代表参加铅球。

**46.** **答案** ▸ C

**解析** ▸ 论据：傍晚摘下的玫瑰，植株处于中性或者弱碱性的状态；而早晨摘的玫瑰，植株处于弱酸性的状态。

结论：下午摘下的玫瑰花比在上午摘下的玫瑰花更持久，枯萎得更慢。

要支持上述推理，需要建立起"弱碱性状态下采摘"与"不易保存"或者"弱酸性状态下采摘"与"更持久之间"之间的关系。

C选项指出，弱酸状态更容易导致花朵的腐败，建立起了酸碱性与存活时间之间的关系，支持了上述论述。

B选项仅仅建议其他花也在下午采摘，但是并没说明具体原因，所以不能支持题目中的推理。

**47.** **答案** ▸ C

**解析** ▸ 题干给出以下条件：

（1）收到邀请信 and 在会议获奖 ➡ 有资格参与晚宴；

（2）收到邀请信 or 在会议获奖 ➡ 有资格进入会场；

(3)甲有邀请信,乙确定获奖,丙没有获奖,丁没有邀请信。

小王负责会场,是否能进入会场,需参考条件(2)。

条件(2)的前件为 or 的逻辑,只需要满足一个即可为真。

由于甲有邀请信、乙确定获奖,所以不需要询问确定可以进入。

小王需要询问丙是否有邀请信、丁是否获奖,从而判断两人能否进场。

小李负责晚宴,是否能进入会场,需参考条件(1)。

条件(1)的前件为 and 的逻辑,必须两个同时满足才能为真,

由于丙没有获奖,丁没有邀请信,不可能同时满足既获奖又有邀请信,不需要询问。

小李需要询问甲是否获奖,乙是否有邀请信,从而判断两人能否进场。

---

48. **答案** E

**解析** 本题的结论为最后一句:研究人员表示,让孩子们在上学这样的日常行为中增加活动量,有助于应对在许多地方日益严重的儿童肥胖问题。

用逻辑表述为:儿童在日常行为中增加活动量➡有助于应对儿童肥胖问题。

E选项指出,活动量不高的同学,往往同时体脂含量较高。用前假后假的方式支持了题干的推理。

---

49. **答案** D

**解析** 论据为:汽车尾气都是气体,但经过测试发现并不含有$PM_{2.5}$颗粒。

结论为:汽车尾气与雾霾天气无关。

实际上,汽车尾气不直接含有$PM_{2.5}$颗粒,并不意味着汽车尾气就和雾霾天无关。

D选项指出,虽然没有在汽车尾气中直接检出$PM_{2.5}$颗粒,但是汽车排放的氮氧化物在气中冷却后会通过"二次反应"生成大量$PM_{2.5}$。所以,汽车尾气还是和雾霾天气有关的,是对题干论述的削弱。

---

50. **答案** C

**解析** 题干给出如下条件:

(1)黄<绿<紫;

(2)赤=5,赤<蓝(说明蓝色只能排在6或7的位置);

(3)青_橙(青色和橙色一共占据3个位置,中间恰好一个空位);

（4）绿 ≠ 3 ➜ 黄 = 6。

由条件（1）可知，因为黄队后有绿队和紫队，所以之后至少要留 2 个空位。说明黄队最晚在第 5 个位置表演，而不可能在第 6 个表演。将"黄不在第 6 个表演"带入条件（4）的逆否命题中，可知，绿队一定在第 3 个表演。

此时可知排列条件如下图：

| 1 | 2 | 3 | 4 | 5 | 6 | 7 |
|---|---|---|---|---|---|---|
|   |   | 绿 |   | 赤 |   |   |

蓝 = 3 or 7，由于青队和橙队之间恰好隔一个大队，所以青队和橙队的排放只有 2 种可能性：（1）在 2、4 位置；（2）放在 4、6 位置。

可能 1：青放在 4，橙放在 6；

此时，3 绿、4 青、5 赤、6 橙，最后只剩下 7 一个空位。但是紫队要在绿队之后，同时蓝队要在赤队之后，紫绿两队均只能安排在 7 的位置，产生矛盾。

所以只能为第 2 种可能，即：2 青、3 绿、4 橙、5 赤，由条件（1）黄队需要在绿队之前，必须排在第 1 位。可知黄队一定排在第 1 位。

51. **答案** B

**解析** 题干需要解释的矛盾是"个人获取知识和提升自我的方面花费了更多的时间"，但是"纸质图书的阅读量和阅读时间均有所下降"。之所以会产生矛盾是因为将纸质阅读当成了个人获取知识和提升自我的唯一途径，只要指出人们可以通过其他途径获取知识或提升自我，就可以解释上述矛盾。

A、C、D、E 选项均指出是因为通过其他的途径进行读书、提升个人修养，从而可以解释题干中的矛盾。

只有 B 选项不能解释，新出版的经典著作不多，不能解释为什么读纸质图书的时间会减少，二者没有必然的联系。

52. **答案** B

**解析** 题干逻辑：

（1）脱离对美好生活的基本诉求 ➜ 发展不科学；逆否：发展科学 ➜ 不脱离基本诉求；

（2）没有与美好生活的愿望一致 ➜ 发展不科学；逆否：发展科学 ➜ 保持一致；

（3）健康完善的社会制度 ➜ 科学的发展。

将（2）（3）结合：健康完善的社会制度 ➜ 科学的发展 ➜ 保持一致，B 选项正确。

其他选项的逻辑均与题干逻辑箭头不符。

---

53. **答案▶** C

**解析▶** 题干逻辑：

（1）张➡李 and 王；

（2）李➡赵；

（3）王 or 田；

（4）赵➡非田；

（5）田。

小田上场代入（4），逆否得：小赵不上场，代入（2）逆否得：小李不上场，代入（1）逆否得：小张不上场。

五人中挑选两名球员上场，已知小赵、小李、小张皆不上场，则小田和小王上场。

---

54. **答案▶** A

**解析▶** 题干信息：

（1）A和B不同组，B和C不同组，C和A不同组；

（2）A和D必须同组；

（3）E和F必须同组；

（4）G和H不能同组；

（5）8个元素分为3、3、2三组。

根据条件（1）可知，A、B、C 3人必须在三个不同的组，分别占据3个组的1个名额。此时，三个组的空间分别还剩下2、2、1。由条件（2）A和D必须同组，所以如果A、D在第1、2组，该组还剩1个空间，如果A、D在第三组，则该组没有剩余空间。由条件（3）E、F必须同组，所以至少需要占据2个空间，从而不可能和A、D分到同组。即D和E，D和F均不可能同组。

---

55. **答案▶** C

**解析▶** 本问附加条件为：A和H同在第一组。

由条件（2）A和D必须同组，说明A、D、H 3人在同在第一组，此时第一组位置已满。

| 第一组 |
|:---:|
| A |
| H |
| D |

| 第二组 |
|:---:|
| B/C |
| |
| |

E、F

| 第三组 |
|:---:|
| C/B |
| |
| |

G

根据条件（1）可知，A、B、C 3 人必须在三个不同的组。此时，第二组还剩 2 个空位，而第三组仅剩 1 个空位。由条件（3）E、F 必须同一组，所以只能被分到第二组，从而G必须分配在第三组的最后一个空位。

# 四、写作

## 56.论证有效性分析

范 文

### 放权管理真的有很大的弊端吗?

材料通过一系列的论述，得出"放权管理有很大的弊端"这个结论，但是此结论在推理的过程中犯了诸多的逻辑错误，现择其要点分析如下。

首先，材料认为放权给员工推出管理者将失去权力从而被架空，此推理不当。放权给员工推不出管理者将失去权力，放权不等于失去，管理者将部分的权力分出但还是有权力在手中的，管理者依旧起一定的领导作用，所以不会被架空更不会失去权力。

其次，材料认为如果不放权管理，管理者正确决策，员工正确执行得出企业运行就不会出现问题，此推理有待商榷。即使管理者正确决策，员工正确执行也不能得出企业的运行不会出现问题。企业的运行不仅仅靠管理者的决策和员工的执行，企业的发展受多方面的因素影响比如社会大环境，经济背景，发展机遇等，故此推理难以成立。

再次，员工在一线工作很难有不同岗位的统筹管理能力得出决策的正确性大打折扣，此推理有误。员工虽然更多在做一些基层的工作，且统筹的机会很少，但是也不见得他不能够有很好的决策性，决策性与统筹能力没有必然联系，有的员工有一定的眼界和想法，他的决策能力或许也能突出。

最后，材料认为将权力下放员工得出员工之间权力平等进而产生互相推诿的现象，此处有不当推理之嫌。权力下放给员工并不一定下放给所有员工，员工与员工之间的工作任务与工作重心也是不同的，与之相匹配的权力也不是完全平等的，而权力下放员工，员工也会有强烈的责任心，以身作则，正确地行使权力，不一定会互相推诿。

综上所述，材料在推理的过程中犯了诸多的逻辑错误，得出放权管理有很大弊端的结论还需要进一步的验证。

## 57.论说文

**范 文**

学会归零，再攀高峰

材料提到，那些取得成功的人，无论失败或者成功，都会在下一次开始之前将曾经"归零"，企业与国家也是同样的道理，归零才可再攀高峰。

学会归零，助推个人的长远发展。个人拥有归零心态，纵有不世之功绩，也能心若空谷；纵使遭受失败，也能淡然处之，归零再来。"雄关漫道真如铁，而今迈步从头越"，即便在二度赤水取得重大胜利之后，主席调整归零，将长征计划重新部署，这才迎来了四渡赤水这一人类军事史上的奇迹。若成功就骄傲，不学会归零，这样很难重新审视局面，自然无法取得长远发展。

学会归零，助力企业的多样发展。企业要想取得多样发展，就不能用原有的辉煌麻痹自己，这样才能迎来多样化的可能。华为成立之初依靠制造用户交换机立足，但其并未沉迷于交换机带来的成功中，而及时归零，用初学者的心态不断学习深耕，最终在通信、手机、5G等众多领域成为世界排名前列的公司。反观恒大，曾搭建起地产帝国，但未及时归零，沉迷辉煌，而后造车业务失败。企业要学会且善于归零，不断反思且学习，才能有更多样化的发展。

学会归零，推动国家的不断发展。国家需要根据当下局势重新做决策，这便需要归零以适应新的世界发展格局。在世界掀起一场工业革命的时候，清朝沉迷于天朝圣国的虚名中，对外界新科技新技术嗤之以鼻，以至于"落后挨打"，若当时及时明白清零的含义，也不至于备受欺凌。反观新中国将曾经归零，着手改革开放，积极投入世界一体化的进程，才一步步民以殷实，国以富强。

纵观古今，只有善于归零，将曾经的成功或失败放置一旁，才能一次又一次踏上下一座高峰的征途。

# 基础卷（二）答案及解析

## 一、问题求解

1. **答案** E

**解析** 设应该提前涨价$x$元，则售价为$(300+x)$元，"双十一"半价出售时价格为$\frac{1}{2}(300+x)$元，根据利润率$=\dfrac{\text{售价}-\text{进价}}{\text{进价}}$可得：$\dfrac{\frac{1}{2}(300+x)-200}{200}=75\%$，解得$x=400$. 即需要先涨价400元.

2. **答案** A

**解析** $A$，$B$，$C$为三个不相同的小于20的质数，$2B$是偶数，所以$3A+C$也是偶数，即$A$、$C$都是奇数. 已知$3A+2B+C=20$，可推出$A=3$，$B=2$，$C=7$，$A+B+C=12$.

3. **答案** A

**解析** 【破题标志词】无具体工作量的工程问题：工作总量设为特值1或最小公倍数.

设工程总量为16，则甲效率为2，甲效率+乙效率$=\dfrac{16\times\frac{3}{4}}{4}=\dfrac{12}{4}=3$，乙效率$=1$.

设乙还需要$n$天完成这项工作，$12+n\times1=16$，解得$n=4$.

4. **答案** A

**解析** 【破题标志词】完全平方公式求代数式最值$\Rightarrow$变形为[常数$+(\quad)^2$]求最小值.

$f(x,y)=x^2+6xy+10y^2-4y+3$

$\qquad=x^2+6xy+9y^2+y^2-4y+4-1$

$$= (x+3y)^2 + (y-2)^2 - 1 \geq -1$$

当 $x+3y=0$ 且 $y-2=0$，即 $x=-6$，$y=2$ 时，可取到此最小值 $-1$.

5. **答案** C

**解析** 第一步：从颜色不同的 5 个球中任取 4 个球，方法数为 $C_5^4$.

第二步：将选出的 4 个不同的小球分为三组，每组不能为空，方法数为 $\dfrac{C_4^2 C_2^1 C_1^1}{A_2^2}$.

第三步：将这三组全排列放入三个不同的盒子中，方法数为 $A_3^3$.

根据乘法原理，不同的分配方法数共有 $C_5^4 \times \dfrac{C_4^2 C_2^1 C_1^1}{A_2^2} \times A_3^3 = 180$.

6. **答案** D

**解析** 根据图形分析知，$S_{阴影} = S_{正方形} - 2S_{半圆} = S_{正方形} - S_{圆} = a^2 - \pi\left(\dfrac{a}{2}\right)^2 = a^2\left(1 - \dfrac{\pi}{4}\right)$.

7. **答案** A

**解析** 记公差为 $d$，则有 $d = \dfrac{a_9 - a_4}{9-4} = -3$，$a_4 = a_1 + (4-1)d = 9 \Rightarrow a_1 = 18$.

$S_n = \dfrac{d}{2}n^2 + \left(a_1 - \dfrac{d}{2}\right)n = -\dfrac{3}{2}n^2 + \left(18 + \dfrac{3}{2}\right)n = 54 \Rightarrow n^2 - 13n + 36 = 0 \Rightarrow n = 4$ 或 9.

8. **答案** D

**解析** $\sqrt{8 - 2\sqrt{15}} = \sqrt{(\sqrt{5})^2 - 2 \times \sqrt{5} \times \sqrt{3} + (\sqrt{3})^2} = \sqrt{(\sqrt{5} - \sqrt{3})^2} = \sqrt{5} - \sqrt{3} = a\sqrt{5} + b\sqrt{3} + c$.

可得到 $a=1$，$b=-1$，$c=0$，则 $2012a + 2013b + 2014c = 2012 - 2013 = -1$.

9. **答案** D

**解析** 本题符合【破题标志词】给定未知字母间比例关系，求未知字母组成的齐次分式值.已知 $x : y : z = 1 : 2 : 3$，可设 $x=k$，$y=2k$，$z=3k$，由于待求式为齐次结构，其分子分母上的 $k$ 均可被消去，故令 $k=1$，即得到 $x$，$y$，$z$ 的一组特值 $x=1$，$y=2$，$z=3$，代入齐次分式得 $\dfrac{2x^3 + 5x^2 y - z^3}{-3x^2 z - xy^2} = \dfrac{2 \times 1^3 + 5 \times 1^2 \times 2 - 3^3}{-3 \times 1^2 \times 3 - 1 \times 2^2} = \dfrac{15}{13}$.

10. **答案** ▶ D

**解析** ▶ 分别从两组平行线中各取两条平行线，一定能构成平行四边形，故有 $C_4^2 \times C_5^2 = 60$（个）.

11. **答案** ▶ A

**解析** ▶ 符合【破题标志词】8字形相似：题目中出现梯形或矩形（对边平行）及它的对角线，则两对角线分割出的以平行边为底的两个三角形相似.

$\triangle DEF \sim \triangle BAF$，由于 $\dfrac{S_{\triangle DEF}}{S_{\triangle BAF}} = \dfrac{4}{25} \Rightarrow \dfrac{DE}{BA} = \dfrac{EF}{AF} = \dfrac{2}{5}$

符合【破题标志词】$\triangle DEF$ 与 $\triangle ADF$ 底同线 + 共顶点 $D \Rightarrow$ 等高模型

由于 $\triangle DEF$ 和 $\triangle ADF$ 等高，故 $\dfrac{S_{\triangle DEF}}{S_{\triangle ADF}} = \dfrac{EF}{AF} = \dfrac{2}{5} = \dfrac{4}{10}$，设 $S_{\triangle DEF} = 4$，则 $S_{\triangle ADF} = 10$，

$S_{\triangle AFB} = 25.\Rightarrow S_{\triangle CBD} = S_{\triangle ABD} = S_{\triangle ADF} + S_{\triangle AFB} = 10 + 25 = 35 \Rightarrow S_{\text{四边形}BCEF} = S_{\triangle CBD} - S_{\triangle DEF}$

$= 35 - 4 = 31 \Rightarrow \dfrac{S_{\triangle ADF}}{S_{\text{四边形}BCEF}} = \dfrac{10}{31}$.

12. **答案** ▶ E

**解析** ▶ 本题符合韦达定理【破题标志词】给出二次方程，求关于两根的算式. 故由韦达定理可知：$m + n = k^2 + 2$，$mn = k$. 故 $\dfrac{1}{m} + \dfrac{1}{n} = \dfrac{m+n}{mn} = \dfrac{k^2 + 2}{k} = k + \dfrac{2}{k} \geq 2\sqrt{k \cdot \dfrac{2}{k}} = 2\sqrt{2}$. 当且仅当 $k = \dfrac{2}{k}$，即 $k = \sqrt{2}$ 时取得最小值.（由 $1 \leq k \leq 3$ 可知 $k$ 与 $\dfrac{2}{k}$ 均为正，满足均值定理使用前提条件.）

13. **答案** ▶ B

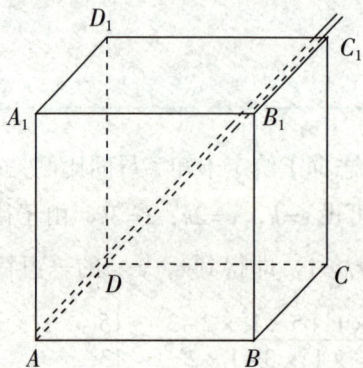

**解析** 设底面边长为 $x$.要使插入的吸管最长，则需吸管沿着长方体对角线按如上图所示插入 $\triangle ACC_1$ 和 $\triangle ABC$ 均为直角三角形，且 $\angle ACC_1$ 和 $\angle ABC$ 分别是直角，根据勾股定理可得 $AC_1^2=AC^2+CC_1^2$，$AC^2=AB^2+BC^2=2x^2$，联立两个式子得：$27^2=2x^2+23^2$，解得 $x=10$.

14. **答案** C

**解析** 由图可知，甲同学除了第二次考试成绩略低于乙同学，其他的考试成绩都远高于乙同学，故 $\bar{x}_甲>\bar{x}_乙$.又因为方差和标准差衡量的是一组数据的波动性，由图可知，显然甲同学的成绩比乙同学稳定，故 $\sigma_甲<\sigma_乙$.

15. **答案** A

**解析** 第三个客户等待 5 分钟，有以下 4 种情况.
情况 1:第一个客户通话 1 分钟，第二个客户通话 4 分钟，概率为 $0.1\times0.2=0.02$.
情况 2:第一个客户通话 2 分钟，第二个客户通话 3 分钟，概率为 $0.2\times0.3=0.06$.
情况 3:第一个客户通话 3 分钟，第二个客户通话 2 分钟，概率为 $0.3\times0.2=0.06$.
情况 4:第一个客户通话 4 分钟，第二个客户通话 1 分钟，概率为 $0.2\times0.1=0.02$.
故第三个客户等待了 5 分钟才拨通电话的概率是 $0.02+0.06+0.06+0.02=0.16$.

## 二、条件充分性判断

16. **答案** A

**解析** 条件（1）：当 $-2\leq x\leq3$ 时，$|x+2|+|x-3|=5$，所以整数解为 $-2$，$-1$，0，1，2，3，共 6 个，条件（1）充分.
条件（2）：当 $x\geq3$ 时，$|x+2|-|x-3|=5$，整数解有无数个，条件（2）不充分.

17. **答案** B

**解析** 条件（1）：取特值 $a=b=c=\dfrac{3}{4}$，不满足 $a^2+b^2+c^2=4$，故条件（1）不充分.

条件（2）：$\dfrac{bc}{a}+b+c=0\Rightarrow bc+ab+ac=0$，故 $a^2+b^2+c^2=(a+b+c)^2=4$，故条件（2）充分.

18. **答案** ▶ **A**

**解析** ▶ 【破题标志词】两条直线垂直 $\Rightarrow$ 系数关系 $A_1A_2+B_1B_2=0$.

代入本题，即为 $3m+(2m-1)m=0$，解得 $m=0$ 或 $m=-1$.

条件（1）：显然充分.

条件（2）：$x^2-x=0 \Rightarrow x(x-1)=0$，解得 $x=0$ 或 $x=1$，因为 $m$ 为方程的根，即 $m$ 的取值为 $0$ 或 $1$，其中当 $m=1$ 时不能得到两直线垂直，故条件（2）不充分.

19. **答案** ▶ **C**

**解析** ▶ 设甲盐水的浓度为 $x$，乙盐水的浓度为 $y$.

条件（1）：由已知条件，可知 $300x+100y=3\%\times400$，一个方程两个未知数，解不出 $x$，$y$，故不充分.

条件（2）：由已知条件，可知 $100x+300y=5\%\times400$，一个方程两个未知数，解不出 $x$，$y$，也不充分.

联立条件（1）和（2）的两个方程，解得 $x=2\%$，$y=6\%$，故两个条件联立充分.

20. **答案** ▶ **D**

**解析** ▶ 设搬饮料的工人有 $x$ 人. 每人搬 9 箱，则最后一名工人需搬 6 箱，即有饮料 $9(x-1)+6$（箱）.

条件（1）每人搬 $k$ 箱有 20 箱无人搬运，即共有饮料 $kx+20$ 箱，则 $kx+20=9(x-1)+6$，$(9-k)x=23$. 其中 $k$，$x$ 均为正整数，23 为质数，仅能分解为 1 与它本身相乘的形式，故 $9-k=1$，$x=23$，条件（1）充分.

条件（2）每人搬 4 箱，则需再派 28 人恰好搬完，即共有饮料 $4(x+28)$ 箱，则 $4(x+28)=9(x-1)+6$，解得 $x=23$，条件（2）充分.

21. **答案** ▶ **C**

**解析** ▶ 条件（1）：首项已知，但公比未知，无法求出 $S_5$ 的值，不充分.

条件（2）：【破题标志词】等比数列某几项乘积 $\Rightarrow$ 下标和相等的两项乘积相等，故 $a_2a_4=a_3a_3=a_3^2$，则 $a_3^2-a_3-2=0$，解得 $a_3=-1$（舍去）或 $a_3=2$，不知道公比或其它项的值，无法求出 $S_5$ 的值，不充分.

联立两个条件，$a_1=\dfrac{1}{2}$，$a_3=2$，$q=\sqrt{\dfrac{a_3}{a_1}}=2$，故可以确定 $S_5$ 的值，联立充分.

**22.** **答案** ▶ **E**

**解析** ▶ 条件（1）：原速度为 200 米/分钟，加速后为 250 米/分钟，但不知道一共骑行多长时间，故求不出家到学校的距离，条件（1）不充分.

条件（2）：不知道加速之后的速度，故求不出家到学校的距离，条件（2）不充分.

联立两个条件，已知加速后速度为 250 米/分钟，设加速之后行驶的路程为 $s$，这段路程，加速后比加速前少用了 $3+2=5$ 分钟，则有

$$\frac{s}{200} - \frac{s}{250} = 5 \Rightarrow s = 5000,$$

则他家距离学校的路程一定大于 5000 米，两个条件联立也不充分.

**23.** **答案** ▶ **A**

**解析** ▶ $S_{增加} = 2S_{矩形} = 2 \cdot (2r \cdot h) = 80 \Rightarrow r = 2.$

条件（1）：$V = \pi r^2 h = 40\pi \Rightarrow r = 2$，充分.

条件（2）：$V = \pi r^2 h = 200\pi \Rightarrow r = 2\sqrt{5}$，不充分.

**24.** **答案** ▶ **D**

**解析** ▶ 条件（1）：能构成直角三角形的有 2 种情况，即 {3，4，5}，{6，8，10}.

故任取三个元素，能构成直角三角形三边长的概率为 $\frac{2}{C_6^3} = \frac{1}{10}$，条件（1）充分.

条件（2）：能构成直角三角形的有 2 种情况，即 {6，8，10}，{5，12，13}.

故任取三个元素，能构成直角三角形三边长的概率为 $\frac{2}{C_6^3} = \frac{1}{10}$，条件（2）也充分.

**25.** **答案** ▶ **D**

**解析** ▶ 对于直线 $l$：$(2m+1)x + (m+1)y = 7m+4$，即 $m(2x+y-7) + x+y-4 = 0$，

由 $\begin{cases} 2x+y-7=0 \\ x+y-4=0 \end{cases}$，解得 $\begin{cases} x=3 \\ y=1 \end{cases}$，故直线 $l$ 恒过 (3，1) 点，而 $(3-1)^2 + (1-2)^2 < 25$，

故点 (3，1) 在圆 $C$ 内部，则圆 $C$ 与直线 $l$ 恒相交 $(m \in R)$，

故条件（1）和条件（2）均单独充分.

## 三、逻辑推理

26. **答案▶ E**

**解析▶** 题干论据：因为AlphaGo在围棋和扑克上战胜了人类。

题干结论：所以今后高级管理者也可能会被机器人替代。

题干的论述把"围棋和扑克"等同于"管理"。因为在"围棋和扑克"上人工智能超越人类，所以在管理上也能超越人类。只需要指出"围棋和扑克"与"管理"不能等同，即可削弱题干的论述。

E选项，指出下围棋是可以进行计算得到结果，而在真正的商业环境中有很多不确定的因素无法计算，两者存在不同。所以在真正的管理中机器人无法通过精确的计算取代高级管理者。以指出不同的方式削弱了题干的论述。

27. **答案▶ C**

**解析▶** 题干逻辑：

（1）黑体 or 楷体➡篆书 and 非幼圆；

（2）宋体 or 隶书➡黑体 and 非篆书。

对（1）做逆否：（3）非篆书 or 幼圆➡非黑体 and 非楷体。

对（2）做逆否：（4）非黑体 or 篆书➡非宋体 and 非隶书。

假设非篆书为真，可以得到非黑体 and 非楷体。将非黑体代入（4）中可以得到：非宋体 and 非隶书。这样一来就4个不能入选，与题干矛盾，所以篆书一定入选。

将篆书入选代入（4）中可以得到非宋体 and 非隶书。

同理，如果幼圆入选的话，也会产生：非黑体 and 非楷体 and 非宋体 and 非隶书。这样一来就会产生矛盾。所以幼圆不能入选。

综上能入选的一定是：黑体、楷体、篆书。

28. **答案▶ D**

**解析▶** 论据：在高二氧化碳环境中孵化的鱼相比正常海水中长大的鱼苗游动速度慢。

结论：在高二氧化碳环境中孵化的鱼，生存的能力将会减弱。

D选项指出，鱼苗游动速度慢会造成遇到天敌的时候也不能迅速转向离开，导致生存能力弱，补全了二者的逻辑关系，是题干论证成立的假设。

其他选项均没有提到二者的关系。

## 29. 答案▶ C

**解析▶** 题干逻辑：

（1）甲夺冠➜乙 or 丙跟他参加比赛；

（2）乙夺冠➜丙 or 丁跟他参加比赛；

（3）丙夺冠➜甲 or 丁跟他参加比赛；

（4）丁夺冠➜乙 or 丙跟他参加比赛。

题干问"不可能为真"的名单，所以我们把选项代入验证，寻找一定会产生矛盾（满足前真 and 后假）的选项。

C选项：甲和丁参加比赛，并且其中的一个人获得冠军。只有两种可能。

可能性1：甲夺冠，根据条件（1），乙或者丙要跟他一起参加比赛。而参加比赛的两人是甲、丁，没有乙、丙，与条件（4）矛盾。

可能性2：丁夺冠，根据条件（4）那么乙或者丙会跟他一起参加比赛。而参加比赛的两人是甲、丁，没有乙、丙，与条件（1）矛盾。

所以C选项，不管是哪种夺冠情况，均与条件矛盾，C为不可能为真的选项。

## 30. 答案▶ D

**解析▶** 需要解释的矛盾：网络零售已经相当成功的今天，为什么互联网巨头们反而又要重新涉足线下零售呢？

可以从两点来解释其中的矛盾：（1）指出线上销售的劣势；（2）指出线下销售的优势。

A选项，指出来电商成本升高，原来的优势现在成了新的硬伤，所以这个是线上销售的劣势。可以解释看似的矛盾。

B选项，指出来了新型线下销售的优势，可以解释题干中的矛盾。

C选项，解释的矛盾点同B。

D选项，就算是在各方面互相竞争的对手，如果线下销售无利可图的话，互联网大佬们也不会轻易涉及，无法解释题干的矛盾。

E选项，指出了线下销售的优势，属于可以解释矛盾的选项。

## 31. 答案▶ C

**解析▶** 题目让找总经理和副总经理之间争议的关键点。寻找两个人争论的焦点，优先寻找第一个人的结论。总经理的结论为："因为不到 2/3 的员工提交了他们的选举材料，所以这次投票是失败的。"副总经理对此提出反对：投票参与其实并不能表达员工的真实意图，所以总经理这个以参与人数来定投票成功与否的论述是错误的。

很明显，他俩争论的焦点在于"参与人数是不是决定一个投票是否成功的重要因素"。

C选项就指出了这一点：决定一个投票是否成功取决于参与投票的人数，还是员工投票时是否表述出自己真实的想法。

E选项的错误在于，副总经理并不是让员工来投票决定公司的发展方向，而是想让员工的选票表达自己内心最真实的意图。所以C比E更合适。

32. 答案 ▶ B

解析 ▶ 题干逻辑：

（1）德国＝2；

（2）日本＿＿美国；

（3）英国——澳大利亚；

（4）法国——美国。

本问附加条件：英国第六个拜访。

| 1 | 2 | 3 | 4 | 5 | 6 | 7 |
|---|---|---|---|---|---|---|
|  | 德国 |  |  |  | 英国 |  |

根据（3）拜访英国在拜访澳大利亚之前，可推出澳大利亚必须第七个拜访。

| 1 | 2 | 3 | 4 | 5 | 6 | 7 |
|---|---|---|---|---|---|---|
|  | 德国 |  |  |  | 英国 | 澳大利亚 |

根据（2）拜访日本在拜访美国之前，并且他们之间恰好隔了其他两个计划。可以得出美国不可能在第五，因为如果在第五，日本就要在第二，这和题目产生矛盾。所以美国只能排在第四，日本排在第一。

| 1 | 2 | 3 | 4 | 5 | 6 | 7 |
|---|---|---|---|---|---|---|
| 日本 | 德国 | 法国 | 美国 |  | 英国 | 澳大利亚 |

根据（4）拜访法国要在拜访美国之前完成。所以法国在第三个被拜访。

B选项正确。

33. 答案 ▶ A

解析 ▶ （1）德国＝2；

（2）日本＿＿美国；

（3）英国——澳大利亚；

（4）法国——美国。

本问附加条件：日本第三个拜访。

第一步我们整理题目给出的确定信息：

| 1 | 2 | 3 | 4 | 5 | 6 | 7 |
|---|---|---|---|---|---|---|
|  | 德国 | 日本 |  |  |  |  |

根据（2）拜访日本要在拜访美国之前，并且他们之间恰好隔了其他两个计划。所以可以得出美国排在第六被拜访。

| 1 | 2 | 3 | 4 | 5 | 6 | 7 |
|---|---|---|---|---|---|---|
|  | 德国 | 日本 |  |  | 美国 |  |

根据（4）拜访法国要在拜访美国之前完成。可以得出法国能够排的位置只能是1、4、5。若A选项为真，澳大利亚排第四同时意大利排第五。由题干要求（4）法国必须在美国之前，（3）英国必须在澳大利亚之前。但是在美国和澳大利亚之前的位置只剩下1个，不可能同时满足以上两个要求，所以不可能为真。

---

34. **答案▶ B**

**解析▶** 题干信息如下：

（1）甲和丙不在同一组；

（2）乙 = 1 ➜ 丁 = 1；逆否：丁 ≠ 1（丁 = 2）➜ 乙 ≠ 1（乙 = 2）；

（3）戊 = 1 ➜ 丙 = 2；

（4）己 = 2。

附加条件：戊和丙在同一组。

根据（3）假设戊 = 1，此时得到丙 = 2，出现矛盾，所以戊 ≠ 1，得到戊 = 2，同时丙 = 2，那么根据（1）得到甲 = 1。

此时第二组有戊、丙、己，第二组的名额还剩下1个。

根据（2）逆否，假设丁 = 2，会导致乙 = 2，此时第二组会有5个名额，和题干矛盾，所以丁 ≠ 2，即丁 = 1。

现在第一组有甲和丁，剩下1个名额，第二组有戊、丙、己，剩下1个名额。所以剩下的乙和庚必须分别在两个组，不能在同一组。

**35.** 答案▶ **C**

解析▶ 题干信息如下：

（1）甲和丙不在同一组；

（2）乙＝1➡丁＝1；逆否得到：丁≠1（丁＝2）➡乙≠1（乙＝2）；

（3）戊＝1➡丙＝2；

（4）己＝2。

附加条件：丁和庚在同一组。

由条件（4）己在第二组（第二组还剩3个空位）。

由条件（1）甲/丙，一边一个（第一组剩2位置，第二组剩2位置）。

由条件（2）若乙在第一组，丁必须在第一组，同时庚也要在第一组，此时要占据3个位置，而第一组只有2个位置。说明乙必须在第二组。

此时第二组只剩1个位置，丁和庚必须去第一组。最后剩下的戊必须去第二组。

**36.** 答案▶ **D**

解析▶ 题干论据：我们发现每条染色体上都存在导致智力低下的位点。

题干结论：X染色体对智力的影响不算大。

所以，如果每个染色体对于智力的权重相同的话，就能够支持题干的论述。如果每条染色体都有影响智力的位点，但是X染色体的位点起到了至关重要的作用，则是对题干论述的削弱。

D选项指出了一个人的智力是由46条染色体的基因综合作用的结果，意思是每条染色体对智力影响的权重差不多，支持了题干论述。

**37.** 答案▶ **A**

解析▶ 题目先给出结果：在重组之后的最近两年，公司业绩有明显提升。

然后给出导致这个结果的原因：销售架构的重新整合起到了效果。

那么引入一个导致相同结果（让业绩提升）的其他原因，则是对"提升的原因在于销售架构的整合"的论述的削弱。

除了A选项，其他选项都从不同角度引入了一个可以导致公司业绩有明显提升的原因。而A选项属于支持选项，架构重组以后每个销售的目标更明确，每个人的工作动力变得更强了，说明确实是销售架构的重新整合起到了效果。

**38.** 答案▶ **E**

解析▶ 题干逻辑：

（1）小王 or 小李 or 小孙；

（2）非小孙 or 非小赵；

（3）非小王 or 非小丽；

（4）非小红➡非小李。

（5）小王没有入选。

小赵、小孙、小王、小李 4 个男生 4 选 2，小红、小丽 2 个女生 2 选 1。

由（5）小王没有入选和（2）小孙、小赵至多有一个人入选。说明小孙、小赵最多只占 1 个入选名额，剩下的 1 个男生入选名额必须给小李。可推出小李一定入选。

由条件（4）可推出小红一定入选。占据了唯一的 1 个女生入选名额。

所以最终推出，小丽一定不入选。

能够确定的名单有：

| 小王 | 小孙 | 小赵 | 小李 | 小红 | 小丽 |
|------|------|------|------|------|------|
| 不入选 | 2 选 1 | | 入选 | 入选 | 不入选 |

E 选项正确。

**39.** 答案▶ **D**

解析▶ 题干逻辑：

（1）非历史 or 非英语；

（2）逻辑、英语、文学中若确定 1 个不选，剩下 2 个都要选；

（3）非数学➡历史，逆否：非历史➡数学。

由（1）和（3）得：非数学➡历史➡非英语。如果不选数学，可以推出一定不选英语。

由（2）得：非逻辑➡英语 and 文学。如果不选逻辑，可以推出一定要选英语，并且要选文学。

可以看出在"不选数学"和"不选逻辑"同时为真的情况下，会产生"必须选英语"和"必须不选英语"自相矛盾的情况。所以"不选数学"和"不选逻辑"不能同时为真，即数学和逻辑至少要选 1 个。所以 D 选项正确。

**40.** **答案** B

**解析** 设：处理好边境问题＝A；英国和欧盟层面达成共识＝B；英国与爱尔兰层面达成共识＝C；解决好北爱尔兰内部的矛盾＝D。

题干逻辑：A➡B and C and D。

逆否：非B or 非C or 非D➡非A。

A选项：非D➡非B，从题干无法推出。

B选项：D and 非C➡非A，题干逆否的前件是 or 关系，满足任何一个就可以推出后件，所以非C可以推出非A，自然D and 非C也可以推出非A。正确。

C选项：C and D➡A，从题干逻辑无法推出。

D选项：非A➡非B，从题干逻辑无法推出。

E题干中没有相关论述，属于无关选项。

**41.** **答案** C

**解析** 题干逻辑：

（1）小美购买巧克力慕斯➡小樱购买芒果慕斯；

（2）小兰不购买草莓慕斯➡小樱购买草莓慕斯 and 小昭购买抹茶慕斯；

（3）小兰购买草莓慕斯➡小昭购买抹茶慕斯 and 小美购买草莓慕斯。

根据（3），如果小兰购买草莓慕斯为真，就会推出小美也购买草莓慕斯，就和题干所说的每人购买的种类各不相同产生矛盾，所以小兰不购买草莓慕斯。

代入（2）推出：小樱购买草莓慕斯 and 小昭购买抹茶慕斯，说明小樱没有购买芒果慕斯；

代入（1）的逆否可得：小美没有购买巧克力慕斯，说明小美购买了芒果慕斯，则小兰一定购买了巧克力慕斯。

**42.** **答案** D

**解析** 设：发行股票的行为＝A，融资行为＝B，对公司有利决策的行为＝C。

题干的论述用逻辑符号表述为：

（1）所有的A都是B；

（2）有的C是B。

由（1）＋（2）推出结论：所有的C都是A。

如果增加某个条件，让题干条件能推出与结论"所有的C都是A"相矛盾的论述"有的C不是A"，说明整个论述自相矛盾，自然也是对上述论述最大的质疑。

现在的问题变成了增加什么条件能配合（1）（2）推出"有的C不是A"。

由文氏图知识"有的C不是B"＋"所有的A都是B"，可推出："有的C不是A"。D选项正确。

---

43. **答案▶** E

**解析▶** 题干论述：机器人可以吃掉癌细胞并且不会伤害到人类的正常细胞，所以人类将来可以治愈癌症。

想要质疑上述论述，我们可以引入一个反方向原因，让结论不成立即可。

E选项，指出癌细胞在人体内的繁殖速度大大超过了机器人能够"吃掉"癌细胞的速度。即使机器人能吃掉癌细胞，癌细胞的数量依旧会增多，无法起到治愈的效果。进而质疑了机器人通过吃癌细胞可以治愈癌症的论述。

---

44. **答案▶** E

**解析▶** 题干论据：当面对不公平分配时，回应者的负性情绪体验增加，他们会愤怒、轻蔑、恼怒、嫉妒、厌恶等，而愉悦、满意等这些正向情绪体验会降低。

题干结论：如果公司想尽量提高员工的工作效率，可以试着把工作任务尽可能公平地分配给每一个员工。

这个推理的问题在于，论据仅仅讨论了公平分配对员工情绪的影响，跟结论中讨论的提高工作效率，并不能凭空建立起的逻辑联系。所以如果想支持该论述，就要建立起情绪和工作效率之间的关系。

E选项，有积极和正面的情绪会提高人的工作效率，同时拒绝和厌恶的心态会降低人的工作状态。建立起两者之间的逻辑关系，建立联系支持题干。

---

45. **答案▶** B

**解析▶** 专家称：相比较"事实陈述"而言，能否正确地理解"观点陈述"对人们日常生活和决策的影响会更大。

如果想要支持该论述，就要明确地指出为什么"观点陈述"对人们的日常生活和决策影响更大。

B选项，说明当人们进行决策和判断时，绝大多数人都参考的是自己的"观点"而不是真正的"事实"，说明了人们做判断使用的更多的是"观点论述"，所以正确理解"观点论述"对人们生活的影响更大，支持了专家的断言。

**46.** **答案** ▶ **C**

**解析** ▶ 题干逻辑：

（1）张山＝新疆➔张山＝吐鲁番 and 张山＝喀什；逆否：张山≠吐鲁番 or 张山≠喀什

➔张山≠新疆；

（2）张山＝吐鲁番 or 张山＝塔里木盆地➔张山 and 李斯 and 王武同游；

（3）张山 and 李斯 and 王武同游➔都有空闲时间；

已知李斯没有空闲时间，代入（3）逆否得：张山 and 李斯 and 王武没有同游，代入（2）

逆否后得：张山≠吐鲁番 and 张山≠塔里木盆地，代入（1）的逆否：张山≠新疆。

**47.** **答案** ▶ **D**

**解析** ▶ 论据：血中α含量的降低，会导致体内清除自由基的功能减退，从而造成很多疾病。

结论：为了预防高血压、动脉硬化等心脑血管疾病，我们应该在饮食中添加α元素，或者有意地吃一些含α元素比较多的食物。

题干逻辑为：因为物质α有好处➔我们应该在饮食中添加，多吃物质α。

实际上这个逻辑要成立有以下两个必须满足的前提条件：

（1）人体内α量不够。如果量足够，即使物质α有用，也不需要刻意补充；

（2）饮食中添加物质α等同于增加血液中的物质α，物质α不会被消化道破坏。

D选项，指出了需要满足的前提条件（1），为正确选项。

E选项的错误在于"没有任何副作用"。只要服用物质α对人体总体利大于弊即可。不必过于极端，要求没有任何副作用。如果E选项后半句改为，对人体的益处大于对人体的弊端，那么也可以成为正确选项。

**48.** **答案** ▶ **E**

**解析** ▶ 题干逻辑：C，因为A and B➔C。

A选项，A是B，因为A是C and D，和题干结构不一致。

B选项，C，因为A and B➔D，和题干结构不一致。

C选项，A，因为B and C➔D，和题干结构不一致。

D选项，A，非A➔非B，和题干结构不一致。

E选项，C，因为A and B➔C，与题干结构一致。

**49.** 答案▶ **C**

解析▶ 题目需要解释的矛盾为：鲨鱼吃金枪鱼，为什么鲨鱼的数量减少，但金枪鱼的数量没有增多反而也随之减少。

C选项指出：鲨鱼不仅吃金枪鱼还吃海豹，而金枪鱼是海豹的主要食物。这样一来虽然鲨鱼减少了，但是海豹因为缺少了天敌数量明显增加。虽然死于鲨鱼口中的金枪鱼变少了，但是被海豹吃掉的金枪鱼增多，最终降低了金枪鱼的数量。

**50.** 答案▶ **B**

解析▶ 题干逻辑：广告业务➡提高航空公司的销售利润。

B选项举出了一个反例：投入广告业务 and 没有提高销售利润。通过前真后假的方式削弱了题干的论述。

A选项未提及航空公司的利润是否与广告业务有关，不能削弱。

C选项，其他因素也会影响航空公司业绩，不能说明广告业务的作用，不能削弱。

D选项，是否透漏漏广告成本，与结论无关。

E选项，香烟行业的情况，与题干无关。

**51.** 答案▶ **D**

解析▶ 题干论据：采取翻转式教学模式的同学的平均考试成绩比那些没有参加试点的传统教学模式的学校要高 5 分。

题干结论：翻转式教学的新模式能提高同学的学习成绩。

要削弱该论述，引入一个导致相同结果（某些学校成绩高）的其他原因即可。

D选项，认为试点的学校是专门挑选的在A城市成绩排名靠前的几所学校。说明参加这个翻转式教学模式的同学本来学习成绩都很好，并不是因为翻转式教学的新模式能够提高同学的学习成绩。

**52.** 答案▶ **C**

解析▶ 题干逻辑：

（1）说积极和正面的建议➡戴黄色帽子；

（2）说批判和反面的建议➡戴黑色帽子；

（3）戴红色思考帽➡从情绪和感性上给出建议。

（4）小张戴黄色 and 小王戴蓝色➡小李戴红色；

（5）小李说的是客观的事实和数据的建议，小张说的是积极和正面的建议。

把（5）"小李说的是客观的事实和数据的建议"代入到条件（3），可以推出"小李没有戴红色的思考帽"。继续代入到条件（4），可以推出"小张没有戴黄色 or 小王没有戴蓝色"。

把（5）"小张说的是积极和正面的建议"代入到条件（1）可以推出"小张戴黄帽子"。

对于"小张没有戴黄色 or 小王没有戴蓝色"这个 or 的逻辑，综合"小张戴黄帽子"可以推出"小王没有戴蓝色"。C选项正确。

53. **答案** C

**解析** 题干逻辑：

（1）不注重成本的控制➡无法提供有吸引力的发射价格；

（2）占据一席之地➡提供有吸引力的发射价格。

综合（1）（2）可得：（3）占据一席之地➡提供有吸引力的发射价格➡注重成本控制。

C选项：占据一席之地 and 不注重成本，满足前真 and 后假，一定为假。

54. **答案** C

**解析** 题干逻辑：

（1）甲＝华山；乙＝华山；甲乙另一个选择不同；

（2）丙 or 丁＝恒山➡甲、乙、戊中至多一个不选恒山；

（3）戊＝恒山➡丙≠泰山。

假设条件（2）的前件为真，推出5人中至少3人选择恒山，与题干每座山有2人选择矛盾，因此（2）的前件一定为假，可得：丙≠恒山；丁≠恒山。

整理题干信息如下：

|  | 华山 | 恒山 | 嵩山 | 泰山 | 黄山 |
|---|---|---|---|---|---|
| 甲 | 〇 |  |  |  |  |
| 乙 | 〇 |  |  |  |  |
| 丙 | × | × |  |  |  |
| 丁 | × | × |  |  |  |
| 戊 | × |  |  |  |  |

因为甲和乙的另一个选择不同，因此不能同时选择恒山，要保证恒山被2人选择，则戊一定选择恒山。代入（3）可得：丙≠泰山，所以丙=嵩山；丙=黄山。

55. **答案** D

**解析** 题干逻辑：

（1）甲=华山；乙=华山；甲乙另一个选择不同；

（2）丙 or 丁=恒山➡甲、乙、戊中至多一个不选恒山；

（3）戊=恒山➡丙≠泰山。

本题附加条件（4）甲=嵩山。

题干推出信息如下：

| | 华山 | 恒山 | 嵩山 | 泰山 | 黄山 |
|---|---|---|---|---|---|
| 甲 | ○ | | | | |
| 乙 | ○ | | | | |
| 丙 | × | × | ○ | × | ○ |
| 丁 | × | × | | | |
| 戊 | × | ○ | | | |

将条件（4）代入上表中可得：

| | 华山 | 恒山 | 嵩山 | 泰山 | 黄山 |
|---|---|---|---|---|---|
| 甲 | ○ | × | ○ | × | × |
| 乙 | ○ | ○ | × | × | × |
| 丙 | × | × | × | × | ○ |
| 丁 | × | × | × | ○ | ○ |
| 戊 | × | ○ | × | ○ | × |

## 四、写作

### 56.论证有效性分析

**范 文**

**扩大内需真的比不上加强对外贸易吗？**

文章通过一系列论证得出扩大内需的好处远比不上加强对外贸易的结论。看似头头是道，实则存在很多漏洞，具体分析如下：

首先，材料认为依靠对外贸易的国家将经济政策改变为扩大内需则其经济体制就会完全崩塌，此处推理明显不当。经济体制是国民经济的管理制度和运行方式，经济政策只是经济体制组成的一小部分内容，一项经济政策的改变并不能直接影响经济体制，更无法直接导致经济体制的崩塌。

其次，材料指出"一个国家的人数少于全球的人数，所以内需和对外贸易相比就存在消费群体少的天然劣势"，此处犯了混淆概念的错误。国家人数少于全球人数，其比较的是自然人个体数量，而内需和对外贸易消费群体则特指一个国家和全球人口中会对该商品进行消费的个体数量，其两者不能简单等同。

再次，材料关于扩大内需，国内很多从事国际贸易业务的公司经济就会下滑的推理也是站不住脚的。扩大内需与国际贸易并不冲突，扩大内需也不等于缩小国际贸易，因此在扩大内需的经济形势下，从事国际贸易业务的公司通过优化管理运营等方式一样可以提升公司经济实力。

最后，扩大内需，国内企业就会仗着高销量而不思进取，最后与国际企业拉开差距。国内企业并非是只有一家，不和国外企业竞争，也会和国内的企业竞争，所以不见得没有外贸产品国内的企业就会止步不前，国内企业之间的竞争也能良性发展最后推动我们的企业发展。

综上所述，原文的论证存在诸多逻辑缺陷，并不能得出"扩大内需的好处远比不上加强对外贸易"的结论，此结论的有效性还需要进一步商榷。

## 57.论说文

范　文

### 借势发力，顺势而为

古人常常强调"借力"的智慧，"假舆马者，非利足也，而致千里；假舟楫者，非能水也，而绝江河"，由此可见，借势发力，顺势而为，做任何事情都要有"借力"的智慧。

借势发力，顺势而为，是对自身优势的发掘。《礼记》有云：玉不琢，不成器。即便再好的玉石，也要借助外力，经受细致的打磨，才能焕发原本的光彩。古时魏国范雎，能言善辩，但却不得重用，后来前往秦国谋求机遇，凭借自己的善辩的优势，得到秦昭王的赏识，最终成为一代名相。玉器要借助雕琢之力才能显现原本的风采，范雎也是借助秦昭王的扶持才能发挥自身的能力。借力，是对自身优势的发掘。

借势发力，顺势而为，是对外界力量的善用。善用外界的力量，可以帮助更好地达成目的。大英图书馆在搬新馆时由于藏书过多，搬运费极其昂贵，因而登报通知：即日起每位市民都可以免费从大英图书馆借 10 本书，从旧馆借书要还到新馆，最终图书馆借众人之力完成了搬家。庄子言："且夫水之积也不厚，则其负大舟也无力。风之积也不厚，则其负大翼也无力。"可见，小舟要行驶得靠底下的水流；大鹏要展翅高飞需借强劲的"风力"。借力，是对外界力量的善用。

借势发力，顺势而为，是对全局发展的把控。好风频借力，送我上青云。赤壁之战时，诸葛亮巧妙利用气候特点借来东风，联合周瑜大败曹操，帮助刘备建立了蜀国大业。海尔的创始人张瑞敏也说过："企业即人，管理即借力。"企业的发展是借助众多员工的能力，以更开阔的思路整合更多的资源，才能实现更好的发展。借力，是对全局发展的把控。

只有借力，才能更好地"打力"，借势发力，顺势而为，发掘自身的优势，善用外界的力量，把控好全局，从而不断积聚自己的底气和实力，总能迎来"不鸣则已，一鸣惊人"的那一天。

# 基础卷（三）答案及解析

## 一、问题求解

**1.** **答案** E

**解析** 【破题标志词】[比] + [具体量] ⟹ 见比设k再求k.

第一步：见比设k. 设甲仓库有 $5k$ 吨存货，乙仓库有 $3k$ 吨存货，则共有 $8k$ 吨存货.

第二步：求出k代表的具体值，进而得出结论. 可得 $\dfrac{5k-8}{3k+8}=1$，解得 $k=8$，所以共有存货 $8k=8\times 8=64$（吨）.

**2.** **答案** B

**解析** 根据"使用时后一天总比前一天少使用 1 毫升"可得，这 5 天硫酸用量为公差 $d=-1$ 的等差数列且 $a_5=5$. 根据等差数列前奇数项和的求和公式 $S_n=na_{中间项}$，可知 $S_5=5a_3$. 其中 $a_3=a_5-2d=5+2=7$，则 5 天使用硫酸总量 $S_5=35$ 毫升. 根据"剩下的量与已经用掉的量相同"可得，这瓶硫酸原来有 $35+35=70$ 毫升.

**3.** **答案** A

**解析** 分解质因数：$(5-a)(5-b)(5-c)(5-d)=9=(-1)\times 1\times(-3)\times 3$

$(5-a)+(5-b)+(5-c)+(5-d)=(-1)+1+(-3)+3=0$

$\Rightarrow 20-(a+b+c+d)=0$

$\Rightarrow a+b+c+d=20.$

**4.** **答案** E

**解析** 【破题标志词】底同线+共顶点 ⟹ 等高模型.

因为 $\triangle ABD$、$\triangle ADE$、$\triangle AEC$ 高相同，底边在同一条直线上，面积比等于底边之比

$S_{\triangle ABD}:S_{\triangle ADE}:S_{\triangle AEC}=BD:DE:EC=1:2:3$

取特值，令 $S_{\triangle ABD}=1$，则 $S_{\triangle ADE}=2$，$S_{\triangle AEC}=3$.

所以 $S_{\triangle ABC}=1+2+3=6$.

因为 $F$ 为 $AE$ 中点，则 $AF=EF$，又因为 $\triangle DAF$、$\triangle DEF$ 高相同，所以

$S_{\triangle DAF}:S_{\triangle DEF}=AF:EF=1:1$，$S_{\triangle DEF}=\dfrac{1}{2}S_{\triangle ADE}=\dfrac{1}{2}\times2=1$，那么 $\dfrac{S_{\triangle ABC}}{S_{\triangle DEF}}=\dfrac{6}{1}=6$，则新能源产业园区总面积是中央工厂区面积的 6 倍.

---

**5.** 【答案】 **A**

【解析】 本题符合【破题标志词】代数式求最值：可变形为二次函数的⇒利用二次函数求最值.

$x+2y=3\Rightarrow x=3-2y$，将 $x=3-2y$ 代入到 $x^2+y^2+2y$ 中可得：

$x^2+y^2+2y=(3-2y)^2+y^2+2y=5y^2-10y+9=5(y-1)^2+4$.

当 $y=1$ 时，$5y^2-10y+9$ 有最小值 4.

---

**6.** 【答案】 **B**

【解析】 设两地的距离为 120 千米，则去时用时 3 小时，返回用时 2 小时，那么往返两地的平均速度为 $\dfrac{120+120}{3+2}=48$(千米/小时).

注：平均速度等于总路程除以总时间，而不等于速度的平均值.

---

**7.** 【答案】 **C**

【解析】 【破题标志词】给定不等式解集，求系数⇒韦达定理.

由 $x^2-ax+b<0$ 的解集是 $x\in(-1,2)$ 可知，$x_1=-1$，$x_2=2$ 为方程 $x^2-ax+b=0$ 的两个根，由韦达定理知 $x_1+x_2=-1+2=a$，$x_1x_2=-1\times2=b$，得 $a=1$，$b=-2$，故 $x^2-bx+a=x^2+2x+1=(x+1)^2>0\Rightarrow x\neq-1$.

即 $x^2-bx+a>0$ 的解集为 $x\neq-1$.

---

**8.** 【答案】 **D**

【解析】 本题符合【破题标志词】全比例问题⇒特值法，设圆柱轴截面正方形边长为 2，

则圆柱高为2，上下底半径为1，球半径为1.

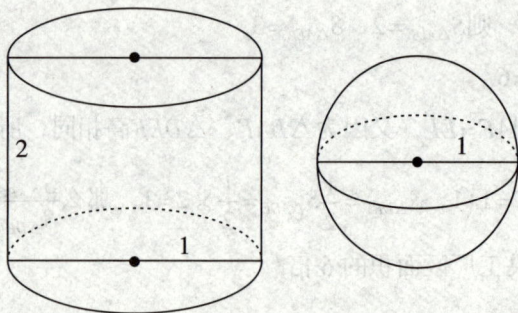

圆柱全表面积$S_柱=2\times\pi\times1^2+2\pi\times1\times2=6\pi$，球表面积$S_球=4\times\pi\times1^2=4\pi$，$\dfrac{S_柱}{S_球}=\dfrac{6\pi}{4\pi}=3:2$.

【注意】题目中给出的为直径，而圆面积与球体表面积计算公式使用的是半径.

9. **答案▶** A

**解析▶** 恰有2人来自同一队：$C_4^1\times C_3^2=12$.

剩余两人来自不同队：$C_3^2\times C_3^1\times C_3^1=27$.

总选取方案为$C_4^1\times C_3^2\times C_3^2\times C_3^1\times C_3^1=324$.

10. **答案▶** B

**解析▶** 已知$(3x+1)^5=ax^5+bx^4+cx^3+dx^2+ex+f$，令$x=1$，$a+b+c+d+e+f=1024$，令$x=-1$，$-32=-a+b-c+d-e+f$，两式相减，可解出$a+c+e=528$.

11. **答案▶** C

**解析▶** 设数列$\{a_n\}$的首项$a_1=23$，公差为$d$，则$\begin{cases}a_6=a_1+5d=23+5d>0\\a_7=a_1+6d=23+6d<0\end{cases}$，

解得$-\dfrac{23}{5}<d<-\dfrac{23}{6}$，因为$d$为整数，所以$d=-4$.

$S_n=na_1+\dfrac{n(n-1)}{2}d=23n-2n^2+2n=-2n^2+25n$.

$S_n>0$时，$-2n^2+25n>0\Longrightarrow n(2n-25)<0$.

解得$0<n<12.5$.

因为$n$是正整数，所以$n$的最大值是12.

**12.** **答案** B

**解析** 思路一：$(x-3)^2+y^2=25$ 为圆心在点$(3，0)$，半径$r=5$ 的圆.直线与圆相切意味着圆心到直线的距离$d=\dfrac{|3a+0-4|}{\sqrt{a^2+1}}=r=5$，$|3a+0-4|=5\sqrt{a^2+1}$，两边平方整理得：

$16a^2+24a+9=(4a+3)^2=0$，$a=-\dfrac{3}{4}$.

思路二：联立直线$y=-ax+4$ 与圆$(x-3)^2+y^2=25$ 方程可得$(x-3)^2+(-ax+4)^2=25$，整理得$(a^2+1)x^2-(8a+6)x=x[(a^2+1)x-(8a+6)]=0$，直线与圆相切意味着联立后二次方程有两相等实根，已知$x_1=0$，另一根$x_2=x_1=\dfrac{8a+6}{a^2+1}=0$，解得$a=-\dfrac{3}{4}$.

思路三：将直线方程$ax+y=4$ 分离变量得：$ax=-y+4$，直线恒过$(0，4)$点，恰为圆上一点，过圆上一点有且仅有一条直线与圆相切，$(0，4)$即为切点.切点与圆心$(3，0)$连线斜率为$k=\dfrac{4-0}{0-3}=-\dfrac{3}{4}$，故切线斜率为$-1\div\left(-\dfrac{3}{4}\right)=\dfrac{3}{4}$，根据点斜式直线方程可得$y-4=\dfrac{3}{4}x$，$-\dfrac{3}{4}x+y=ax+y=4$，故$a=-\dfrac{3}{4}$.

**13.** **答案** B

**解析** 盐水混合后，有盐 $200\times20\%+300\times30\%=130$ 克，盐水溶液 $500$ 克，假设还需要再加盐$x$克，则浓度为$\dfrac{130+x}{500+x}=63\%\Rightarrow x=500$.

**14.** **答案** D

**解析** 由题意

$$\begin{cases}\dfrac{x+y+10+11+9}{5}=10\\[2mm]\dfrac{1}{5}[(x-10)^2+(y-10)^2+0+1+1]=2\end{cases}，$$

可算得$x+y=20$，$x^2+y^2=208\Rightarrow xy=96\Rightarrow|x-y|=\sqrt{x^2+y^2-2xy}=\sqrt{208-192}=\sqrt{16}=4$.

**15.** **答案** D

**解析** 第一步：求总方法数.正方形中总共可取 $5$ 个点，任取 $2$ 个，总共有$C_5^2=10$(种)取法；

第二步：求满足要求的方法数.正方形的4个顶点中，任取2个点，其距离都不小于正方形边长，总共有$C_4^2=6$(种)取法.

第三步：相除得概率.概率为$\frac{6}{10}=\frac{3}{5}$.

## 二、条件充分性判断

16 **答案▶** C

**解析▶** 【类型判断】两条件单独信息均不充分，C或E型.

条件（1）条件（2）单独成立时，均无法充分推出题干结论，故考虑联合.

【破题标志词】[比] + [具体量] ⟹ 见比设$k$再求$k$.

在A、B股上的投资额之比是3:2，故可设投资A股$3k$，投资B股$2k$，共投$5k$，$5k=3$，$k=\frac{5}{3}$.则投资A股$\frac{9}{5}$万元，投资B股$\frac{6}{5}$万元.

当A股票升值15%，B股票下跌10%时全部抛出.此时收益为：$\frac{9}{5}\times(1+15\%)+\frac{6}{5}\times(1-10\%)-3=0.15$万元.故联合充分.

17. **答案▶** B

**解析▶** 条件（1）由于不知道$EF$位置的高低，故无法确定三角形与梯形面积之比，条件（1）单独不充分.

【破题标志词】A字型相似：三角形内出现边的平行线 ⟹ 此平行线分割出的小三角形与大三角形相似.

条件（2）因为$EF$平行于$BC$，△$AFE$与△$ABC$相似，对应边成比例（即相似比），面积比等于相似比的平方.

故有$\frac{S_{\triangle AFE}}{S_{\triangle ABC}}=\left(\frac{AG}{AH}\right)^2=\frac{S_{\triangle AFE}}{S_{\triangle AFE}+S_{BCEF}}$.由$G$是$AH$的中点可得$\frac{AG}{AH}=\frac{1}{2}$，故$\frac{S_{\triangle AFE}}{S_{\triangle AFE}+S_{BCEF}}=\frac{1}{4}$，$\frac{S_{\triangle AFE}}{S_{BCEF}}=\frac{1}{3}$，条件（2）充分.

注："可确定"类题目只需要保证待求的量可唯一确定即可，并不需要算出其具体数值.

18. **答案▶** B

**解析▶** 条件（1）可取特值，令$a=b=\frac{1}{10}$，此时$a^2+b^2=\frac{1}{50}<\frac{1}{5}$，不充分.

条件（2）$a = 1 - 2b$，所以 $a^2 + b^2 = (1-2b)^2 + b^2 = 5b^2 - 4b + 1 = 5\left(b - \frac{2}{5}\right)^2 + \frac{1}{5} \geqslant \frac{1}{5}$，当且仅当

$a = \frac{1}{5}$，$b = \frac{2}{5}$ 时取得等号，充分.

---

19 **答案** C

**解析** 条件（1），说明等比数列是单调递增数列，有两种情况：（1）$a_1 > 0$, $q > 1$；
（2）$a_1 < 0$, $0 < q < 1$；所以不能得出 $q > 1$，不充分.

条件（2）单独不充分，考虑联合，$a_1 > 0$ 能得出 $q > 1$，充分.

【知识点链接】等比数列的单调性：

（1）单调递增：$a_1 > 0$, $q > 1$ 或 $a_1 < 0$, $0 < q < 1$.

（2）单调递减：$a_1 > 0$, $0 < q < 1$ 或 $a_1 < 0$, $q > 1$.

---

20. **答案** D

**解析** 【破题标志词】两圆位置关系 ⟺ 圆心距与两半径和/差的大小关系.

将两圆的一般式方程配方化为标准方程得：

圆 $C_1$：$(x-m)^2 + y^2 = 4$，圆心为 $(m, 0)$，半径 $r_1 = 2$.

圆 $C_2$：$(x+1)^2 + (y-2m)^2 = 9$，圆心为 $(-1, 2m)$，半径 $r_2 = 3$.

条件（1）：代入 $m = 2$ 得，两圆心为 $(2, 0)$ 和 $(-1, 4)$，圆心距为

$d = \sqrt{(2+1)^2 + (0-4)^2} = 5 = r_1 + r_2$.

故两圆外切，条件（1）充分.

条件（2）：代入 $m = -\frac{2}{5}$，两圆心为 $\left(-\frac{2}{5}, 0\right)$ 和 $\left(-1, -\frac{4}{5}\right)$，圆心距为

$d = \sqrt{\left(-\frac{2}{5} + 1\right)^2 + \left(0 + \frac{4}{5}\right)^2} = 1 = |r_1 - r_2|$.

两圆相内切，条件（2）亦充分.

---

21. **答案** D

**解析** 条件（1）：取到的 4 个球全是红球的概率 $P = \frac{C_3^2}{C_6^2} \cdot \frac{C_2^2}{C_5^2} = \frac{1}{5} \times \frac{1}{10} = \frac{1}{50}$，充分；

条件（2）：取到的 4 个球全是红球的概率 $P = \frac{C_3^2}{C_6^2} \cdot \frac{C_2^2}{C_6^2} = \frac{1}{5} \times \frac{1}{15} = \frac{1}{75}$，充分.

**22.** **答案** D

**解析** 【破题标志词】等差数列某几项和 ⟹ 下标和相等的同数量项之和相等.

条件（1）：由 $a_2+a_{99}=a_3+a_{98}=a_1+a_{100}$ 可得 $a_2+a_3+a_{98}+a_{99}=2(a_1+a_{100})=10$，$a_1+a_{100}=5$，

故 $S_{100}=\dfrac{(a_1+a_{100})\times100}{2}=50\times(a_1+a_{100})=250$，条件（1）充分.

条件（2）：由 $2+5+97+98=1+100+1+100$ 可得 $a_2+a_5+a_{97}+a_{98}=2(a_1+a_{100})=10$，

$a_1+a_{100}=5$，故 $S_{100}=250$，条件（2）充分.

【秒杀方法】两个条件都是4项，并且下标之和都是202，因此条件（1）和条件（2）完全等价，验证条件（1）充分后，可直接由两个条件等价得出条件（2）也充分.

**23.** **答案** C

**解析** 条件（1）：将甲、乙捆绑在一起，甲、乙排序有 $A_2^2=2$ 种方法，甲、乙作为一个整体，与其余四人排队，有 $A_5^5=120$ 种方法，故总共有 $2\times120=240$ 种方法，不充分.

条件（2）：丙在丁左侧，是局部元素定序问题，则有 $\dfrac{A_6^6}{2!}=360$ 种方法，不充分.

两条件联合，将甲、乙捆绑看作一个整体，做丙、丁元素定序排列，有 $\dfrac{A_2^2A_5^5}{2!}=120$ 种方法.这是充分的，所以选C.

**24.** **答案** C

**解析** 条件（1）和条件（2）单独都不充分，考虑联立.

设长方形的三边为 $a$，$3a$，$4a$.

长方体的表面积 $S=2(a\cdot3a+a\cdot4a+3a\cdot4a)=38a^2=152$，解得 $a=2$，则三边长分别为2、6、8.

故长方体的体积为 $V=2\times6\times8=96$，因此两条件联立充分.

**25.** **答案** A

**解析** 条件（1）：$f(x)$ 与 $x$ 轴相切，即 $\Delta=(a+1)^2-4a=0$，解得 $a=1$，条件（1）充分.

条件（2）：当 $a=0$ 时，函数 $y=-x+1$，函数图像为直线，与 $x$ 轴有一个交点；当 $a\neq0$ 时，二次函数与 $x$ 轴仅有一个交点，则 $\Delta=(a+1)^2-4a=0$，解得 $a=1$；故 $a$ 有两种取值，不能确定 $a$ 的值，条件（2）不充分.

## 三、逻辑推理

26. **答案** D

**解析** 本题考察的是对复杂文字的结构化思维。

设："欧盟结束对希腊的纾困援助"＝A；"希腊国债要在2017年春就被纳入QE购债计划"＝B；"美国通过对欧盟的经济合作条款"＝C；"英国能实施宽松的货币政策"＝D。

题干通过逻辑连词给出了3个逻辑箭头：

（1）A➡B；

（2）非C➡非B；

（3）非D➡非B。

综合三个逻辑条件可以得到如下逻辑：

（4）A➡B➡C，它的逆否也同时成立即：非C➡非B➡非A。

A选项：C➡A，逻辑箭头不能逆推，所以A选项不一定为真。

B选项：D➡B。根据条件，逻辑箭头不能逆推。所以B选项不一定为真。

C选项：非B➡非D。根据条件只能得到非B➡非A成立，C选项无法推出。

D和E是两个非常接近的选项，来具体分析一下D和E的区别。

D选项：A and D➡C，等同于问，在A和D同时为真的情况下，代入题干条件，能否推出C为真。很明显，A单独为真，就可以推出C为真，所以A和D同时为真，也可以推出C为真。所以D选项正确。

E选项：A or D➡C，等同于问A和D至少有一个为真的情况下，代入题干条件，能否推出C为真。A or D为真，包含了A为假，D为真的情况。在这种情况下，无法推出C为真，所以E选项错误。

27. **答案** C

**解析** 题干首先给出结果：最近几年国内白酒的销售量有了明显的下滑（果）。从结果推出导致该结果的原因：一定是大家出于对自己健康的顾虑（因）。

很明显这是一个典型的由果推因考察方式。正确的质疑的方法是引入与顾虑健康无关的，其他能导致白酒销量明显下滑的原因。

C选项指出，是因为严查酒驾，开车去吃饭的人很少喝酒导致白酒销量的下滑，而不是出于人们对健康的顾虑。通过引入其他导致结果发生的原因，质疑了题目中给出的原因，为正确选项。

B选项的错误在于，即使有些人睡前喝一些红酒，也不能脑补这些人就一定会少喝白酒。所以喝红酒并不必然是导致白酒销量下滑的其他原因。

**28.** 答案▶ **B**

解析▶ 题干给的逻辑是：

（1）三年级二班参加400米项目➔王宇参加运动会；

（1）三年级二班参加5000米项目➔赵思参加运动会；

（3）陈全康复➔参加跳远项目，逆否同时成立：二班未参加跳远项目➔陈全没有康复；

（4）陈全没康复➔赵思去医院照顾她或王宇去医院照顾她；

（5）事实上，三年级二班没有派人参加跳远项目。

将事实真条件（5），代入（3）的逆否命题可以得出"陈全没有康复"为真。

继续代入（4），可推出"赵思去医院照顾他或王宇去医院照顾他"。由去医院就不能参加运动会，可以推出"赵思没有参加运动会或王宇没有参加运动会"。综合（1）和（2）可以推出"三年级二班未参加400米项目或三年级二班未参加5000米项目"。

**29.** 答案▶ **B**

解析▶ 题干论述的逻辑结构为：A and B➔C，所以非C and A➔非B。

B选项：A and B➔C，所以非C and A➔非B，与题干逻辑结构完全一致。

A选项：A and B➔非C，A and B，所以非C，与题干逻辑结构不一致。

C选项：A or B➔C，C and A，所以非B，与题干逻辑结构不一致。

D选项：非A➔非B and 非C，非A，所以非C，与题干逻辑结构不一致。

E选项：A➔B，C and 非B，所以非A，与题干逻辑结构不一致。

跟题干逻辑结构完全一致的是B选项。

**30.** 答案▶ **D**

解析▶ 题干给出了两个逻辑：

（1）得到年终奖➔得到个人先进奖 or 见义勇为奖。

（2）得到见义勇为奖➔非年终奖 or 非先进奖。

题目问哪一项不可能为真，很明显只需要找到满足任何一个逻辑的前真和后假的形式即可。

D选项指出小王得到了全部的三个奖项,对逻辑（2）来说,同时满足了"得见义勇为奖"为真,"非年终奖 or 非先进奖"为假。逻辑（2）为真,D选项一定为假。

31. **答案** C

**解析** 题目问是哪个选项能够削弱银行政策能达到的预期效果。

银行政策的预期为:"为了吸引用户,增加在银行的长期存款数额。"

实际政策为:存入银行该账户达到 5 年可以免税。

题干推理为:存入银行该账户达到 5 年可以免税➡更多的用户会存长期存款。

C选项,认为即使有了该政策,也无法激励用户增加长存款,因为储户本来就有其他方法减少自己个人所得税的损失,因此就算银行有了这个的政策,也不会因此增加自己的储户数量。通过前真后假的方式质疑了该逻辑。

32. **答案** E

**解析** 题干所给的逻辑如下:

（1）金毛狗➡吃掉所有的食物;

（2）苹果被吃掉➡猫被放出来;

（3）放出土拨鼠 or 放出金毛狗;

（4）兔子➡吃掉苹果 or 吃掉青菜;

（5）只剩下青菜。

题干说只剩下青菜,说明并非所有的食物都被吃掉。

代入条件（1）的逆否命题,可推出"金毛狗没有被放出来"为真。

此时把"金毛狗没有被放出"代入（3）中,否定或的一边可以推出另一边,可推出"土拨鼠被放了出来",所以正确答案选择E。

33. **答案** D

**解析** 题干结论:饮酒会让年轻人更加有暴力倾向。

题干先给出了两个并列存在的事实:饮酒的人往往有暴力倾向（饮酒和暴力倾向）,并且在结论中建立了两者的因果关系:饮酒➡更加有暴力倾向。

因果倒置的选项:更加有暴力倾向➡饮酒,就是对上述逻辑的削弱。D选项通过因果倒置削弱了题干。

34. **答案▶** C

**解析▶** 题干给出了4句话，并说明有2句真话，剩下的2句为假话。

（1）小孙➜小李；

（2）小赵或小陈；

（3）小孙和非小李；

（4）小陈和小王。

对于真话假话的题目，我们优先寻找矛盾的论述。

可以看出（1）和（3）是两个矛盾的命题，必然一真一假，占据了一句真话和一句假话的名额，所以剩下的（2）和（4）也必然是一真一假。

接着我们寻找同真或者同假的论述。如果（4）为真话，那么（2）必然也是真话，与题干矛盾，说明（4）一定为假话，（2）为真话。

C选项是（2）的等价论述，即A or B等价于非A➜B，等价于非B➜A。所以正确答案为C选项。

35. **答案▶** B

**解析▶** 由题干条件：董事长跟小张穿的衣服颜色相近，小李比人力总监的年龄大2岁。能够相比说明不是同一个人，可得出：

（1）董事长不是小张；

（2）人力总监不是小李。

由题干条件：假设小赵的位置为A，小李坐在小赵的右边B，且小李的对面D是董事长，而董事长不是小张。A、B、D的位置都不是小张，说明小张一定在C位置。

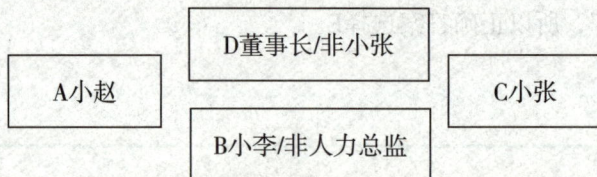

```
                  ┌──────────────────┐
                  │   D董事长/非小张    │
                  └──────────────────┘
 ┌──────────┐                              ┌──────────┐
 │  A小赵    │                              │  C小张    │
 └──────────┘                              └──────────┘
                  ┌──────────────────┐
                  │ B小李/非人力总监    │
                  └──────────────────┘
```

小张的对面A位置不是人力总监，由（2）B位置的小李也不是人力总监，D位置是董事长，不是人力总监，说明C位置的小张为人力总监。

由题干条件：财务总监坐在董事长的左边或者右边。董事长左边已经坐了人力总监小张，右边一定是财务总监。所以坐在A位置的小赵，一定是财务总监。

```
                    ┌─────────────────────┐
                    │  D董事长/非小张      │
    ┌───────────┐   └─────────────────────┘  ┌───────────┐
    │ A小赵     │                              │ C小张     │
    │ 财务总监  │   ┌─────────────────────┐   │ 人力总监  │
    └───────────┘   │  B小李/非人力总监    │   └───────────┘
                    └─────────────────────┘
```

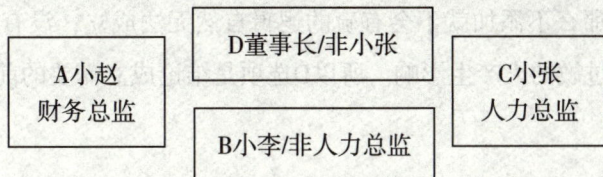

此时财务总监、人力总监、董事长均已确定。所以在B位置的小李一定是技术总监。在D位置的董事长，一定是小王。

---

36. **答案** ▶ **A**

**解析** ▶ 题干所给的逻辑是：因为汽车制造商采取了一系列措施，所以汽车的销量增加。但是论据和二者之间没有必然的逻辑关系，我们现在需要做的就是把二者的关系补充起来，也就是说明为什么会有这样的推理。

A项就是用逻辑连词建立了论据和结论的关系，支持了题干论述。

---

37. **答案** ▶ **E**

**解析** ▶ 题干需要解释为什么结账金额的末位数为7、8、9时给的小费多，而1、2、3时给的小费少。

那么正确选项需要引入能让数字7、8、9带来的给小费多的原因，或者引入能让1、2、3带来的给小费少的原因。

A选项，题干讨论的是末尾数字与小费的关系。服务员长相与题干逻辑没有相关性。

B选项，题干没有比较，故该选项也不能比较。

C选项，不能认为使用现金就会给的小费多，题干未提及相关信息。

D选项，希望一词仅仅表达出了个人意愿，不能脑补为希望服务员打折但是被拒绝后故意给小费给的少，故排除。

E选项，选项的"觉得便宜"的论述，建立了数字7、8、9和多给小费之间的关系。

---

38. **答案** ▶ **D**

**解析** ▶ 题干逻辑为：不再在制作过程中往红酒中添加任何硫，所以对硫过敏但是喜欢喝酒的人就可以放心饮用红酒，不会再担心会对硫过敏的风险了。

实际的意思简化一下为：如果不在红酒中人工添加硫，那么酒里面就不会有硫了。

对D取反，在酿造红酒的过程中会自然产生硫元素，所以不管是否人工添加，红酒最终都会有硫。那么不添加就不会有硫的逻辑自然无法成立，没有人工添加硫的红酒也会对那些对硫过敏的人产生影响。所以D选项是结论成立需要的前提假设。

39. **答案** E

**解析** 题干逻辑：

（1）降低医疗关税➜降低资源关税；

（2）医疗类产品、消费品、资源产品中至少降低两种关税；

（3）降低资源关税➜降低原材料关税。

如果不降低资源，根据（1）推出不降低医疗，与（2）矛盾，因此一定降低资源产品的关税。

根据（3）推出一定降低原材料的关税。

40. **答案** C

**解析** 论据：经常失眠、喜欢熬夜的人，他们血液样本中的血糖监测水平最高。很少失眠、熬夜的人，他们的血糖水平次之，而那些从不失眠且从不熬夜的人血糖水平最低。

结论：血糖和睡眠之间有一定的联系。

C选项，通过科学视角建立了睡眠不足与血糖之间的联系，支持题干论证。

A选项，糖尿病与题干论证无关，不能支持。

B选项，影响高血糖的风险因素很多，并没有说明是否包含睡眠，不能支持。

D选项，没有表明失眠和血糖之间的关系，不能支持。

E选项，"或许"是一个未知的选项，不能支持。

41. **答案** A

**解析** 题干逻辑：美国在（田径 or 游泳）无闪失➜中国不能在奖牌数量上超过美国。

A选项的逻辑：中国奖牌超过美国➜美国在（田径 or 游泳）有闪失，这恰好是题干逻辑的逆否命题。所以A是正确选项。

42. **答案** B

**解析** 题干给出条件：

（1）G、H、J、K、L五种鱼类，5选3；W、X、Y、Z四种植物，4选2；

（2）G➜非H和非Y；

（3）非K➜非H，相当于：H➜K；

（4）非W➜非J，相当于：J➜W；

（5）K➜X。

题干问"可能为真"的选项，一般采取代入找矛盾的入手方法，排除掉与题干条件矛盾（不可能为真）的选项，最后剩下的就是可能为真的选项。

题干给出了 4 个逻辑箭头，只要逻辑为前真 and 后假的选项（与之矛盾的一定为假的选项）就可以排除。

A选项，G、H同时为真对（2）来说，满足前真 and 后假，与条件矛盾，不可能为真。

B选项，没有满足任何一个条件的前真 and 后假。

C选项，有J无W，对（4）J➜W满足前真后假，与之矛盾，不可能为真。

D选项，有H无K，对（3）H➜K满足前真后假，与之矛盾，不可能为真。

E选项，有K无X，对（5）K➜X满足前真后假，与之矛盾，不可能为真。

---

43. **答案▶ A**

**解析▶** 题干条件：

（1）G、H、J、K、L五种鱼类，5 选 3；W、X、Y、Z四种植物，4 选 2；

（2）G➜非H和非Y；

（3）非K➜非H，相当于：H➜K；

（4）非W➜非J，相当于：J➜W；

（5）K➜X。

本问附加条件：（6）H入选。

把H入选代入（3）中可以推出K一定入选。

把K入选代入（4）中可以推出X一定入选。

所以在选择了H的情况下，可以推出一定也同时选择X。

---

44. **答案▶ C**

**解析▶** 题干逻辑：

（1）甲＝肉类➜乙≠蔬菜；

（2）丙＝肉类 or 甲＝肉类；

（3）乙≠蔬菜➜丁≠水果；

（4）甲≠饮料 or 丁＝水果。

根据（2），要想得到丙买肉类，就要保证甲≠肉类；根据（1），要想得到甲≠肉类，就要保证乙=蔬菜；根据（3），要想得到乙=蔬菜，就要保证丁=水果；根据（4），要想得到丁=水果，就要保证甲=饮料。

45. **答案 C**

**解析** 题目逻辑：钩端螺旋体病的传染源是跳蚤。跳蚤之所以会传染，是因为幼虫时期的跳蚤寄生在生病老鼠身上。所以,如果增加没病的老鼠,降低了生病的老鼠的比例,降低幼虫时期的跳蚤接触生病老鼠的概率，就降低了老鼠将跳蚤传染给人的概率。（比如说：有 50 只得病的老鼠，50 只健康的老鼠，跳蚤随机寄生在它们身上，因寄生在有病老鼠而带有传染性病菌的跳蚤占 50%。现在人为增加了健康的老鼠,有 50 只得病的老鼠和 150 只健康的老鼠,那么这时带有传染性细菌的跳蚤的比例为 25%。）

C选项，指出幼虫时期生长在患病灰鼠身上的跳蚤才会具有传染性，只要度过了这一段时间，后面不会再有传染性。从而支持了题干的逻辑：只要降低幼虫时期的跳蚤接触生病老鼠的概率，就能降低病菌传染的概率。

A选项，这道题关心的是传染人的概率，跳蚤自己是否会得病和题干的推理无关。

B选项，人们是否会被灰鼠直接传染和该措施能否降低携带病菌的跳蚤的概率无关。

D选项，"除了…还有…"是迷惑选项，我们讨论的仅仅是因为寄生在生病老鼠身上的跳蚤导致得病的概率，和是否有其他传染渠道没有逻辑关系。

E选项，我们讨论的主体是人，和猫狗没有必然的逻辑联系。

46. **答案 D**

**解析** 题目需要解释的矛盾是：为什么人们对椰果的消费需求没有提高且椰果的销售价格也没有太大的波动，但是厂家的平均利润却得到了提升。

引入其他的导致成本降低或者收入增多的原因就是对上述矛盾的解释。

D选项，只是说口味增多了，不能脑补一定会导致销量增加，所以不能解释题目看似的矛盾。

A、B、C、E选项都是引入了一个导致成本下降的原因，均可以解释矛盾。

47. **答案 A**

**解析** 题干逻辑：

（1）周三必须有一次美术题材的宣讲会；

（2）周五必须有一次音乐题材的宣讲会；

（3）经济非周五➡经济非周三及之前；

（4）历史非周五 or 历史非周三➡美术非周三；

（5）摇滚非周二 or 摇滚非周六➡经济非周六。

根据（1）+（4）的逆否可得：历史安排在周三和周五。

根据（1）+（2）美术必须周三，音乐必须周五，这样一来，周三、周五的4个日程均已经被安排满档。

| 周一 | 周二 | 周三 | 周四 | 周五 | 周六 |
|---|---|---|---|---|---|
|  |  | 美术 |  | 音乐 |  |
|  |  | 历史 |  | 历史 |  |

经济宣讲会不可能排在周五，根据（3），它也不能排在周三以及周三之前的某一天，每天不能安排内容相同的宣讲，所以只能在周四和周六各安排一次。

根据（5）的逆否,经济宣讲会排在周六,可以推出摇滚题材一定会被安排在周二和周六。

此时可以确定的安排如下表：

| 周一 | 周二 | 周三 | 周四 | 周五 | 周六 |
|---|---|---|---|---|---|
|  | 摇滚 | 美术 | 经济 | 音乐 | 经济 |
|  |  | 历史 |  | 历史 | 摇滚 |

A选项正确。

48. 答案▶ D

解析▶ 本问附加条件:音乐题材的宣讲会排在周四。

延续上题推出的结论,可以得到如下的确定的安排表格:

| 周一 | 周二 | 周三 | 周四 | 周五 | 周六 |
|---|---|---|---|---|---|
|  | 摇滚 | 美术 | 经济 | 音乐 | 经济 |
|  |  | 历史 | 音乐 | 历史 | 摇滚 |

根据"每天早上和下午各有一次内容不同的宣讲,同时每个内容的宣讲恰好只举办两次"的约束条件,文学必须在周一、周二各一次,所以D选项正确。

**49.** 【答案】 A

【解析】 本题问的是能推出哪个选项，所以是"结论推出"的题型，使用收敛的思维进行排除。

题目的关键信息为：

（1）退烧药可以有效地治愈低烧和小部分疾病；

（2）医生已经不轻易开退烧药；

（3）低烧可以唤醒免疫机能，而退烧药抑制了低烧，意味着抑制了免疫机能的唤醒。

B选项，题干只提及了治愈低烧和小部分疾病，未提及治愈很多疾病，可排除。

C选项，题干只是说抑制了免疫系统，从而带来的影响是不会激活免疫系统来增加白细胞的数量。但是这不代表退烧药的有效成分能直接作用于白细胞的生成。如果把C选项改为："退烧药会影响或者减少人体白细胞的数量"，那么可以作为正确选项。

D选项，白细胞的数量和康复的关系题干未提及。

E选项，本题讨论的是退烧药，其他的药的情况题干信息没有提及。

所以B、C、D、E均可以排除，A选项正确。

**50.** 【答案】 C

【解析】 题干逻辑为：商人➡无责任心➡不是优秀老师。

所以不可能为真的选项就是前真 and 后假，以下三个答案都可以作为正确选项：

（1）商人 and 有责任心；

（2）商人 and 优秀老师；

（3）无责任心 and 优秀老师。

C选项正确。

**51.** 【答案】 B

【解析】 题干先给出结果：晨星和浩瀚两家公司在5年前分别购买了两种牌子的咖啡机，但是晨星公司的咖啡机好着，浩瀚公司的咖啡机已经坏了。

然后推出导致结果的原因为：晨星公司购买的咖啡机质量过硬，非常耐用。

所以题干的推理："A品牌咖啡机没坏，而B品牌咖啡机坏了"这个结果是质量的差异导致的。

那么，引入导致"A品牌咖啡机没坏，而B品牌咖啡机坏了"的相同结果的其他影响原因，就是对题干推理的削弱。

B选项："A品牌咖啡机没坏，而B品牌咖啡机坏了"这个结果，不是因为两个品牌咖啡机的质量不同，而是因为A公司的员工更多地去连锁店喝咖啡，并未频繁使用该咖啡机。导致该结果的原因是使用的频率不同，而不是质量不同。其削弱了题干的论述。

**52.** **答案** ▶ E

**解析** ▶ 题干逻辑：

（1）孙丙＝李丁；

（2）周戊＝吴己；

（3）C＞B；

（4）孙丙＝A或郑庚＝A；

（5）郑庚＝B或吴己＝B。

本问附加条件：A＞C。结合（3）可知：A＞C＞B，所以三队的人数情况为：A队4人，C队2人，B队1人。

若吴己＝B，根据（2）周戊＝B，与人数情况矛盾，所以吴己≠B。

根据（5）得：郑庚＝B；根据（4）得：孙丙＝A，代入（1）得：李丁＝A。

E选项正确。

**53.** **答案** ▶ A

**解析** ▶ 题干逻辑：

（1）孙丙＝李丁；

（2）周戊＝吴己；

（3）C＞B；

（4）孙丙＝A或郑庚＝A；

（5）郑庚＝B或吴己＝B。

本问附加条件：钱乙＝周戊。根据（2）得：钱乙＝周戊＝吴己。

根据（3）可知，B队人数最多为2，所以钱乙、周戊、吴己三人不在B队。

把吴己≠B代入（5）得：郑庚＝B；把郑庚＝B代入（4）得：孙丙＝A。把孙丙＝A代入（1）得：李丁＝A。

如果钱乙＝周戊＝吴己＝A，则A队有5人，B，C两队各一人，与（3）矛盾，所以钱乙、周戊、吴己三人不在A队，钱乙＝周戊＝吴己＝C。

综上：A队2人，B队1人，C队3人，此时赵甲在哪队都不与条件矛盾。

**54.** **答案** A

**解析** 题干逻辑：

（1）甲＝1➡乙＝1 and 丁＝1；

（2）丙＝2 or 丁＝2➡甲＝1；

（3）甲、乙负责的其中一层楼一致➡丙＝4 and 丁＝4。

设甲＝1，则有乙＝1 and 丁＝1，三人负责一楼，与题干矛盾，所以甲≠1。

代入（2）逆否得：丙≠2 and 丁≠2。则甲＝2 and 乙＝2。

代入（3）得：丙＝4 and 丁＝4。则甲≠4 and 乙≠4。

由甲≠1、甲≠4，得：甲＝3。则乙≠3，乙＝1。

如下表：

|  | 甲 | 乙 | 丙 | 丁 |
|---|---|---|---|---|
| 1楼 | × | ○ |  |  |
| 2楼 | ○ | ○ | × | × |
| 3楼 | ○ | × |  |  |
| 4楼 | × | × | ○ | ○ |

A选项正确。

**55.** **答案** C

**解析** 题干逻辑：

（1）甲＝1➡乙＝1 and 丁＝1；

（2）丙＝2 or 丁＝2➡甲＝1；

（3）甲、乙负责的其中一层楼一致➡丙＝4 and 丁＝4。

解上题分析，若丙负责的两层楼与甲不相同，则丙≠3，丙＝1。则丁≠1，丁＝3。如下图：

|  | 甲 | 乙 | 丙 | 丁 |
|---|---|---|---|---|
| 1楼 | × | ○ | ○ | × |
| 2楼 | ○ | ○ | × | × |
| 3楼 | ○ | × | × | ○ |
| 4楼 | × | × | ○ | ○ |

C选项正确。

# 四、写作

## 56.论证有效性分析

范 文

### 奋斗真的改变不了命运吗？

材料通过一系列推理试图论证"奋斗改变不了命运"的观点，在推理过程中犯了诸多逻辑错误，现具体分析如下：

首先，材料认为家庭环境优越的人有比其他人更好的物质资源，这也就决定了他们的个人教养与整体素质是优于他人的。此处推理不当。个人的教养与素质不完全由物质资源决定，很多人即使物质资源贫乏但素质很高，同理很多人物质资源丰裕也不见得其有良好的教养与素质。

其次，材料提到同一阶级的人不同的选择带来的命运有所不同，努力奋斗不如选择正确，此处推理有误。同一阶级的人所带来的命运有所不同，并非仅仅是因为选择的原因，还受制于其资源利用、个人能力、努力程度等，故不可证明选择的正确优于努力奋斗。

再次，材料认为努力奋斗不如选择正确，这样看来奋斗的作用也不值得一提，其实未必，即使选择正确的作用大于奋斗，也不能说明完全否定奋斗的作用，选择正确且努力奋斗才会给人生更多的机会，过得更好。

最后，材料认为很多人奋斗了却没有改变命运这是对"奋斗改变命运的最好反驳"，此处还待商榷，部分人奋斗并没有改变命运，但也有很多人通过奋斗改变了命运，这句话是一个普适性的趋势，并不是说因部分人的失败就否定这种奋斗改变命运的趋势。

综上所述，材料在论证过程中的推理存在诸多逻辑错误，得出的结论自然也不能让人信服。

**57.论说文**

范文

### 方法在前，实干为要

无论是个人或是国家，要成大业，必须找到正确的方法，但方法是成事的前提，前路还有千难万阻需实干才能达成目标。欲成事，就要方法在前，实干为要，二者缺一不可。

方法是实干的重要前提。俗话说：方法科学，事半功倍；方法欠妥，事倍功半。以方法为先锋，探寻正确方向。毛主席用"过河"和"桥"来比喻实干和方法的关系。他说："我们不我们的目标是过河，但是没有桥和船就不能过。不解决桥和船，过河只能是一句空话。"既要埋头拉车，更要抬头看路。要有方法地做事，为实干提供有力保障，不仅是敏锐机智、灵活精明的反映，也是充满活力、随机应变的智慧。

实干是方法的后备力量。光说方法，没有行动，再好的方法都是空话，实干才能使方法落地。屠呦呦经验丰富，靠着"实干"的精神，辛辛苦苦地收集了可以用于科研工作参考的640个方子，凭着实干的精神，她带领的团队，完成了青蒿素的提取，战胜疟原虫。曹德旺从白手起家到家财万贯，都是一步一个脚印走出来的，就是这种实干的精神，将自己工厂所生产的玻璃质量提高到了国际领先水平。实干是成功的起点，是制胜的法宝，为正确的方法，提供有力保障。

方法在前实干为要，二者结合，才能铸就成功之路。国家的发展方向和道路往往决定了发展的程度，改革开放以来，开展各项实干工作，脱贫攻坚、科教兴国等一系列改革发展，都是实实在在帮群众解决问题。极大地带动经济发展，在实干兴邦的道路上，走出了自己的辉煌之路。

以方法为先锋，实干为强援，才能互相加持，让方法提供正确方向，实干保障想法落地，二者结合才能更好地走向成功。

# 强化卷（一）答案及解析

## 一、问题求解

**1.** 【答案】 E

【解析】 本题符合【破题标志词】不具体的问题 ⇒ 具体化 ⇒ 特值法；设女生有 10 人，则男生有 18 人.

【破题标志词】多个量比较 ⇒ 列表法. 列表如下：

|  | 男生 | 女生 |
|---|---|---|
| 人数 | 18 人 | 10 人 |
| 平均成绩 | $x$ | $(1+20\%)x = 1.2x$ |

由【破题标志词】给出平均值 ⇒ 用[总和 = 平均值 $\bar{x}$ × 数量 $n$]求解. 则可列方程 $(10+18) \times 75 = $ 总分 $= 10 \times 1.2x + 18x$，解得 $x = \dfrac{28 \times 75}{30} = 70$. 则女生的平均成绩为 $1.2x = 1.2 \times 70 = 84$.

**2.** 【答案】 D

【解析】 思路一：符合【破题标志词】求代数式具体值 ⇔ 特值代入法.

取特值：$1+2=3$，$\dfrac{1}{1} + \dfrac{1}{2} = \dfrac{3}{2}$，故 $a=1$，$b=2$ 为满足条件的一组特值，$a^2b + ab^2 = 2 + 4 = 6$.

思路二：符合【破题标志词】求代数式具体值 ⇔ 先化简，再代入

代数式化简计算：$\dfrac{1}{a} + \dfrac{1}{b} = \dfrac{a+b}{ab} = \dfrac{3}{2}$，$a+b=3$，故 $ab=2$，$a^2b + ab^2 = ab(a+b) = 6$.

**3.** 【答案】 E

【解析】 报名参加物理竞赛的有 $15 \div 60\% = 25$ 名，至少参加一项竞赛的同学有 $36 + 25 - 15 = 46$ 名，则没有报名参加这两项竞赛的同学有 $60 - 46 = 14$ 名.

**4.** **答案▶ B**

**解析▶** 本题符合【破题标志词】限制为正+求最值 ⟹ 均值定理.

$$f(x)=\frac{x^2+7x+10}{x+1}=\frac{(x+1)^2+5(x+1)+4}{x+1}=x+1+\frac{4}{x+1}+5\geq 2\sqrt{(x+1)\cdot\left(\frac{4}{x+1}\right)}+5=9$$

当且仅当 $x+1=\dfrac{4}{x+1}$，$x=1$ 或 $x=-3$（$x<-1$，舍）时取"="。

**5.** **答案▶ A**

**解析▶** 1~9 中有 5 个奇数和 4 个偶数.从奇数和偶数这两个不同的备选池选取，每个备选池均选出元素.

正向思路：奇偶性不完全相同即两奇一偶或两偶一奇，故满足要求方法数为 $C_5^1 C_4^2+C_5^2 C_4^1=70$。

反向思路：奇偶性不完全相同的对立面为奇偶性完全相同，故总体剔除法 $C_9^3-C_5^3-C_4^3=84-10-4=70$。

概率 $P=\dfrac{70}{84}=\dfrac{5}{6}$。

**6.** **答案▶ A**

**解析▶** 本题符合【破题标志词】$\triangle DAC$ 与 $\triangle ABC$ 符合反 A 字型相似；两个三角形相似，相似比 $=AD:AB=2:4=1:2$，由面积比 $=$ 相似比$^2$ 可得：$S_{\triangle ADC}:S_{\triangle ABC}=AD^2:AB^2=1:4$。设 $\triangle ADC$ 的面积为 $x$，则有 $\dfrac{S_{\triangle ADC}}{S_{\triangle ABC}}=\dfrac{x}{3+x}=\left(\dfrac{1}{2}\right)^2=\dfrac{1}{4}$，解得 $x=1$。

**7.** **答案▶ E**

**解析▶** 由【破题标志词】全比例问题 ⟹ 特值法可得，设正方体棱长为 2，则 $S_{正方体}=6\times 2^2=24$，$MN=MP=NP=\sqrt{1^2+1^2}=\sqrt{2}$，则 $\triangle MNP$ 是一个等边三角形，根据等边三角形边长与面积关系可知，$S_{\triangle MNP}=\dfrac{\sqrt{3}}{4}\times(\sqrt{2})^2=\dfrac{\sqrt{3}}{2}$。$S_{\triangle MNP}:S_{正方体}=\dfrac{\sqrt{3}}{2}:24=\sqrt{3}:48$。

**8.** **答案** A

**解析** 第一步：计算总方法数.从 6 个位置中选择 2 个位置摸出白球，一共有 $C_6^2 = 15$ 种方法.

第二步：计算满足要求的方法数.摸球 4 次就结束了说明第四次摸到的就是白球，就 1 种摸球方法；前三次中有 1 次摸到了白球，有 $C_3^1 = 3$ 种方法，共有 $1 \times C_3^1 = 3$（种）方法.

第三步：相除得概率. $P = \dfrac{3}{15} = \dfrac{1}{5}$.

【提示】根据白球的位置为入手点，计算总方法数和满足要求的方法数.

**9.** **答案** D

**解析** 圆外一点、圆心与切点这三点连线构成直角三角形，圆心为 $C(-1, 0)$，$PM^2 = CP^2 - CM^2 = CP^2 - 1$，故当 $CP^2$ 取最小值时切线段 $PM$ 长度最小，$CP$ 垂直于直线 $5x + 12y - 21 = 0$ 时最小. 由点到直线距离公式可知，圆心 $(-1, 0)$ 到直线距离为 $CP = \dfrac{|-5 + 0 - 21|}{\sqrt{5^2 + 12^2}} = \dfrac{26}{13} = 2$. 故此时 $PM = \sqrt{CP^2 - 1} = \sqrt{3}$.

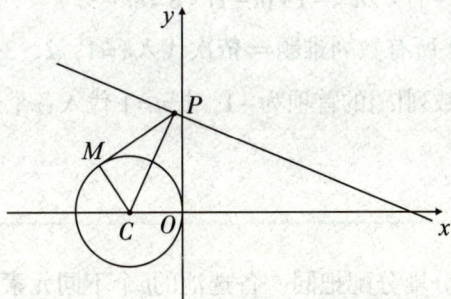

**10.** **答案** D

**解析** $C_9^3 = 84$ 表示从 9 类图书中任取出 3 类的方法数，每两次取法不完全相同，一旦取法超过 84，则必然有两次取到的图书类别完全相同，所以至少要有 $84 + 1 = 85$ 个小朋友，才能保证总有 2 个小朋友选择的图书类别完全相同.

**11.** **答案** E

**解析** 设原三位数个位数字为 $c$，十位数字为 $b$，百位数字为 $a$，则原三位数为 $100a + 10b + c$.

新的三位数为 $100c+10b+a$. 根据题意可得 $100c+10b+a-(100a+10b+c)=396$，$99(c-a)$ $=396$，$c-a=4$. 因为 10 以内的质数有 2，3，5，7，其中只有 3 和 7 相差 4，所以原三位数的个位数字为 $c=7$。

**12.** 答案▶ **D**

解析▶ $|x-1|+|x+a|\leqslant 8$ 的解集不是空集，意味着不等式 $|x-1|+|x+a|\leqslant 8$ 有解.

根据绝对值的几何意义得：$|x-1|+|x+a|$ 的最小值是 $|a+1|$，所以 $|a+1|\leqslant 8$

即 $-8\leqslant a+1\leqslant 8$，解得 $-9\leqslant a\leqslant 7$。

**13.** 答案▶ **A**

解析▶ 思路一：

$S_n=2n^2-3n$ 满足等差数列前 $n$ 项和公式 $S_n=An^2+Bn$ 形式 $\Rightarrow\{a_n\}$ 是等差数列.

由 $a_1=S_1$ 得 $a_1=-1$，$a_2=S_2-S_1=2\times 4-3\times 2-(-1)=3$，$d=a_2-a_1=4$。

新数列 $\{c_n\}$ 的首项为 $a_1=-1$，公差为 $2d=8$。

其通项公式为 $c_n=a_1+(n-1)\times 2d=-1+(n-1)\times 8=8n-9$。

思路二：【破题标志词】所有数列难题 $\Rightarrow$ 依次代入 $n=1$，2，3…验证选项并寻找规律.

由 $a_1=S_1$ 得 $a_1=-1$，新数列 $\{c_n\}$ 的首项为 $-1$，把 $n=1$ 代入各个选项，只有 A 等于 $-1$。

**14.** 答案▶ **E**

解析▶ 【题型定位】分堆分配把同一备选池的 $n$ 个不同元素（一周 7 天的值班）分配给 $m$ 个不同的对象（3 个人）.

第一步：分堆，一周 7 天，分为 3 天 +2 天 +2 天共三堆，方法数为 $\dfrac{C_7^3 C_4^2 C_2^2}{A_2^2}=105$。

第二步：分配，将分好的三堆值班分配给三个人，三个人均无法唯一确定会分到哪一堆值班，即均为非确定分配，乘以 $A_3^3$ 分配.

第三步：根据乘法原理，不同的排法共有 $\dfrac{C_7^3 C_4^2 C_2^2}{A_2^2}\times A_3^3=630$（种）。

**15.** 答案▶ **C**

解析▶ 本题符合【破题标志词】至少问题 $\Rightarrow$ 正难则反，总体剔除.

【取出后放回】每次抽取所面临的场景均相同.对于相同的抽取结果，概率也相同.

每次抽出次品的概率均为0.3，抽出正品的概率均为0.7.

$P$（至少抽得一个次品）$= 1 - P$（每次均抽得正品）$= 1 - 0.7^n \geq 0.7$

$0.7^n \leq 0.3$ 解得 $n \geq 4$，即 $n$ 最小值为 4.

## 二、条件充分性判断

16. **答案▶** B

**解析▶** 设两地相距 $s$ 千米，相遇用时 $t$ 小时.

条件（1）：$s_1 =$ 相遇前甲车行驶的距离，

$s_2 =$ 相遇前乙车行驶的距离 $=$ 相遇后甲行驶到B地的距离.

$s_2 = 3 \times 50 = 150$（千米），$t = 150 \div 40 = 3.75$（小时）

$s = s_1 + s_2 = (50 + 40) \times 3.75 = 337.5$（千米）.

条件（2）：$s_甲 = \dfrac{s}{2} + 20$，$s_乙 = \dfrac{s}{2} - 20$.

$s_甲 - s_乙 = 40 = v_甲 \cdot t - v_乙 \cdot t = 50t - 40t = 10t$，解得 $t = 4$（小时）.

$s = s_甲 + s_乙 = (40 + 50) \times 4 = 360$（千米），条件（2）充分.

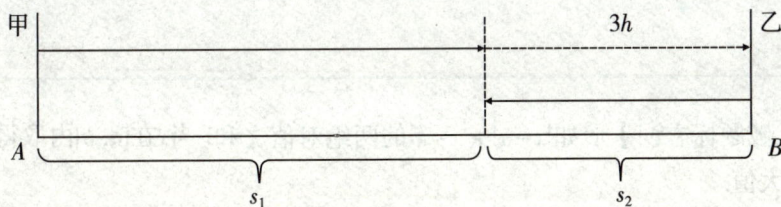

17. **答案▶** D

**解析▶** 由 $m^2 + n^2 = 6mn$，可得 $(m+n)^2 = 8mn$，$(m-n)^2 = 4mn$，即可知 $mn \geq 0$.

所以，当 $m < n < 0$ 时，$\dfrac{m+n}{m-n} = \dfrac{-\sqrt{8mn}}{-\sqrt{4mn}} = \sqrt{2}$；当 $m > n > 0$ 时，$\dfrac{m+n}{m-n} = \dfrac{\sqrt{8mn}}{\sqrt{4mn}} = \sqrt{2}$.

综上，条件（1）和条件（2）都充分.

18. **答案▶** C

**解析▶** 思路一：【类型判断】两条件单独信息均不完全，C或E

由条件（1）可得，$m = 5n - 3$，$m$ 随着 $n$ 的变化而变化，不充分.

由条件（2）可得$m=kn+8$. $m$随着$n$和$k$的变化而变化，不充分.

联合起来，有$5n-3=kn+8 \Rightarrow n=\dfrac{11}{5-k}$，$n$，$k$必为正整数，由于11是质数，其因数只有1和11. 因此只能有$5-k=11$，$k=-6$（舍）；或$5-k=1$，$k=4$，此时$n=11$，代入可以求得$m=5n-3=5 \times 11-3=52$，两条件联合充分.

思路二：【破题标志词】多个未知量，一个等式$\Rightarrow$奇偶性/因数倍数特性/非负性.

要使$n$为整数，则$5-k$必为11的因数，11是质数，其因数只有1和11.

① $5-k=11 \Rightarrow k=-6$（舍）.

② $5-k=1 \Rightarrow k=4$，$n=11$　代入得$m=5 \times 11-3=52$，充分.

---

19. **答案** C

**解析** 条件（1）：符合【破题标志词】一元二次方程有两个相等的实根$\Leftrightarrow \Delta=0$.
$\Delta=(-a)^2-4b^2=(a-2b)(a+2b)=0$，解得$a=2b$或$a=-2b$. 条件（1）单独不充分.

条件（2）：由方程解的定义可知$a^2-ab-2b^2=0$，$(a-2b)(a+b)=0$，解得$a=2b$或$a=-b$，条件（2）单独不充分.

两个条件联合有$a=2b$，充分.

---

20. **答案** C

**解析** 【破题标志词】形如$|x-a|+|x-b|$的两绝对值之和. 当$x$在$[a, b]$内取得最小值$|a-b|$；无最大值.

由绝对值的几何意义可得：$x \in [-4, 3]$时，无论$x$取何值，$|x-3|+|x+4|=7$，当$x<-4$或$x>3$时，$|x-3|+|x+4|=a$有唯一解，故条件（1）、条件（2）联立，题干结论成立.

---

21. **答案** E

**解析** 类型判断：C或E.

符合【破题标志词】$S_n$的最值$\Rightarrow$寻找等差数列过零点的项.

当$a_1>0$，$d<0$，$S_n$有最大值；当$a_1<0$，$d>0$，$S_n$有最小值.

条件（1）：$a_1$，$a_2$和$a_3$为等差数列连续三项，根据【破题标志词】三项成等差数列$\Leftrightarrow$设为$a$，$b$，$c$，则有$2b=a+c$可知$2a_2=a_1+a_3$，则$3a_1+3a_3-a_2^2-8=6a_2-a_2^2-8>0$，$a_2^2-6a_2+8=(a_2-2)(a_2-4)<0$. 故$2<a_2<4$，单独不成分.

条件（2）：$a_1a_3<0$，即$a_1$，$a_3$异号，一正一负. 联合条件（1），$a_2$为正，数列可能为

$a_1>0$ 的递减数列，也可能为 $a_1<0$ 的递增数列，故联合亦不充分.

22. **答案** D

**解析** 条件（1）：$\dfrac{1+2+3+4+5}{5}=\dfrac{1+2+a+4+5}{5}$，$a=3$，条件（1）充分.

条件（2）：$\dfrac{1}{5}(1^2+2^2+3^2+4^2+5^2)-\left(\dfrac{1+2+3+4+5}{5}\right)^2=\dfrac{1}{5}(1^2+2^2+3^2+4^2+5^2)-\left(\dfrac{1+2+a+4+5}{5}\right)^2$.

解得 $a=3$，条件（2）充分.

23. **答案** C

**解析**

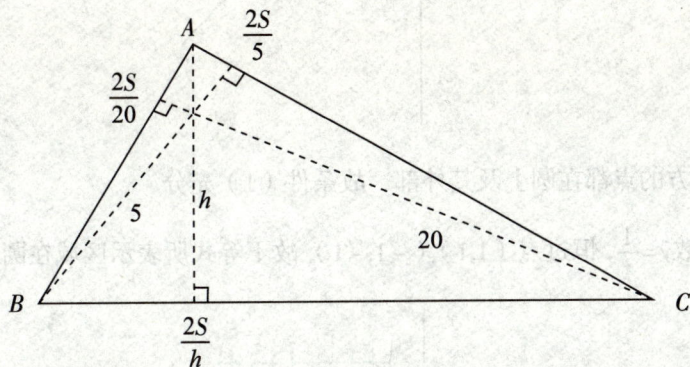

条件（1）：根据条件可设三角形的面积为 $S$，则高 $h$、5 和 20 三条高所对应的边分别为

$\dfrac{2S}{h}$, $\dfrac{2S}{5}$, $\dfrac{2S}{20}$. 由三角形的两边之和大于第三边得 $\begin{cases}\dfrac{2S}{5}+\dfrac{2S}{20}>\dfrac{2S}{h}\\[2mm]\dfrac{2S}{5}+\dfrac{2S}{h}>\dfrac{2S}{20}\ (\text{自动满足})\\[2mm]\dfrac{2S}{h}+\dfrac{2S}{20}>\dfrac{2S}{5}\end{cases}$

$\begin{cases}\dfrac{2S}{h}<\dfrac{8S}{20}+\dfrac{2S}{20}=\dfrac{10S}{20},\ h>4\\[2mm]\dfrac{2S}{h}>\dfrac{2S}{5}-\dfrac{2S}{20}=\dfrac{3S}{10},\ h<\dfrac{20}{3}\end{cases}$，解得 $4<h<\dfrac{20}{3}$，不能确定高 $h$ 的具体数值，所以条件（1）

不充分.

条件（2）：根据条件可知高线的长为整数，不能确定高 $h$ 的具体数值，所以条件（2）不充分.

两条件联合可得 $4<h<\dfrac{20}{3}$ 且为整数，则 $h$ 为 5 或 6，其最大值为 6，所以两条件联合充分.

24. **答案** **D**

**解析** 结论不等式所表示的区域为圆心在原点，半径为1的圆上及其外部.

条件（1）：圆心坐标（0,0）到直线 $x+y=\sqrt{2}$ 的距离为1，则直线与圆相切.

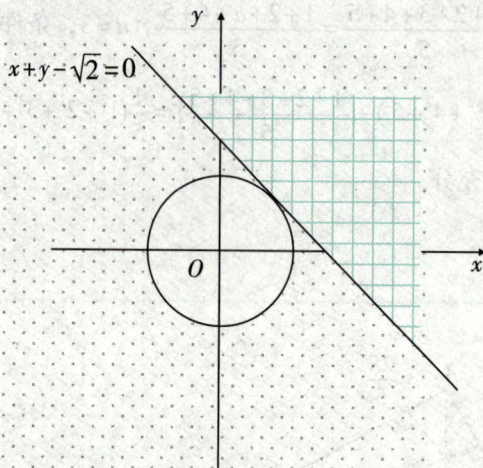

则直线以及其上方的点都在圆上及其外部，故条件（1）充分.

条件（2）：幂函数 $y=\dfrac{1}{x}$，恒过点（1,1）、（-1,-1），故不等式所表示区域在圆 $x^2+y^2=1$ 外.

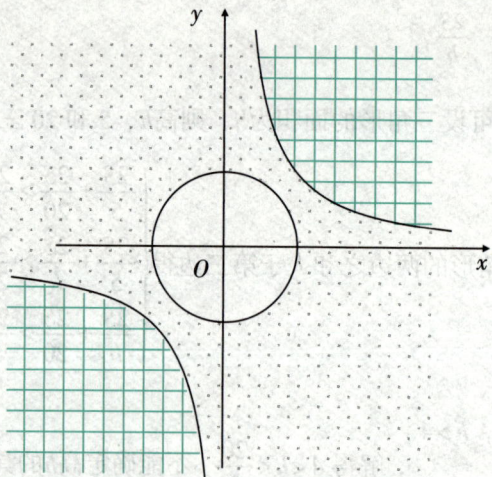

故条件（2）亦充分.

25. **答案** **B**

**解析** 条件（1）根据利用概率推测样本数据可知，黑球占总体球数的 $\dfrac{1}{3}$，无法确定红球和白球谁多，故条件（1）不充分.

条件（2）思路一：设红球有$n$个，所有球共有$N$个. 可得$\dfrac{C_n^2}{C_N^2} = \dfrac{n(n-1)}{N(N-1)} > \dfrac{1}{3}$，

则$\dfrac{n^2}{N^2} \geqslant \dfrac{n(n-1)}{N(N-1)} > \dfrac{1}{3}$，$\dfrac{n}{N} > \dfrac{1}{\sqrt{3}} > \dfrac{1}{2}$，即红球个数超过了总球数的一半，红球数最多，条件（2）充分.

【注】$\dfrac{n^2}{N^2} = \dfrac{n}{N} \cdot \dfrac{n}{N}$，$\dfrac{n(n-1)}{N(N-1)} = \dfrac{n}{N} \cdot \dfrac{n-1}{N-1}$，根据糖水不等式可知$\dfrac{n}{N} \geqslant \dfrac{n-1}{N-1}$（当$n=N$时取等号），故$\dfrac{n^2}{N^2} \geqslant \dfrac{n(n-1)}{N(N-1)}$.

思路二：符合【破题标志词】不具体的问题$\Rightarrow$特值法具体化.

假设共有 10 个球，其中红球有$n$个. 有不等式$\dfrac{C_n^2}{C_{10}^2} = \dfrac{n(n-1)}{90} > \dfrac{1}{3}$，整理得$n(n-1) > 30$，$n^2 - n - 30 = (n-6)(n+5) > 0$，$n > 6$ 或 $n < -5$（舍）. 即当有 10 个球时，满足条件（2）要求的红球大于 6 个，故红球数最多.

## 三、逻辑推理

26. **答案** D

**解析** 题干给出信息：

（1）生活节奏快 or 工作压力大 or 心理负担重 ➡ 过度依赖虚拟社交平台 and 处于社交"被动"的状态；

（2）网络产品具有持久的生命力 ➡ 植入现实生活 and 与正常生活步调和谐；

（3)勇敢地迈出从舒适走向未知的那一步 and 触摸真实社交的复杂和温暖 ➡ 化解"社恐"焦虑。

（3）逆否：非化解"社恐"焦虑 ➡ 非勇敢地迈出从舒适走向未知的那一步 or 非触摸真实社交的复杂和温暖。

A选项：生活节奏快、工作压力大 ➡ 容易产生"社恐"的焦虑。根据题干，前件为真，无法推出后件，排除。

C选项：网络产品植入生活 ➡ 具有生命力。和（2）的逻辑箭头相反，排除。

D选项：非化解"社恐"焦虑 and 勇敢地迈出从舒适走向未知的那一步 ➡ 非触摸真实社交的复杂和温暖，假设D选项前件为真，代入（3）逆否逻辑中，能推出D选项后件为真，故D选项逻辑一定为真。

B选项、E选项均与题干给出逻辑无关。

**27.** **答案▶** D

**解析▶** 题干给出信息：

给第一组饥饿的受试者和第二组饱腹的受试者闻同一种具备食物和非食物味道的混合气味，结果第一组大部分人闻到的是食物的味道，第二组大部分人闻到的是非食物的味道。

可以从以下两点对这个不同的结果进行解释：

（1）引入原因建立起饥饿者和对食物味道敏感的关系；

（2）引入原因建立起饱腹者和对非食物味道敏感的关系。

C选项错在，指出披萨的气味浓郁，但是无法建立起饱腹者和对非食物味道敏感的关系，不能解释。

D选项，指出了饥饿的人更在意食物的味道，而饱腹的人更在意环境中的其他味道，解释了题干现象。

**28.** **答案▶** A

**解析▶** 论据：对于海龟而言：

（1）温度适宜 and 非人类打扰➡海滩产卵；

（2）去年一直没有在海滩产卵。

结论：去年的温度不适宜。

将论据（2）非产卵代入（1）的逆否可得：非温度适宜 or 人类打扰。

据此要想得出"温度不适宜"的结论，可以根据否定一边推出另一边，给出：非人类打扰。

A选项，说明了海龟产卵的这个阶段没有什么人去海滩玩，所以没有人类打扰，是正确答案。

**29.** **答案▶** D

**解析▶** 题干给出信息：将四个元素，可以重复地分成三组。

（1）青皮＝1 or 佛手＝1➡川芎＝2 and 桃仁＝2 and 川芎＝3 and 桃仁＝3；

（2）某个药方：川芎➡非桃仁。

若（1）前件：青皮＝1 or 佛手＝1为真，会导致川芎和桃仁同时存在于一张药方当中，与（2）矛盾。故（1）前件只能为假，即：青皮≠1 and 佛手≠1为真。青皮≠1，则川芎＝1 and 青皮＝1一定为假，故选D。

**30.** 答案 ▶ E

解析 ▶ 论据：男性女性的平均体温都相比之前的下降了；

结论：这是因为随着现代医学兴起，炎症明显降低，自然体温下降。

题目先给出了结果，然后给出导致这个结果的原因，典型的由果推因的题目，若要削弱，只需要引入一个导致相同结果的其他原因即可。对于这个题而言则需要找出引起体温下降的其他因素。

C选项指出，体温下降是因为接种的疫苗太多，人类免疫系统活跃度低导致的，引入了导致相同结果的其他原因，削弱题干结论。这里需要注意接种疫苗不等同于现代医学兴起。

E选项，指出体温的升降与新陈代谢的快慢有关，但是没有说现在人的新陈代谢到底有没有降低，属于语意不明的选项所以无法削弱。

**31.** 答案 ▶ E

解析 ▶ 题干信息：

（1）甲医院 or 乙医院；

（2）打疫苗 or 核酸；

（3）甲医院医生 ➡ 没有给翱翔居民做过核酸；

（4）乙医院医生 ➡ 给翱翔居民打过疫苗；

（5）事实真：王伟给张明做了核酸，没有给赵峰打疫苗；

（6）事实真：刘晋没有给翱翔居民做过核酸，给孙华打了疫苗。

C选项：根据（4）若刘晋是乙医院的医生，那他给翱翔居民打过疫苗，结合题干刘晋给孙华打过疫苗，虽然可以得到刘晋给翱翔居民打过疫苗同时又给孙华打过疫苗，但是这并不代表孙华一定是翱翔社区的居民，C选项不一定为真。

D选项：根据（3）甲医院的医生都没有给翱翔居民做过核酸。王伟给张明做了核酸。这里不能判断王伟和张明之间的关系，属于信息不明确选项。

E选项：假设张明是翱翔社区的居民为真,且已知王伟给张明做了核酸。代入(3)的逆否,可得到王伟不是甲医院医生,结合(1)否定 or 的一边推另一边可得,王伟是乙医院医生,E选项正确。

32. **答案** C

**解析** 题干结构：

不努力=非A➡伤悲=B，因此努力=A➡不感叹后悔（不伤悲）=非B。

非A ➡ B，因此A ➡ 非B。

A选项：人不知=非A➡已莫为=非B，因此真的做了的事情=B➡不要害怕人知道=C。非A➡非B，因此B➡C。与题干结构不一致。

B选项：不听老人言=非A➡吃亏在眼前=B，因此没有听长辈的话=非A➡会吃亏=B。非A ➡ B，因此非A➡B。与题干结构不一致。

C选项：不经一番寒彻骨=非A➡怎得梅花扑鼻香=B，因此经历了彻骨的寒冷=A➡梅花自会盛开=非B。非A ➡ B，因此A➡非B，（注：有时不完全一致时，可以不细究"非"字的表示）。与题干结构一致。

D选项：路遥知马力=A and 日久见人心=B，因此明白人心=B➡有漫漫长路要走=C。A and B，因此，B➡C。与题干结构不一致。

E选项：亡羊补牢=A➡犹未迟也=B，因此愿意努力=C➡任何时候都不晚=B。

A ➡ B，因此C ➡ B。与题干结构不一致。

33. **答案** E

**解析** 题干逻辑：

（1）非荔枝➡玫瑰；

（2）西柚 or 玫瑰➡茉莉；

（3）非茉莉 or 非乌梅（茉莉➡非乌梅）；

（4）茉莉➡乌梅。

根据（3）（4），若茉莉为真会产生矛盾，所以非茉莉一定为真；将非茉莉代入（2）的逆否推出：非西柚 and 非玫瑰为真；将非玫瑰代入（1）的逆否推出：荔枝为真，选E。

34. **答案** A

**解析** 论据：生物钟紊乱会导致作息不规律，对健康造成危害；

结论：为了健康，要保持规律生物钟。

若要支持结论，可以通过科学视角建立健康和规律生物钟之间的关系亦或是非规律生物钟对健康的危害。

A选项，指出了非规律生物钟会对健康造成严重危害，最能支持题干。

B、C、D、E都说到了不规律的生物钟的影响，但未提及对健康造成危害，不能支持题干。

35. **答案** E

**解析** 论据：钢筋混凝土承载力大，性能好，是房屋和桥梁的主要结构；

结论：为了房屋坚固和安全，建造房屋必须选钢筋混凝土。

为了建造的房屋足够坚固安全，钢筋混凝土结构是目前必须的选择，要削弱可以引入一个原因说明钢筋混凝土不是必须的选择，还有其他能让房屋更坚固的选择。

E选项，指出了也可以使用FRP材料让房屋更坚固，说明钢筋混凝土不是必须的选择，削弱了题干。

D选项，是在说对于抗灾和临时搭建的建筑，这种具有特殊性的举例与题干论述无关。

36. **答案** D

**解析** 已知：8个人分三组，每组最多3人，只能是3、3、2的分组。

（1）赵≠古体诗 or 钱≠现代诗➡孙＝现代诗 and 李＝近代诗；

（2）李≠现代诗 or 吴＝古体诗➡钱＝近代诗 and 孙＝近代诗；

（3）孙＝吴。

附加条件：周＝宋。

当（1）前件为真时，得：孙＝现代诗 and 李＝近代诗，说明孙≠近代诗，代入（2）逆否得：李＝现代诗 and 吴≠古体诗，出现李＝近代诗 and 现代诗的情况，与1人只能选择1种类型鉴赏矛盾，所以（1）的前件为假，可得：赵＝古体诗 and 钱＝现代诗。

根据：钱＝现代诗，说明钱≠近代诗，代入（2）逆否得：李＝现代诗 and 吴≠古体诗。

由（3）孙＝吴且吴≠古体诗可得：孙和吴＝近代诗、周和宋＝古体诗，选D。

| 古体诗 | 近代诗 | 现代诗 |
|---|---|---|
| 赵 | 吴 | 钱 |
| 周 | 孙 | 李 |
| 宋 | | |

37. **答案** A

**解析** 论据：亚麻籽油α-亚麻酸含量丰富；

结论："三高"患者应该尽量多食用亚麻籽油。

若要支持可以建立亚麻籽油或它里面的α–亚麻酸对"三高"患者的好处。

A选项，指出了α–亚麻酸能够减少血脂含量、预防血管阻塞及有关疾病，可以支持。

其他选项均未说明亚麻籽油对"三高"患者的好处。

注意，E项不是引入前提，对E项取反可得：人们不可以很方便买到亚麻籽油，不能方便买到并不是完全买不到，因此对该选项取反带入不能说明结论不成立。

**38.** **答案▶** A

**解析▶**（1）动人的故事 and 鲜明的人物特色➜拥有社会效益；

（2）拥有社会效益➜拥有教育意义 and 经济效益；

（3）N影片没有经济效益。

将（1）（2）联立：动人的故事 and 鲜明的人物特色➜拥有社会效益➜拥有教育意义 and 经济效益。

逆否得：非拥有教育意义 or 非经济效益➜非拥有社会效益➜非动人的故事 or 非鲜明的人物特色。

将"N影片没有经济效益"代入串联的逆否命题中可得：非动人的故事 or 非鲜明的人物特色，A选项正确。

**39.** **答案▶** D

**解析▶** 已知：从6种材料中选择3种。

（1）珍珠 or 珊瑚➜非绿松石 and 非青金石；

（2）玛瑙➜珍珠 and 翡翠；

（3）珍珠 or 翡翠➜绿松石。

（1）（3）串联：珍珠 or 珊瑚➜非绿松石 and 非青金石➜非珍珠 and 非翡翠。

假设珍珠 or 珊瑚为真，会推出非绿松石 and 非青金 and 非珍珠 and 非翡翠，有四个不入选，产生矛盾，所以非珍珠 and 非珊瑚为真。

将非珊瑚代入（2）的逆否推出：非玛瑙；故不选用玛瑙、珍珠、珊瑚；选用绿松石、青金石、翡翠。

**40.** **答案** C

**解析** 论据：无线耳机出货量和增速都高于有线耳机。

结论：无线耳机会继续扩大耳机市场的占有率。

若要支持无线耳机会扩大占有率，可从以下两个方面着手：

（1）指出无线耳机有哪些优点可以使它在市场被选择更多；

（2）无线耳机和有线耳机相比它的优势在哪里。

这道题问的是除了哪项均能支持，A、B、D、E均在说无线耳机的优点，可以支持。C选项在说有线耳机在某些地方仍然是主流选择，即某些地方有线耳机比无线耳机更有优势，故C项不能支持，选C。

**41.** **答案** D

**解析** 已知：对六个元素排队列。

（1）龙川和河源相邻，河源＝3；

（2）和平＝1 or 和平＝6；

（3）龙川/仲恺 __ 仲恺/龙川（龙川和仲恺之间相隔一个）；

（4）博罗和塘厦相邻。

因为河源=3，故龙川和仲恺要么在2、4，要么在4、6，具体位置不确定。

情况一：龙川和仲恺在4、6。

此时6被占据，根据（2）和平只能在1。此时空位只有2、5，但是剩下两个站点：博罗和塘厦相邻，所以排除。

| 1 | 2 | 3 | 4 | 5 | 6 |
|---|---|---|---|---|---|
| 和平 | | 河源 | 龙川/仲恺 | | 仲恺/龙川 |

情况二：龙川和仲恺在2、4。

| 1 | 2 | 3 | 4 | 5 | 6 |
|---|---|---|---|---|---|
| 和平 | 龙川/仲恺 | 河源 | 仲恺/龙川 | 博罗/塘厦 | 塘厦/博罗 |

因为（4）博罗和塘厦相邻，所以博罗和塘厦只能在5、6，具体位置不确定，和平只能在1，选D。

**42.** **答案** C

**解析** 对于第4行有"仁、义、智、礼"的框，由于第5列有"礼、忠"，故可得第

4行第5列只能是"信"，此时第4行有"仁、义、智、信"，又因"信"左边相邻的那一列有"礼"，故和它左边相邻的只能是"忠"，剩下第4行第1列只能是"礼"。

第1行有"信、礼"，第2列有"忠、仁、礼"，又第1行第2列所在的那个粗线条围住的框中有"义"，故第1行第2列是"智",第3行第2列只能在"义"和"信"选择，又第3行有"信"，故第3行第2列只能是"义"，此时第2列已确定"智、忠、义、仁、礼"，故②是"信"。此时可缩小答案范围为A、C之间。

因为④所在列有"礼、智、忠"，所以④不可能是"忠"。故正确选项为C。

43. **答案** B

**解析** 论据：猫皮肤中的菌株S能治疗皮肤感染。

结论：人们不用担心养猫影响健康，鼓励人们养猫。

若要削弱可以引入一个原因说明猫皮肤中的菌株S对人们皮肤没影响，不代表猫对人的健康也没影响。

B选项，引入猫身上的弓形虫会对人体健康产生其他危害，从而说明并非不用担心养猫会影响人的健康，此时结论不成立。

A、C、D、E均与养猫影响人的健康无关。

44. **答案** B

**解析** 论据：困意和腺苷积累有关，谷氨酸能神经元会引起腺苷积累；

结论：谷氨酸能神经元活动➡形成困意。

B项，摧毁谷氨酸能神经元，清醒时间长（即困意减少），属于前假后假支持。

45. **答案** C

**解析** 题目给出的是逻辑真，问题的是可能真，因此可以采用带入验证的方法选择出正确答案。

（1）非赵参赛 or 非张参赛；

（2）王参赛 or 李参赛➡钱参赛；

（3）王参赛➡赵=单人舞。

A选项，王参加单人舞，赵参加双人舞，与（3）矛盾，排除；

B选项，赵、张参加双人舞，与（1）矛盾，排除；

C选项，不与题干矛盾，可能为真；

D选项，王参加双人舞但是钱没有参加，与（2）矛盾，排除；

E选项，张和赵都参加，与（1）矛盾，排除。

---

46. **答案** D

**解析** 五个人分别对应五个国家。

（1）甲＝挪威 or 瑞典 or 芬兰；

（2）乙＝芬兰 or 丹麦；

（3）丙≠挪威➜甲＝冰岛；

（4）丁在丹麦、瑞典中2选1。

根据（1）可知：甲≠冰岛，代入（3）的逆否可得：丙＝挪威，说明甲≠挪威，甲在瑞典、芬兰中2选1。根据（2）（4），说明甲、乙、丁的选择在芬兰、丹麦和瑞典之中，则戊一定选择冰岛，选D。

---

47. **答案** D

**解析** 需要解释的矛盾：脱脂牛奶的脂肪含量最低，但摄入全脂牛奶的人比摄入脱脂牛奶的人肥胖率要低。若要解释，需要建立起喝脱脂牛奶和肥胖之间的关系。

A、B、C、E均从不同角度解释了矛盾。

D项，说的是全脂牛奶对大脑发育的好处，不能解释关于肥胖的矛盾，其他选项都和肥胖有关，可解释题干矛盾。

---

48. **答案** E

**解析** 已知：6个人分成3组，每组最多3人，最少1人。

（1）喜欢历史小说的人数最多，喜欢武侠小说的人数最少；321分组；

（2）己≠历史 or 戊≠历史➜甲＝丁＝科幻；

（3）甲≠戊；

（4）丙＝丁。

通过（1）可得：喜欢武侠的只有1人，喜欢科幻的有2人，喜欢历史的有3人。

若（2）前件：己≠历史 or 戊≠历史为真，可得：甲和丁喜欢科幻，又因为（4）丙和丁喜欢的一样，那此时：甲丙丁都喜欢科幻，这样就有3人喜欢科幻，与题干与科幻只有2人喜欢矛盾，所以（2）的前件不可能为真，即：己和戊均喜欢历史。

丙和丁喜欢的一样，此时喜欢历史最多只剩1个位置，喜欢武侠的也只有1个位置，故丙和丁只能喜欢科幻。科幻的2个位置已满。

又甲和戊喜欢的不一样，在戊喜欢历史的情况下甲不可能喜欢历史，而科幻位置已满，故甲只能喜欢武侠，E项正确。

49. **答案** C

**解析** 题干逻辑：

（1）甲 or 戊；

（2）甲 or 乙➜乙 and 丙；

（3）非丙 or 非戊；

（4）非甲。

将（1）（3）（2）串联得：非甲➜戊➜非丙➜非甲 and 非乙。

将非甲代入串联逻辑可得：戊、非丙、非乙为真，所以乙和丙都没有参加，C选项正确。

50. **答案** D

**解析** 题干信息：

（1）宣传和销售不是同一人；

（2）张年龄最小；

（3）李≠研发≠销售；

（4）研发和行政不是同一人，研发年龄＞行政；

（5）张≠策划≠行政，策划和行政不是同一人。

由（2）（4）可得：张年龄最小且研发的年龄大于行政。张≠研发，结合（3）李≠研发，剩下只有：郭＝研发；

郭＝研发结合（4）可得：郭≠行政，结合（5）张≠行政，可得：李＝行政；

李＝行政结合（5）可得：李≠策划，又张≠策划，则郭＝策划；

郭＝研发＝策划，则郭≠宣传、销售、设计、行政；

郭≠销售，结合（3）李≠销售，故张＝销售；

张＝销售结合（1）可得：张≠宣传，又郭≠宣传，则李＝宣传；

张≠研发、宣传、策划、行政，则张＝销售、设计。

| | 研发 | 宣传 | 策划 | 销售 | 设计 | 行政 |
|---|---|---|---|---|---|---|
| 张经理 | × | × | × | ○ | ○ | × |
| 郭经理 | ○ | × | ○ | × | × | × |
| 李经理 | × | ○ | × | × | × | ○ |

**51. 答案▶ C**

**解析▶** 论据：第1组平时注重打扮，对自己外貌很在意，第2组对自己外貌不在意；第1组在约会中表现出焦虑的人数比例和平均焦虑程度明显高于第2组。

结论：更注重外表的人更有可能经历社交焦虑。

若要支持可以建立起注重外貌和存在社交焦虑之间的关系。

C选项，指出了注重外表的人更看重别人对自己的评价，通过这个评价建立了二者之间的关系，建立联系支持题干。

**52. 答案▶ C**

**解析▶** 题干信息：

甲：东城 or 西区➡非南隅。

乙：西区➡北疆。

丙：西区 or 南隅。

丁：东城➡南隅 or 北疆。

将选项依次代入验证：

A项：甲假、乙真、丙真、丁真，3真1假，不符合题干，排除；

B项：甲真、乙真、丙真、丁真，4真，不符合题干，排除；

C项：甲真、乙假、丙真、丁假，2真2假，符合题干，正确；

D项：甲真、乙真、丙假、丁真，3真1假，不符合题干，排除；

E项：甲真、乙真、丙真、丁真，4真，不符合题干，排除。

**53. 答案▶ C**

**解析▶** 论据：研制出了干细胞生成的人类毛囊，并成功移植到了小鼠身上；

结论：未来人类将彻底摆脱秃头的困扰。

对C项取反，如果克隆出来的头发毛囊不可以保证稳定的基因遗传特质并持续生长分裂，就会使题干结论不成立，故C项是题干成立需要的前提假设。

D项，只要利大于弊即可，没必要假设没有任何副作用。

**54.** **答案▶** E

**解析▶** 题干逻辑：

（1）水≠火；

（2）冰＝甲➜雷＝草＝乙；

（3）冰≠甲➜雷＝乙 and 岩＝丙；

（4）岩＝风。

根据7枚月饼分装在3个盒子里，且每个盒子里最少装一枚月饼，最多装3枚月饼，且丙装的月饼数量最多可得：甲盒和乙盒各装2枚，丙盒装3枚。

（2）（3）的前件矛盾，一定一真一假，不管（2）（3）的前件谁为真，都会得到雷在乙盒，乙盒还剩1个位置，又（4）岩和风在同一个盒子里，需要2个位置，故岩和风一定不可能在乙盒。

问除了哪个一定为真，选E。

**55.** **答案▶** E

**解析▶** 通过附加条件冰＝甲，代入（2）可得：雷＝草＝乙。此时乙盒位置已满。又因为岩和风在同一个盒子中，所以只能在丙，剩下的水和火分别在甲盒和丙盒中，但情况不确定。

情况如下：

| 甲盒（2个位置） | 乙盒（2个位置） | 丙盒（3个位置） |
| --- | --- | --- |
| 冰 | 雷 | 火/水 |
| 水/火 | 草 | 岩 |
| | | 风 |

选E。

# 四、写作

## 56.论证有效性分析

范 文

### 真的不应该给穷人提供福利吗？

材料通过一系列的论证得出不应该给穷人提供福利的结论，此论证的过程存在诸多的逻辑错误，现简要分析如下。

首先，材料由一个人越勤奋推出他抓住的机遇也就越多，推出成功的概率也就越大，从而推出也就越容易富有，此处推理存在漏洞。勤奋和机遇之间没有必然的逻辑关系，影响机遇的因素有很多不见得光靠勤奋就能获得机遇，而机遇与成功概率直接也没有必然的关系，同理也不见得越富有，即使成功也不一定会得到物质上的富有，满足富有这个条件是多方面的。因此推理有误。

其次材料认为提供福利并不能改变其懒惰本性推出福利给穷人没有实质性帮助，此处推理不当。虽改变不了本性，但是福利能够给他们带来一些物质上的帮助，这样能够让他们脱离不好的环境从而脱贫，且福利也可能带来心理上的激励，他们能在福利帮助下生活更好，因此无法说明。

再次，材料由如果给穷人发福利推出那就把努力工作的人财富转移给穷人，此处推理存在明显缺陷。给穷人发福利不见得就是把工作人的财富转移给穷人，给穷人发的福利是由社会其他财政收入支出的，并非是努力工作人员的税收，这两者的来源并不是一致的，所以无法说明把工作的人的财富转移给穷人。

最后，材料由把努力工作的人财富转移穷人推出人们都不再努力工作变成穷人等福利。此处推理不当。工作的人的财富转移给穷人也无法得出人们都不努力变穷人等福利，还是有一部分的人是会努力工作努力生活的，而且努力工作带来的福利要比发放的福利高得多，不见得人们会坐等福利的下发，此推理站不住脚。

综上所述，文章中有诸多的逻辑错误，得出不应该给穷人提供福利的结论还有待进一步的论证。

**57.论说文**

范 文

何以"质变"唯有"量变"

荀子在《劝学》里说道："不积跬步，无以至千里；不积小流，无以至江海；骐骥一跃，不能十步；驽马十驾，功在不舍。"确实，纵古论今，鉴往知来，历史伟人的成功无不建立在日复一日、年复一年的专研学问当中。当今社会，唯有坚持不懈地积累"量变"，终将到达"质变"彼岸。

量变是质变的前提和基础。"量变"是一种在度范围内的延续与渐进，是夜以继日的坚持，是引起"质变"结果的必然准备。古有匡衡凿壁借光，日积月累学习奋斗，终成为西汉著名的丞相；1921年7月，中国共产党成立之初仅有21名党员，后经历无数艰难曲折，仍坚韧顽强进行斗争，最后夺取全国政权，带领中华儿女走向胜利。为山者，基于一篑之土，以成千丈之峭；凿井者，起于三寸之坎，以就万仞之深。无论从个人还是国家层面来看，没有日复一日、持之以恒的量变，终不可能会有质变的飞跃。

质变是量变的必然趋势和结果。质变是指事物的性质从一种形态向另一种质态的飞跃。我们今天得以国泰民安、富民强国的"质变"生活形态都是老一辈共产党员的艰苦奋斗、持之以恒的"量变"的必然结果。目前，我国经历8年的脱贫攻坚、持续奋斗，绝对贫困人口终于实现全部脱贫，贫困县实现全部摘帽的量变到质变的飞跃。只要坚信质变是量变的必然趋势，持之以恒，终将获得胜利。

量变和质变是相生相依，相互联系，密不可分的。没有量变，谈何质变？何以质变？唯有量变，量变和质变是事物曲折螺旋式前进发展的必经道路，是我们走向成功的踏踏实实的每一步伐，两者不可独立而谈，不可分割而言。

山再高，往上攀，总能登顶；路再长，走下去，定能到达。无论世界的形式如何变化，无论时代叙事如何开展，无论事物形态如何改变，"质变"的成功是属于笃行"量变"、永葆初心、持之以恒的我们，我们坚信量变，将为创造国家和民族发展的新质变而扬帆远航。

# 强化卷（二）答案及解析

## 一、问题求解

**1.** **答案** A

**解析** 【破题标志词】抽象问题具体化⟹特值法. 假设顾客有 24 元，原来买 6 件，则每件衬衫单价为 4 元；现在买 8 件，则现在每件衬衫单价为 3 元，降价的幅度为 $\frac{4-3}{4}\times 100\%=25\%$.

**2.** **答案** D

**解析** 本题符合【破题标志词】形如 $|x-a|+|x-b|+|x-c|+\cdots$ 的多个绝对值之和，奇数个绝对值之和：当 $x$ 取到最中间的零点（使各个绝对值为零的 $x$ 的取值）时，有唯一 $x$ 使绝对值之和取到最小值，一共有 101 项，当 $x$ 取最中间零点时，即 $x=51$ 时取得最小值，此时有 $f(51)=50+49+\cdots+0+1+2+\cdots+50=2\times\frac{50(1+50)}{2}=2550$.

**3.** **答案** B

**解析** 设女生有 $m$ 人，男生有 $n$ 人. 根据题意可得：
$$\begin{cases} n=\frac{m}{5}\times 7+8 \\ m=\frac{n}{9}\times 5+40 \end{cases} \Rightarrow \begin{cases} m=200 \\ n=288 \end{cases}$$

则员工总数 $=200+288=488$.

【技巧】7 男 5 女搭配一组 12 人，剩余 8 人，则总人数减 8 是 12 的倍数；9 男 5 女搭配一组 14 人，剩余 40 人，则总人数减 40 是 14 的倍数，选项代入仅 B 符合.

**4.** **答案** C

**解析** 由 $kx-y-4k=0$ 得 $y=kx-4k$，代入得横纵坐标乘积 $xy=kx^2-4kx$，得到关于 $x$ 的一元二次函数，最大值为 $\dfrac{4k\cdot 0-(-4k)^2}{4k}=-4k=2$，$k=-\dfrac{1}{2}$.

**5** **答案** C

**解析** 把5种不同型号卡车当做5个抽屉，把调集的卡车当做元素. 根据抽屉原理，要使得其中一个抽屉至少有3个元素，根据最差原则，调集的卡车数应比抽屉数的2倍多1，所以 $K$ 的最小值为 $2\times 5+1=11$.

**6.** **答案** A

**解析** 新的分数，分子与分母之和是 $100+23+32=155$，而分子与分母之比为2:3.

因此，分子 $=155\times\dfrac{2}{2+3}=62$，分母 $=155\times\dfrac{3}{2+3}=93$.

原来的分数是 $\dfrac{62-23}{93-32}=\dfrac{39}{61}$，所以分母与分子之差为22.

**7.** **答案** A

**解析** 思路一：【破题标志词】一元二次方程 $a>0$，$c<0\Leftrightarrow\Delta\geqslant 0$ 自动满足，有一正一负两实根. $x^2-2x-1=0$，$\Delta\geqslant 0$ 自动满足. 由韦达定理得：$\alpha+\beta=2$，$\alpha\beta=-1$.

【破题标志词】给定一个数是方程的一个根 $\Rightarrow$ 代入此数得到一个等式，$\alpha^2-2\alpha-1=0$，则 $\alpha^2=2\alpha+1$.

【破题标志词】关于未知量的较高次项和较低次项间的关系式，代入 $\alpha^2=2\alpha+1$ 降幂 $\alpha^3+5\beta=\alpha\cdot\alpha^2+5\beta=\alpha\cdot(2\alpha+1)+5\beta=2\alpha^2+\alpha+5\beta=2(2\alpha+1)+\alpha+5\beta=5\alpha+5\beta+2=5(\alpha+\beta)+2=12$.

思路二：$x^2-2x-1=0$ 解得 $x=1\pm\sqrt{2}$，令 $\alpha=1+\sqrt{2}$，$\beta=1-\sqrt{2}$，

$\alpha^3+5\beta=(1+\sqrt{2})^3+5(1-\sqrt{2})=(3+2\sqrt{2})(1+\sqrt{2})+5-5\sqrt{2}=7+5\sqrt{2}+5-5\sqrt{2}=12$.

**8.** **答案** E

**解析** 如图所示，连接 $DE$.

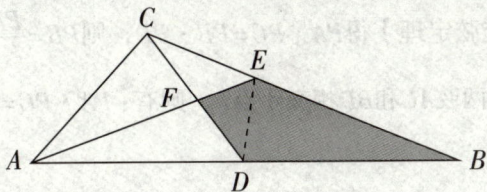

符合【破题标志词】[底同线] and [共顶点] ⟹ 等高模型，面积比=底边比.

$\triangle ADC$，$\triangle BDC$底边都在$AB$上，共用顶点$C$.

由于$D$是$AB$的中点，则$S_{\triangle ADC}=S_{\triangle BDC}=\dfrac{1}{2}S_{\triangle ABC}=\dfrac{1}{2}\times 24=12$.

$\triangle AFC$，$\triangle AFD$底边都在$CD$上，共用顶点$A$.

因为$F$是$CD$的中点，则$S_{\triangle AFC}=S_{\triangle AFD}=\dfrac{1}{2}S_{\triangle ADC}=\dfrac{1}{2}\times 12=6$.

$\triangle ABE$，$\triangle ABC$底边都在$BC$上，共用顶点$A$.

因为$BE=2EC$，可得$S_{\triangle ABE}=\dfrac{2}{3}S_{\triangle ABC}=\dfrac{2}{3}\times 24=16$.

故$S_{阴影}=S_{\triangle ABE}-S_{\triangle AFD}=16-6=10$.

9. **答案** C

**解析** 【破题标志词】等比数列某几项乘积 ⟹ 下标关系：下标和相等的两项乘积相等.
因为$a_3a_5=a_4^2$，所以$a_4^2=4(a_4-1)$，移项因式分解得$a_4^2-4a_4+4=0$，即$(a_4-2)^2=0$，解得

$a_4=2$. $q^3=\dfrac{a_4}{a_1}=8$，解得$q=2$.所以$a_2=\dfrac{1}{4}\times 2=\dfrac{1}{2}$.

10. **答案** A

**解析** 思路一：$\angle BAC+\angle BCD=\pi$，四边形对角互补，则一定内接于某圆，设为圆$O$（如图所示）.根据同弧所对的圆周角相等，$\angle BAC=\angle BDC$，$\angle ABD=\angle ACD$.根据对顶角相等

$\angle APB=\angle DPC$.即$\triangle APB$与$\triangle DPC$相似，$\dfrac{PA}{PD}=\dfrac{PB}{PC}$，即$PA\cdot PC=PB\cdot PD$，$PB=\dfrac{4\times 6}{3}=8$.

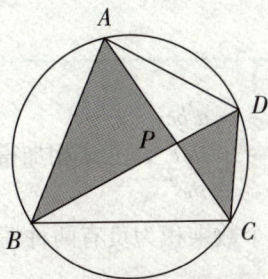

思路二：根据【相交弦定理】得 $PA \cdot PC = PB \cdot PD$，则 $PB = \dfrac{PA \cdot PC}{PD} = \dfrac{4 \times 6}{3} = 8$.

【相交弦定理】圆内两弦 $AC$ 和 $BD$ 相交于点 $P$，则有：$PA \cdot PC = PB \cdot PD$.

**11.** **答案** E

**解析** 第一步：小张不参与监考，则一班和三班派的监考人员是班主任，二班和四班选派的监考人员可以是班主任也可以是辅导员，有 $C_2^1 C_2^1 = 4$ 种可能；

第二步：将4名监考人员安排到非本班去监考，【题型定位】不对应问题 $\Rightarrow$ 错位重排，四对元素错位重排，方法数为9.

由乘法原理可得，总共有 $4 \times 9 = 36$ 种不同的安排方式.

**12.** **答案** B

**解析** 本题符合【破题标志词】求因数的个数 $\Rightarrow$ ①分解质因数；②指数分别+1后相乘.

$92 = 2 \times 2 \times 23 = 2^2 \times 23$，故 92 的正约数共有 $(2+1) \times (1+1) = 6$ 个，

分别为 $2^0 \times 23^0 = 1$，$2^1 \times 23^0 = 2$，$2^2 \times 23^0 = 4$，$2^0 \times 23^1 = 23$，$2^1 \times 23^1 = 46$，$2^2 \times 23^1 = 92$.

所以 92 号罐子中总共装了 6 毫升的水.

**13.** **答案** E

**解析** 思路一（推荐）：原酒精溶液中先加入80克的水，再加入20克的纯酒精，浓度不变.这相当于原酒精溶液加入100克浓度为20%的酒精溶液后，浓度不变.所原酒精溶液的浓度等于新加入的这100克溶液的浓度，即20%.

思路二：设原酒精溶液有 $m$ 克，浓度为 $x$.加入80克的水，再加入20克的酒精后，浓度为 $\dfrac{mx+20}{m+80+20}$.根据题意有 $\dfrac{mx+20}{m+80+20} = x$，解得 $x = 0.2$，则原酒精溶液的浓度为20%，故选E.

**14.** **答案** A

**解析** 将已知连等式变形得 $\begin{cases} x-y = a^2bc \\ y-z = ab^2c \\ z-x = abc^2 \end{cases}$，三式相加得 $abc(a+b+c) = 0$，

由于 $abc < 0$，所以 $a+b+c = 0$.三个数乘积为负有两种情况：负负负和负正正，又

$a+b+c=0$，排除负负负，则 $a$，$b$，$c$ 为负正正，含有一个负数.

15. **答案** E

**解析** 设树的编号分别为 1~10，要使 3 个指示牌等距排列，则三个指示牌所放置的树的编号应成等差数列. 假设满足条件放置的树的编号为 $a$、$b$、$c$，则 $2b=a+c$，因 $b$ 的值由 $a$、$c$ 两值决定，故可不用考虑. $2b$ 为偶数，则 $a$ 与 $c$ 必定同奇或同偶，故分别从 1、3、5、7、9 中选出两项分别作为等差数列的首尾两项即可（2、4、6、8、10 同理）.

第一步：计算总方法数. 10 棵树中选出 3 个，共有 $C_{10}^3=120$ 种.

第二步：计算满足要求的情况数. 从 5 个奇数中选出两个共 $C_5^2=10$ 种选法，从 5 个偶数中选出两个共 $C_5^2=10$ 种选法，则满足的情况数为 $10+10=20$ 种.

第三步：相除得概率. $P=\dfrac{20}{120}=\dfrac{1}{6}$.

## 二、条件充分性判断

16. **答案** D

**解析** 本题符合【破题标志词】算术平均值⇒乘以个数求总和. 总和=平均值×个数

| 科目 | 数学 | 逻辑 | 写作 | 英语 |
|------|------|------|------|------|
| 成绩 | $a$ | $b$ | $c$ | $d$ |

条件（1）：已知 $a+b$、$c+d$，总成绩=$a+b+c+d$，充分.

条件（2）：四门功课平均成绩×4=总成绩，亦充分.

17. **答案** D

**解析** 条件（1）符合【破题标志词】反A字形相似，$\triangle ABC \sim \triangle DAC$，$\dfrac{BC}{AC}=\dfrac{AC}{CD}$，可以确定 $CD$ 长度.

条件（2）过 $A$ 点做 $BC$ 的垂线，垂足为 $H$.

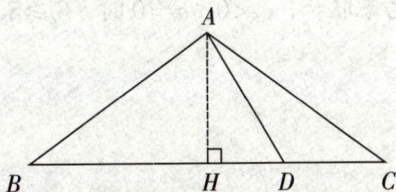

根据三线合一，$AH$ 平分 $\angle BAC$，且 $H$ 为 $BC$ 的中点. 则 $CH=8$，$AH=6$. 又 $\angle BAD=3\angle DAC$.

所以$AD$是$\angle HAC$的角平分线，根据角平分线定理，$\dfrac{AH}{DH}=\dfrac{AC}{DC}$，$\dfrac{6}{8-CD}=\dfrac{10}{CD}$，$CD=5$。

18. **答案** D

**解析** 条件（1）：设五个连续的正整数为$n$，$n+1$，$n+2$，$n+3$，$n+4$（$n\in\mathbf{N}^+$），构成公差为1的等差数列.

平均值$=n+2$，则$S_1^2=\dfrac{1}{5}[(-2)^2+(-1)^2+(0)^2+(1)^2+(2)^2]=2$.

条件（2）：设五个连续的正偶数为$2n$，$2(n+1)$，$2(n+2)$，$2(n+3)$，$2(n+4)$（$n\in\mathbf{N}^+$），构成公差为2的等差数列.

平均值$=2(n+2)$，则$S_2^2=\dfrac{1}{5}[(-4)^2+(-2)^2+(0)^2+(2)^2+(4)^2]=8$.

【技巧】只要数据成等差数列(均值为中间项)，且公差已知，则均可以确定方差.

$S^2=\dfrac{1}{5}[(-2d)^2+(-d)^2+(0)^2+(d)^2+(2d)^2]$

19. **答案** E

**解析** 本题符合【破题标志词】$S_n$的最值$\Rightarrow$寻找等差数列变号的项.
条件（1）：$a_5=0$时，$S_n\geq S_5$，不充分

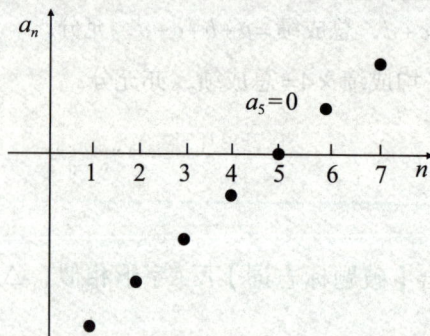

条件（2）单独不充分，考虑联合，$a_5<0$，$a_6=0$时，$S_n\geq S_5$，不充分

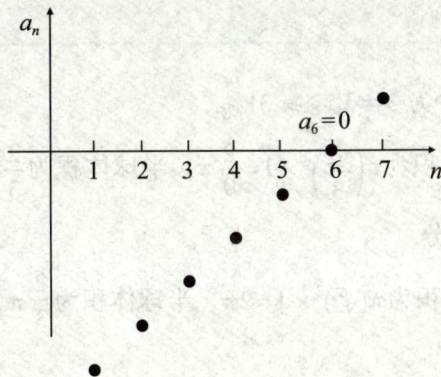

当 $a_5a_6<0$，$S_n \geqslant S_5$，可以推出 $a_5<0$，$a_6>0$.

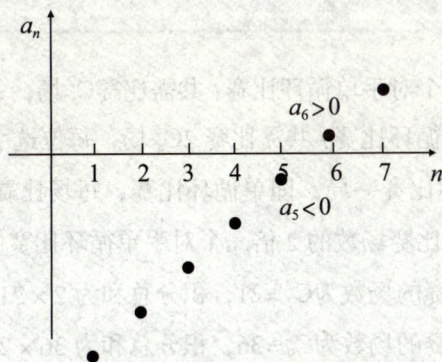

20. **答案** C

**解析**【类型判断】两条件单独信息均不完全，C或E.

【带余除法】当整数 $a$ 不能被整数 $b$ 整除时，余下的部分就叫作余数，一般用 $r$ 表示.

有等式 $a=bq+r$，其中 $0 \leqslant r<b$. 根据条件（1）和条件（2）可得：$m=9k_1+2$，$n=6k_2+1$.

$m+1$ 除以 9 余 3，即 $m+1=9k_1+3=3(3k_1+1)$

$n+1$ 除以 6 余 2，即 $n+1=6k_1+2=2(3k_2+1)$

$(m+1)(n+1)=6(3k_1+1)(3k_2+1)$，$(m+1)(n+1)$ 能被 6 整除.

21. **答案** A

**解析** 本题符合【破题标志词】确定范围的质数 $\Longrightarrow$ 穷举法.

由于集合 $\{2, 3, x, y\}$ 是表示 4 个质数的集合，则 $x$ 和 $y$ 都是不等于 2 或 3 的质数，且 $x$ 和 $y$ 互不相等.

条件（1），$x \leqslant 10$，$y \leqslant 10$，则 $x=5$，$y=7$ 或者 $x=7$，$y=5$，但和均是 12，可以确定 $x+y$ 的值.

条件（2），$x=5$，$y=7$；$x=11$，$y=13$；$x=17$，$y=19$ 均满足 $y-x=2$，不能确定 $x+y$ 的值.

22. **答案** A

**解析** 注水次数最少为 3⟺$V_{半球} \geq 3V_{圆柱}$.

条件（1），圆柱的体积为 $\pi\left(\dfrac{\sqrt{2}}{3}\right)^2 \times 1 = \dfrac{2}{9}\pi$，半球体积为 $\dfrac{2}{3}\pi \times 1^3 = \dfrac{2}{3}\pi$，半球的体积为圆柱体积的 3 倍，充分.

条件（2），圆柱的体积为 $\pi(\sqrt{2})^2 \times 1 = 2\pi$，半球体积为 $\dfrac{2}{3}\pi \times 1^3 = \dfrac{2}{3}\pi$，甲取水一次即可注满乙，不充分.

23. **答案** D

**解析** 【单循环赛】$n$ 个对手单循环比赛：共需比赛 $C_n^2$ 场，每位选手比赛 $n-1$ 场.

【双循环赛】$n$ 个对手双循环比赛：共需比赛 $2C_n^2$ 场，每位选手比赛 $2(n-1)$ 场.

每个选手均与其他选手比赛一局，即单循环比赛，每场比赛无论胜、负或和都产生 2 个积分，积分总和都是比赛场数的 2 倍. $n$ 个对手单循环比赛的场次为 $C_n^2$ 场.

条件（1）：7 个选手比赛的场数为 $C_7^2 = 21$，积分总和为 $2 \times 21 = 42$，充分.

条件（2）：9 个选手比赛的场数为 $C_9^2 = 36$，积分总和为 $36 \times 2 = 72$，充分.

24. **答案** D

**解析** 根据【抽签技巧】第 1 次抽中概率＝第 2 次抽中的概率＝第 $k$ 次抽中的概率＝$\dfrac{有奖票数}{总奖票数}$，则 $P$(第三次抽出次品)＝$P$(第一次抽出次品)

条件（1）：$P = \dfrac{2}{12} = \dfrac{1}{6}$，条件（1）充分.

条件（2）：$P = \dfrac{3}{15} = \dfrac{1}{5} > \dfrac{1}{6}$，条件（2）充分.

25. **答案** C

**解析** 条件（1）和条件（2）均单独不充分，联合条件（1）和条件（2）可得：

$a$，$b$，$c$ 中两负一正，设 $a>0$，$b<0$，$c<0$，则 $\begin{cases} b+c=-a \\ bc=\dfrac{2}{a} \end{cases}$，

由【韦达定理逆定理】给定 $\alpha+\beta=m$，$\alpha\beta=n \Rightarrow \alpha$ 和 $\beta$ 是方程 $x^2-mx+n=0$ 的根，

可得$b$，$c$是方程$x^2+ax+\dfrac{2}{a}=0$的两个根，

由$\Delta=a^2-\dfrac{8}{a}=-\dfrac{a^3-8}{a}\geq 0$，且$a>0$，得$a\geq 2$，

而$|a|+|b|+|c|=a-b-c=2a\geq 4$，所以$|a|+|b|+|c|$的最小值为4.

## 三、逻辑推理

**26.** [答案] **C**

[解析] 题干给出逻辑：

柔性电子技术得到真正的应用➡克服力学问题 and 克服电子封装问题。

题目问不可能为真的选项，找到满足题干逻辑前真后假的选项即可。

C选项，柔性电子技术得到了真正的应用 and 非克服力学问题的困难，是题干逻辑的前真后假，不可能为真。

**27.** [答案] **D**

[解析] 结论："护齿王"牙膏的销量增长原因是其保健效用的提升。

D选项，给出护齿王的销量增长是因为其气味和包装，削弱了是因为保健效用的原因，引入他因削弱。

A选项，没有提到护齿王销量增长的原因，不能削弱。

B选项，保健效用好的健康白牙膏销量比不上护齿王，不代表健康白牙膏本身的销量没有上升，更不能说明护齿王销量上升的原因，不能削弱。

C选项，讨论其他牙膏销量如何，都不能解释护齿王销量上升的原因，无关项，不能削弱。

E选项，给出人们购买护齿王的原因就是重视它的保健效用，是支持。

**28.** [答案] **A**

[解析] 题干给出了2个逻辑条件，和2个事实真的条件。

（1）谷薯类 and 蔬菜水果类➡畜禽鱼蛋奶类；逆否命题：非畜禽鱼蛋奶类➡非谷薯类 or 非蔬菜水果类；

（2）大豆坚果类➡蔬菜水果类；

（3）小明没有吃畜禽鱼蛋奶类；

（4）小明吃了大豆坚果类。

将（3）代入（1）的逆否命题可得出：非谷薯类 or 非蔬菜水果类。

将（4）代入（2）中可得，小明吃了蔬菜水果。

将小明吃了蔬菜水果代入"非谷薯类 or 非蔬菜水果类"可得：非谷薯类。

---

**29.** **答案▶** **D**

**解析▶** 题干逻辑：

（1）小李选择《资治通鉴》➡小王选择《唐诗三百首》；

（2）小王选择《道德经》➡小李选择《道德经》；

（3）小赵选择《唐诗三百首》or《资治通鉴》➡小王选择《资治通鉴》。

题干没有给出事实真，所以可以通过推矛盾的方法进行推理。

如果小赵选择了《资治通鉴》，那么小王也会选择《资治通鉴》，就产生了矛盾，所以小赵不能选择《资治通鉴》，排除B和E。

若（2）的前件小王选择了《道德经》为真，那么小李也会选择《道德经》，也会产生矛盾，所以小王不能选择《道德经》，排除A。

因为每个人选择的书籍不相同，所以排除C选项。

D选项没有产生矛盾，是可能的选择。

---

**30.** **答案▶** **C**

**解析▶** 题干逻辑如下：

（1）赢得资本➡有透明度

（2）赢得别人的信任➡知道规则 and 落实规则；逆否命题：非知道规则 or 非落实规则➡非赢得别人的信任；

（3）非赢得别人的信任➡透明度没有达到要求。

A选项：赢得别人的信任➡透明度达标，否定逻辑前件推不出后件真假，排除。

B选项：非（赢得资本 and 赢得别人的信任）=非赢得资本 or 非赢得别人的信任=赢得资本➡非赢得别人的信任，赢得资本为真可以推出赢得别人信任，而不是非赢得别人信任，排除。

C选项：非知道规则 and 非落实规则➡非赢得别人的信任。由（2）的逆否命题可知，"非知道规则"或"非落实规则"满足任意一个就可以推出"非赢得别人的信任"。所以两个都满足，也可以推出"非赢得别人的信任"。符合题干逻辑。

D选项：赢得信任➡赢得资本，逻辑不能逆推，排除。

E选项：知道规则➡非信任，从题干无法得到，排除。

---

**31.** 答案▶ **B**

解析▶ 题干结构为：A➡B，B➡C and D，因此A➡D。

A选项：A➡B，A➡C and D，所以B➡D。与题干结构不一致。

B选项：A➡B，B➡C and D，因此A➡D。与题干结构一致。

C选项：非A➡非B，B➡C and D，所以A➡D。与题干结构不一致。

D选项：A➡B，B➡C or D，所以A➡D。与题干结构不一致。

E选项：A➡B or C or D。B➡E所以A➡F。与题干结构不一致。

---

**32.** 答案▶ **C**

解析▶

| 顺序 | 第一 | 第二 | 第三 | 第四 | 第五 |
|------|------|------|------|------|------|
| 主人 | C/E | A | B | | E/C |
| 狗 | | 边牧 | | 哈士奇 | |

由（2）可得哈士奇排在第四个。由（4）边牧和哈士奇恰好隔一只其他的狗，可知边牧一定在第二。由（1）可得第3个上场的主人是B，而B和C不相邻。说明C只能排在第1或者第5。

由（3）可得E养的是贵宾，所以E与贵宾狗不能排在第3（3号主人已确定为B）、不可能在第2（狗为边牧）、第4（狗为哈士奇），可推出只能在第1或者第5。综上可得C和E占据第1和第5的位置,第3的位置确定为B。从而A只能排在是第2或第4,又由（3）可得A养的不是哈士奇,所以A不在第4,只能在第2。所以A一定在第2,养的狗是边牧。

---

**33.** 答案▶ **C**

解析▶ 本题附加条件：第五个上场的是金毛。

由上问可知第五个位置只能排E or C，同时E养的是贵宾，所以E不能排在养金毛的第五个位置。所以第五必须排C，同时养金毛。E排在第一，养贵宾。此时，E（第一）、A（第二）、B（第三）、C（第5）四人的位置已确定。D只能排在第四的位置，并且养哈士奇，B排在第三的位置，养柴犬。最终顺序如下表所示：

| 顺序 | 第一 | 第二 | 第三 | 第四 | 第五 |
|------|------|------|------|------|------|
| 主人 | E | A | B | D | C |
| 狗 | 贵宾 | 边牧 | 柴犬 | 哈士奇 | 金毛 |

34. **答案** D

**解析** 本题需要解释的矛盾为：浮藻变多应该有利于鲢鱼的生长，可是实际上，浮藻非常多的水域中反而鲢鱼数量很少。

如果想要解释，就需要引入一个原因说明浮藻非常多的时候，为什么鲢鱼的数量减少。

D选项，指出浮藻多会消耗大量氧气，进而影响鲢鱼生活，所以鲢鱼数量减少。就像过犹不及的道理，虽然一定量的浮藻有利于鲢鱼，但是浮藻变得过于多其实反而不利于鲢鱼的生长，能够解释题干。

B选项错在，其他小型生物的数量也会增多并不能直接说明鲢鱼数量减少的原因。

35. **答案** B

**解析** 题干逻辑：

（1）密室逃脱➜极限飞盘

（2）非创意工坊 or 非陆地冰壶（等价于：创意工坊➜非陆地冰壶）

（3）极限飞盘➜创意工坊 and 油画大师

（4）密室逃脱 or 油画大师➜陆地冰壶（等价于：非陆地冰壶➜非密室逃脱 and 非油画大师）

串联（1）（3）得：密室逃脱➜极限飞盘➜创意工坊 and 油画大师；

串联（2）（4）得：创意工坊➜非陆地冰壶➜非密室逃脱 and 非油画大师。

由上式可知，如果选择密室逃脱，会推出非密室逃脱，矛盾，因此，不选择密室逃脱。

如果选择极限飞盘，会推出油画大师和非油画大师矛盾的情况，因此，不能选择极限飞盘，B选项为真。

36. **答案** E

**解析** 管理人员的论述为：发展迅速➜做好KPI设计。

E选项，指出很多公司没有用KPI，业绩也显著提升了，用前真后假的方式质疑了题干结论。

A选项的错误在于，设计"精准"的KPI指标非常困难，但有可能设计出差不多合理的KPI指标，不能把A选项等同于"无法设计出KPI指标"。

**37.** 答案▶ C

解析▶ 题干逻辑整理如下：

（1）成功的IP➡长期的打磨；

（2）主题不鲜明 and 内容不流畅的➡没有经历过长期的打磨；

（1）+（2）可得：（3）成功的IP➡长期的打磨➡主题鲜明 or 内容流畅；

（4）《福娃》是一个成功的IP。

将（4）代入（3）中可得：主题鲜明 or 内容流畅，等价于：非流畅➡主题鲜明，所以C选项正确。

B选项逻辑为：主题鲜明➡非内容流畅，肯定 or 的一边，不能推出另一边，所以错误。

**38.** 答案▶ D

解析▶ 论据：辩证是在寻找万事万物背后的对立统一关系。

结论：学习辩证思维比学习自然科学更重要一些。

若要支持，我们就要引入掌握辩证思维比自然科学更重要的原因。

D选项指出掌握辩证思维比自然科学让人理性，而理性是长远发展的基本要求，说明辩证思维比自然科学重要，支持题干的结论。

B选项，辩证思维比较难学并不代表学习辩证思维更重要，不能支持。

**39.** 答案▶ A

解析▶ 题干逻辑如下：

（1）非张➡非李；

（2）非钱➡非赵。

假设张和钱均未入选（非张 and 非钱为真），根据题干逻辑可以推出李和赵均未入选，这样4个人都没入选，和题干条件2人入选矛盾，所以这种情况不可能发生，小张和小钱均未入选为假，A选项正确。

**40.** **答案** **B**

**解析** 题干逻辑如下：
（1）废料站的垃圾必然会被回收；
（2）废料站的垃圾可能不会被回收；
（3）有的员工没有参与回收工作；
（4）非李 and 非陈参加回收工作。
真话假话的题目优先找矛盾。
（1）"必然会"和（2）"可能不"矛盾，一真一假，根据题目只有一真，所以（3）（4）
一定为假，即：所有人都参加了回收工作，说明小李和小陈都参加了回收工作。

**41.** **答案** **A**

**解析** 题干给出了两个逻辑条件：
（1）非创新➡经济结构非正常开展 and 新旧动能非正常开展；
（2）创新➡涌现一批高新技术产业。
事实真：（3）S区政府将加大全力支持各产业的创新。
将（3）代入（2）可推出：未来将会涌现一批高新技术产业。A选项正确。

**42.** **答案** **D**

**解析** 论据：肠道菌群"I3CA"可以很大程度地分解和燃烧掉脂肪。
结论："I3CA"投放到血液中很大程度地分解和燃烧掉脂肪。
若要质疑上述推理，需要引入一个原因说明在肠道菌群和在血液里投放"I3CA"产生
的效果是不一样的，进而说明投放到血液里无法分解和燃烧脂肪。
D选项，指出"I3CA"在分解脂肪的时候，需要与肠道消化液中的酶一起作用，因为
是肠道的消化酶，在血管里没有作用，所以D可以质疑科学家建议的有效性。
C选项，指出纳米机器人只能分解脂肪，并不能起到抵抗入侵病菌的作用，但是我们
只需要纳米机器人去分解脂肪，并不需要他抵抗病菌，所以不能质疑题干。如果改为
分解脂肪的同时，机器人还会带来更大的弊（好比说带来更多的病菌），则是以弊大于
利的方式对题干论述的质疑选项。
E选项，指出治疗方法昂贵，大多数无法承担，无法承担不能说明这个方法就没有效果。

**43.** **答案** B

**解析** 题干逻辑如下：

（1）自愿独居➡拥有高质量的独处时光；

（2）非自愿独居➡内心成长➡高质量的独处时光。

因为对于独居青年，只有两种可能：（1）自愿独居；（2）非自愿独居。

将二者分别代入题干逻辑可得：

"自愿独居"为真，那么"拥有高质量独处时光"为真。

"非自愿独居"为真，最终同样推出"拥有高质量独处时光"为真。

所以对于独居青年来说肯定会拥有高质量的独处时光。

**44.** **答案** C

**解析** 题干问能推出哪个结论，即结论推出的题型，用收敛、严谨的思维去排除选项即可。

A题干没有比较所以选项也不能比较，排除。

B选项关键词"必定"过于绝对，排除。

D选项，很多人还没有意识到碎片化时间的重要性，题干没有提到，无中生有，排除。

E选项，人们并不喜欢碎片化时间，题干没有提到，无中生有，排除。

**45.** **答案** A

**解析** 实验者的论述：患者应该根据自己的需求选择合适的药物，而不应该仅仅依靠"新旧"来做出判断。

潜台词就是说药物的新旧程度不是判断药效的标准，新药并不一定比老药好。只要说明这一点就是对题干论述的支持。

B、C、D、E都可以说明新药可能存在的劣势，并不一定比老药好，所以都是支持。

只有A选项指出的都是新药的优点，不能支持题干结论。

**46.** **答案** E

**解析** 题干逻辑如下：

（1）书法 or 阅读；

（2）非阅读 or 非绘画；

（3）绘画➡声乐；

（4）声乐➡阅读。

题干问题是以下哪项符合所有建议，所以只要不符合任意一条建议的选项均可以排除。

根据（3）有绘画一定有声乐，B、D有绘画但是没有声乐，可以排除。

根据（4）有声乐一定有阅读，A、C有声乐但是没有阅读，可以排除。

**47.** 答案 **D**

解析 论据：P2P极大地侵害了投资者的合法权益。

结论：政府决定取缔所有不合规的P2P融资平台

若要支持政府的决定，那就需要引入原因指出P2P确实侵害了投资者的利益。

D选项指出一年中P2P跑路的平台上百家，让众多民众的投资血本无归，确实侵害了投资者利益，支持了政府所做的决策。

E选项，P2P风险大说明所有P2P融资平台都风险大，不能直接要取缔不合规的P2P融资平台，不能支持。

**48.** 答案 **E**

解析 题干信息：

（1）古代小说与现代诗歌不能在同一个场次；

（2）现代散文≠上午 or 近代杂文≠上午；

（3）周易=下午➡现代散文=下午；

（4）近代杂文=上午➡古典诗词=上午。

由（1）古代小说和现代诗歌不能同一个场次，那么一定一个上午一个下午；

由（2）现代散文和近代杂文至多一个在上午，等同于现代散文和近代杂文至少一个在下午，至少肯定会占据一个下午的位置。如下表：

| 上午 | 下午 |
|---|---|
| 古代小说／现代诗歌 | 现代诗歌／古代小说 |
|  | 现代散文／近代杂文 |
|  |  |

题干附加条件：古典诗词在下午，此时下午的3个位置被占满。周易一定不会排在下午，所以周易一定在上午。E选项正确。

**49.** **答案▶** B

**解析▶** 题干信息：

（1）古代小说与现代诗歌不在同一个场次；

（2）现代散文≠上午 or 近代杂文≠上午；

（3）周易＝下午➜现代散文＝下午；

（4）近代杂文＝上午➜古典诗词＝上午。

本题附加条件：古代小说和现代散文在上午，

由条件（1）古代小说在上午，那么现代诗歌在下午。

现代散文已经在上午场，所以近代杂文只能在下午场。如下表所示：

| 上午 | 下午 |
| --- | --- |
| 古代小说 | 现代诗歌 |
| 现代散文 | 近代杂文 |
|  |  |

还剩下周易、古典诗词，一定是一个排在上午，一个排在下午。

根据条件（3），现代散文排在上午，对（3）做逆否，可推出，周易不排在下午，只能排在上午，古典诗词一定排在下午。

所以排在下午场的三个议题为：现代诗歌、近代杂文、古典诗词。

**50.** **答案▶** D

**解析▶** 六个方阵排顺序，题干给出4个条件：

（1）商学院<工程学院（A<B表示A在B之前）；

（2）法学院<医学院；

（3）工程学院<文学院；

（4）社会科学院=4，且社会科学院<医学院。

综合（1）（3）可知，商学院<工程学院<文学院。

再加上（4）社会科学院=4，后面只剩下2个位置，而其中的一个位置要留给医学院，如果工程学院排第5位，那么剩下的第6个位置必须排文学院，从而没有医学院的位置产生矛盾。所以工程学院最晚排第3位，同理，商学院最晚排第2位。

**51.** 答案▶ C

解析▶ 题干论据：设置治疗组和对照组，在治疗组有三分之二的患者转为阴性，而对照组则只有一人转为阴性。

题干结论：补充剂治疗可以帮助大多数患者解决HPV感染问题。

C选项，指出实验前两组患者病情特征相同，比较之前起点相同，支持题干。

A选项，杂志在行业内被视为权威并不代表结论一定准确，犯了诉诸权威的错误，不能支持。

B选项，指出实验的两组患者感染时间上几乎是一致，但感染时间并不影响治疗，属于迷惑项，不能支持。

D选项，补充剂治疗被用于解决除了HPV感染的其他感染问题，但不清楚能否解决HPV感染问题，不能支持。

E选项，部分人的身体素质较强，也能更好适用补充剂治疗，不清楚"部分人"是大部分还是小部分，不能支持帮助大多数患者解决HPV感染问题的结论。

**52.** 答案▶ E

解析▶ 论据：虎豹的减少可能会带来野猪数量的大幅增加。

结论：为了防止野猪数量过剩，应该通过人工干预的方式来限制野猪数量。

E选项，野猪的天敌豺、狼等野兽的数量明显上升，说明虎豹的减少不会带来野猪数量的大幅增加，不用防止野猪数量过剩，最能削弱。

A选项，认为过分的人工狩猎会影响可持续增长，但题干提到的是人工干预而非过分，不能削弱。

B选项，认为衡量野猪数量是否过剩的依据不能只用是否与人类发生冲突，与题干中"虎豹的减少可能会带来野猪数量的大幅增加"无关，不能削弱。

C选项，野猪不是濒危物种与人工干预限制野猪数量无关，不能削弱。

D选项，欧洲国家的情况不能代表我国，不能削弱。

**53.** 答案▶ B

解析▶ 需要解释的现象是：网络有很多的弊端，但还是有很多人进行网络社交。

网络有不好的，人们还是会用，那就说明肯定是网络对于人们而言总体是利大于弊的，所以只要引入网络社交的优点，就可以解释题干的矛盾。

B选项指出了网络社交的信息传递速度快，带给人们信息传递的便捷，从信息交换的速度上解释了为什么还是很多人进行网络社交。

A选项错在，只能说明更多人使用社交网络，不能解释为什么网络有弊端但很多人还是有很多人进行网络社交。

54. **答案** ▶ E

**解析** ▶ 整理题干信息如下：

每个工作者至少负责1个，至多负责2个，5个人负责8个项目，那么一定有3个人负责2个项目；并且每个项目只需要1个人负责。

（1）甲负责的项目一定在正东、正南、正西、正北中（其他4个位置他一定不负责）；

（2）乙负责西南和1个与之相邻的项目，也就是乙负责西南，和正西、正南中任意一个；

（3）丙只负责东南、正南、西南中的1个项目（其他5个位置的项目丙均不负责）；

（4）丁负责西北 or 负责东南➜戊负责正西 and 正南；

（5）戊负责西北➜戊负责正西。

由（4）可得如果丁＝西北或者丁＝东南，会推出戊＝正西 and 戊＝正南，

同时由（2）可知，乙一定会负责正西和正南中的1个，乙戊不能同时负责1个位置，产生矛盾，可推出丁一定不负责西北，也不负责东南。

如下表：

|   | 西北 | 正北 | 东北 | 正东 | 东南 | 正南 | 西南 | 正西 |
|---|---|---|---|---|---|---|---|---|
| 甲 | × |  | × | × | × |  |  |  |
| 乙 | × | × | × | × | × |  | ○ |  |
| 丙 | × | × | × | × |  |  |  | × |
| 丁 | × |  |  |  | × |  |  |  |
| 戊 | ○ |  |  |  |  |  |  | ○ |

从表中可以看出甲、乙、丙、丁都不负责西北，那戊一定会负责西北。

根据条件（5）戊负责西北推出：戊负责正西。

55. **答案** ▶ A

**解析** ▶ 本题附加条件为正东负责人是甲，且只负责1个项目，所以其他项目甲都不负责。

| | 西北 | 正北 | 东北 | 正东 | 东南 | 正南 | 西南 | 正西 |
|---|---|---|---|---|---|---|---|---|
| 甲 | × | × | × | ○ | × | × | × | × |
| 乙 | × | × | × | × | × | ○ | ○ | × |
| 丙 | × | × | × | × | ○ | × | × | × |
| 丁 | × | ○ | ○ | × | × | × | × | × |
| 戊 | ○ | × | × | × | × | × | × | ○ |

第一问已经推出戊＝西北，戊＝正西。戊＝正西，说明乙不负责正西。

由条件（2），乙负责的第二个项目只可能是正西或者正南中的1个。所以可推出乙＝正南。

丙负责的项目在东南、正南、西南中3选1，其中西南和正南被乙负责。丙一定负责最后剩下的东南。

综上，甲、乙、丙和戊负责的项目都已经推出，那么最后剩下的正北和东北一定由丁负责。

# 四、写作

## 56.论证有效性分析

范文

### 网络节日不应该取代传统节日

材料通过一系列的叙述，得出了："网络节日应该取代传统节日的"的结论，但是结论在推导的过程中犯了诸多的逻辑推理错误，现在择其要点分析了如下：

首先，材料认为："人们印象中仅存的传统节日剩下了为数不多的'清明、中秋和春节'，其原因就是这些节日有假期。"此处的推理存在不妥。人们印象中仅存清明、中秋和春节的原因并非是放假，而是因为文化的传承和这三个节日被民俗所重视等原因，并非是因为放假而被记住。

其次，后续材料认为："如果这些节日假期取消，那么这些节日必然淡出人们的印象。"此处推理不当。即便这些节日的假期取消也不见得这些节日淡出人们印象，因为文化传统、民间习俗、亲情纽带等等原因依旧被人们所牢记。

随后，材料认为，现在很多传统节日都是"工作日"，就很难起到原有节日"缅怀先人、思念亲友"的意义。缅怀和思念并非要做出具体的行动才算是有效，即便是工作日，我们依旧可以在精神上缅怀和思念。而后网络节日有实际体验，传统节日无实际体验从而网络节日取代传统节日的推理更为荒谬。传统节日的价值并非只有实际体验一种，文化文俗传承，民族认同感均是传统节日的价值，并不能仅凭过节体验这单一角度就否定。

最后，材料最后一段，通过很多节日跟不上时代步伐，推出所有传统节日不适用现在的社会犯了以偏概全的错误。跟不上的毕竟是部分，无法代表全部的传统节日，例如春节、清明、中秋等依旧在人们的生活中有重要的地位。

综上所述，材料得出"网络节日应该取代传统节日的"的结论，有些不妥，还需进一步论证。

## 57.论说文

范 文

### 常怀"容人"之心

总所周知，用好人才是管理的重中之重，不过人才一般都具有独特的个性，难免会和管理者产生一定的矛盾或者冲突，这就启示我们，常怀"容人"之心，才能更好地推动发展，才能更好地创造未来。

常怀"容人"之心，可以促进个人的持续发展。惟宽可以容人，惟厚可以载物。在"楚汉争霸"时，刘邦任人唯贤，无论是张良还是韩信，都容纳其不好的名声，发掘其一技之长，使得他们在和项羽的战争中立下了赫赫战功，刘邦也由此战胜了项羽，成为西汉王朝的开国勋爵。春秋战国时期，管仲曾经在齐桓公还没有即位之时射伤了他，但齐桓公最后还是邀请管仲来辅佐他成就了霸业，对待有才之人能够不计前嫌。有"容人"之心的人，也可以成就一番伟业。

常怀"容人"之心，可以推动企业的不断扩大。企业的发展扩大往往需要融合更多的新的力量。华为和小米同为电子科技领域的两大巨头，本是针锋相对的竞争关系，但在华为受到国外禁令时，同为民族企业的小米向华为伸出援手，宣布小米系列的行车记录仪Pro版将搭载华为芯片，以"容人"之心帮助华为渡过难关，也进一步提振了国产科技的底气，企业的规模也不断扩大，"容人"之心可以助力企业的发展扩大。

常怀"容人"之心，可以赋能国家的繁荣兴盛。国家要发展壮大，"容人"不可或缺。唐太宗李世民在面对曾经效力于前太子的魏徵时，十分欣赏他敢说真话的品质，任命他为谏议大夫，也正是因为唐太宗有"容人"的气量，唯才是举，不计前嫌，国家很快涌现出大批的优秀人才，在魏徵和其他贤臣的辅佐下，开创了贞观之治的繁荣景象。国家的繁荣兴盛需要足够的人才支撑，善用人才，常怀"容人"之心，赋能国家的繁荣发展。

不能容人者无亲，无亲者尽人。有容乃大，无论是个人，企业，还是国家都是如此，只有常怀"容人"之心，才能更好地推动发展，才能更好地创造未来。

# 强化卷（三）答案及解析

## 一、问题求解

1. **答案▶ E**

**解析▶** 第三天的利润为 $1.25=\dfrac{5}{4}$ 万元，则第三天的销售收入为 $\dfrac{5}{4}\div\dfrac{1}{5}=\dfrac{25}{4}$ 万元.

设平均增长率为 $q$，增长期数为 2，期初数值为 4，期末数值为 $\dfrac{25}{4}$.

根据平均增长率公式 $q=\sqrt[\text{增长期数}]{\dfrac{\text{期末数值}B}{\text{期初数值}A}}-1$，可得 $q=\sqrt{\dfrac{25}{4\times4}}-1=\dfrac{5}{4}-1=\dfrac{1}{4}=25\%$.

2. **答案▶ C**

**解析▶** 本题符合【破题标志词】两实数相等，它们的有理部分与无理部分分别相等.
$(1+2\sqrt{3})x+(1-\sqrt{3})y=2-5\sqrt{3}$ 整理得 $(x+y)+(2x-y)\sqrt{3}=2-5\sqrt{3}$.

则有 $\begin{cases}x+y=2\\2x-y=-5\end{cases}$，解得 $\begin{cases}x=-1\\y=3\end{cases}$.

则 $xy=-3$.

3. **答案▶ B**

**解析▶** 20 人总共失分 $(100-88)\times20=240$，由及格率为 95% 知只有 1 人不及格，使其失分尽量少，则失分为 41 分.

要使第十名失分尽量多（得分尽量低），可使前 9 名失分尽量少，假设分别失 0，1，…，8 分，而从第 11 名至第 19 名亦是失分尽量少.设第 10 名、第 11 名、…、第 19 名分别失分 $x$，$x+1$，$x+2$，…，$x+9$.

则可得 $(0+1+\cdots+8)+[x+(x+1)+(x+2)+\cdots+(x+9)]+41\leqslant240$，

根据等差数列前 $n$ 项和公式可得

$\dfrac{8(1+8)}{2} + \dfrac{10(x+x+9)}{2} + 41 \leq 240, 10x \leq 118,$ 解得$x$最大为$11$，即第$10$名最少得分为$89$分.

4. **答案** E

**解析** 本题符合【破题标志词】形如$ax^2 + b|x| + c$的绝对值方程/不等式 $\Rightarrow$ 利用$x^2 = |x|^2$换元处理.

$|x|^2 - 2007|x| - 2008 = 0$，$(|x| - 2008)(|x| + 1) = 0$，$|x| = 2008$ 或 $|x| = -1$（舍去）.

所以$x = \pm 2008$，所有实数根的和等于$0$.

5. **答案** E

**解析** 思路一：【特例法】设为边长为$2$的正方形，$AG = \sqrt{AD^2 + DG^2} = \sqrt{2^2 + 1^2} = \sqrt{5}$

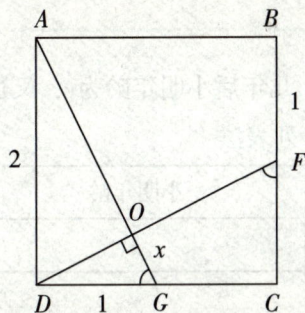

$\triangle ADG$ 与 $\triangle DCF$ 全等，$\angle AGD = \angle DFC$，$\angle DFC + \angle FDC = 90°$，

则 $\angle AGD + \angle FDC = 90°$，$\angle DOG = 90°$.

根据射影定理得，$DG^2 = AG \times OG$，$1^2 = \sqrt{5}x$，解得$x = \dfrac{1}{\sqrt{5}}$. 则 $\dfrac{OA}{OG} = \dfrac{\sqrt{5} - \dfrac{1}{\sqrt{5}}}{\dfrac{1}{\sqrt{5}}} = \dfrac{5 - 1}{1} = \dfrac{4}{1}$.

思路二：如图所示，延长$AB$、$DF$，相交于点$E$.

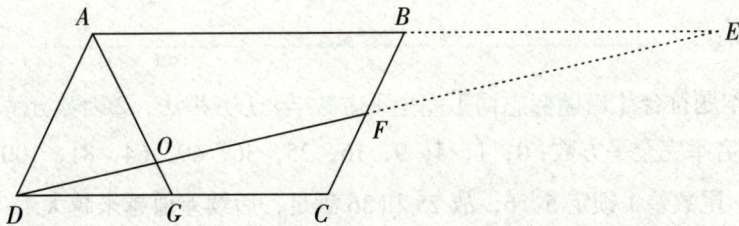

由四边形$ABCD$是平行四边形，可得$BE \parallel DC$，故$\angle EBF = \angle C$，$\angle E = \angle FDC$.

又因为$F$是$BC$的中点，所以$BF = CF$，由此可得$\triangle BEF \cong \triangle CDF$，$AB = CD = BE = 2DG$.

由$AE \parallel DC$，符合【破题标志词】8字形相似可得$\triangle AEO \sim \triangle GDO$，

所以$AO : OG = AE : DG = (AB + BE) : DG = (2DG + 2DG) : DG = 4 : 1$.

6. **答案** C

**解析** 本题符合【破题标志词】给出恒等式$\Leftrightarrow x$取任意值，两多项式均相等 $\Leftrightarrow$ 取$x$特值得到关于系数的等式.

令$x = 0$，$(1 - 2 \times 0)^{2023} = 1 = a_0$.

令$x = \dfrac{1}{2}$，$\left(1 - 2 \times \dfrac{1}{2}\right)^{2023} = 0 = a_0 + \dfrac{a_1}{2} + \dfrac{a_2}{2^2} + \cdots + \dfrac{a_{2023}}{2^{2023}}$.

则$\dfrac{a_1}{2} + \dfrac{a_2}{2^2} + \cdots + \dfrac{a_{2023}}{2^{2023}} = 0 - 1 = -1$.

7. **答案** A

**解析** 设今年小明年龄为$x$，几年后小明年龄为$y$，又过几年后小明年龄为$z$.

【破题标志词】多个量比较$\Rightarrow$列表法

|  | 小明年龄 | 祖父年龄 |
|---|---|---|
| 今年 | $x$ | $6x$ |
| 过几年后 | $y$ | $5y$ |
| 又过几年后 | $z$ | $4z$ |

【年龄问题等量关系】年龄差不变

年龄差$= 5x = 4y = 3z$，3，4，5的公倍数是60，120，$\cdots$

$5x = 60$，解得$x = 12$，则祖父今年年龄$6x = 6 \times 12 = 72$（岁）

【技巧】今年祖父年龄为$6x$，一定为6的倍数，仅选项A、D满足.

8. **答案** C

**解析** 本题符合【破题标志词】完全平方数 $\Rightarrow$ ①穷举法；②因数分解后讨论.

思路一：穷举完全平方数：0，1，4，9，16，25，36，49，64，81，100，121，$\cdots$

相差11，尾数差1锁定5，6，故25和36满足，后续差值越来越大.

$x + 4 = 36$，$x = 32$，则$x$各数位上的数字之和为$3 + 2 = 5$.

思路二：因式分解. 由题意知

$$\begin{cases} x+4=m^2\,(m\in\mathbf{N}) \\ x-7=n^2\,(n\in\mathbf{N}) \end{cases}$$两式相减，得 $11=m^2-n^2=(m+n)(m-n)=11\times1$，故有

$$\begin{cases} m+n=11 \\ m-n=1 \end{cases}，解得\begin{cases} m=6 \\ n=5 \end{cases}.$$

所以 $x=m^2-4=32$，各数位上的数字之和为 5.

---

9. **答案** D

**解析** 思路一：$\triangle PBD$ 与 $\triangle PCA$ 相似，$\dfrac{PA}{PD}=\dfrac{PC}{PB}$，整理得 $PA\cdot PB=PC\cdot PD$，代入已知

值得 $2PB=3\times6$，$PB=9$.

思路二：根据【切割线定理】有 $PA\cdot PB=PC\cdot PD$，$2PB=3\times6$，$PB=9$.

---

10. **答案** C

**解析** 数列 $\{a_n\}$ 中任何连续三项和都是 21 等价于每隔两项的数相等，

$$\begin{cases} a_1=a_4=a_7=\cdots=a_{3k+1}=C_1 \\ a_2=a_5=a_8=\cdots=a_{3k+2}=C_2 \\ a_3=a_6=a_9=\cdots=a_{3k}=C_3 \end{cases}，$$

此时 $a_{2021}+a_{2022}+a_{2023}+a_{2024}=a_{3\times673+2}+a_{3\times674}+a_{3\times674+1}+a_{3\times674+2}=C_2+C_3+C_1+C_2=21+C_2$

由于 $a_{102}=a_{3\times34}=C_3=7$，$a_{1000}=a_{3\times333+1}=C_1=9$，

且 $C_1+C_2+C_3=21$，则 $C_2=5$，此时 $a_{2021}+a_{2022}+a_{2023}+a_{2024}=21+C_2=21+5=26$.

---

11. **答案** E

**解析** 符合【破题标志词】求关于 $y=x$ 对称的新曲线方程，将原曲线方程中的 $x$ 和 $y$ 互换.

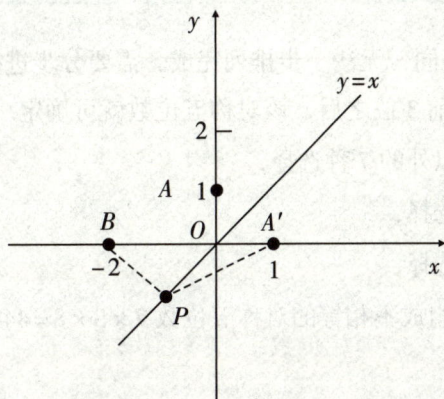

如图，作点 $A$ 关于直线 $y=x$ 的对称点 $A'$，刚好落在 $x$ 轴上，坐标为 $A'(1,0)$，则 $PA=PA'$，

所以 $PA+PB=PA'+PB$，由于两点之间线段最短，连接 $A'B$，得最小值为 $PA'+PB=A'B$
$=2+1=3.$

---

12. **答案** ▶ **A**

**解析** ▶ 如图所示.设截面圆心为 $O'$，连接 $O'A$，设球半径为 $R$，则 $OO'=\dfrac{R}{2}$，等边 $\triangle ABC$

四心合一，$O'A=\dfrac{2}{3}AD.$

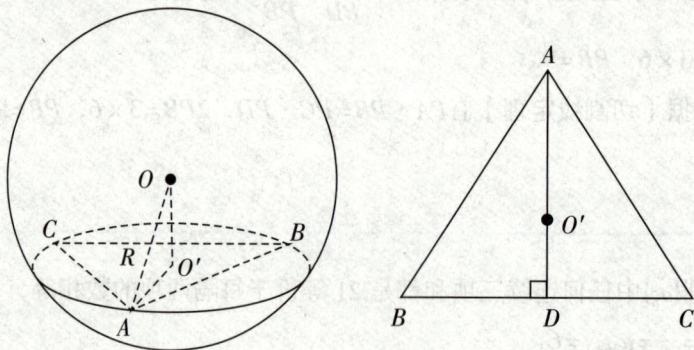

【$30°$直角 $\triangle ADB$】$BD:AD:AB=1:\sqrt{3}:2$，则 $O'A=\dfrac{2}{3}\times\dfrac{\sqrt{3}}{2}AB=\dfrac{\sqrt{3}}{3}AB=\dfrac{2\sqrt{3}}{3}.$

$OA^2=O'A^2+O'O^2$，即 $R^2=\left(\dfrac{2\sqrt{3}}{3}\right)^2+\left(\dfrac{R}{2}\right)^2$，解得 $R^2=\dfrac{16}{9}.$

故 $S_{球}=4\pi R^2=\dfrac{64}{9}\pi.$

---

13. **答案** ▶ **D**

**解析** ▶ 对元素要求不同，无法一步排列完成，需要分步进行，优先处理特殊元素.
由题意可知，确定好前 3 位之后，该对称五位数就可确定.
第一步：万位有除零以外的 7 种选择，
第二步：千位有 8 种选择，
第三步：百位有 8 种选择，
根据乘法原理，可以组成不相等的对称五位数 $7\times8\times8=448$ 个.

**14.** 答案 **C**

解析 在平面内不共线的三点可以确定一个圆

本题符合【破题标志词】正难则反⟹总体剔除/对立事件.

如图所示

每列任取三点，共线的情况为 $3 \times C_4^3$ 种，

每行任取三点，共线的情况为 $4 \times C_3^3$ 种，

对角线上三点共线的情况为 4 种，

所以，在同一圆周上的情况 $= C_{12}^3 - (3 \times C_4^3 + 4 \times C_3^3 + 4) = 200$.

**15.** 答案 **C**

解析 第一步：计算总方法数.甲从任一扇门进去，再从剩下的 5 扇门中的任一扇出来，总方法有 $6 \times 5$ 种.

第二步：计算满足要求的方法数.甲不能从 1 号门进，同时不能从 1 号门与进入的门出，满足要求的方法数有 $5 \times 4$ 种.

第三步：相除得概率. $P = \dfrac{6 \times 5}{5 \times 4} = \dfrac{2}{3}$.

乙、丙需满足的条件与甲完全相同，则三者同时满足条件的概率为 $\dfrac{2}{3} \times \dfrac{2}{3} \times \dfrac{2}{3} = \dfrac{8}{27}$.

## 二、条件充分性判断

**16.** 答案 **B**

解析 条件（1）：【破题标志词】包含质数的等式⟹结合奇偶性及其四则运算.

$a+b+c=36$，偶+偶+偶=偶，偶+奇+奇=偶，故 $a$，$b$，$c$ 至少有一个偶数.

$a$，$b$，$c$ 为质数，且 $a<b<c$，故 $a=2$ 即 $b+c=34$.

此时可能有 $\begin{cases} b=3 \\ c=31 \end{cases}$ 或 $\begin{cases} b=5 \\ c=29 \end{cases}$ 或 $\begin{cases} b=11 \\ c=23 \end{cases}$，故条件（1）不充分.

条件（2）：【破题标志词】[一个数]=[某些数的乘积] ⟹ 将此数因数分解.

$abc=506=2\times11\times23$，$a$，$b$，$c$为质数，且$a<b<c$，故$a=2$，$b=11$，$c=23$，所以$a$，$b$，$c$可以确定，条件（2）充分.

17. **答案▶ A**

**解析▶** 条件（1）：【破题标志词】形如$|x-a|+|x-b|$的两绝对值之和，$x$在$[a,b]$内取得最小值$|a-b|$.

当$-1\leq x\leq3$时，取最小值$|-1-3|=4$，有$-1$，$0$，$1$，$2$，$3$共5个整数解.

条件（2）：【破题标志词】形如$|x-a|-|x-b|$的两绝对值之差$(a\leq b)$.当$x\leq a$时，取最小值$-|a-b|$；当$x\geq b$时，取最大值$|a-b|$.

当$x\geq3$时，取最大值$|-1-3|=4$，有无数个整数解.

18. **答案▶ D**

**解析▶** 条件（1）：$x^3+y^3+3xy=(x+y)(x^2-xy+y^2)+3xy=x^2+2xy+y^2=(x+y)^2=1$，条件（1）充分.

条件（2）：$(x^2-x+\frac{1}{4})+(y^2-y+\frac{1}{4})=0\Rightarrow(x-\frac{1}{2})^2+(y-\frac{1}{2})^2=0$

$\Rightarrow x=\frac{1}{2}$，$y=\frac{1}{2}$，故$x^3+y^3+3xy=\frac{1}{8}+\frac{1}{8}+3\times\frac{1}{4}=1$，故条件（2）充分.

19. **答案▶ B**

**解析▶** 条件（1）：已知数据的平均值是10，仅能得出$a+b$的值，$a$和$b$的值无法确定，数据15，21，27，$3a+3$，$3b$的方差无法确定，条件（1）不充分.

条件（2）：结论数据是条件（2）数据的每一项乘以3再加3，数据4，6，8，$a$，$b-1$的方差是2，则结论的数据方差为$2\times3^2=18$，条件（2）充分.

【结论】当把一组数变为原来的$n$倍后，这组数的方差会变为原来的$n^2$倍.当把一组数中的每个数都加上一个相同的数时，这组数的方差不变.

20. **答案▶ D**

**解析▶** 由条件（1）得，$a_1+a_2+\cdots+a_9+a_{10}=-1+4-7+10-\cdots-25+28=3\times5=15$，充分；

由条件（2）得$a_1+a_2+\cdots+a_9+a_{10}=-2+5-8+11-\cdots-26+29=3\times5=15$，充分.

**21.** 答案 ▶ **A**

解析 ▶ $y=\sqrt{1-x^2} \Rightarrow x^2+y^2=1 (y \geq 0)$，表示圆心为原点，半径为1的上半圆；

$y=x+m$ 表示与坐标轴交点为 $(-m,0)$ 和 $(0,m)$ 的直线

结论要求直线与半圆有两个交点

如图当直线 $y=x+m$ 过 $(-1,0)$ 和 $(0,1)$ 时有两个交点，此时 $m=1$.

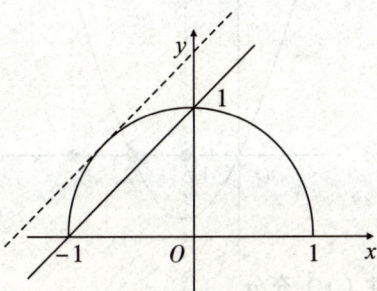

当直线 $y=x+m$ 即 $x-y+m=0$ 与圆 $x^2+y^2=1 (y \geq 0)$ 相切时，

根据点到直线的距离公式可得，直线 $x-y+m=0$ 到圆 $(0,0)$ 的距离 $d=\dfrac{|m|}{\sqrt{1^2+(-1)^2}}=1$，解

得 $m=\sqrt{2}$ 或 $m=-\sqrt{2}$（舍去）

所以 $1 \leq m < \sqrt{2}$，条件（1）充分.

**22.** 答案 ▶ **E**

解析 ▶ 本题符合【破题标志词】$a^2+b^2$，$ab$，$a+b$ 和 $a-b$ 这四个多项式 $\Rightarrow$ 给定任意两个可利用完全平方公式推出其余两个多项式（知二推二模型）.

条件（1）：由 $a_m a_n=9$，$a_m^2+a_n^2=18$ 可得

$a_m^2+a_n^2-2a_m a_n=0 \Rightarrow (a_m-a_n)^2=0$，可得 $a_m=a_n$，联立 $a_m a_n=9$，解得 $\begin{cases} a_m=3 \\ a_n=3 \end{cases}$ 或 $\begin{cases} a_m=-3 \\ a_n=-3 \end{cases}$.

故数列的公比无法唯一确定，$S_{10}$ 的值也无法确定，条件（1）不充分.

条件（2）：等价于条件（1）中 $m=1$，$n=2$ 的情况，由条件（1）的计算，可知

$\begin{cases} a_1=3 \\ a_2=3 \end{cases}$ 或 $\begin{cases} a_1=-3 \\ a_2=-3 \end{cases}$.

故 $S_{10}=30$ 或 $-30$，不能唯一确定，条件（2）不充分.

两条件联合等价于条件（2），故联合也不充分.

**23.** **答案** A

**解析** $f(x)=x^2+bx+c$，开口向上的抛物线，在对称轴处取最小值，越靠近对称轴函数值越小.

条件（1）：$f(1-x)=f(1+x)$，所以对称轴为$x=1$，

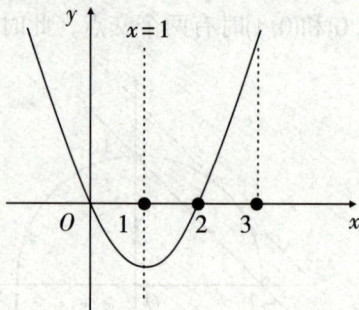

则$f(1)<f(0)<f(3)$，故条件（1）充分.

条件（2）：$f(x+2)=f(2-x)$，所以对称轴为$x=2$，

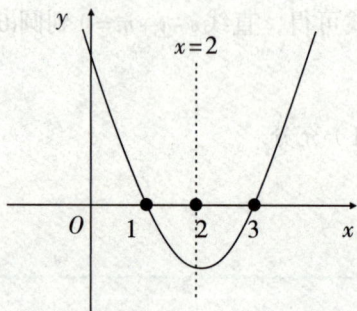

则$f(1)=f(3)$，故条件（2）不充分.

**24.** **答案** B

**解析** 条件（1）：第一步：在后两只球中挑1只为$C_2^1$；落入前两只球所在的格子，概率为$\dfrac{1}{4}$；

第二步：剩下一只落入其他格子，概率为$\dfrac{3}{4}$；

根据乘法原理，概率为$C_2^1 \times \dfrac{1}{4} \times \dfrac{3}{4}=\dfrac{3}{8}$，条件（1）不充分.

条件（2）：第一步：第3只球落入前两只球所在格子，概率为$\dfrac{2}{4}=\dfrac{1}{2}$；

第二步：为确保有3只球落入同一格子，第4只球应落入第三只球所在格子，概率为$\dfrac{1}{4}$；

根据乘法原理，概率为$\frac{1}{2} \times \frac{1}{4} = \frac{1}{8}$，条件（2）充分．

25. 答案 ▶ **D**

解析 ▶ 条件（1）：【破题标志词】限制为正＋求最值 ⟹ 均值定理

$$\frac{1}{a^2} + \frac{1}{b^2} \geq 2\sqrt{\frac{1}{a^2} \cdot \frac{1}{b^2}} = \frac{2}{ab} \geq 2 \times 2 = 4.$$

所以$\frac{1}{a^2} + \frac{1}{b^2}$有最小值4.

条件（2）：【破题标志词】限制为正＋求最值 ⟹ 均值定理

整理得$a^2 + 4b^2 = 3$

$$3\left(\frac{1}{a^2} + \frac{1}{b^2}\right) = \left(\frac{1}{a^2} + \frac{1}{b^2}\right)(a^2 + 4b^2) = 5 + \frac{4b^2}{a^2} + \frac{a^2}{b^2} \geq 5 + 2\sqrt{\frac{4b^2}{a^2} \cdot \frac{a^2}{b^2}} = 9$$

当且仅当$\frac{4b^2}{a^2} = \frac{a^2}{b^2}$，即$a^2 = 2b^2$，$a^2 = 1$，$b^2 = \frac{1}{2}$时取到"＝"（最小值）．

所以$\frac{1}{a^2} + \frac{1}{b^2}$有最小值3，条件（2）充分．

## 三、逻辑推理

26. 答案 ▶ **E**

解析 ▶ 题干首先指出：电视机数量越多，疾病发病率越低。

研究人员解释：之所以发病率低，是因为村子的人们在室内停留的时间更多，从而降低了被蚊虫叮咬的概率。

研究人员逻辑的缺失是，只建立了室内停留时间与发病率之间的关系，但是没有指出电视机数量跟停留时间的关系。所以要支持研究人员的论述，需要引入电视机数量和人们在室内的停留时间之间的逻辑关系。E选项正确。

D选项的错误在于，题干讨论的是疾病的发病率，跟对疾病危险的认识没有关系。

27. 答案 ▶ **C**

解析 ▶ 题干的逻辑为：灌溉周期长➡光合作用差。

C选项：灌溉周期短and光合作用增加，属于逻辑里面前假后假的支持。

28. **答案** A

**解析** 设A=不想做，B=一辈子不会做，C=努力才能做成的，D=不喜欢的事。

有些A是B，有些非A是C，所以有些A是D。

需要补上的是：所有的B是D。

其实第二句：有些非A是C是一个迷惑选项，这一点考生需要明白。

所以这个题正确的推理方向应该是：

有些A（不想做）是B＋所有的B都是D＝所以有些A是D。

所以正确答案选择的是A。

29. **答案** D

**解析** 环境学家的论述：情况并没有那么严峻，因为根据对极地海域温度的监测，极地海域的水温与一个世纪前的今天一样。所以极地冰块的融化只是一个假设而并不是现实。

逻辑：极低海水的温度没有改变➡冰没有融化。

D选项，即使温度保持不变，也不等于南极的冰块没有融化，即温度保持不变 and 冰块正在融化，前真后假削弱。

30. **答案** E

**解析** 论据：去医院就医的患有痢疾的儿童数量明显增加了。

结论：我国的防控痢疾的措施并没有达到成效。

要评价防控痢疾的措施是否达到成效，需要知道的是患病儿童的比例，而不是患病儿童的人数。

所以如果儿童总数增加很多，即使得病的个例增加，得病的整体比例也有可能降低，说明我国的防控措施有成效，是对题干推理的削弱。

如果儿童总数不变或者减少，那么得病的个例增加，得病的整体比例一定提高，是对题干推理的支持。

E选项，指出儿童总数增加很多，是对题干的削弱。

**31.** **答案** E

**解析** 要解释的矛盾：聪明的人会在社会上获取更多的资源和获取更大的成就，为什么在经济相关的纠纷和官司中反而容易妥协吃亏。

要解释这个看似的矛盾，需要说明为什么纠纷和官司中的吃亏，并不影响获取更多的资源和获取更大的成就。

E选项，说明了快点结束纠纷虽然可能会有一些损失，但是可以有时间来做收益更大的事情。说明了聪明人虽然在官司中吃亏，但是实际会在其他方面获取更多的资源，从而解释了论述中看似的矛盾。

**32.** **答案** D

**解析** 题干逻辑：货币供给量增加➜引起通货膨胀。

小张的论述为：货币供给增加 and 非房价大幅上涨。

小张的论述矛盾为：货币供给增加➜房价大幅上涨。

D选项，房价没有上涨➜没有通货膨胀，逆否：引起通货膨胀➜房价大幅上涨，结合题干逻辑得：货币供给量增加➜引起通货膨胀➜房价大幅上涨，小张的前真后假。

**33.** **答案** C

**解析** 需要解释的矛盾：为什么在一个屋子里同时放上多个蟑螂诱捕器，房间中蟑螂的数量会明显减少，但是如果只放一个诱捕器，虽然诱捕器也能粘住一些蟑螂，但是房间中的蟑螂反而会变多。

C选项，诱捕器散发的气味能引诱来的蟑螂会超过 1 个诱捕器能够粘住蟑螂的最大数量，这样的结果就是能吸引来蟑螂但是无法消灭，会导致房间的蟑螂数目增加。但是多个诱捕器的话，就能够只是把当下房间的蟑螂消灭干净，这样在总数没有增加的情况下，会使得房间内蟑螂数量明显减少。能解释题干的现象。

**34.** **答案** D

**解析** 题干逻辑：

（1）甲➜庚；

（2）丁和戊恰好一个人入选；

（3）己➡丙，等价于非丙➡非己；

（4）乙 or 丙，等价于非乙➡丙，等价于非丙➡乙。

根据（2）和（4）一定可以得出丁和戊中一定有一人入选，乙和丙中至少有一人入选。这四个人至少会占据 2 个入选名额。根据条件一共只有 3 人入选，所以甲、庚、己 3 个人最多只有 1 个人能入选。

根据（1）甲入选➡庚入选。如果甲入选，那么甲、庚同时入选，与只剩下 1 个入选名额矛盾，所以甲一定没有入选。D选项正确。

---

35. 答案▶ **A**

解析▶ 题干逻辑：

（1）甲➡庚；

（2）丁和戊恰好一个人入选；

（3）己➡丙，等价于非丙➡非己；

（4）乙 or 丙，等价于非乙➡丙，等价于非丙➡乙。

本问附加条件：丙没有入选。

丙没有入选代入（4）得：乙一定入选。

丙没有入选代入（3）得：己一定没入选。

上问已经推出：甲一定没有入选。所以现在确定的入选的有：乙。

确定没有入选的有：甲、丙、己。

同时丁和戊里一定恰好有一人入选，所以还剩 1 个入选名额必须给庚。

A选项正确。

---

36. 答案▶ **E**

解析▶ 论据：有感冒症状的时候，身体会升温，当没有感冒症状的时候，身体的温度会恢复正常。

结论：当感冒的时候，可以去跑步出汗，从而降低体温，有助于感冒的康复。

很显然，题目的论述认为出汗是感冒康复的原因。

E选项，认为出汗是感冒康复带来的结果。以因果倒置的方式指出了题干论述的逻辑缺陷。

**37.** 【答案】 A

【解析】题干逻辑：

（1）采取上行调解心理 or 采取下行调解心理；

（2）采取上行调解心理 ➡ 被分配者会从负面理解分配者做出不公平分配的意图和行为；

（3）采取下行调解心理 ➡ 被分配者从正面理解分配者的意图和行为。

A选项，没有采取上行调解心理 ➡ 他会试着从正面理解分配者的意图。根据（1）没有采取上行调解心理，那一定是采取了下行调解心理。再根据（3）可以得出：他会试着从正面理解分配者的意图。A选项可以从题干的逻辑推出。

B选项，和（2）所给的逻辑箭头的方向不符合，排除。

C选项，和题目的论述不符合，排除。

D选项，统计上拒绝率高和拒绝行为不是一个概念，所以不能直接等同进行推理。

E选项，和D选项错误类似，所以排除。

**38.** 【答案】 E

【解析】论据：因为疼痛感会增加手术的风险。在晚上分泌疼痛阻断激素要多于白天。

结论：所以从患者的角度出发，最好尽量在晚上进行手术，而不是白天。

对E选项取反，如果医生在晚上的手术水平会比白天低，那么在晚上进行手术并不是最好的选择。选项取反带入后如果使得结论明显不成立，那么该选项就是结论成立需要的前提假设。

C选项，即使有的需要做手术的孕妇不能提前确定自己做手术的时间，也不影响尽量在晚上进行手术这个决定，不是题干需要的假设。

D选项，只从医院角度考虑，而非从患者角度出发，与题干结论无关。

**39.** 【答案】 E

【解析】孟教授的结论：因为M的戏路窄，所以M不是一个好演员。

陈研究员持反对意见：一个伟大的演员一定要能把一类角色演得出神入化，入木三分。

所以他俩争论的焦点其实是：一个演员的伟大的标准到底是什么。

E选项，概括出二人争论的焦点：到底是广度还是深度决定一个演员的好坏。

**40.** **答案** **D**

**解析** 由题可知：B—R和B—S之间都有桥，根据每一个小岛最多有两座桥梁能够到达可知：不能再修任何连接B的桥了。所以排除A选项和B选项。

又因为每个小岛至少修一座桥梁，和C可以修桥的只有B、T和S，现在链接B、S的桥已经有两座了，不能修其他的桥，所以C—T是必须要修的桥梁。

D选项正确。

**41.** **答案** **E**

**解析** 由题可知：S、C之间必须要有桥，B和R之间、S和T之间的桥梁已经竣工。

所以以下两种情况均满足题干需要：

1.A—B之间有桥，C—R之间有桥。

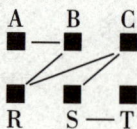

2.A—R之间有桥，B—C之间有桥。

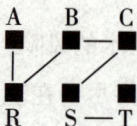

根据这样的推论，以上哪一个选项都不必然为真。E选项正确。

**42.** **答案** **B**

**解析** 网友逻辑：

（1）源于日本进口➡销量严重下降；

（2）非源于日本进口➡失去本质；

（3）失去本质➡食客吸引力的降低 and 销量严重下降。

联立（2）（3）可得：（4）非源于日本进口➡失去本质➡销量严重下降

（1）与（4）形成两难推理，得出：销量严重下降。

故正确答案是B。

**43.** 答案 **A**

解析 题目的结构是：A and B➡C，因为非C and A，所以一定非B。

A选项，A and B➡C，因为非C and A，所以非B。与题干结构一致，正确。

B选项，C➡A and B，因为非C，所以非A and 非B。与题干结构不一致。

C选项，A➡B，因为B，所以A。与题干结构不一致。

D选项，A➡B，因为A，所以B。与题干结构不一致。

E选项，C➡A and B，因为非A，所以非C。与题干结构不一致。

**44.** 答案 **E**

解析 题干逻辑：

（1）甲＝英国 or 乙＝英国➡丙＝德国；

（2）乙≠美国➡丙≠德国；

（3）甲＝英国 or 丙＝德国（甲≠英国➡丙＝德国）。

根据（1）（3）可得，不论甲是否选择英国，丙一定会选择德国，代入（2）推出乙＝美国。

**45.** 答案 **E**

解析 题干逻辑：

（1）B＝星期二，E＝星期四；

（2）A__D；

（3）（F G）。

问可能真的题目，一般采取代入排除的方法排除掉一定为假的选项。

根据（2），A必须在D活动前开展，所以A不可能安排在周日，所以可以排除掉A选项和C选项。

根据（1），B必须在周二展开，所以B选项也可以排除。

如果D安排在周日，那么根据（2）A就必须安排在周五。这样就仅剩下周一、周三、周六的位置，没有连续两天的空位。但是由条件（3）F活动和G活动必须在相邻的两天开展。从而产生了矛盾，不满足题干要求。所以排除D。

E选项正确。

46. **答案** B

**解析** 题干逻辑：

（1）B＝星期二，E＝星期四；

（2）A__D。

（3）（F G）。

本问附加条件：C活动排在周一。

我们先整理一下题目确定的条件：

| 周一 | 周二 | 周三 | 周四 | 周五 | 周六 | 周日 |
|------|------|------|------|------|------|------|
| C | B | | E | | | |

根据（3），F活动和G活动在相邻的两天开展。所以F、G只能选择排在周五、周六或周六、周日的位置。综合条件（2），A活动在D活动前开展，并且中间恰好隔了一个其他活动。

说明A、D只能放在周三和周五的位置，F、G排在周六和周日位置。因为F、G前后位置没有要求，所以有可能F排周六、G排周日，也可能F排周日、G排周六。

A、C选项为可能真的选项，D、E选项为一定假的选项。

B选项为一定真的正确选项。

47. **答案** D

**解析** 论据：虽然本地食物不足，但是候鸟可以通过延长休息时间，补足继续迁徙需要的养分。

结论：本地鱼虾数量减少不会影响黑尾鸥补给也并不会影响黑尾鸥的迁徙。

如果想要质疑题干论述，只需引入一个证明本地食物减少也会影响迁徙的原因即可。

D选项指出：休息加长了黑尾鸥的迁徙时间，增加了迁徙过程的代价。这样一来本地食物数量的减少确实影响了黑尾鸥的迁徙，从而削弱了题目中的论述。

48. **答案** D

**解析** 题目论述：对于一个企业能否成功来说，好的企业文化和好的企业制度缺一不可，"企业文化"的影响会更大一些。

论述的重点在于说明"企业文化"比"企业制度"的影响更大一些。所以只要指出文化比制度重要的因素即可支持题干论述。

D选项，认为"企业文化"决定了企业的发展方向和发展格局，而"企业制度"只是保障企业发展方向的手段，支持了题干。

A选项，只能说明"企业文化"确实很重要，但不能说明"企业文化"的影响会更大一些。不能支持题干。

E选项，成功的企业都有非常健全和明确的企业文化并不能说明"企业文化"的影响会更大一些。不能支持题干。

49. **答案** ▶ **B**

**解析** ▶ 题干论据：甲状腺激素功能低下会引起很多疾病。

题干结论：患甲状腺激素低下的人最好要多吃一些含碘比较高的食物。

这个推理的跳跃在于，为什么甲状腺激素低下的人要吃碘，而不是吃苹果香蕉玉米之类的其他食物呢？要支持专家的论述，就必须建立起甲状腺激素和碘之间的逻辑关系。B选项指出碘是合成甲状腺激素的基本元素，有助于甲状腺分泌激素，从而支持了题目的论述。

50. **答案** ▶ **C**

**解析** ▶ 题干逻辑：

（1）妻子 or 女儿➜去商场；

（2）妻子 and 儿子➜没有去游乐园；

（3）儿子 and 女儿➜动物园；

（4）最后去了游乐园。

因为一天只能去一个地方，所以去游乐园等于没有去商场，也没有去动物园。

把（4）代入（1）的逆否，可推出：非妻子 and 非女儿。由于题干指出最终小王确实跟家人出门了，所以可以确定的是，儿子一定去了。

C选项正确。

51. **答案** ▶ **C**

**解析** ▶ 题干论述为：因为盗猎者用象牙换取钱财，所以我们可以让盗猎者改为职业导游带游客参观大象栖息地，这么做的好处在于既可以让偷猎者有收入，又不至于猎杀大象导致大象灭绝。

要削弱题干论述，只需要引入一个原因说明就算这么做，我们还是起不到保护大象的目的即可。

C选项指出做导游和偷猎的回报不同。为了能取得相同的收入，就必须多次进入象群的栖息地，这样一来会对野象的生存环境造成破坏，因而就无法起到保护大象的目的。

52. **答案▶ D**

**解析▶** 题干逻辑：

（1）发现了异常嵌套 or 捕获到了异常数据➡把异常交给调用者处理；

（2）把异常交给调用者处理➡你就需要反馈一个关于该异常的声明。

联立（1）（2）得：（3）发现了异常嵌套 or 捕获到了异常数据➡把异常交给调用者处理➡你需要反馈一个关于该异常的声明。

A选项和题目给的逻辑箭头不符合。

B选项：不想把异常交给调用者处理➡你就不反馈一个关于该异常的声明。和（2）的逻辑箭头不相符。

C选项：肯定了（1）的后件，得不到任何有效信息。

D选项：和（3）逻辑箭头方向刚好相符，为正确选项。

E选项：否定（1）逻辑箭头的前件，不能推出任何有效信息。

53. **答案▶ A**

**解析▶** 题目逻辑结构为：A➡B，非A➡非B。

A选项：A➡B，非A➡非B，与题干逻辑结构完全相同。

B选项：A➡B，非B➡非A，与题干逻辑结构不同。

C选项：A➡B，B and 非A，与题干逻辑结构不。

D选项：与题干逻辑结构相差甚远。

E选项：与题干逻辑结构相差甚远。

A选项正确。

54. **答案▶ D**

**解析▶** 题干逻辑：

（1）对于同时报名 2 个项目的人：不参加长跑 or 不参加竞走；

（2）甲仅参加游泳，乙仅参加标枪，戊仅参加跳高；

（3）丙不参加铅球➡甲不参加游泳 and 丁不参加竞走；

（4）乙参加标枪➡己参加长跑比赛。

根据（2），甲、乙、戊3人没有参加别的项目，可以排除A选项和B选项。

把乙参加标枪代入（4）中，可以推出己参加长跑。综合（1）可以得出己没有参加竞走。进而可以排除E选项。

把甲参加游泳代入（3）做逆否，可以推出丙参加铅球。由于题干要求一个人只能参加2个项目，所以他不可能再同时参加跳高和标枪，可排除C选项。

题干对丁没有其他限制，所以D选项可能为真，正确。

55. **答案** ▶ **C**

**解析** ▶ 题干逻辑：

（1）对于同时报名2个项目的人：不参加长跑 or 不参加竞走；

（2）甲仅参加游泳，乙仅参加标枪，戊仅参加跳高；

（3）丙不参加铅球➡甲不参加游泳 and 丁不参加竞走；

（4）乙参加标枪➡己参加长跑比赛。

本问附加条件：丁仅参加了短跑比赛。

综合条件（2）甲仅参加游泳，乙仅参加标枪，戊仅参加跳高。我们可以确定仅报名1个项目的4个人。为了保证8个项目都有人参加，剩下的丙和己需要均报名2个项目。

剩下的项目有：长跑、铅球、跨栏和竞走。

把（2）中甲参加游泳代入（3）做逆否，可以推出丙参加铅球。

把（2）中乙参加标枪代入（4）中，可以推出己参加长跑。

由于长跑和竞走不能同时参加，所以己不能参加竞走，只能丙参加竞走。丙参加的两个项目确定为竞走和铅球，最后剩下的跨栏必须由己参加。

C选项正确。

# 四、写作

## 56.论证有效性分析

**范 文**

### 勤俭节约真的不适合现代的社会了吗?

文章通过一系列论证得出勤俭节约并不适合现代的社会。看似头头是道，实则存在很多漏洞，具体分析如下：

首先，文章提到如果倡导勤俭节约就意味着要放弃优越的物质生活条件去过原来的苦日子，此处有混淆概念之嫌。勤俭节约说的是面对美好生活的珍惜和节俭，是一种良好品德，而苦日子指的是生活条件匮乏，生活环境各方面比较艰难，二者是完全不同的概念，不能混为一谈，所以该论断不足为信。

其次，因为古代的粮食产量并不高，所以强调勤俭节约，就说明勤俭节约是我们的传统美德。该论断存在强加因果的逻辑缺陷，勤俭节约是一种美德，和粮食产量的多少无关，古代历史上，也存在粮食匮乏但是却大肆浪费，暴殄天物的朝代，所以二者并没有必然的因果关系，原文的论断是不够合理的。

再次，文章提到，步入现代社会，勤俭节约也应该和"缠足""磕头请安"等陋习一并淘汰了。此处存在类比不当的逻辑错误。"缠足""磕头请安"是陋习，随着时代的进步，这样的习俗已经不适应社会的发展趋势和主流文化，因此被时代淘汰了，但是勤俭节约自古以来就是中华民族的传统美德，应该传承。所以，原文的推理是有失偏颇的。

最后，很多人有"我不大吃大喝铺张浪费，别人也会浪费，干嘛要委屈自己"的想法，推出勤俭节约和社会的主流价值观不相符。文章犯了以偏概全的错误，即便是很多人有这样的想法，那也只能代表一部分，并不能代表所有人都有这样的想法，以部分推出整体很明显是不恰当的。

综上所述，原文的论证存在诸多逻辑缺陷，并不能得出"勤俭节约不适合现在社会"的结论，此结论的有效性还需要进一步商榷。

## 57.论说文

范文

### 科文并重，共创辉煌

在成功的道路上，即离不开科学技术的推动，也离不开人文精神的价值观滋养。想要乘风破浪披荆斩棘，就要科文并重。让科学的巨轮打破文明未知的枷锁，让人文的精神启明历史前进的道路，科文并重让成功扬帆起航。

科学技术是打破未知的"破冰船"。生命发展的过程是挫折迂回的，但科技的存在为人类打破了生命的桎梏。从燧人氏钻木取火到石器青铜工具的普及与演变，从"不知天上宫阙今夕是何年"到神舟升天完成人类几千年来的飞天揽月之梦，是科学的巨轮帮我们破开了时代的枷锁，是科技的发展开拓了人类前进的道路，所以人类的发展离不开科学技术。

人文精神是社会进步的"启明星"。人文精神是古往今来无数先贤的思想智慧结晶，它像血液一样融入到一个民族的灵魂之中，它是杜甫"安得广厦千万间，大庇天下寒士俱欢颜"的忧国忧民；它是王阳明"为天地立心，为生民立命，为往圣继绝学"的豪情壮志；它是袁隆平"人就像种子，要做一粒好种子"的脚踏实地；它是一颗思想的"启明星"指引着一代代人民走向成功，指引着民族走向繁荣昌盛。所以社会的发展离不开人文精神。

科文并重让时代发展的巨轮，驶向民族梦中的诗与远方。如果只有科学发展没有人文道德作为支撑，那么技术就会变成战争与掠夺的工具。如果只有人文道德不发展科技那么人类的技术便只停留于农耕打猎。只有科技与人文相结合，才能让成功扬帆起航。华为的成功就是始于对民族荣耀的捍卫，基于科学技术的创新。面对国外的威逼利诱，任正非坚持民族立场决不妥协，在多国技术芯片封国限制的情况下，大力发展科技创新，做出了属于我们自己的芯片技术。华为的案例告诉我们想要成功，便离不开"科文并重"。

数学家华罗庚曾说："数缺形时少直观，形缺数时难入微"。科学与人文的发展关系也是如此，唯有科学技术与人文精神的共同发展"科文并重"方能百尺竿头，更进一步。

# 满分卷（一）答案及解析

## 一、问题求解

**1.** **答案** A

**解析** 因为 $2<\sqrt{5}<3$，所以 $a$ 的整数部分为 2，则小数部分 $b=\sqrt{5}-2$，

则 $a-\dfrac{1}{b}=\sqrt{5}-\dfrac{1}{\sqrt{5}-2}=\sqrt{5}-\dfrac{\sqrt{5}+2}{(\sqrt{5}+2)(\sqrt{5}-2)}=\sqrt{5}-(\sqrt{5}+2)=-2.$

【知识点】对任意实数，称不超过实数 $x$ 的最大整数为 $x$ 的整数部分，记为 $[x]$. 令 $\{x\}=x-[x]$，称 $\{x\}$ 为实数 $x$ 的小数部分.

**2.** **答案** E

**解析** 【破题标志词】[比]+[具体量] $\Longrightarrow$ 见比设 $k$ 再求 $k$.

设袋子中原来有红球 $19k$ 个，白球 $13k$ 个，后加入了红球 $a$ 个，白球 $a+80$ 个.

可得方程组 $\begin{cases}\dfrac{19k+a}{13k}=\dfrac{5}{3}\\[2mm]\dfrac{19k+a}{13k+a+80}=\dfrac{13}{11}\end{cases}$，解得 $k=30$，

则原来袋子中总球数为 $19k+13k=32k=32\times30=960.$

【技巧】原来的球数一定是 $19+13=32$ 的倍数，选项中只有 960 是 32 的倍数.

**3.** **答案** C

**解析** 由于函数图像关于直线 $x=1$ 对称，那么函数与 $x$ 轴交点亦关于 $x=1$ 对称，根据中点坐标公式每一对关于 $x=1$ 对称的交点横坐标之和为 $2\times1=2$，则 $x_1+x_2+x_3+x_4=2+2=4.$

**4.** **答案** B

**解析** 第 1、2、3、4 盒子共 30 个，第 2、3、4、5 盒子共 30 个，所以第 1 和第 5 个盒子中乒乓球个数相等.同理第 1，5，9，13，···，$4n+1(n \geq 0)$ 个盒子中乒乓球个数相等，均为 7 个.$1997 = 4 \times 499 + 1$，所以第 1997 个盒子中也是 7 个.

**5.** **答案** E

**解析** 【破题标志词】非标准分式不等式⇒移项通分后等价变形⇒等价变形后数轴穿根.

由于解集所在区间端点值即为等价变形后数轴穿根与数轴交点，所以将解集所在区间的端点 $\frac{1}{3}$ 和 1 代入方程，可使方程两边相等，则

$$\begin{cases} \dfrac{\frac{1}{3}-a}{\frac{1}{9}+\frac{1}{3}+1} = \dfrac{\frac{1}{3}-b}{\frac{1}{9}-\frac{1}{3}+1} \\ \dfrac{1-a}{1+1+1} = \dfrac{1-b}{1-1+1} \end{cases} \Rightarrow \begin{cases} 13b-7a=2 \\ 3b-a=2 \end{cases} \Rightarrow \begin{cases} a=\frac{5}{2} \\ b=\frac{3}{2} \end{cases} \Rightarrow \frac{a+b}{a-b} = \frac{\frac{5}{2}+\frac{3}{2}}{\frac{5}{2}-\frac{3}{2}} = 4.$$

**6.** **答案** A

**解析** 四项活动都喜欢的人数尽量少⇔四项活动不都喜欢的人尽量多
不爱好戏剧的有 $46-40=6$ 人；
不爱好体育的有 $46-38=8$ 人；
不爱好写作的有 $46-35=11$ 人；
不爱好收藏的有 $46-30=16$ 人；
那么最多有 $6+8+11+16=41$ 人有一项不喜欢；
四项都喜欢的至少有 $46-41=5$ 人.

**7.** **答案** B

**解析** 思路一：如图所示，$C-AB_1D_1$ 的体积=正方体体积−$(D-ACD_1)$−$(B-ACB_1)$−$(A_1-AB_1D_1)$−$(C_1-CB_1D_1)$，因为四个小三棱锥都是全等的正三棱锥，它们的体积相等，所以 $C-AB_1D_1$ 的体积 $=1-4\times\frac{1}{3}\times\frac{1}{2}\times1\times1\times1=1-\frac{2}{3}=\frac{1}{3}$ cm$^3$.

思路二：实际上这是一个正四面体（正四面体，是由四个全等正三角形围成的空间封闭图形，所有棱长都相等），补充公式：正四面体几何特性（棱长为 $a$）：

体积 $V=\dfrac{\sqrt{2}}{12}a^3$；表面积 $S=\sqrt{3}a^2$；高 $h=\dfrac{\sqrt{6}}{3}a$；外接球半径 $R=\dfrac{\sqrt{6}}{4}a$；内切球半径 $r=\dfrac{\sqrt{6}}{12}a$.

$$V_{C-AB_1D_1}=\frac{\sqrt{2}}{12}a^3=\frac{\sqrt{2}}{12}(\sqrt{2})^3=\frac{1}{3}\text{ cm}^3.$$

8. **答案** D

**解析** 本题符合【破题标志词】给出二次方程，求关于两根的算式，$a_n$，$a_{n+1}$ 是方程 $x^2-(2n+1)x+\dfrac{1}{b_n}=0$ 的两个根，由韦达定理可得 $a_n+a_{n+1}=2n+1$，所以 $a_n-n=-a_{n+1}+n+1=-[a_{n+1}-(n+1)]$，$a_1=1$ 则 $a_1-1=1-1=0$，因此 $a_2-2=0$，$a_2=2$，以此类推可得由 $a_n=n$，$a_{n+1}=n+1$，由韦达定理可得 $a_n\cdot a_{n+1}=\dfrac{1}{b_n}=n(n+1)$，符合【破题标志词】给定等差数列 $\{a_n\}$，求 $\sum\dfrac{1}{a_na_{n+1}}$ ⟹裂项相消. 故 $b_n=\dfrac{1}{n(n+1)}=\dfrac{1}{n}-\dfrac{1}{n+1}$，因此 $S_n=b_1+b_2+\cdots+b_n=1-\dfrac{1}{2}+\dfrac{1}{2}-\dfrac{1}{3}+\dfrac{1}{3}-\dfrac{1}{4}+\cdots+\dfrac{1}{n}-\dfrac{1}{n+1}=1-\dfrac{1}{n+1}=\dfrac{n}{n+1}$.

9. **答案** A

**解析** 【破题标志词】算术平均值⟹乘以个数算总值.

设 11 月份他共考试 $n$ 次，最高分为 $x$，

则 $66n=63\times(n-1)+x$，解得 $n=\dfrac{x-63}{3}$

【破题标志词】一个数能被某数整除⟹被几整除写作几 $k$.

因为 $n$ 为整数，故 $x-63$ 是 3 的倍数，63 是 3 的倍数，则 $x$ 必为 3 的倍数.

要使 $n$ 最大，$x$ 需最大，$x$ 最大为 75，75 正好是 3 的倍数，则取 $x=75$.

所以他最多考 $n=\dfrac{75-63}{3}=4$ 次.

10. **答案** D

**解析** 集合 $A$ 表示圆心为 $(0,0)$，半径为 4 的圆上及圆内的点.

$A\cap B=B$ 说明 $B$ 是 $A$ 的子集，即 $B\subseteq A$.当 $a>1$ 时，集合 $B$ 代表圆 $x^2+(y-2)^2=a-1$ 上及内部的

点，可得出当 $B$ 对应的圆的半径长小于等于 2 时符合题意. 由 $0 < a - 1 \leq 4$，得 $1 < a \leq 5$；

当 $a = 1$ 时，集合 $B$ 中只有一个元素 $(0, 2)$，满足 $B \subseteq A$；

当 $a < 1$ 时，集合 $B$ 为空集，也满足 $B \subseteq A$.

综上可知，当 $a \leq 5$ 时符合题意.

【注意】空集是任何集合的子集，任何非空集合的真子集.

---

**11.** 【答案】**D**

【解析】首先计算每个人摸出两球的号码之积是 4 的倍数的概率.

第一步：计算总方法数. 摸出两球总情况有 $C_6^2 = 15$ 种.

第二步：计算满足要求的方法数. 两个球的号码之积是 4 的倍数，共有 $(1, 4)$，$(2, 4)$，$(3, 4)$，$(4, 5)$，$(4, 6)$，$(2, 6)$ 六种情况.

第三步：相除得概率. 故每人中奖的概率为 $P_1 = \dfrac{6}{15} = \dfrac{2}{5}$.

然后 4 人有放回摸球符合 4 重伯努利概型，恰好有 2 人获奖的概率 $P_2 = C_4^2 \times \left(\dfrac{2}{5}\right)^2 \times \left(1 - \dfrac{2}{5}\right)^2 = \dfrac{216}{625}$.

---

**12.** 【答案】**C**

【解析】师宝沿 8 字形轨迹骑行一圈，所走路程刚好是两个圆的周长，两个圆的面积比是 $16 : 9$，因为半径比的平方等于面积比，故两个圆的半径比 $= 4 : 3$，周长比 $=$ 半径比 $= 4 : 3$，根据圆的周长公式 $C = 2\pi r = \pi d$，可得小圆的周长为 $15\pi$ 米，大圆的周长为 $20\pi$ 米，两个圆的周长和（8 字型轨迹周长）$= 15\pi + 20\pi = 35\pi$ 米，独轮车车轮直径为 50 厘米，则独轮车车轮的周长为 $0.5\pi$ 米，故师宝沿 8 字形轨迹骑行一圈，车轮转动了 $\dfrac{35\pi}{0.5\pi} = 70$ 圈.

---

**13.** 【答案】**B**

【解析】思路一：正面求解.

与信息 0110 至多有两个对应位置上的数字相同分为以下三种情况：

①有两个对应位置上的数字相同，有 $C_4^2 = 6$（个）.

②有一个对应位置上的数字相同，有 $C_4^1 = 4$（个）.

③没有对应位置上的数字相同，即1001这1个.

综上，与信息0110至多有两个对应位置上的数字相同的信息共有6+4+1=11(个).

思路二：正难则反.

【破题标志词】正难则反⟹总体剔除/对立事件.

与信息0110至多有两个对应位置上的数字相同的对立事件为有三个数字相同和四个数字全都相同，个数为$C_4^3+1=5$，故至多有两个对应位置上的数字相同的个数为$2^4-5=11$.

## 14. 答案▶ B

解析▶ 思路一：正向求解

【破题标志词】$n$个不同元素作环形排列⟹有$\dfrac{n!}{n}=(n-1)!$种排法.

第一步:计算总方法数.6人环形排列，有$(6-1)!=120$种排法.

第二步：计算满足要求的方法数.

【破题标志词】不邻问题⟹插空法.

第①步：4个小孩环形排列，有$(4-1)!=3!=6$种方法；

第②步：将2个大人安排在4个小孩形成的4个空隙中，有$C_4^2A_2^2=12$种方法；

所以大人不相邻的情况共有$6\times12=72$种.

第三步：相除得概率.所以两个大人不相邻的概率为$\dfrac{72}{120}=\dfrac{3}{5}$.

思路二：正难则反.

【破题标志词】至多/至少问题⟹对立事件法.

2个大人不相邻的对立事件为2个大人相邻.

将一个大人与四个小孩5人环形排列，此时5人共形成5个空隙，另一个大人只能选已排好大人左右两边的2个空隙，概率为$\dfrac{2}{5}$.

故$P(两个大人不相邻)=1-P(两个大人相邻)=1-\dfrac{2}{5}=\dfrac{3}{5}$.

## 15. 答案▶ B

【解析】思路一：

做$B$点关于$y=2$的对称点$B'$连结$B'C$交$y=2$于$A$点

$b = 4 - a$，$b^2 = (4-a)^2 = (a-4)^2$，

$$\sqrt{a^2 + 1^2} + \sqrt{(a-4)^2 + (2-0)^2} = \sqrt{(a-0)^2 + (2-1)^2} + \sqrt{(a-4)^2 + (2-0)^2}$$

表示点 $A(a, 2)$ 到点 $B(0, 1)$，点 $C(4, 0)$ 的距离之和

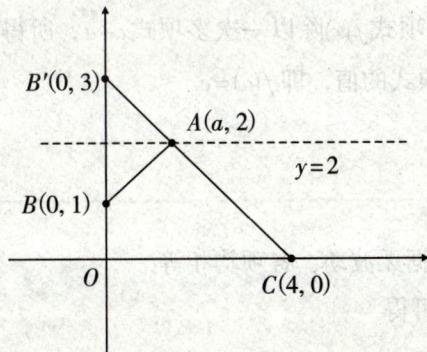

【将军饮马问题】两点之间，线段最短，$\text{Rt}\triangle B'OC$ 中，$B'C = \sqrt{3^2 + 4^2} = 5$.

思路二：作出线段 $AB = 4$，线段 $AB$ 上一点为 $E$，$EA = a$，$BE = b$. 做出线段 $AC = 1$，$BD = 2$，并且 $AC \perp AB$，$BD \perp AB$.

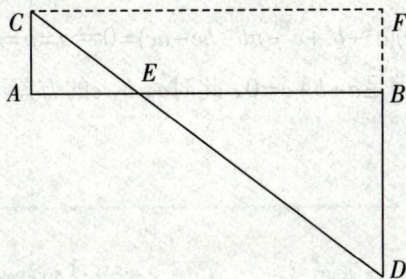

通过勾股定理可知，在 $\text{Rt}\triangle AEC$ 和 $\text{Rt}\triangle BED$ 中，$AE^2 + AC^2 = CE^2$，$BE^2 + BD^2 = DE^2$.

所以 $CE = \sqrt{a^2 + 1}$，$DE = \sqrt{b^2 + 4}$，当点 $C$、$E$、$D$ 三点共线时 $CE + DE$ 最小，即此时 $\sqrt{a^2 + 1}$ $+ \sqrt{b^2 + 4}$ 的值最小，最小值为线段 $CD$ 的长.

过 $C$ 点做 $AB$ 的平行线交 $BD$ 的延长线于点 $F$，在 $\text{Rt}\triangle CFD$ 中，$CF = AB = 4$，$DF = AC + BD = 3$，所以 $CD = \sqrt{3^2 + 4^2} = 5$，即 $\sqrt{a^2 + 1} + \sqrt{b^2 + 4}$ 的最小值为 5.

## 二、条件充分性判断

16. **答案** E

**解析** 条件（1）和条件（2）均单独推不出结论.联合条件（1）和（2）可知

$\begin{cases} f(-2) = 1 \\ f(-3) = -1 \end{cases}$，设 $f(x)$ 除以 $(x+2)(x+3)$ 的余式为 $ax + b$，

即 $f(x)=q(x)(x+2)(x+3)+ax+b$，代入 $\begin{cases}f(-2)=1\\f(-3)=-1\end{cases}$，可得 $\begin{cases}-3a+b=1\\-3a+b=-1\end{cases}$，

解得 $\begin{cases}a=2\\b=5\end{cases}$，故余式为 $2x+5$，故条件（1）和（2）联合也不充分.

【知识点】余式定理：多项式 $f(x)$ 除以一次多项式 $x-a$，所得的余式是一个常数 $c$，这个常数的值等于 $x=a$ 时多项式的值，即 $f(a)=c$.

17. **答案** A

**解析** 方差为0，即数据无波动，各项均相等.

条件（1）：由乘法公式可得

$a^2+b^2+c^2=ab+bc+ac\Rightarrow\frac{1}{2}[(a-b)^2+(b-c)^2+(a-c)^2]=0\Rightarrow a=b=c.$

所以 $a$，$b$，$c$ 的方差等于0，条件（1）充分.

条件（2）：由乘法公式可得

$a^3+b^3+c^3=3abc\Rightarrow(a+b+c)(a^2+b^2+c^2-ab-bc-ac)=0\Rightarrow a=b=c$ 或 $a+b+c=0$.

假设 $a=0$，$b=-1$，$c=1$，满足 $a+b+c=0$，此时 $a$，$b$，$c$ 的方差不等于0，条件（2）不充分.

18. **答案** E

**解析** 【破题标志词】给定方程 $x^2-ax\pm1=0$，求 $x$ 与 $\frac{1}{x}$ 组成的算式 $\Rightarrow$ 两边同除 $x$ 化为 $x\pm\frac{1}{x}$

$=a$. 由条件（1）$a^2-3a+1=0$，得到 $a+\frac{1}{a}=3$，则 $\frac{a^3}{a^6+1}=\frac{1}{a^3+\frac{1}{a^3}}=\frac{1}{\left(a+\frac{1}{a}\right)\left[\left(a+\frac{1}{a}\right)^2-3\right]}=\frac{1}{18}<\frac{1}{12}$，

不充分.

由条件（2）$a^2+3a+1=0$，得到 $a+\frac{1}{a}=-3$，$\frac{a^3}{a^6+1}=\frac{1}{a^3+\frac{1}{a^3}}=\frac{1}{\left(a+\frac{1}{a}\right)\left[\left(a+\frac{1}{a}\right)^2-3\right]}=-\frac{1}{18}<\frac{1}{12}$，

不充分.

两条件无法联合.

19. **答案** D

**解析** 【破题标志词】无具体工作量的工程问题：工作总量设为特值1或最小公倍数.

由题干可知两管效率分别为 $V_{大}=\frac{1}{30}$，$V_{小}=\frac{1}{120}$，设 $x$ 小时内可注满全池.

条件（1）：$10 \times \dfrac{1}{30} + (x-10) \times \left(\dfrac{1}{30} + \dfrac{1}{120}\right) = 1$，解得$x=26$，故条件（1）充分.

条件（2）：$(x-2) \times \left(\dfrac{1}{30} + \dfrac{1}{120}\right) = 1$，解得$x=26$，故条件（2）也充分.

20. **答案** A

**解析** 设这三个数分别为$a$，$b$，$c$，倒数和为$\dfrac{1}{a} + \dfrac{1}{b} + \dfrac{1}{c} = \dfrac{bc}{a \cdot bc} + \dfrac{ac}{b \cdot ac} + \dfrac{ab}{c \cdot ab} = \dfrac{bc+ac+ab}{abc}$.

【破题标志词】给定一个较大的数，并且它是某些数的乘积 $\Rightarrow$ 因数分解为多个质数的乘积.

条件（1）：$abc = 504 = 2 \times 2 \times 2 \times 3 \times 3 \times 7 = 7 \times 8 \times 9$，$bc+ac+ab = 191 = 7 \times 8 + 7 \times 9 + 8 \times 9$，可得三个数为7，8，9，$M = 7+8+9 = 24$成立，故条件（1）充分，

条件（2）：$abc = 154 = 2 \times 7 \times 11$，$bc+ac+ab = 113 = 2 \times 7 + 7 \times 11 + 2 \times 11$，可得三个数为2，7，11，则$M = 2+7+11 = 20$，故条件（2）不充分.

21. **答案** B

**解析** 由$a \times b \times c$块小正方体构成一个大长方体，表面涂成红色，则三个面涂色出现在顶点处，共有8个；两个面涂红色出现在各棱边处，共有$4(a-2)+4(b-2)+4(c-2)$个；一个面涂红色出现在各个面上，共有$2(a-2)(b-2)+2(b-2)(c-2)+2(a-2)(c-2)$个；零个面涂红色出现在内部（不在表面上），共有$(a-2)(b-2)(c-2)$个.

因此，题干中大长方体的表面涂上红色后，三个面涂红的有8个，两个面涂红的有36个，一个面涂红的有52个，一个面都没涂红的有24个.

条件（1）：恰有两面被涂红的概率$P = \dfrac{36}{120} = \dfrac{3}{10}$，所以不充分.

条件（2）：恰有一面被涂红的概率$P = \dfrac{52}{120} = \dfrac{13}{30}$，所以充分；

22. **答案** D

**解析** 条件（1）：$a_{n+1} = 2a_n + 1 \Rightarrow a_{n+1}+1 = 2(a_n+1) \Rightarrow \dfrac{a_{n+1}+1}{a_n+1} = 2$，$a_1+1 = 2$.

故$\{a_n+1\}$是首项为2，公比为2的等比数列，则数列$\{a_n+1\}$的前$n$项和为$\dfrac{2(1-2^n)}{1-2} = 2^{n+1}-2$.

即$a_1+1+a_2+1+\cdots+a_n+1 = (a_1+a_2+\cdots+a_{n-1}+a_n)+n = 2^{n+1}-2$，

则$S_n = 2^{n+1}-2-n$，条件（1）充分.

条件（2）：$a_n = 2^n - 1$，

$$S_n = a_1 + a_2 + \cdots + a_{n-1} + a_n = 2^1 + 2^2 + \cdots + 2^n - n = \frac{2(1-2^n)}{1-2} - n = 2^{n+1} - n - 2.$$

条件（2）亦充分.

23. **答案** ▶ **C**

**解析** ▶【破题标志词】求$\dfrac{y-n}{x-m}$最值 $\Longrightarrow$ 斜率型线性规划.

条件（1）：将圆配方为标准方程：$x^2 + y^2 = \dfrac{4}{3}$，圆心$(0, 0)$，半径$r = \dfrac{2}{3}\sqrt{3}$.

$\dfrac{y}{x+2}$表示圆周上一点$(x, y)$与点$A(-2, 0)$连线的斜率.

令$\dfrac{y}{x+2} = k \Longrightarrow kx - y + 2k = 0$. 如图当直线与圆相切时，斜率取得最大值，圆心$(0, 0)$到直线

的距离$d = \dfrac{2k}{\sqrt{1+k^2}} = \dfrac{2}{3}\sqrt{3} \Longrightarrow k = \pm\dfrac{\sqrt{2}}{2}$，不充分.

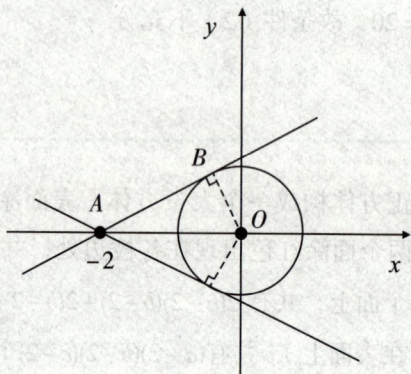

条件（2）：$y = x^2 - 2x + \dfrac{2\sqrt{3}}{3}$，是关于$x$的二次函数，图像为开口向上的抛物线

$\dfrac{y}{x+2}$表示抛物线上一点$(x, y)$与点$A(-2, 0)$连线的斜率，由图可知连线斜率不存在最大值，

条件（2）不充分.

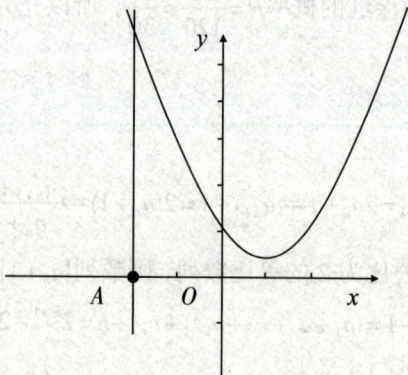

联合条件（1）与条件（2）：$\begin{cases} x^2 + y^2 = \dfrac{4}{3} \\ y = x^2 - 2x + \dfrac{2}{3}\sqrt{3} \end{cases}$，如图，当 $(x, y)$ 为交点 $\left(0, \dfrac{2}{3}\sqrt{3}\right)$ 时，$\dfrac{y}{x+2}$ 取

得最大值 $\dfrac{\sqrt{3}}{3}$，充分.

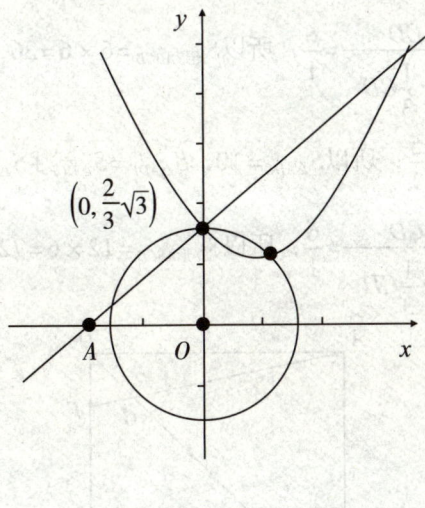

24. **答案** ▶ B

**解析** ▶ 从频率分布直方图中可以看出：80~90 与 90~100 分数段的人数分别为 $60 \times 10 \times 0.025 = 15$，$60 \times 10 \times 0.005 = 3$.

条件（1）：当 $m = 1$ 时，只有一名学生，这一人必然在同一分数段，则在不同分数段的概率为 0，条件（1）不充分.

条件（2）：当 $m = 2$ 时，要使他们在不同分数段，应在 80~90 和 90~100 两个分数段各选 1 人，即 $C_{15}^1 C_3^1$，从 80 分以上的学生中任选 2 人，共有 $C_{18}^2$ 种情况. 故 2 名学生在不同分数段的概率为 $\dfrac{C_{15}^1 C_3^1}{C_{18}^2} = \dfrac{15 \times 3}{\dfrac{18 \times 17}{2}} = \dfrac{5}{17}$，条件（2）充分.

25. **答案** ▶ D

**解析** ▶ 延长 $AB$ 与 $DE$ 的延长线交于点 $H$.

在 $\triangle BEH$ 与 $\triangle CED$ 中，$\angle EBH = \angle C$，$\angle BEH = \angle CED$，所以 $\triangle BEH \backsim \triangle CED$，

$\dfrac{BE}{CE} = \dfrac{BH}{CD} = \dfrac{2}{3}$. 所以 $\dfrac{AH}{CD} = \dfrac{5}{3}$，$\dfrac{AH}{DF} = \dfrac{5}{1}$，

在 $\triangle AGH$ 与 $\triangle FGD$ 中，$\angle AGH = \angle FGD$，$\angle H = \angle FDG$，所以 $\triangle AGH \backsim \triangle FGD$，

所以$\dfrac{AH}{DF}=\dfrac{AG}{FG}=\dfrac{5}{1}$.

【破题标志词】$\triangle ADG$与$\triangle DGF$[底同线$AF$] and [共顶点$D$]符合等高模型.

条件（1）：$\dfrac{S_{\triangle ADG}}{S_{\triangle DGF}}=\dfrac{AG}{FG}=\dfrac{5}{1}$，所以$S_{\triangle DGF}=1$，$S_{\triangle ADF}=S_{\triangle DGF}+S_{\triangle ADG}=1+5=6$，

又因为$\dfrac{S_{矩形ABCD}}{S_{\triangle ADF}}=\dfrac{AD\cdot CD}{\dfrac{1}{2}\cdot AD\cdot\dfrac{1}{3}CD}=\dfrac{6}{1}$，所以$S_{矩形ABCD}=6\times6=36$，充分.

条件（2）：$\dfrac{S_{\triangle ADG}}{S_{\triangle DGF}}=\dfrac{AG}{FG}=\dfrac{5}{1}$，所以$S_{\triangle ADG}=10$，$S_{\triangle ADF}=S_{\triangle DGF}+S_{\triangle ADG}=2+10=12$，

又因为$\dfrac{S_{矩形ABCD}}{S_{\triangle ADF}}=\dfrac{AD\cdot CD}{\dfrac{1}{2}\cdot AD\cdot\dfrac{1}{3}CD}=\dfrac{6}{1}$，所以$S_{矩形ABCD}=12\times6=72$，充分.

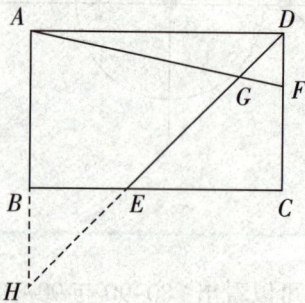

## 三、逻辑推理

26. **答案** B

**解析** 题干给出逻辑：

（1）追名逐利 or 计较得失 ➜ 忘记初心；

（2）忘记初心 ➜ 迷失方向 and 陷入自我怀疑。

将（1）（2）联立：（3）追名逐利 or 计较得失 ➜ 忘记初心 ➜ 迷失方向 and 陷入自我怀疑；

逆否：非迷失方向 or 非陷入自我怀疑 ➜ 非忘记初心 ➜ 非追名逐利 and 非计较得失。

A选项，非迷失方向 ➜ 非陷入自我怀疑，无法从题干逻辑中推出。

B选项，非迷失方向 ➜ 非追名逐利，假设非迷失方向为真，代入（3）的逆否前件中可以保证（3）的逆否前件 or 逻辑为真，进而可以推出非追名逐利，故B项逻辑一定为真。

27. **答案** B

**解析** 论据：购买这些暴力游戏的人在一个月的时间内暴力行为没有增加；（A➜C）

结论：暴力游戏并不会让玩游戏的人增加暴力倾向。（A➡B）

B选项，指出一款游戏对人心理的影响需要较长时间才能体现，所以仅从一个月的情况来看是无法说明玩游戏人的暴力倾向增加与否，指出了一个月暴力行为没有增加不等于暴力倾向真的没有增加，指出不同对题干论述进行了削弱。

A选项，玩游戏是否会让人增加暴力倾向，这和呈现出暴力倾向的人数多少无关，不能因为呈现暴力倾向的人数少就说明玩游戏不会让人增加暴力倾向。

D选项，"除了什么还有"是典型迷惑选项。题干论述的主体是暴力游戏，其他视频怎么样和论述无关，不能削弱暴力游戏是否增加暴力倾向。

28. **答案** E

**解析** 论据：南瓜中含有一种可溶性膳食纤维——果胶；

结论：便秘的人群要多吃南瓜保护肠道健康。

若要支持，可以从科学视角建立起南瓜或者果胶对肠道的好处。

E选项，指出了果胶能疏通肠道将有毒物质排出体外，南瓜里面含有果胶，进而说明吃南瓜可以保护肠道健康，建立联系支持了题干。

A、B、C、D选项均说的是南瓜在其他方面的好处，而不是对肠道的好处，因此排除。

29. **答案** A

**解析** 题干逻辑：

（1）白玉兰 or 杜仲；

（2）杜仲➡樱花 and 紫薇；

（3）事实真：非樱花。

将（3）代入（2）逆否：非樱花 or 非紫薇➡非杜仲，可得：非杜仲为真；

将非杜仲代入（1）：白玉兰 or 杜仲,根据否定一边推出 or 的另一边可得：白玉兰为真，故选A。

30. **答案** A

**解析** 题目要求：将七个元素依次排列。

（1）美声独唱≠第二➡二胡独奏＝第四；

（2）美声独唱＜二胡独奏/单人脱口秀___ ___ ___单人脱口秀/二胡独奏；

（3）二胡独奏＜男高音独唱。

根据（2）可得：二胡独奏和单人脱口秀占据的位置可以是二、六或者三、七。

情况一：二胡独奏和单人脱口秀在第二和第六，位置可互换。

说明二胡≠第四，代入（1）逆否：可得美声独唱＝第二，此时第二的位置已经被二胡或者单人脱口秀占据，产生矛盾，情况一不符合，排除。

情况二：二胡独奏和单人脱口秀在第三和第七，位置可互换。

说明二胡≠第四，代入（1）逆否：美声独唱＝第二；根据（3）男高音独唱在二胡独奏之后，说明二胡独奏不可能在最后，因此二胡独奏在第三，单人脱口秀在第七。A选项正确。

---

31. **答案** E

**解析** 题干逻辑：

（1）配置境内固定收益资产➡不配置境内权益资产；

（2）配置商品期货基金 or 货币基金➡配置境内权益资产；

（3）配置境内固定收益资产 or 配置不动产投资信托基金。

将（1）（2）（3）联立得：非不动产投资信托基金➡境内固定收益资产➡非境内权益资产➡非商品期货基金 and 非货币基金。

题干是逻辑推理，且问以下哪项不可能为真，典型的前真 and 后假秒杀思路。

E选项,配置货币基金 and 不配置不动产投资信托基金。满足联立之后箭头的前真后假。

---

32. **答案** D

**解析** 需要解释的现象是：城市中的鸟类相比乡村中的鸟类叫声的音调更高。

若要解释，可以从以下两个方面着手：

（1）引入一个能说明城市中鸟类叫声音调高的原因；

（2）引入一个能说明乡村中鸟类叫声音调低的原因。

D选项，说明了城市里面的鸟因为建筑鸣笛等噪声导致要传播自己的声音时必须提高频率，也就解释了为什么城市里的鸟比乡村的种群叫声的音调更高。

其余选项均没有引入和鸟类叫声高低有关的原因，排除。

**33.** **答案▶** A

**解析▶** 论据：频繁喝奶茶的人中，基本都存在失眠的症状。

结论：是其中茶碱刺激人的神经使人精神振奋，从而影响了睡眠质量。

A选项，指出所有的奶茶都有咖啡因，咖啡因是刺激人神经的成分，即可能是因为奶茶中的咖啡因导致的失眠而非茶碱，引入了奶茶里其他导致失眠的原因，对题干进行了削弱。

B选项，通过科学视角建立起茶碱和人体失眠之间的关系，属于建立联系支持的选项。

**34.** **答案▶** C

**解析▶** 题目可以用代入验证法：

A选项，将前件当天限号6，代入表格发现，没有特奥田径，A选项不对；

B选项，通过表格发现10.28滚球和篮球安排在一起，B选项不准确；

C选项，将选项前件当天限号5，代入表格发现均有游泳比赛，C选项准确；

D选项，通过表格发现10.22残奥游泳和盲人篮球安排在一起，D选项不准确；

E选项，将选项前件当天限号不是4，代入表格发现不一定有篮球比赛，E选项不准确。

**35.** **答案▶** E

**解析▶** 题干给出信息：

（1）草鱼 or 鲤鱼➡鲫鱼；

（2）罗非鱼➡鲢鱼 and 青鱼；

（3）非罗非鱼➡非鲫鱼。

将（1）（3）（2）联立：（4）草鱼 or 鲤鱼➡鲫鱼➡罗非鱼➡鲢鱼 and 青鱼。

A、B、C、D选项均与题干逻辑一致；

E选项，当鲤鱼为真时，代入（4）中可得：鲢鱼 and 青鱼为真，即青鱼为真，而E项后件为非青鱼，与题干不一致。

**36.** **答案▶** E

**解析▶** 论据：碳原子以四面附着在四个不同的原子上，以碳原子链和环构成生命基础分子。

结论：硅原子也能以四面附着在四个不同的原子上，硅原子构成生命基础分子也是可能的。

E选项，指出如果一个原子能够以四面附着在四个不同的原子上，就有可能构成生命基础分子。通过补全逻辑的方式说明了原子以四面附着在四个不同原子上和生命基础的关系，为题干成立所需要的假设。

A选项，没有本质的不同，不能说明碳原子具备的属性硅原子也具备。举个例子，小红和小明学习能力没有本质的不同，但是不能从小红考上了清华得到小明也能考上清华。

---

37. **答案▶** C

**解析▶** 已知：从甲、乙、丙、丁、戊、己棉花中要选择3种。

（1）甲➡丁 and 非乙；

（2）非丙 or 非乙➡戊；

（3）丁➡甲 or 己。

题干给出来的都是逻辑推理，且问题是以下哪项和上述要求不矛盾。（即：可能真）故可以采用以下两种方法解答：

方法一：前假秒杀

对（1）（2）（3）前件分别取非，即非甲、乙 and 丙、非丁，因此最终入选的是：乙棉、丙棉、戊棉，故选C。

方法二：将选项依次代入验证

A选项，有丁没有甲和己，与（3）矛盾；

B选项，有甲没有丁，与（1）矛盾；

C选项，不与题干逻辑矛盾，正确；

D选项，没有丙也没有戊，与（2）矛盾；

E选项，没有乙也没有戊，与（2）矛盾。

---

38. **答案▶** C

**解析▶** 已知：冰箱业务线的销售额上升，但冰箱业务线的销售额占所有业务的销售额比例却下降了。

造成该现象的原因：有其他业务的销售额比冰箱的销售额增长的更高，从而拉高了整体销售额，我们能通过题干论述确定至少有一个其他的销售增长率高于冰箱业务线。C选项正确。

A选项是可能真而不是一定真的选项。

**39.** 答案 ▶ **C**

解析 ▶ 题干结构：

不积跬步＝不A，无以至千里＝不B，不积小流＝不C，无以成江海＝不D。

非A➡非B，非C➡非D。

C项：名不正＝不A，言不顺＝不B，事不成＝不C，礼乐不兴＝不D。

非A➡非B，非C➡非D，与题干结构一致。

**40.** 答案 ▶ **D**

解析 ▶ 已知：四个人分别对应选择四个不同名字的马克杯。

（1）李华＝"雪悦"or"雪欢"➡唐玲＝"雪趣"；

（2）王迪≠"雪悦"➡王迪＝"雪趣"and 李华＝"雪欢"；

（3）李华≠"雪欢"➡王迪＝"雪乐"。

当（3）前件李华≠"雪欢"为真时，可得：王迪＝"雪乐"，将其代入（2）可得：王迪＝"雪趣"and 李华＝"雪欢"，此时王迪对应两个马克杯，产生矛盾。

故（3）的前件不能为真，即：李华＝"雪欢"，将其继续代入（1）可得：唐玲＝"雪趣"，即王迪≠"雪趣"，继续代入（2）逆否可得：王迪＝"雪悦"，此时只剩下：赵婷与"雪乐"对应。D选项正确。

**41.** 答案 ▶ **E**

解析 ▶ 专家建议：减肥需要有氧运动和无氧运动相结合。

若要支持专家的建议，就需要说明有氧运动和无氧运动相结合的好处。

E选项，提到了有氧运动和无氧运动在减肥减脂上需要结合并且结合后可以避免肌肉流失，对肌肉的增长有促进作用，支持了专家的建议。

A、B、C、D选项都仅说了有氧运动或者无氧运动中的一个的好处，并未提到需要结合，不能支持。

**42.** 答案 ▶ **E**

解析 ▶ 题干逻辑：

甲：陈 or 王 or 李；

乙：非陈 or 非王 or 非李；

丙：李➡陈；

丁：李➡王；

总经理：陈 or 王➡李。

总经理的话为假，即（陈 or 王）and 非李为真

根据陈 or 王为真可得：甲的话为真；非李为真可得：乙、丙、丁的预测为真；

故甲、乙、丙、丁均为真，选E。

---

43. **答案▶** D

**解析▶** 题干逻辑：

（1）黄豆、白萝卜、山药恰好采购 2 种（只能有 1 种不采购）；

（2）猪排、猪蹄、老鸭、筒骨恰好采购 3 种（只能有 1 种不采购）；

（3）筒骨➡非黄豆 and 非山药；

（4）山药➡白萝卜。

可以看出若（3）的前件采购筒骨为真,可得黄豆和山药都不采购,和（1）黄豆、白萝卜、山药恰好采购 2 种矛盾,因此（3）的前件为假：即不采购筒骨为真；将其带入（2）可知，剩下的猪排、猪蹄、老鸭这 3 种一定会采购；

根据（4）逆否，假设不采购白萝卜为真，那么可以得出不采购山药，和（1）矛盾，即采购白萝卜为真。此时采购的有：猪排、猪蹄、老鸭、白萝卜。故选D。

---

44. **答案▶** C

**解析▶** 论据："话少"的实验者大脑灰质相对密度比较小，即"话多"的大脑灰质相对密度较大；

结论："话多"的人的大脑更聪慧。

若要支持就要建立大脑灰质密度高和大脑更聪慧的关系，C选项给出大脑灰质密度高的具体表现为智力高，建立起了灰质密度高与大脑更聪慧之间的关系。支持了题干的论述。

---

45. **答案▶** C

**解析▶** 论据：第二组喝无咖啡因的实验者的注意力和反应力的平均得分高于第一组饮用正常含有咖啡因的实验者的平均得分；

结论：咖啡因给人带来的提神醒脑的作用，更多地来自于心理暗示，而不是咖啡因本身。

C选项，说明两组人员实验前的注意力及反应能力不同，所以是否因为心里暗示得到的提神心脑作用也未可知。通过比较之前起点不同的方式对科学家的论述进行了削弱。

D选项，没有通过两组人员进行对比，而只说了某组中的某部分人员存在的问题，无法削弱整个论述。

46. **答案** C

**解析** 题干逻辑：

（1）海狮 or 沙狐➔不能有羚羊（海狮≠羚羊，沙狐≠羚羊）；

（2）某期有袋鼠➔不能有海狮（袋鼠≠海狮）；

（3）大白鲨＝沙狐。

根据（1）（2）得：袋鼠≠海狮、羚羊≠海狮，所以草地类能和海狮在一起的动物只剩斑马，斑马＝海狮；

根据（3）（1）因为：大白鲨＝沙狐、沙狐≠羚羊，所以大白鲨≠羚羊，故大白鲨＝袋鼠；因为每期都要包含三类动物，故海豚和羚羊在同一期节目。C选项正确。

|  | 组一 | 组二 | 组三 |
|---|---|---|---|
| 海洋类 | 大白鲨 | 海狮 | 海豚 |
| 草地类 | 袋鼠 | 斑马 | 羚羊 |
| 荒漠类 | 沙狐 |  |  |

47. **答案** B

**解析** 通过第一问可得：

|  | 组一 | 组二 | 组三 |
|---|---|---|---|
| 海洋类 | 大白鲨 | 海狮 | 海豚 |
| 草地类 | 袋鼠 | 斑马 | 羚羊 |
| 荒漠类 | 沙狐 |  |  |
| 苔原类 |  |  |  |

根据旅鼠＝沙兔，且旅鼠≠海豚可得：沙兔≠海豚，故沙兔＝海狮；

所以旅鼠＝沙兔＝海狮。

| | 组一 | 组二 | 组三 |
|---|---|---|---|
| 海洋类 | 大白鲨 | 海狮 | 海豚 |
| 草地类 | 袋鼠 | 斑马 | 羚羊 |
| 荒漠类 | 沙狐 | 沙兔 | 沙蜥 |
| 苔原类 | | 旅鼠 | |

B选项正确。

**48.** 答案▶ C

解析▶ 题干结构：

（1）花生 and 非芝麻➡大豆 and 非向日葵；

（2）芝麻 or 非向日葵➡非甘蔗；

（3）非（非甘蔗 and 非油菜）=甘蔗 or 油菜；

（4）非芝麻 and 非油菜。

将（4）非油菜为真代入（3）通过否定一边推出另一边可得：种植甘蔗为真；将种植甘蔗代入（2）的逆否推出：非芝麻 and 向日葵为真；将向日葵代入（1）的逆否推出非花生 or 芝麻为真；将（4）非芝麻代入非花生 or 芝麻，否定 or 的右边推左边可得：非花生为真，故选C。

**49.** 答案▶ E

解析▶ 论据：男女比例失调和部落战争同时存在；

结论：部落战争导致了该时间段男女比例的严重失调。

战争和男女比例严重失调同时发生，所以认为是战争导致了男女比例严重失调。若要削弱可以引入一个导致男女比例失调和部落战争同时存在的其他原因。

E选项，指出不是因为部落战争导致了该时间段男女比例的严重失调，而是因为男女比例严重失调导致了战争，通过因果倒置的方式对题干进行了削弱。

**50.** 答案▶ D

解析▶ 论据：长时间看电视不仅仅对眼睛有伤害，还会危害孩子的生长发育；

结论：家长多陪孩子，不要让孩子长时间看电视。

要支持专家建议，就应该说明长时间看电视确实会危害孩子的生长发育。

D选项，指出了长时间看电视会对孩子性格有影响，甚至产生自闭症，即影响了孩子的生长发育，支持了题干结论。

其他选项均未指出对孩子生长发育的危害。

**51. 答案▶ E**

**解析▶** 题干信息如下：

（1）每个讲座都要被安排一次；

（2）某天安排农学➡安排法学 and 教育学；

（3）管理学和文学不在同一天。

根据（1）和（2）可得，农学、法学、教育学绑定在同一天，由于每天最多安排3个，结合附加条件文学在第一天，所以绑定的农学、法学和教育学这3个在第二天或者第三天，此时第二天或者第三天中有一天的讲座名额已满。那么剩下的另外2天就分别是安排2个，安排1个，所以剩下的管理学，史学要被分配到这两天，根据（3）可得，管理学和文学不在同一天，结合文学在第一天，所以管理学只能在第二天或者第三天，且不与农学、法学、教育学在一天，E选项一定为假。

**52. 答案▶ D**

**解析▶** （1）一班≠陶艺 or 二班≠手工制作➡四班=油画；

（2）五班≠油画➡三班=陶艺；

（3）六班≠积木 or 三班=太空沙；

（4）六班=积木。

将（4）代入（3）否定一边推出另一边可得：三班=太空沙,意味着三班≠陶艺,代入（2）逆否可得：五班=油画为真；将五班=油画代入（1）逆否可得：一班=陶艺 and 二班=手工制作为真。

此时确定了：一班=陶艺，二班=手工制作，三班=太空沙，五班=油画，六班=积木，所以得出：四班=迷宫，选D。

**53. 答案▶ B**

**解析▶** 题干给出回避型人格观念：采用逃避、更换环境的方式➡能远离问题，减少和缓解焦虑。

B选项，更换新的环境了，但仍然不能缓解焦虑，通过前真后假的方式削弱了题干的论述。

54. **答案** ▶ **E**

**解析** ▶ （1）甲＝《星夜》or 丁≠《洛神赋图》→ 丙、丁、戊＝《墨虾》；

（2）至少有3人＝《墨虾》→丁≠《墨虾》or 戊≠《墨虾》；

（3）甲≠《星夜》→甲＝丙＝《墨虾》and 戊≠《爱痕湖》；

（4）丁＝《墨虾》。

假设（1）前件：甲选《星夜》或者丁不选《洛神赋图》为真,可得：丙、戊、丁＝《墨虾》,结合（2）的前件可得：丁≠《墨虾》or 戊≠《墨虾》,产生矛盾,故（1）前件为假,即：甲≠《星夜》and 丁＝《洛神赋图》为真。

将甲≠《星夜》代入（3）可得：甲＝丙＝《墨虾》戊≠《爱痕湖》。此时甲＝丙＝丁＝《墨虾》,《墨虾》已被3人临摹,故乙、戊≠《墨虾》,根据戊≠《墨虾》,戊≠《爱痕湖》,结合戊要临摹3幅画,可得：戊＝《星夜》《睡莲》《洛神赋图》,选E。

| | 星夜 | 睡莲 | 墨虾 | 爱痕湖 | 洛神赋图 |
|---|---|---|---|---|---|
| 甲 | × | | ○ | | |
| 乙 | | | × | | |
| 丙 | | | ○ | | |
| 丁 | | | ○ | | ○ |
| 戊 | ○ | ○ | × | × | ○ |

55. **答案** ▶ **E**

**解析** ▶ 根据上一问结合附加条件：

| | 星夜 | 睡莲 | 墨虾 | 爱痕湖 | 洛神赋图 |
|---|---|---|---|---|---|
| 甲 | × | | ○ | | |
| 乙 | | | × | | |
| 丙 | ○/× | ×/○ | ○ | | |
| 丁 | ×/○ | ○/× | ○ | | ○ |
| 戊 | ○ | ○ | × | × | ○ |

可知：《洛神赋图》已被乙、丁、戊临摹,故甲、丙≠《洛神赋图》。

又因为丁＝《墨虾》＝《洛神赋图》且要在《星夜》或《睡莲》中选择一个,可得丁≠《爱痕湖》。结合上一问,戊≠爱痕湖,故甲＝乙＝丙＝《爱痕湖》。

结合上一问：甲≠《星夜》,甲≠《洛神赋图》,可得：甲＝《睡莲》,又《睡莲》被甲丙丁戊4人中的3人临摹,故乙一定≠《睡莲》,则乙＝《星夜》。

|  | 星夜 | 睡莲 | 墨虾 | 爱痕湖 | 洛神赋图 |
|---|---|---|---|---|---|
| 甲 | × | ○ | ○ | ○ | × |
| 乙 | ○ | × | × | ○ | ○ |
| 丙 | ○/× | ×/○ | ○ | ○ | × |
| 丁 | ×/○ | ○/× | ○ | × | ○ |
| 戊 | ○ | ○ | × | × | ○ |

E选项正确。

# 四、写作

## 56.论证有效性分析

范文

### 消费陷阱真的是悖论吗?

材料通过一系列阐述，试图得出"消费陷阱是悖论"的结论，但其在论证过程中犯了诸多逻辑错误，现择其要点分析如下：

首先，材料认为当今社会中生产者和消费者很难割裂，个体既扮演生产者又扮演消费者，所以消费陷阱就是自己为自己挖的陷阱，其实不然。虽然生产者有时候扮演消费者，但是并不见得他们生产的产品和消费的产品是同一产品，所以并非是自己给自己挖陷阱。

其实，材料说我们购买的很多产品都有其用途，用以说明消费陷阱是悖论，此推理不当。消费陷阱是买了非必需的产品，非必需的产品也能有用途，这两者没有必然关系。另外，材料说现代经济并非小农经济，消费必不可少，而且是自愿的，既然是自愿消费那就没有陷阱，此处还待商榷。我们消费的时候并不知道踩了陷阱，自愿购买但依旧是在有陷阱的前提下自愿购买的。

再次，材料说社会产能不断提升，多消费才能匹配更高的生产力，消费降低就可能会造成生产过剩，进而导致经济危机，既然消费能带动经济发展，就不会产生消费陷阱。不能因为它能带动经济发展就认定它没有陷阱，任何消费都可以带动经济发展，但这与消费中是否存在陷阱无关。

最后，材料说如果消费陷阱是存在的，但是我们也不可能为了避免消费陷阱而不去消费，既然如此何必担心消费陷阱，此处还待论证。即便不能因要避开消费陷阱不去消费，但是也需要担心消费陷阱可能会给我们带来危害，要避免不必要的消费和损失。

综上所述，材料在论证"消费陷阱是悖论"的过程中犯了诸多逻辑错误，其结论的有效性还待商榷。

## 57.论说文

范文

### 借用工具与自主思维的统一

在科学技术飞速发展的现代化社会，工具已经成为人类生产生活中不可缺少的一部分，但长时间依赖工具就会导致自主思维的退化，所以为了高效解决问题和保持自主思维而不被工具所裹挟，我们就要坚持"借用工具与自主思维的统一"。

我们需要学会借用工具来提升效率和提高产能。工具相比较人类能够处理更多的数据和更复杂的问题，为人类社会带来质的发展。例如在 AI 的加持下，很多像"基因测序""蛋白质计算"等众多难题纷纷迎刃而解；以各种大数据模型为基础的人工智能工具无论是在制造业、互联网行业，还是服务业，都为人们带来了众多的便利。借用工具已经成为这个时代提升生产生活效率的关键与核心。

虽然借用工具必不可少，但是我们不能因为工具而丧失了自主思考的能力。工具决定了效率的高低，而自主思维却能够决定使用工具的方式方法以及能不能创造新工具。未来我们会遇到更多的问题，但是不可能所有的问题都有对应的解决方案和对应工具，这时候就需要充分发挥自主思维，在没有现有工具的情况下保持具有自主思考和解决问题的能力，而不是面对问题一筹莫展。

我们需要将借用工具和自主思维相统一，用工具提升我们生产生活的效率，用自主思维引导我们更好地使用工具和保有独立解决问题的能力。在科技全球化的今天，学会借用高精尖的工具才能产出高精尖的产品，而保有自主思维，才能明确我们需要什么样的工具，哪些工具能为我们带来真正的发展。缺少了自主思维，我们可能只会人云亦云，难以突破；缺少了借用工具的能力，我们的生产效率将会直线下降，很难提升自身实力。因此，唯有将二者结合在一起，才能创造更好的未来。

借用工具如船，自主思维就如帆。失船，我们会望洋兴叹；失帆，我们将失去方向；将借用工具与自主思维相结合，方能扬帆起航，驶向成功。

# 满分卷（二）答案及解析

## 一、问题求解

**1.** **答案** E

**解析** 【破题标志词】包含质数的等式⇒结合奇偶性及其四则运算.

$\dfrac{1}{x}=\dfrac{1}{z}-\dfrac{1}{y}$ 整理可得 $\dfrac{1}{x}=\dfrac{y-z}{zy}$，又因为 $x=yz$，因此 $\dfrac{1}{yz}=\dfrac{y-z}{yz}$，$y-z=1$，

又因为 $y$ 和 $z$ 均为质数，则 $y=3$，$z=2$，$x=6$.

**2.** **答案** E

**解析** 根据绝对值的几何意义，不等式 $|x+2|+|x|>4$ 表示数轴上 $x$ 到 $-2$ 和 $0$ 两点的距离之和大于 $4$ 的点.因数轴上点 $1$ 右边的点及点 $-3$ 左边的点到点 $-2$，$0$ 的距离之和均大于 $4$，所以原不等式的解集为 $\{x\mid x<-3\text{ 或 }x>1\}$.故包含无数个小于 $10$ 的奇数.

【提示】奇偶性跟数字的正负无关，$-1$，$-3$，$-5$ 等都是奇数.

**3.** **答案** B

**解析** 如图所示，只有当直线通过圆心时，圆上才可能存在两点关于直线对称.所以，

本题的要求就是直线 $2x+3y+4=0$ 经过圆心 $\left(-\dfrac{D}{2},\ 0\right)$，即 $-D+0+4=0$，解得 $D=4$.

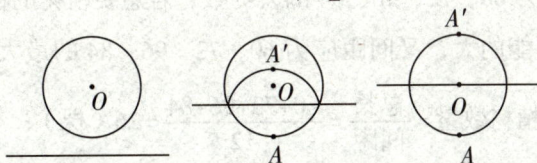

**4.** **答案** B

**解析** 依据题意可以画出图形：

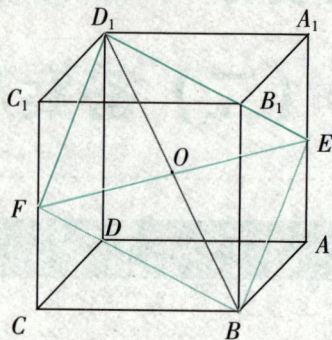

因为$\triangle BCF$、$\triangle D_1C_1F$、$\triangle D_1A_1E$和$\triangle BAE$全等，所以$BF=FD_1=D_1E=EB$，所以四边形$D_1EBF$

为菱形，菱形的面积等于对角线乘积的一半，即等于$\frac{1}{2}\cdot EF\cdot BD_1$.

$EF$等于正方体面对角线$AC$的长度，在直角三角形$ABC$中，$AC=\sqrt{AB^2+BC^2}=2\sqrt{2}=EF$.

在直角三角形$D_1B_1B$中，$BD_1=\sqrt{B_1B^2+D_1B_1^2}$，又因为$D_1B_1=AC=2\sqrt{2}$，所以$BD_1=2\sqrt{3}$.

所以菱形$D_1EBF$的面积为$\frac{1}{2}\cdot EF\cdot BD_1=\frac{1}{2}\times 2\sqrt{2}\times 2\sqrt{3}=2\sqrt{6}$.

5. **答案▶ B**

**解析▶** 设该年级有$n$个班级，因为名额与名额之间无区别，属于相同元素.

【破题标志词】相同元素分配$\Rightarrow$隔板法. 每个班级至少一个名额，属于标准隔板法.

所以共有$C_{10-1}^{n-1}=36$. 因为$C_9^2=C_9^7=36$，即$n-1=2$或$n-1=7$，所以$n$的最大值为$7+1=8$.

即该年级最多有8个班级.

6. **答案▶ B**

**解析▶** 【破题标志词】封闭型植树问题$\Rightarrow$棵树=分段数；开放型植树问题$\Rightarrow$棵树=分段数+1.

相邻两树的间距应为60、72、96、84的公约数，若想要植树的棵数尽可能的少，则两树的间距应当尽可能的大，又间距应为60、72、96、84的最大公约数12，根据封闭型植树公式，可得植树数量$=\frac{总长}{间距}=\frac{60+72+96+84}{12}=26$（棵）.

7. **答案▶ C**

**解析▶** 因为$(n+1)a_{n-1}=na_n(n\geq 2)$，所以$\frac{a_n}{a_{n-1}}=\frac{n+1}{n}$，则$\frac{a_2}{a_1}=\frac{3}{2}$，$\frac{a_3}{a_2}=\frac{4}{3}$，$\cdots\frac{a_n}{a_{n-1}}=\frac{n+1}{n}$，

将以上各式相乘，可得 $\dfrac{a_2}{a_1}\cdot\dfrac{a_3}{a_2}\cdot\cdots\cdot\dfrac{a_n}{a_{n-1}}=\dfrac{3}{2}\cdot\dfrac{4}{3}\cdot\cdots\cdot\dfrac{n+1}{n}$，即 $\dfrac{a_n}{a_1}=\dfrac{n+1}{2}$，$a_n=\dfrac{3(n+1)}{2}$.

【技巧】所有数列难题：代入验证法. 依次代入 $n=1$，2，3…寻找规律，验证选项或结论.

$n=1$ 时，$a_1=3$；将 $n=1$ 代入各选项，仅B、C选项满足.

$n=2$ 时，$3a_1=2a_2\Rightarrow 2a_2=9\Rightarrow a_2=\dfrac{9}{2}$；将 $n=2$ 代入B、C选项，仅C满足.

---

**8.** **答案** E

**解析** 等高模型【破题标志词】底边在同一条直线上，共用一个顶点的两个三角形，它们高相等，面积比等于底边比.

连接 $AE$、$BF$、$CD$. 因为 $\triangle ABC$ 与 $\triangle ABE$ 符合【等高模型】且 $BC=BE$，所以 $S_{\triangle ABC}=S_{\triangle ABE}$.

$\triangle ABE$ 与 $\triangle DAE$ 符合【等高模型】且 $AB=AD$，所以 $S_{\triangle ABE}=S_{\triangle DAE}$.

同理可知 $S_{\triangle ABC}=S_{\triangle ABE}=S_{\triangle DAE}=S_{\triangle BCF}=S_{\triangle BEF}=S_{\triangle DCA}=S_{\triangle DCF}$，七个三角形面积相等，$S_{\triangle DEF}=7S_{\triangle ABC}=7$.

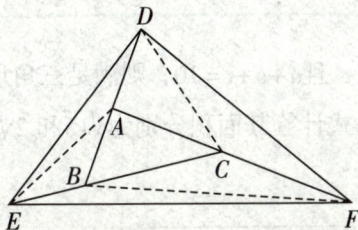

---

**9.** **答案** D

**解析** 首先小杨先要把 4 套衣服和 3 双鞋购买了，需要花费 $4\times99+3\times67=597$ 元，剩下的 $800-597=203$ 元才可以随意购买衣服或鞋子.

不超过 203 元的购买方式可经过穷举得到以下 7 种，因此他有 7 种不同的购买方式.

| 衣服(套) | 鞋子(双) | 花费钱数(元) |
|---|---|---|
| 0 | 0 | 0 |
| 1 | 0 | 99 |
| 2 | 0 | 198 |
| 0 | 1 | 67 |
| 0 | 2 | 134 |
| 0 | 3 | 201 |
| 1 | 1 | 166 |

**10.** 答案 **D**

解析 根据题目人数及平均分的变化列表如下：

| | | 一等奖 | 二等奖 | 三等奖 |
|---|---|---|---|---|
| 调整前 | 人数 | 5 | 15 | 40 |
| | 均分 | $x$ | $y$ | $z$ |
| 调整后 | 人数 | 10 | 20 | 30 |
| | 均分 | $x-3$ | $y-2$ | $z-1$ |

由调整前二等奖的平均分比三等奖平均分多7分得：$y-z=7$；

由调整前后总人数和总分不变得：$5x+15y+40z=10(x-3)+20(y-2)+30(z-1)$，整理得：$x+y-2z=20$.将$z=y-7$代入$x+y-2z=20$，得$x-y=6$.则调整后一等奖平均分比二等奖平均分高$(x-3)-(y-2)=x-y-1=5$分.

**11.** 答案 **B**

解析 $a$，$b$，$c$均为整数，且$a+b+c=10$，则满足三角形三边关系的数只有两组：2，4，4和3，3，4.根据海伦公式计算其面积分别为$\sqrt{15}$和$2\sqrt{5}$，而$2\sqrt{5}>\sqrt{15}$，因此最大值为$2\sqrt{5}$.

【知识点】海伦公式：$S=\sqrt{p(p-a)(p-b)(p-c)}$，其中$p$是三角形周长的一半，即$p=\dfrac{a+b+c}{2}$.

**12.** 答案 **C**

解析 【破题标志词】全比例问题⟹特值法.

设$AO=1$，$BO=2$，$CO=3$，$DO=4$，$S_{\triangle AOB}=\dfrac{1}{2}\times1\times2=1$，即每人每天可修剪面积为1的草坪.剩余部分的面积为$S_{\text{菱形}ABCD}-S_{\triangle AOB}=\dfrac{1}{2}\times(1+3)\times(2+4)-1=11$，面积为11的草坪需要11个人修剪1天，则需要至少增加10个工人.

**13.** 答案 **E**

解析 由题意得$Q\left(\sqrt{\dfrac{a}{3}},a\right)$，$P\left(a,\dfrac{1}{\sqrt{a}}\right)$，【破题标志词】限制为正+求最值 ⟹ 均值定理，

$$AQ + CP = \sqrt{\frac{a}{3}} + \frac{1}{\sqrt{a}} = \frac{\sqrt{a}}{\sqrt{3}} + \frac{1}{\sqrt{a}} \geqslant \frac{1}{2}\sqrt{\frac{\sqrt{a}}{\sqrt{3}} \cdot \frac{1}{\sqrt{a}}} = 2\sqrt{\frac{1}{\sqrt{3}}},$$

当且仅当 $\dfrac{\sqrt{a}}{\sqrt{3}} = \dfrac{1}{\sqrt{a}}$，即 $a = \sqrt{3}$ 时，等号成立，故 $a = \sqrt{3}$.

14. **答案** B

**解析** 设从每个容器中取出的溶液质量为 $x$ 千克，【等量关系】置换后甲溶液浓度 = 置换后乙溶液浓度，则有 $\dfrac{3 \times 0.7 - 0.7x + 0.55x}{3} = \dfrac{2 \times 0.55 + 0.7x - 0.55x}{2}$，

解得 $x = 1.2$. 故取出的溶液质量为 1.2 千克.

15. **答案** A

**解析** 设该公司投放在甲、乙两个电视台的广告时间分别为 $x$ 分钟和 $y$ 分钟. 根据题意

列可列方程组：$\begin{cases} x + y \leqslant 300 \\ 500x + 200y \leqslant 90000 \\ x \geqslant 0, \ y \geqslant 0 \end{cases}$. 可得可行域如图阴影部分所示.

目标函数总收益为：$z = 0.3x + 0.2y$，整理得 $y = -\dfrac{3}{2}x + 5z$，可以看出，当直线在 $y$ 轴的截距 $5z$ 最大时，可得总收益 $z$ 的最大值.根据分析作图如下：

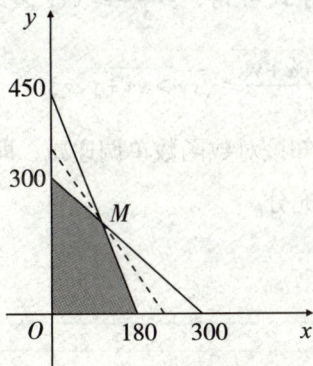

由图可知，当直线过 $M$ 点时截距最大，此时 $\begin{cases} x + y = 300 \\ 5x + 2y = 900 \end{cases}$，解得 $\begin{cases} x = 100 \\ y = 200 \end{cases}$，故

$z = 0.3x + 0.2y = 70$ 万元.

【技巧】一般线性规划最优解总在约束条件的交点处取得，此时可将各约束条件不等式变为等式，联立求出交点，即点 $M(100, 200)$，$(0, 300)$，$(180, 0)$.分别代入目标函数得当取点 $M(100, 200)$，即 $x = 100$，$y = 200$ 时 $z = 0.3x + 0.2y = 70$ 为最大值.

## 二、条件充分性判断

**16. 答案▶ C**

**解析▶** 条件（1）：可以得到 $x=1$ 是 $f(x)$ 的对称轴，不充分.

条件（2）：【破题标志词】给出抛物线图像过点 $(m，n)\Longrightarrow$ 将 $\begin{cases} x=m \\ y=n \end{cases}$ 代入函数解析式.

代入得 $0=4a+2b+c$，亦不充分.

考虑联合，$x=1$ 是 $f(x)$ 的对称轴且过 $(2,0)$，所以 $f(x)$ 也过 $(0,0)$，即 $c=0$，$0=4a+2b$，则 $b=-2a$，所以 $f(-1)=a-b=3a$，$f(1)=a+b=-a$，所以 $\dfrac{f(-1)}{f(1)}=-3$，联合充分.

**17. 答案▶ C**

**解析▶** 题中对数的大小关系与 $m$，$x$，$y$ 都相关，故两个条件为互补关系，单独都不充分，考虑联立.

题干可变形为 $a=\log_m \dfrac{x+y}{2}$，$b=\log_m \sqrt{xy}$，$c=\log_m \sqrt{x+y}$，比较 $a$，$b$，$c$ 的大小等价于比较

$\dfrac{x+y}{2}$，$\sqrt{xy}$，$\sqrt{x+y}$ 的大小.

对于条件（1），由均值不等式可得，$\dfrac{x+y}{2}\geqslant \sqrt{xy}$，又 $\dfrac{x+y}{xy}=\dfrac{1}{x}+\dfrac{1}{y}<\dfrac{1}{2}+\dfrac{1}{2}=1$，则有

$xy>x+y$，即 $\sqrt{xy}>\sqrt{x+y}$. 所以 $\dfrac{x+y}{2}\geqslant \sqrt{xy}>\sqrt{x+y}$.

又由条件（2），$0<m<1$，可知该对数函数单调递减，即同底对数，真数越大，值越小，所以 $c>b\geqslant a$，两个条件联立充分.

**18. 答案▶ C**

**解析▶** 条件（1）和（2）单独信息都不完整，都不充分，需要联合.

条件（1）$p=\dfrac{1}{n}[(x_1-a)^2+(x_2-a)^2+\cdots+(x_n-a)^2]$

条件（2）$q=\dfrac{1}{n+1}[(x_1-b)^2+(x_2-b)^2+\cdots+(x_n-b)^2+(a-b)^2]$

两组数据的平均值相等即 $a=b$，所以 $\dfrac{q}{p}=\dfrac{\frac{1}{n+1}}{\frac{1}{n}}=\dfrac{n}{n+1}$，故 $0<\dfrac{q}{p}<1$.

**19.** **答案** ▶ **D**

**解析** ▶ 如图所示，分别过 $A$，$B$，$C$ 作 $x$ 轴的垂线，垂足分别为 $A'$，$B'$，$C'$，

$S_{\triangle ABC}=S_{AA'C'C}-S_{AA'B'B}-S_{BB'C'C}$

$=\dfrac{1}{2}\times(|AA'|+|CC'|)\times|A'C'|-\dfrac{1}{2}\times(|AA'|+|BB'|)\times|A'B'|-\dfrac{1}{2}\times(|BB'|+|CC'|)\times|B'C'|$

$=\dfrac{1}{2}\times[n^2+(n+2)^2]\times2-\dfrac{1}{2}\times[n^2+(n+1)^2]\times1-\dfrac{1}{2}\times[(n+1)^2+(n+2)^2]\times1$

$=n^2+(n^2+4n+4)-\dfrac{n^2}{2}-(n^2+2n+1)-\dfrac{1}{2}(n^2+4n+4)=1$

所以条件（1）充分，条件（2）也充分.

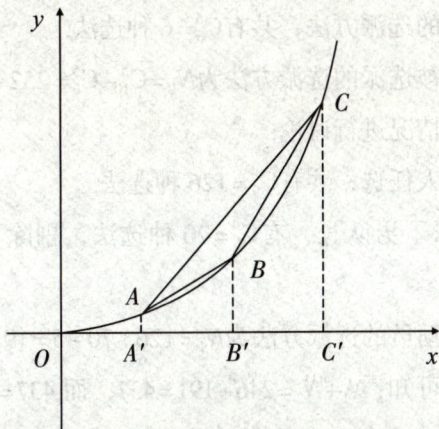

**20.** **答案** ▶ **D**

**解析** ▶ 正整数末尾数字有 0，1，2，…，9，共 10 种可能，平方后尾数依次对应 0，1，4，9，6，5，6，9，4，1.

条件（1）：当正整数末尾数字为 4，6 时，其平方数的末尾数字 $k=6$，概率为 $\dfrac{1}{5}$，充分.

条件（2）：当正整数末尾数字为 3，7 时，其平方数的末尾数字 $k=9$，概率为 $\dfrac{1}{5}$，充分.

**21.** **答案** ▶ **A**

**解析** ▶ 2 个球都是同一种颜色的，说明都是白球或者都是红球.

条件（1），第一步：计算总方法数：选出 2 个白球或者红球有 $C_4^2+C_3^2$ 种可能；

第二步：计算满足要求的方法数：2 个球都是白色有 $C_4^2$ 种可能；

第三步：相除得概率：所求概率为 $\dfrac{C_4^2}{C_4^2+C_3^2}=\dfrac{6}{6+3}=\dfrac{2}{3}$，充分.

条件（2），第一步：计算总方法数：选出 2 个白球或者红球有 $C_3^2+C_4^2$ 种可能；

第二步：计算满足要求的方法数：2 个球都是白色有 $C_3^2$ 种可能；

第三步：相除得概率：所求概率为 $\dfrac{C_3^2}{C_3^2+C_4^2}=\dfrac{3}{6+3}=\dfrac{1}{3}$，不充分.

22. **答案** E

**解析**【类型判断】单独信息不充分，C 或 E. 考虑联合条件（1）和（2）.

条件（1）：【破题标志词】正难则反 ⇒ 总体剔除法.

先求没有选派女运动员的选派方法，共有 $C_6^5=6$ 种选法.

则至少有 1 名女运动员被选派的选派方法为 $N_1=C_{10}^5-C_6^5=252-6=246$ 种选法.

条件（2）：分以下两种情况进行讨论：

①女队长被选派，其余人任选，共有 $C_9^4=126$ 种选法.

②不选派女队长，选派了男队长，有 $C_8^4=70$ 种选法，剔除不含女运动员的选法，有 $C_5^4=5$ 种选法.

则选了队长，又有女运动员的选派方法为 $N_1=126+70-5=191$ 种选法.

综合条件（1）和（2）可知：$N_1+N_2=246+191=437$，而 $437=19\times23=1\times437$，则 $N_1+N_2$ 的所有正约数之和为 $19+23+1+437=480$. 联合亦不充分.

23. **答案** D

**解析**【破题标志词】至少有一个 ⇒ 全相加/全相乘.

若三个数之和若大于等于 0，那么可以确定三个数中至少有一个大于或等于 0.

条件（1），$a+b+c=x^2+y^2+z^2+yz+zx+xy=\dfrac{1}{2}[(x+y)^2+(y+z)^2+(z+x)^2]\geqslant 0$，

则 $a$，$b$，$c$ 至少有一个大于或等于 0，充分.

条件（2），$a+b+c=x^2+y^2+z^2+2yz+2zx+2xy=(x+y+z)^2\geqslant 0$，

则 $a$，$b$，$c$ 至少有一个大于或等于 0，亦充分.

24. **答案** D

**解析** $x^2-2x-3=(x-3)(x+1)$，得两交点坐标为 $A(-1,0)$，$B(3,0)$，如图，$\triangle ABC$ 的底边

$AB$的长度为$3-(-1)=4$. 由于两个条件$C$点的纵坐标都为5，即$\triangle ABC$的高为5，因此都可使得$\triangle ABC$的面积为$S=\dfrac{1}{2}\times 4\times 5=10$，即两个条件都充分.

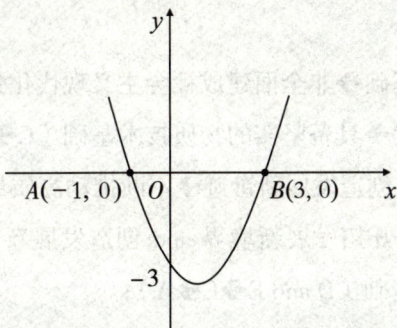

**25.** 【答案】 **D**

【解析】 条件（1）：思路一：【破题标志词】限制为正+求最值 $\Rightarrow$ 均值定理.

$xy\leqslant\left(\dfrac{x+y}{2}\right)^2=\dfrac{(x+y)^2}{4}$，$(x+y)^2-3xy\geqslant(x+y)^2-\dfrac{3(x+y)^2}{4}=\dfrac{(x+y)^2}{4}$.

因为$x^3+y^3=(x+y)(x^2-xy+y^2)=(x+y)[(x+y)^2-3xy]=2$，

则$2\geqslant(x+y)\times\dfrac{(x+y)^2}{4}=\dfrac{(x+y)^3}{4}$，所以$(x+y)^3\leqslant 8$，$0<x+y\leqslant 2$，充分.

思路二：$x^3+y^3=(x+y)(x^2-xy+y^2)=(x+y)[(x+y)^2-3xy]=2$.

设$x+y=t$（$t>0$），则$xy=\dfrac{1}{3}\left(t^2-\dfrac{1}{t}\right)$. 看到$x+y$和$xy$优先想到利用韦达定理逆定理.

所以可设$x$，$y$是关于$a$的一元二次方程$a^2-ta+\dfrac{1}{3}\left(t^2-\dfrac{2}{t}\right)=0$的两个实数根.

则$\Delta=t^2-4\times\dfrac{1}{3}\left(t^2-\dfrac{2}{t}\right)\geqslant 0$，解得$t^3\leqslant 8$，即$(x+y)^3\leqslant 8$，$0<x+y\leqslant 2$，充分.

条件（2）：【破题标志词】限制为正+求最值 $\Rightarrow$ 均值定理，

可得$2xy\leqslant x^2+y^2$，$(x+y)^2\leqslant 2(x^2+y^2)=4$，所以$0<x+y\leqslant 2$，亦充分.

## 三、逻辑推理

**26.** **答案** E

**解析** 题干逻辑：

（1）非坚实的物质技术基础➡非全面建成社会主义现代化强国（非A➡非B）；

（2）不断推动高质量发展➡具备坚实的物质技术基础（C➡A）；

（3）开拓发展新境界 and 创造发展新奇迹➡不断推动高质量发展（D and E➡C）；

（2）（3）串联可得：（4）开拓发展新境界 and 创造发展新奇迹➡不断推动高质量发展➡具备坚实的物质技术基础（D and E➡C➡A）；

E选项，非A➡非C and 非B，非A根据（1）推出非B为真，根据（2）推出非C为真，因此该选项一定为真。

A选项，B➡C，B为真根据（1）推出A为真，A为真肯定了（2）的后件，不能确定C的真假，该选项不一定为真。

B选项，非A➡非E，非A为真根据（4）可推出：非D or 非E，此时非E不能确定真假，该选项不一定为真。

C选项，非B➡非D，非B为真肯定了（1）的后件，不能确定前件非A的真假，因此无法推出D的真假，该选项不一定为真。

D选项，非D and 非C➡非E，非C为真，根据（3）推出：非D or 非E，非D肯定了 or 的一部分，无法推出非E的真假，该选项不一定为真。

**27.** **答案** A

**解析** 论据：糖尿病重症患者中，患有认知障碍的比重越来越大。

结论：糖尿病是触发人们患认知障碍的一个重要原因。

A选项，建立了糖尿病和大脑认知的联系，支持题干论证。

B选项，寿命与题干论证的大脑认知没有必然联系，不能支持。

C选项，讨论了认知障碍带来的影响，与题干论证的什么原因导致认知障碍无关，不能支持。

D选项，糖尿病的控制与其是否会导致认知障碍无关，不能支持。

E选项，与题干论证的认知障碍无关，不能支持。

28. **答案** B

**解析** 题干逻辑：

（1）画卷 or 竹简 ➡ 瓷器 and 戏曲；

（2）飞天 or 论语 ➡ 竹简；

（3）华表 and 论语 ➡ 非飞天 and 汉服。

题目问符合条件的选项，将选项依次代入验证，不与题干矛盾的就是正确选项。

B选项，代入与题干不矛盾，当选。

A选项，画卷入选根据（1）可得：瓷器 and 戏曲，选项没有戏曲，与题干矛盾。

C选项，飞天入选根据（2）可得：竹简入选，选项没有竹简，与题干矛盾。

D选项，论语入选根据（2）可得：竹简入选，选项没有竹简，与题干矛盾。

E选项，竹简入选根据（1）可得：瓷器 and 戏曲，选项没有，与题干矛盾。

29. **答案** C

**解析** 题干推理：保证白天能够达到充足时间的睡眠，就能代替夜间睡眠，从而不会对健康产生危害。

C选项，说明有些对于身体健康所必需的物质白天睡觉是不能产生的，即白天即使达到充足时间的睡眠也不能替代夜间睡眠，前真后假的质疑了题干论证。

A选项，说明白天睡觉和夜间一样，支持了题干论证。

B选项，人的睡眠质量会因为其他因素影响，不能说明白天睡觉能不能替代夜间睡觉，不能质疑。

D选项，长期不能保证睡眠时间带来的危害与题干论证无关，不能质疑。

E选项，严重失眠患者的情况，不能说明白天睡觉是否可以代替夜间睡眠，不能质疑。

30. **答案** D

**解析** 题干逻辑：

（1）白芷 or 白术 ➡ 白附子 and 白芨；

（2）白茯苓 or 白莲心 ➡ 非白丁香。

（2）等价于：非白茯苓 and 非白莲心 or 非白丁香，因此白茯苓、白莲心、白丁香至少占据一个不入选名额。

根据（1）可知，如果白附子不入选，那么白芷和白术都不入选，此时至少4个不入选，与题干7选4矛盾，因此白附子一定入选。

同理，如果白芨不入选，那么白芷和白术都不入选，此时至少4个不入选，与题干7选4矛盾，因此白芨一定入选，D选项正确。

---

31. **答案** B

**解析** 题干信息：

（1）甲、乙、丙中至少有2人（确定一人不参加则剩下两人均要参加）；

（2）甲➡戊；

（1）（2）串联得：（3）非戊➡非甲➡乙 and 丙。

B选项，非戊 and 非乙，满足（3）的前真后假，是题干逻辑的矛盾，不可能为真。

其余选项代入均与题干不产生矛盾。

---

32. **答案** C

**解析** C选项，如果丙预约了内科检查，则不可能是副主任医师号源，将表中的信息代入，满足内科检查的分别是周二、周四、周五、周日，只有周日是副主任医师，但是周日无号，因此一定不可能是副主任医师号源，该选项概括准确。

A选项，周四的情况不满足该项，概括不准确。

B选项，周一的情况不满足该项，概括不准确。

D选项，周二周三连续2天的情况不满足该项，概括不准确。

E选项，周六的情况不满足该项，概括不准确。

---

33. **答案** E

**解析** 题干推理：吃糖多 ➡ 增加人的皮肤衰老程度。

E选项，那些吃糖不多的人皮肤状态会比同龄人年轻很多，前假后假的支持了题干论证。

A选项，与题干论证的糖分对于人的皮肤衰老程度的影响无关，不能支持。

B选项，讨论的是糖尿病的影响，与题干的糖分无关，不能支持。

C选项，糖化对皮肤的负面影响不如紫外线大，这里的负面影响与题干论证的皮肤衰老不一致，不能支持。

D选项，皮肤本身会随着时间衰老，与糖分会不会增加其衰老程度无关，不能支持。

34. **答案** E

**解析** 题干逻辑：

（1）赵＝广式 or 苏式➡钱＝广式 and 李＝秦式；

（2）赵≠苏式➡郑≠晋式 and 李＝秦式；

（3）孙＝晋式 or 郑≠京式➡郑＝秦式。

由（1）（2）前件可知，无论赵是否选择苏式，均能推出李＝秦式，说明郑≠秦式。代入（3）的逆否推出：孙≠晋式 and 郑＝京式，E选项正确。

35. **答案** B

**解析** 题干逻辑：

（1）赵＝广式 or 苏式➡钱＝广式 and 李＝秦式；

（2）赵≠苏式➡郑≠晋式 and 李＝秦式；

（3）孙＝晋式 or 郑≠京式➡郑＝秦式。

上一问推出：李＝秦式、郑＝京式。

本问附加条件：孙＝苏式，根据（1）如果赵＝广式能推出钱＝广式，产生矛盾，所以赵≠广式，赵一定选择晋式，钱选择广式。

36. **答案** A

**解析** 论据：不良的口腔卫生状况会导致细菌进入血液，增加心房颤动和心衰的风险。

结论：人们应该保证每天至少三次刷牙的频率。

A选项，建立了刷牙频率和细菌进入血液的联系，支持题干论证。

B选项，大多数人能做到的上限是每天刷牙三次，不能说明应不应该每天刷三次，不能支持。

C选项，调查结果受到了一定群体的支持和认可，不能说明根据这个结果推出的结论一定正确，不能支持。

D选项，样本数量多，时间久，只能说明题干中的调查是可靠的，即调查中出现的两种现象确实同时存在，但是不能由此说明二者存在因果关系，因此不能支持。

E选项，其他方法也可以保持口腔的清洁，说明刷牙不是必须的，质疑了题干的论证。

**37.** 答案 ▶ **A**

解析 ▶ 题干逻辑：

（1）赵、郑、王至多有一个人=甲➜孙=周；

（2）钱、李、赵3人至少有2人被分在同一组➜孙=吴=甲 and 周=乙。

若（2）的前件为真，推出孙和吴=甲，周=乙，说明孙和周不在同一组，代入（1）的逆否推出：赵、郑、王至少2人在甲组，此时甲组人数超过3人，产生矛盾，所以（2）的前件不能为真，即钱、李、赵仅能一个人在一组，不能有2人在同一组的情况出现，A选项一定为真。

**38.** 答案 ▶ **B**

解析 ▶ 题干逻辑：

（1）甲=卓➜丁=李 and 乙=蔡；

（2）乙≠上官➜丙=李；

（3）丙≠李 or 丁≠上官➜甲=卓；

串联（3）（1）（2）得：（4）丙≠李 or 丁≠上官➜甲=卓➜丁=李 and 乙=蔡➜丙=李。

由（4）可知，假设丙≠李，会推出丙=李，矛盾。因此丙=李为真。

代入（1）可知甲≠卓，代入（3）可知丙=李 and 丁=上官，因此乙=卓，甲=蔡。

**39.** 答案 ▶ **E**

解析 ▶ 题干逻辑：

（1）无论购买通行证与否➜可以通过游戏地图解锁任务赢取稀有道具和限定皮肤；

（2）对于通行证玩家：解锁皮肤获取任务➜完成雪地大冒险对战胜利任务。

E选项，非完成雪地大冒险对战胜利任务➜非不能解锁皮肤获取任务，是（2）的逆否命题，一定为真。

A选项，题干只涉及万圣节之后的活动信息，之前有没有类似活动不能确定，该选项不一定为真。

B选项，列表内有没有其他任务题干并没有涉及，该选项不一定为真。

C选项，题干逻辑（2）涉及的是有通行证玩家，没有通行证的玩家能否解锁皮肤获取任务不确定。

D选项，通过充值来额外解锁限定皮肤的信息题干逻辑并未涉及，该选项不一定为真。

**40.** **答案** D

**解析** 题干需要解释的现象：为什么不吃香菜的人隔很远也能闻到香菜的"臭味"。

D选项，认为讨厌香菜的人有一种基因使得他们对香菜里的醛类物质特别敏感，通过科学视角解释了题干现象。

A选项，讨论的是年龄对于味觉的影响，与题干现象无关，不能解释。

B选项，讨论的是人们为什么能闻到香菜的味道，不能解释不吃香菜的人对香菜味道更敏感的现象。

C选项，讨论的是吃饭的情况，与题干现象无关，不能解释。

E选项，与题干现象无关，不能解释。

**41.** **答案** E

**解析** 最新的研究成果：虽然喂食过度的确会导致金鱼的死亡，但是金鱼并不是被撑死的。

E选项，说明喂食过度导致金鱼的死亡的原因是消耗了水中的氧气，支持题干不是被撑死的结论。

A选项，感受不到饱腹感不能说明金鱼的死亡原因是不是撑死的，不能支持。

B选项，金鱼喜欢的事物与题干论证无关，不能支持。

C选项，只能说明喂食过度确实会导致金鱼的死亡，但不能说明死亡的原因是不是撑死的，不能支持。

D选项，金鱼健康与题干论证的死亡原因无关，不能支持。

**42.** **答案** D

**解析** 题干结构：股市下跌（A）和美元加息（B）同时出现，因为不是股市下跌导致美元加息（不是A→B），所以是美元加息导致了股市下跌（所以是B→A）。

D选项，A和B同时出现，因为不是A导致了B，所以是B导致了A，与题干结构一致。

A选项，A和B交替出现，与题干结构不一致。

B选项，A和B同时出现，因为没有A就没有B，所以有A才会有B，与题干结构不一致。

C选项，A和B同时出现，因为是B导致了A，所以不是A导致了B，与题干结构不一致。

E选项，A和B先后出现，与题干结构不一致。

**43.** **答案** **D**

**解析** 题干逻辑：

（1）不善良 ➜ 不真诚 and 没有爱心；

（2）不爱护小动物 ➜ 没有爱心；

（3）小明很善良；

（4）小华有爱心；

（5）小红非常爱护小动物。

（1）逆否+（2）逆否可得：（6）有爱心➜善良 and 爱护小动物

将事实真条件（3）代入，否定了（1）的前件，不能推出确定信息。

将事实真条件（4）代入，肯定了（6）的前件，推出小华：善良 and 爱护小动物。

将事实真条件（5）代入，否定了（2）的前件，不能推出确定信息。

根据上述信息，D选项一定为真。

**44.** **答案** **D**

**解析** 题干信息：

每人仅安排一次家访，每次上午或下午家访时仅家访1人。

（1）周二上午、周三下午不安排；

（2）丙≠周四 or 甲≠周三➜乙 and 丙=周三；

（3）甲≠周五➜乙=周四下午；

（4）丁_ _戊 or 戊_ _丁；

（5）己≠庚。

根据题干信息结合（1）可得：乙和丙不可能都在周三，代入（2）逆否得：丙=周四 and 甲=周三。

甲=周三，代入（3）得：乙=周四下午，所以丙=周四上午。

根据（4）得，丁和戊只能分别占据周二和周五的某个位置，因为（5）得：己和庚只能分别占据周一和周五的某个位置，因此辛一定会安排在周一。

**45.** **答案** **C**

**解析** 题干信息：

每人仅安排一次家访，每次上午或下午家访时仅家访1人。

（1）周二上午、周三下午不安排；

（2）丙≠周四 or 甲≠周三➜乙＝丙＝周三；

（3）甲≠周五➜乙＝周四下午；

（4）丁＿＿戊 or 戊＿＿丁；

（5）己≠庚。

本问附加条件：丁、戊、庚的家访均安排在下午。

根据（4）丁和戊分别在周二下午、周五下午，因此庚只能在周一下午，则己在周五上午，辛在周一上午。

---

46. **答案▶** C

**解析▶** 论据：与不饮酒相比，中度饮酒和大量饮酒组的心脏健康恶化风险增加4.5倍。

结论：酒精摄入的多少会影响人们的心脏健康情况。

C选项，指出受试者在参加研究之前健康情况没有明显的不同，说明实验开始前各组的起点一致，支持题干论证。

A选项，饮酒不会造成心力衰竭不能说明饮酒的多少会不会影响人们的心脏健康情况，不能支持。

B选项，不同酒类是否会造成不同影响，不影响题干论证的成立，不能支持。

D选项，只能说明过量饮酒会造成特定的心脏疾病，不能说明饮酒的多少会不会影响人们的心脏健康情况，不能支持。

E选项，肝脏健康与题干论证的心脏健康无关，不能支持。

---

47. **答案▶** D

**解析▶** 论据：成人每天吃一个石榴，或200~300毫升石榴汁，可使心血管疾病的患病风险有所降低。

结论：心血管疾病风险较高的中老年人要多吃石榴。

D选项，对选项取反，即石榴中富含的糖分会让老人血糖指标过高导致糖尿病，而糖尿病是心血管疾病的重要诱因，那么题干的结论就不能成立，因此该选项是题干论证成立所必须的假设。

A选项，石榴含有丰富的膳食纤维与题干论证的心血管疾病没有必然联系，不需要假设。

B选项，延缓肌肉衰老与题干论证的心血管疾病无关，不需要假设。

C选项，不同品种的石榴能给人带来的功效没有太大的差别，不能说明老年人是否应该吃石榴，不需要假设。

E选项，肠胃不适与题干论证的心血管疾病无关，不需要假设。

48. **答案** A

**解析** 论据：石雕➜不羁绊于技巧规律的束缚。

结论：石雕佛像➜更能体现佛教艺术品的价值。

A选项，补全了不羁绊于技巧规律的束缚与艺术品价值之间的逻辑关系，是题干论证的假设。

B选项，与题干论证的佛教艺术品的价值无关，不需要假设。

C选项，工匠会不会制造石雕像，与石雕佛像是否更能体现佛教艺术品的价值无关，不需要假设。

D选项，与题干论证的佛教艺术品的价值无关，不需要假设。

E选项，与题干论证的佛教艺术品的价值无关，不需要假设。

49. **答案** B

**解析** 题干信息：

8个元素分3组，每组1~3个元素，分配形式是：2、3、3。

（1）数学恰好在综合的前一周，地理在综合之前的某一周；

（2）文学＝艺术，地理 ≠ 艺术；

（3）综合＝第二周 ➜ 文学＝地理；

（4）化学＝第二周。

由（2）得：文学≠地理，代入（3）逆否得：综合≠第二周。由（1）知：综合≠第一周，所以等于第三周，数学恰好在它之前，可知，数学＝第二周。

50. **答案** D

**解析** 题干信息：

8个元素分3组，每组1~3个元素，分配形式是：2、3、3。

（1）数学恰好在综合的前一周，地理在综合之前的某一周；

（2）文学＝艺术，地理 ≠ 艺术；

（3）综合＝第二周 ➜ 文学＝地理；

（4）化学＝第二周。

本题附加条件：（5）生物类在历史类之前的某一周订阅。

根据上一问可知情况如下：

| 第一周 | 第二周 | 第三周 |
|---|---|---|
| | 化学 | 综合 |
| | 数学 | |
| | | |

由（2）结合上表可得：文学和艺术＝第一周 or 第三周。

情况1：文学和艺术＝第一周，地理需在综合之前，且不等于艺术，所以地理＝第二周。

此时第一周、第三周各剩一个空位，根据（5）可知，生物＝第一周，历史＝第三周。

可得下表：

| 第一周 | 第二周 | 第三周 |
|---|---|---|
| 文学 | 化学 | 综合 |
| 艺术 | 数学 | 历史 |
| 生物 | 地理 | |

情况2：文学和艺术＝第三周。

此时第一周、第二周各剩一个空位，根据（5）可知：生物＝第一周，历史＝第二周。

可得下表：

| 第一周 | 第二周 | 第三周 |
|---|---|---|
| 生物 | 化学 | 综合 |
| 地理 | 数学 | 文学 |
| | 历史 | 艺术 |

两种情况生物都必须安排在第一周，D选项正确。

---

51. **答案▶ B**

**解析▶** 题干信息：

（1）小南＝西蓝花 ➜ 小西≠莴笋；

（2）小姜≠荷兰豆 ➜ 小书＝南瓜；

（3）小南＝西蓝花 and 小西＝莴笋；

（4）小姜＝荷兰豆。

由于（1）（3）矛盾，一定一真一假，结合只有 2 句真话，可得：（2）（4）一真一假。假设（4）为真，会得到（2）为真，产生矛盾，故（4）为假，（2）为真。由（4）假可得：小姜≠荷兰豆为真，B选项正确。

52. **答案** B

**解析** 题干中需要解释的矛盾：商家文案中"网红"进口盐有很多好处，而研究指出为了健康，不能过多摄入"网红"盐。

A选项，该项强调"网红盐"在调味方面和日常购买的盐没区别，无法解释是否为了健康不能摄入太多，排除。

B选项，该项通过科学视角解释"网红盐"不能摄入太多，否则会对人体有害，可以解释，当选。

C选项，该项在讲部分居民食盐摄入量多，但没有解释"网红盐"是否会影响健康，排除。

D选项，该项只是在讲摄入太多盐分会影响健康，但没有解释"网红盐"是否会影响健康，排除。

E选项，该项只是提到消费者在"网红盐"方面开支增加，并未解释"网红盐"是否健康，排除。

53. **答案** C

**解析** 论据：空气污染较高的区域，经常户外运动的人患高血压的风险低于不常锻炼的人。

结论：即使空气质量不好，定期进行户外锻炼也有利于身体健康。

题干的推理过程：空气不好的地方，户外运动的人患高血压的风险低于不常锻炼的人➔空气质量不好，户外锻炼还是有利于身体健康。若想削弱题干论述，可以指出患高血压的风险不代表身体健康。对应C选项。

A选项，题干在讨论户外运动，而该项在讲户内锻炼，话题不一致，排除。

B选项，题干在讨论空气质量不好时，户外锻炼是否有利于健康，与该项讨论的不同的户外锻炼带来的健康效果不同无关，排除。

D选项，题干在讨论空气质量不好时，户外锻炼是否有利于健康，与有没有时间进行户外锻炼无关，排除。

E选项，该项是对题干结论的支持，而非削弱，排除。

**54.** **答案** D

**解析** 题干逻辑：

（1）赵甲＝接力 or 长跑 or 拔河➡孙丙＝接力 and 李丁＝拔河；

（2）赵甲＝跳高 and 铅球➡周戊＝接力；

（3）赵甲≠接力➡周戊≠接力；

（4）孙丙＝拔河；

（5）每人报名2种项目，每个项目有2人报名。

条件（2）（3）联立得：赵甲＝跳高 and 铅球➡周戊＝接力➡赵甲＝接力。

若赵甲＝跳高 and 铅球为真，可推出赵甲＝接力，此时与条件（5）每人报名2种项目产生矛盾，故赵甲≠跳高 or 赵甲≠铅球。赵甲在跳高和铅球中至多选一个，因每人报名两个项目，说明赵甲在剩下的接力、长跑、拔河至少选一个，故条件（1）的前件为真，可得孙丙选择接力，李丁选择拔河。

推理结果如下表：

|  | 跳高 | 铅球 | 接力 | 长跑 | 拔河 |
|---|---|---|---|---|---|
| 赵甲 |  |  |  |  | × |
| 钱乙 |  |  |  |  | × |
| 孙丙 | × | × | ○ | × | ○ |
| 李丁 |  |  |  |  | ○ |
| 周戊 |  |  |  |  | × |

由表可知，正确答案为D。

**55.** **答案** A

**解析** 题干逻辑：

（1）赵甲＝接力 or 长跑 or 拔河➡孙丙＝接力 and 李丁＝拔河；

（2）赵甲＝跳高 and 铅球➡周戊＝接力；

（3）赵甲≠接力➡周戊≠接力；

（4）孙丙＝拔河；

（5）每人报名2种项目，每个项目有2人报名。

附加条件：赵甲和周戊都不报名长跑。

结合上问可得：

| | 跳高 | 铅球 | 接力 | 长跑 | 拔河 |
|---|---|---|---|---|---|
| 赵甲 | | | | × | × |
| 钱乙 | | | | | × |
| 孙丙 | × | × | ○ | × | ○ |
| 李丁 | | | | | ○ |
| 周戊 | | | | × | × |

因赵甲、孙丙、周戊三人都不报名长跑，故钱乙、李丁必须报名长跑。

李丁报名长跑、拔河，每人报名2种项目，所以李丁不能报名跳高、铅球、接力。

若条件（3）前件赵甲≠接力为真，推出周戊≠接力，根据条件（2），否定后件必然否定前件，得到赵甲≠跳高 or 甲≠铅球。此时赵甲最多报名一种项目，与题干每人报名2种项目产生矛盾，故赵甲必然报名接力。

那么接力有赵甲和孙丙报名，钱乙、李丁、周戊三人不报名接力。此时可得周戊不报名接力、长跑、拔河，剩下跳高、铅球必须报名，如下表：

| | 跳高 | 铅球 | 接力 | 长跑 | 拔河 |
|---|---|---|---|---|---|
| 赵甲 | | | ○ | × | × |
| 钱乙 | | | × | ○ | × |
| 孙丙 | × | × | ○ | × | ○ |
| 李丁 | × | × | × | ○ | ○ |
| 周戊 | ○ | ○ | × | × | × |

故正确答案为A。

# 四、写作

## 56.论证有效性分析

范 文

### 意识真的决定物质吗?

　　材料通过一系列的论证，试图得出意识决定物质的结论，但其在论证的过程中犯了诸多的逻辑错误，现择其要点分析如下：

　　首先，材料认为只要意识存在，那么真实世界的物质就一定存在，此推理有明显的逻辑漏洞。即便意识存在，真实世界的物质也不一定存在，因为意识可以超出物质。意识可以脱离实际物质进行想象和思考，因此该推理有待商榷。

其次，文中认为人类意识可以呈现真实世界中没有的东西，这些意识超出了物质，于是得出意识产生物质的推论。此推理有待商榷。意识可以超出物质，指的是意识可以超越实际的物质进行思考和想象，这和意识能够产生物质是完全不同的。意识可以超出物质进行想象不等于意识产生物质，两者没有必然的关系。

再者，文中指出汽车、火车等的发明都是先产生了意识，然后才发明出实际的物质，于是得出意识产生物质的推论。此推理有误，虽然有发明的意识，但是发明出来的事物都是物质通过整合和拼接后产生的物质，是物质产生了物质，并非是意识产生了物质。发明的意识让物质从一种形式变成了另外一种形式，而无法凭空产生物质。

最后，文中指出不同的人根据不同意识对相同物质产生不同的认知和使用方式，于是得出意识能够改变物质的推论。此处推理不当。人们根据不同意识对相同物质产生不同认知和使用方式，这是个人认知对物质的不同使用过程，但是并没有改变物质的本质。物质不随着人们的意识不同而产生改变。

综上所述，文章推导出意识决定物质的结论，其推理过程中有诸多逻辑漏洞，这一结论还需继续论证。

## 57.论说文

范 文

### 追求相对公平，共迎美好未来

无论是"楚人一炬可怜焦土"的秦王朝的覆灭，还是东汉末年发起的农民起义，五千年的历史铸就了一部沧桑的史书，其中"公平分配"在书上占据了首要的位置。至今在"公平"层面需要我们比古代更加用心，在未来我们要追求相对公平，一起迎接美好的未来。

相对的公平有利于效率的提升。无论国家、社会还是团体，活力来源于效率，而效率又来源于分配，相对的公平能够促进效率的提升。曾经实行家庭联产承包制责任制之前，大家都是吃大锅饭，追求绝对的公平，最后导致社会效率低下，前进缓慢。之后施行分产到户，通过相对的公平，极大促进了社会生产的积极性。改革开放以来国家以按劳分配为主体，多种分配方式并存的分配方式，极大地调动了社会生产的积极性，促进了效率的提升。

相对的公平有利于实现资源的合理配置。实行相对公平可以将资源利用最大化，我国实行西气东输、西电东送正是相对公平的体现，通过充分利用西部地区的资源促进东部地区经济发展，实现资源相对公平化利用；西部大开发通过引进技术和人力资源，发展西部地区，通过相对公平实现资源优势互补，从而推动我国区域经济协调发展，缩小区域发展差距，实现资源的合理配置。

　　相对的公平有利于构建和谐社会。社会财产分布是不均衡的，实行相对公平对于社会各群体来说是必不可少的。比如我国实行的税收制度，可以有效调节国民收入再分配，有利于缩小收入差距；我国实行的民族区域自治制度，西部大开发等是根据各民族、各地区差异实行的相对公平，有利于社会稳定，国家团结，促进国家繁荣发展。

　　社会的和谐发展离不开相对的公平，无论是对于效率的提升还是资源的合理配置，相对的公平都起着巨大的作用。正所谓："大道之行也，天下为公。"当我们实行了相对的公平，美好未来的大道也就离我们不远了。

# 满分卷（三）答案及解析

**1.** **答案▶ B**

【解析】本题符合【破题标志词】全比例问题⇒特值法，设三个班人数依次为 10 人、8 人、7 人，这样全校总人数为 25 人，由"男、女生的人数比为 3∶2"，则男生 15 人，女生 10 人，具体如下表所示.

|  | 男生 | 女生 | 总人数 |
|---|---|---|---|
| 全校 | 15 | 10 | 25 |
| A班 | $10 \times \frac{3}{4} = 7.5$ | $10 \times \frac{1}{4} = 2.5$ | 10 |
| B班 | $8 \times \frac{5}{8} = 5$ | $8 \times \frac{3}{8} = 3$ | 8 |
| C班 | $15 - 7.5 - 5 = 2.5$ | $10 - 2.5 - 3 = 4.5$ | 7 |

可见，C班男女人数之比为 2.5∶4.5 = 5∶9.

**2.** **答案▶ A**

**解析▶** $a$，$b$ 均为正实数，故 $a + b \neq 0$，根据等比定理 $\frac{a}{b} = \frac{c}{d} = \frac{e}{f} = \frac{a+c+e}{b+d+f}$，

可得 $\frac{a-c}{b} = \frac{c}{a+b} = \frac{b}{a} = \frac{(a-c)+c+b}{b+(a+b)+a} = \frac{a+b}{2(a+b)} = \frac{1}{2}$.

由 $\frac{b}{a} = \frac{1}{2}$ 得 $a = 2b$，由 $\frac{c}{a+b} = \frac{1}{2}$ 得 $2c = a + b = 3b$.

**3.** **答案▶ C**

**解析▶** 若要分得书最多的人得到的书尽可能少，就要令其他的人分得的书尽可能多，设分得最多的人分 $x$ 本，则其他人分别分∶$x-1$，$x-2$，$x-3$，$x-4$ 本，

则 $x + (x-1) + (x-2) + (x-3) + (x-4) = 22$，解得 $x = 6.4$.

当$x$取6时，5名学员总分得书数量小于22，不满足题意，则向上取整，$x=7$

**4.** **答案** D

**解析** 【破题标志词】双重功能元素⇒分情况讨论，去双重功能化．

思路一：其中有2人为全能元素，可分三类进行．

第一类：会魔术的2人来自只会魔术的，$C_5^2 C_{4+2}^1=60$；

第二类：会魔术的2人1个来自只会魔术，1个来自全能的，$C_5^1 C_2^1 C_{4+1}^1=50$；

第三类：会魔术的2人来自全能的，$C_2^2 C_4^1=4$．

总方法数为$60+50+4=114$．

思路二：

第一类：会口技的1人来自只会口技的，$C_4^1 C_7^2=84$；

第二类：会口技的1人来自全能的，$C_2^1 C_6^2=30$；

总方法数为：$84+30=114$

**5.** **答案** E

**解析** 做工流程如图所示：

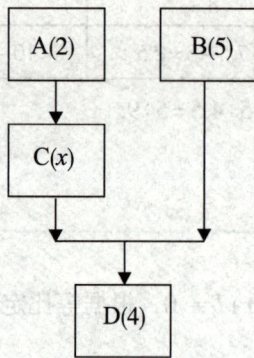

C工序需要A完成之后才可以开工，D工序需要A、B、C完成之后才可以做，其中D工序需要4天，所以其他三个工序一共要5天，其中B单独就需要5天，即A、C最多需要5天，$2+x\leqslant 5$，得$x\leqslant 3$，即C需要的天数最大为3．

**6.** **答案** C

**解析** 【破题标志词】两个[结构相同]＋[未知字母不同]的二次方程⇒转化为同一二次方程的两根．

由题意可得$a$，$b$都不为0，故方程$b^2+99b+19=0$两边可同除以$b^2$，

可得 $19\left(\dfrac{1}{b}\right)^2 + 99\dfrac{1}{b} + 1 = 0$，结合方程 $19a^2 + 99a + 1 = 0$，

说明 $\dfrac{1}{b}$ 和 $a$ 是方程 $19x^2 + 99x + 1 = 0$ 的两相异实根，由韦达定理可得 $\dfrac{1}{b} + a = -\dfrac{99}{19}$，$\dfrac{a}{b} = \dfrac{1}{19}$，

则 $\dfrac{ab + 4a + 1}{b} = a + \dfrac{1}{b} + 4\dfrac{a}{b} = -5$.

---

**7.** **答案** B

**解析** 设丢番图的寿命为 $x$，则他儿子的寿命为 $\dfrac{1}{2}x$.

由题可得，$\dfrac{1}{6}x + \dfrac{1}{12}x + \dfrac{1}{7}x + 5 + \dfrac{1}{2}x + 4 = x$ 解得 $x = 84$.

【技巧】再过了一生的十二分之一后 $\Rightarrow$ 年龄是 12 的倍数；过了一生的七分之一后他结了婚 $\Rightarrow$ 年龄是 7 的倍数，即年龄是 12 和 7 的公倍数，仅选项 B 满足.

---

**8.** **答案** A

**解析** 连接 $CD$，由直径所对的圆周角为 $90°$，可知 $CD \perp AB$. 由 $AC = 3$，$BC = 4$，可得 $AB = 5$. 由射影定理可得 $BC^2 = BD \cdot BA$，即 $16 = 5BD$，故 $BD = \dfrac{16}{5}$.

【注意】本题也可直接由切割线定理得 $BC^2 = BD \cdot BA$.

---

**9.** **答案** B

**解析** 第一步：计算总方法数. 一颗骰子连续抛掷 3 次得到的数列共有 $6 \times 6 \times 6$ 个.
第二步：计算满足要求的方法数，点数为等差数列的有三类.
第一类：公差为 0 的有 6 个.
第二类：公差为 1 或 −1 的有 (1，2，3)，(2，3，4)，(3，4，5)，(4，5，6)，(3，2，1)，(4，3，2)，(5，4，3)，(6，5，4)，共 8 个.
第三类：公差为 2 或 −2 的有 (1，3，5)，(2，4，6)，(5，3，1)，(6，4，2)，共 4 个.
第三步：相除得概率：$P = \dfrac{6 + 8 + 4}{6 \times 6 \times 6} = \dfrac{1}{12}$.

**10.** 答案 ▶ **A**

解析 ▶ 设$P(x, x^2-x-4)$，在第四象限，故$x>0$，$x^2-x-4<0$.

$|PH_2|=x$，$|PH_1|=-(x^2-x-4)=-x^2+x+4$.

四边形$PH_1OH_2$周长$C=2|PH_1|+2|PH_2|=-2(x^2-x-4)+2x=-2x^2+4x+8=-2(x-1)^2+10$.当$x=1$时，此时周长取得最大值，最大值为10.

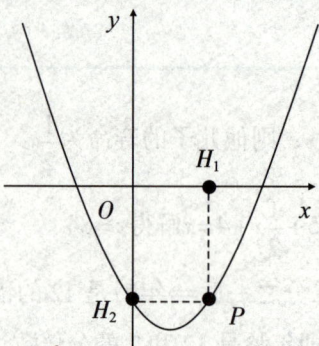

**11.** 答案 ▶ **E**

解析 ▶ 【破题标志词】行程问题⟹题干文字中找时间等量，画图找路程等量.

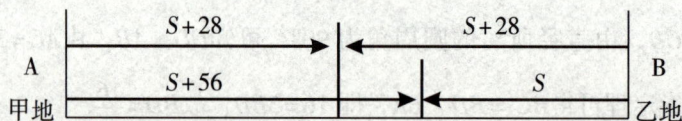

设B的速度为$v$，则A的速度为$v+10$；按照计划时间出发相遇时B列车行驶距离为$S$，甲乙两地相距为$S+S+56=2S+56$.

A车按计划出发：相遇时两车用时一样，即$\dfrac{S}{v}=\dfrac{S+56}{v+10}$.

A车比计划时间晚出发：相遇时B的行驶时间比A多$\dfrac{3}{4}$小时，即$\dfrac{S+28}{v}=\dfrac{S+28}{v+10}+\dfrac{3}{4}$.

$\begin{cases}\dfrac{S}{v}=\dfrac{S+56}{v+10}\\[2mm]\dfrac{S+28}{v}=\dfrac{S+28}{v+10}+\dfrac{3}{4}\end{cases}\Rightarrow\begin{cases}v=70\\S=392\end{cases}$.

所以甲乙两地距离为$2S+56=2\times392+70=840$（千米）.

**12.** 答案 ▶ **E**

解析 ▶ 【破题标志词】形如$ax^2+b|x|+c$的绝对值方程/不等式 ⟹ 利用$x^2=|x|^2$换元处理.

利用$(x-2)^2=|x-2|^2$得$(x-2)^2-4|x-2|-k=|x-2|^2-4|x-2|-k=0$.

设 $|x-2|=t$，$t>0$，代入得到关于 $t$ 的一元二次方程 $t^2-4t-k=0$，

关于 $x$ 的方程有四个相异根 $\Rightarrow$ 关于 $t$ 的一元二次方程有两个不相等的正根.

符合【破题标志词】$ax^2+bx+c=0(a\neq 0)$ 有两个不相等的正根 $\Leftrightarrow$ $\Delta>0$，$a$ 与 $b$ 异号，$a$ 与 $c$

同号. 即有 $\begin{cases} \Delta=16+4k>0 \\ t_1+t_2=4>0 \\ t_1\cdot t_2=-k>0 \end{cases}$，解得 $-4<k<0$.

---

**13.** **答案** **D**

**解析** 如图所示，问题等价于编号 1，2，3，…，10 的 10 个小球排列，其中 2，3 号，4，5，6 号，7，8，9，10 号的排列顺序是相对固定的，排列时遇到【破题标志词】元素定序/相同 $\Rightarrow$ 有几个元素定序/相同，就除以几的全排列.

所以将这些气球都打破的不同打法数是 $\dfrac{A_{10}^{10}}{A_2^2 A_3^3 A_4^4}=12600$.

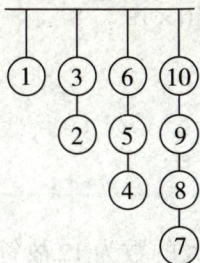

---

**14.** **答案** **D**

**解析** 该容器的容积为 $V_1=\pi\times 1^2\times 10=10\pi$.

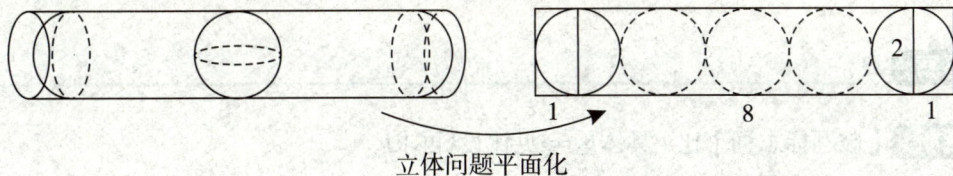

立体问题平面化

球的行动轨迹如图所示，小球能触碰到的空间为底面半径为 1、高为 8 的圆柱和两个半径为 1 的半球，其体积为 $V_2=\pi\times 1^2\times 8+\dfrac{4}{3}\pi\times 1^3=\dfrac{28}{3}\pi$.

故小球无法触碰到的空间部分的体积为 $V_1-V_2=10\pi-\dfrac{28}{3}\pi=\dfrac{2}{3}\pi$.

---

**15.** **答案** **B**

**解析** 【几何概型】每个事件发生的概率只与构成该事件区域的长度（面积或体积）

---

成比例.

设小张在 11:20 过 $a$ 分钟答完，小王在 11:20 过 $b$ 分答完，小张比小王至少早答完 5 分钟，

即小王超过 11:20 的时间比小张大于等于 5 分钟.题目在 $\begin{cases} 0 \leqslant a \leqslant 10 \\ 0 \leqslant b \leqslant 10 \end{cases}$ 的范围内，求 $a$，$b$

满足 $b - a \geqslant 5$ 的概率.

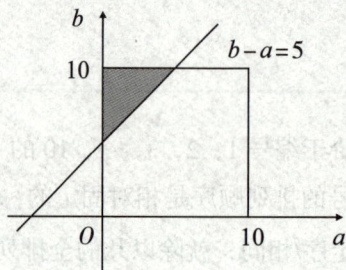

根据几何概型可知，$P = \dfrac{S_{阴影}}{S_{正方形}} = \dfrac{\frac{1}{2} \times 5 \times 5}{10 \times 10} = \dfrac{1}{8}$.

## 二、条件充分性判断

16. **答案** A

**解析** 条件（1）：$a$，$b$，$c$ 中最大的数为 12.故符合条件的三个数为 3、6、12.所以，$abc = 216$，条件（1）充分.

条件（2）：$a$，$b$，$c$ 中最小的数为 3，故符合条件的三个数为 3、6、12 或 3、9、27，由于 $3 \times 9 \times 27 = 729$ 不符合题干，条件（2）不充分.

17. **答案** D

**解析** 【破题标志词】比 + 具体量 $\Rightarrow$ 见比设 $k$ 再求 $k$.

条件（1）：由饼图可知，食品和服装的开支占总开支的 50%，由柱形图可知，食品开支为 $30 + 40 + 100 + 80 + 50 = 300$ 元，蔬菜开支为 80 元，蔬菜开支与食品开支之比为 4:15，又因为蔬菜与服装开支之比为 2:5 = 4:10，所以食品开支与服装开支金额之比为 15:10 = 3:2，能确定服装开支占总开支的 20%，充分.

条件（2）：食品的开支是 300 元，鸡蛋支出占比 $= \dfrac{30}{总开支} = 3\%$，解得：总开支 = 1000（元）

$\dfrac{食品开支}{总开支} = \dfrac{300}{1000} = 30\%$，服装支出占比 $= 50\% - 30\% = 20\%$，亦充分.

**18.** **答案** ▶ **E**

**解析** ▶【破题标志词】一元二次方程有两个不相等的实根 $\Leftrightarrow \Delta > 0$.

$\Delta = (a+b)^2 + 4 > 0$ 恒成立，所以 $a+b$ 可取全体实数. 由韦达定理可得 $ab = -1$.

条件（1）：$(a-b)^2 = a^2 + b^2 - 2ab$，但是无法确定 $a-b$ 的正负性，不充分.

条件（2）：$(a+b)^2 = a^2 + b^2 + 2ab$，知道了 $a+b$ 的值，也就可以确定 $a^2 + b^2$ 的值，与条件（1）等价，亦不充分.

两个条件等价，联合亦不充分.

**19.** **答案** ▶ **A**

**解析** ▶【破题标志词】限制为正 + 求最值 $\Longrightarrow$ 均值定理.

条件（1）：设长方体的长、宽、高分别为 $x, y, z$，则 $xyz \leqslant \left(\dfrac{x+y+z}{3}\right)^3$，当且仅当 $x = y = z$ 时，

$xyz$ 取最大值，此时该长方体为正方体，棱长均为 $x$. 最大体积 $a = x^3$，解得 $x = \sqrt[3]{a}$.

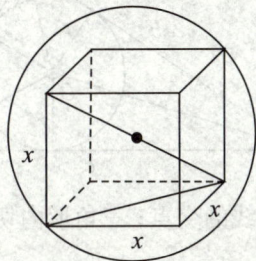

$2R = \sqrt{x^2 + x^2 + x^2} = x\sqrt{3} = \sqrt{3} \times \sqrt[3]{a}$，可得 $\sqrt[3]{a} = \dfrac{2R}{\sqrt{3}} \Longrightarrow a = \left(\dfrac{2R}{\sqrt{3}}\right)^3 = \dfrac{8\sqrt{3}}{9}R^3$，条件（1）充分.

条件（2）：设圆柱体的底面半径为 $r$，高为 $h$.

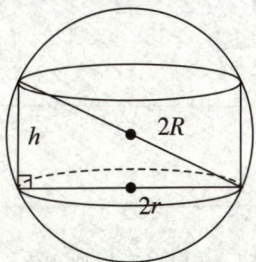

【等量关系】圆柱轴截面的对角线长同时也为球的直径.

加工为圆柱体体积最大时有 $4R^2 = 4r^2 + h^2$，则 $4r^2 + h^2 = 2r^2 + 2r^2 + h^2 \geqslant 3\sqrt[3]{4r^4h^2}$，则

$(4R^2)^3 \geqslant 27 \times 4r^4h^2 \Longrightarrow \pi r^2 h \leqslant \dfrac{4\sqrt{3}}{9}\pi R^3$，条件（2）不充分.

**20.** **答案▶** **B**

**解析▶** 条件（1）：$a_n^2 = (2^n)^2 = (2^2)^n = 4^n$，

故 $a_1^2 + a_2^2 + a_3^2 + \cdots + a_n^2 = 4^1 + 4^2 + \cdots + 4^n = \dfrac{4 \cdot (1 - 4^n)}{1 - 4} = \dfrac{4}{3}(4^n - 1)$，条件（1）不充分.

条件（2）：$S_n = 2^n - 1$，$S_{n-1} = 2^{n-1} - 1$，

则 $a_n = S_n - S_{n-1} = 2^n - 1 - 2^{n-1} + 1 = 2^n - 2^{n-1} = 2^{n-1} \cdot (2 - 1) = 2^{n-1}$，$n \geq 2$.

$a_1 = S_1 = 1$，符合 $n \geq 2$ 时 $a_n$ 的通项公式，故数列通项为 $a_n = 2^{n-1}$.

则 $a_n^2 = (2^{n-1})^2 = (2^2)^{n-1} = 4^{n-1}$，故 $a_1^2 + a_2^2 + a_3^2 + \cdots + a_n^2 = \dfrac{1 \cdot (1 - 4^n)}{1 - 4} = \dfrac{1}{3}(4^n - 1)$. 条件（2）充分.

**21.** **答案▶** **C**

**解析▶** 【类型判断】由极限分析法可知，两条件单独均不充分，C或E型

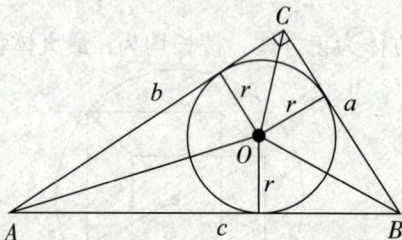

【三角形的内心】三条角平分线的交点；三角形内切圆的圆心.

由公式 $S_\triangle = \dfrac{r}{2}(a + b + c) = \dfrac{r}{2} \times \triangle$ 周长可知，已知三角形的面积和周长，即可求出内切圆的半径.

$S_{\triangle ABC} = S_{\triangle AOC} + S_{\triangle AOB} + S_{\triangle BOC} = \dfrac{1}{2}br + \dfrac{1}{2}cr + \dfrac{1}{2}ar = \dfrac{(a + b + c) \cdot r}{2}$.

$r = \dfrac{2S_\triangle}{a + b + c} = \dfrac{2 \times 12}{12\sqrt{2}} = \dfrac{2}{\sqrt{2}} = \sqrt{2}$.

**22.** **答案▶** **D**

**解析▶** 设这批产品有 $a$ 个，工厂有 $b$ 名工人. 则 $9(b - 1) + 6 = a$.

条件（1），$a = 34 \times 6 = 204$，即 $9(b - 1) + 6 = 204$，解得 $b = 23$，充分.

条件（2），$bm + 20 = a$，即 $9(b - 1) + 6 = bm + 20$，解得 $b = \dfrac{23}{9 - m}$，因为 $b$ 为正整数，所以 $9 - m$

一定可以被23整除，$m$ 只能等于8，此时 $b = \dfrac{23}{9 - 8} = 23$，亦充分.

**23.** 答案 ▶ B

解析 ▶ 由二项式定理，可得 $x^2$ 项为 $C_8^2 \times (ax)^2 \times 1^6 = 28a^2x^2$，$x^3$ 项为 $C_8^3 \times (ax)^3 \times 1^5 = 56a^3x^3$，

若 $x^2$ 的系数与 $x^3$ 的系数相等，则有 $28a^2 = 56a^3$，解得 $a = \dfrac{1}{2}$ 或 $a = 0$（舍）.

所以，条件（1）不充分，条件（2）充分.

**24.** 答案 ▶ E

解析 ▶ 条件（1）：代入特值，令 $x = -1$，$y = 2$，此时 $x^2 + y^2 = 5$，条件（1）不充分.

条件（2）：$(x+1)^2 + (y-1)^2 = 1$，表示以 $C(-1, 1)$ 为圆心，$r = 1$ 的圆.

$x^2 + y^2 = (x-0)^2 + (y-0)^2$，表示原点到圆上点的距离的平方.

如图所示，原点到圆的最大距离为 $OC + r = \sqrt{2} + 1$，最小距离为 $OC - r = \sqrt{2} - 1$.

可得 $(\sqrt{2} - 1)^2 \leqslant x^2 + y^2 \leqslant (\sqrt{2} + 1)^2$，条件（2）亦不充分.

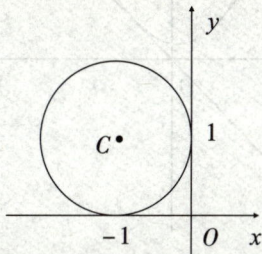

联合条件（1）和条件（2），$x = -1$，$y = 2$ 同时满足两个条件，$x^2 + y^2 = 5$，联合亦不充分.

**25.** 答案 ▶ A

解析 ▶ 条件（1）：$f(x) = x$ 无解即 $y = f(x)$ 与 $y = x$ 函数图像无交点.

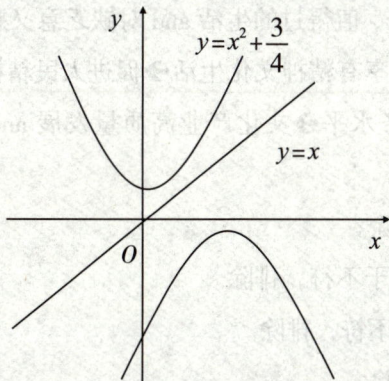

① 当 $a > 0$ 时，$y = f(x)$ 图像开口向上，需设两图像无交点，则 $y = f(x)$ 图像始终在 $y = x$ 上方，所以 $f(x) - x > 0$ 恒成立，即 $f(x) > x$.所以 $f(f(x)) > f(x) > x$，$f(f(x)) \neq x$，即 $f(f(x)) = x$ 无解.

②当$a<0$时，$y=f(x)$开口向下，$y=f(x)$图像始终在$y=x$下方，所以$f(x)-x<0$恒成立，即$f(x)<x$.所以$f(f(x))<f(x)<x$，$f(f(x))\neq x$，即$f(f(x))=x$无解.

综上所述，$f(f(x))=x$无解，条件（1）充分.

条件（2）：$y=f(x)$与$y=ax+b$相切说明$ax^2+bx+c=ax+b$有两个相等的实数根.

【破题标志词】一元二次方程有两个相等的实根$\Leftrightarrow\Delta=0$.

则$\Delta=(b-a)^2-4a(c-b)=0$，即$(a+b)^2=4ac$.可令特值$a=1$，$b=0$，$c=\dfrac{1}{4}$.

此时$f(x)=x^2+\dfrac{1}{4}$与$y=x$相切，$f(f(x))=\left(x^2+\dfrac{1}{4}\right)^2+\dfrac{1}{4}$.令$f(f(x))=x$，可解得$x=\dfrac{1}{2}$.

故$f(f(x))=x$有解，条件（2）不充分.

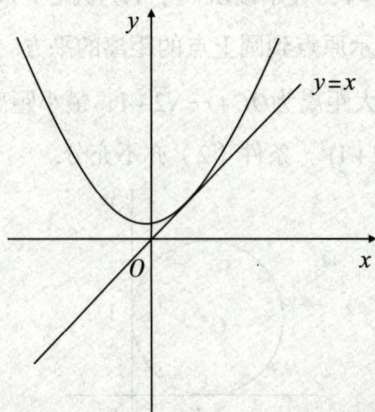

# 三、逻辑推理

26. **答案** ▶ E

**解析** ▶ 题干逻辑如下：

（1）美好生活➡有意义、值得过的生活 and 对缺乏意义感的生活的扬弃（A➡B and C）；

（2）满足文化需求 and 享有精神文化生活➡促进人民精神力量的增强（D and E➡F）；

（3）提升公共文化服务水平➡文化产业高质量发展 and 文化产品和服务的有效供给（G➡H and I）。

A选项，无关选项，排除。

B选项，B➡非C，与题干不符，排除。

C选项，I➡H，与题干不符，排除。

D选项，无关选项，排除。

E选项，非I➡非G，符合条件（3）逆否，入选。

E选项正确。

## 27. 答案 A

**解析** 题干逻辑如下：

（1）甲 or 乙＝管理类➡高科＝丙 and 丁；

（2）高科＝文史类➡高科＝经济类；挚诚＝文史类➡挚诚＝经济类；

（3）非管理类 or 非经济类。

题干问一定为假，可代入验证，产生矛盾即为假。

A选项，高科招聘管理 and 文史。将高科招聘文史代入（2）推出高科招聘经济，代入（3）推出高科不招聘管理，是题干的前真后假，一定为假。

## 28. 答案 B

**解析** 论据：哺乳期母鼠尿液中释放的乙酸异戊酯的化合物可以警告并驱赶公鼠远离幼鼠。

结论：通过在幼鼠身旁放置香蕉来达到保护幼鼠的目的。

B选项，建立了香蕉气味和乙酸异戊酯之间的关系，支持了题干。

A选项，体积类似与乙酸异戊酯无关，并不能说明可以保护幼鼠。

C选项，未提及与香蕉的关系，无关项。

D选项，乙烯与题干论证无关。

E选项，与保护幼鼠无关，不能支持。

## 29. 答案 C

**解析** 题干论述：区域内较高的经济水平➡生活在该区域中年轻人的结婚意愿降低。

C选项，经济水平较低 and 结婚意愿降低，符合前假后真的削弱。

A选项，离婚率与题干结论中的结婚意愿无关。

B选项，某些地区年轻人被迫结婚不能说明经济水平高的地区结婚意愿情况，不能削弱题干。

D选项，年轻人中单身的比例有所降低不能体现结婚意愿，无关。

E选项，与结婚意愿降低无关。

## 30. 答案 E

**解析** 题干逻辑如下：

（1）西港＝教育 or 南湖＝医疗➜中山＝金融 or 教育；

（2）北关＝工业 or 中山＝地产➜东湾＝教育 and 南湖＝金融。

题干无明显矛盾，依次代入选项解题。

A选项，北关＝工业代入（2）推出东湾＝教育，和中山＝教育矛盾。

B选项，中山＝地产代入（2）推出南湖＝金融，和西港＝金融矛盾。

C选项，南湖＝医疗代入（1）推出中山＝金融 or 教育，和中山＝地产矛盾。

D选项，西港＝教育代入（1）推出中山＝金融 or 教育，因为西港＝教育，推出中山＝金融，和北关＝金融矛盾。

E选项，中山＝地产代入（2）推出东湾＝教育 and 南湖＝金融，剩下的医疗和工业分给北关和西港。E选项为可能真，入选。

31. **答案** A

**解析** 题干逻辑如下：

（1）联想➜惠普 and 华为；

（2）非联想➜华为 and 非华硕；

（3）非戴尔➜华硕；

（4）戴尔 and 非苹果➜非华为；

（5）苹果➜华硕。

结合条件（1）（2），无论是否选择联想，一定会选择华为。

将华为代入（4）的逆否，推出非戴尔 or 苹果。

根据（3）（5），非戴尔or苹果能推出华硕一定为真。

将华硕代入（2）的逆否推出：选择联想，代入（1）推出：惠普 and 华为。A选项正确。

32. **答案** C

**解析** 论据：第一组食用精制碳水多的人群明显要比第二组的人更容易在下午工作时犯困。

结论：食用过多的精制碳水不但无法增加精力，反而会让人体感觉到困意。

C选项，建立了摄入过多碳水和犯困之间的联系，支持题干论述。

A选项，与题干结论感到困意无关。

B选项，"或许"不明确表达，不能支持题干。

D选项，与题干结论感到困意无关。

E选项，与题干结论感到困意无关。

33. **答案** C

**解析** 需要解释的现象：广谱照明下的罗非鱼捕获的食物最少且被捕食的数量最多，其他组的罗非鱼的生存情况却与之相反。

C选项，解释了不同光源对生物在捕食环节的影响，降低了生物的伪装效果，让它们在天敌的面前更为明显，容易被捕食；在自己捕食对象面前也更明显，会使捕食对象提前发觉，增加了捕食难度。

A、D、E选项无法解释矛盾，B选项反而加重了矛盾。

34. **答案** A

**解析** 题干逻辑如下：

（1）《家》的报名人数比《春》多，所以只能是321分组；

（2）甲 and 乙＝《家》➡丙 and 丁＝《秋》；

（3）丁≠《秋》or 戊≠《秋》or 己≠《秋》➡只有丙＝《家》。

若（3）前件为真，推出只有丙＝《家》，和（1）矛盾，所以（3）的前件不能为真，即：丁＝《秋》and 戊＝《秋》and 己＝《秋》，此时《秋》的人数已经足够，因此丙≠《秋》，代入（2）的逆否推出：甲≠《家》or 乙≠《家》，根据（1）《家》的报名人数比《春》多，所以丙一定会报名《家》。A选项正确。

35. **答案** D

**解析** 题干逻辑如下：

（1）排笙 or 编钟➡琵琶；

（2）云锣 or 编钟➡扬琴。

（1）逆否：非琵琶➡非排笙 and 非编钟；

（2）逆否：非扬琴➡非云锣 an 非编钟。

如果非琵琶 and 非扬琴为真，能推出5个不入选，和题干选择2种产生矛盾，所以非琵琶 and 非扬琴不能为真，即琵琶 or 扬琴为真。

or 否定一边推出另一边，如果不选琵琶，则一定选择扬琴，D选项入选。

E选项，肯定 or 一边不能推出否定 or 的另一边，排除。

**36.** **答案** ▶ **D**

**解析** ▶ 题干逻辑如下：

（1）合格的抹茶饮品➡咖啡因 and 茶多酚（A➡B and C）；

（2）咖啡因➡神经兴奋 or 肠胃刺激（B➡D or E）；

（3）被体质敏感者饮用的饮料➡非神经兴奋 and 非肠胃受到刺激（F➡非D and 非E）。

A选项，B and C➡抹茶类饮品，与题干逻辑不符，排除。

B选项，C➡D or E，与题干逻辑不符，排除。

C选项，非F➡D，与题干逻辑不符，排除。

D选项，F➡非A，将F代入条件（3）推出非D and 非E，非D and 非E代入条件（2），推出非B，非B代入条件（1）推出非A，符合题干逻辑，入选。

E选项，与题干逻辑无关，排除。

**37.** **答案** ▶ **C**

**解析** ▶ 论据：特定社交互动所必需的神经元所相关的肠道微生物的"修剪行为"对社交交往影响的实验。

结论：斑马鱼体内的修剪行为与它的社交表现之间有密切联系。

C选项，建立了"修剪行为"和社交神经之间的联系，支持了题干论述，入选。

A选项，与社交无关，不能支持题干。

B选项，与"修剪行为"无关，不能支持题干。

D选项，与"修剪行为"无关，不能支持题干。

E选项，诉诸权威，获得权威认可并不能说明是正确的。

**38.** **答案** ▶ **E**

**解析** ▶ 题干逻辑：

（1）龙湾停靠在东、西、南站点之中（龙湾≠北，龙湾≠中）；

（2）龙湾和沙岭分别在东站和西站中的一个站点停靠；

（3）永安 or 高塘＝南 or 北➡龙湾≠南。

因为每趟列车要停靠两个站点，根据（1）（2），龙湾一定在南停靠。

将龙湾＝南代入（3）的逆否，推出：永安≠南 and 永安≠北，高塘≠南 and 高塘≠北。

所以，沙岭号和彩虹号一定会在北站停靠。

| | 东 | 西 | 南 | 北 | 中 |
|---|---|---|---|---|---|
| 龙湾号 | （○/×） | （○/×） | ○ | × | × |
| 沙岭号 | （○/×） | （○/×） | | ○ | |
| 永安号 | | | × | × | |
| 高塘号 | | | × | × | |
| 彩虹号 | | | | ○ | |

E选项正确。

**39. 答案 ▶ C**

**解析 ▶** 题干逻辑：

（1）龙湾停靠在东、西、南站点之中（龙湾≠北，龙湾≠中）；

（2）龙湾和沙岭分别在东站和西站中的一个站点停靠；

（3）永安 or 高塘＝南 or 北➡龙湾≠南。

本问附加条件：（4）永安＝西。

根据（2），龙湾和沙岭有一个会在西站停靠，西站已停靠两趟列车，因此高塘和彩虹不在西站停靠。那么高塘停靠在东站和中站。C选项一定为假。

根据（2），龙湾和沙岭有一个会在东站停靠，东站已停靠两趟列车，因此永安和彩虹不在东站停靠。那么永安号会停靠在中站。

由表可得：沙岭和彩虹不停靠在中站。彩虹停靠在南站。沙岭不停靠在南站。

| | 东 | 西 | 南 | 北 | 中 |
|---|---|---|---|---|---|
| 龙湾号 | （○/×） | （○/×） | ○ | × | × |
| 沙岭号 | （○/×） | （○/×） | × | ○ | × |
| 永安号 | × | ○ | × | × | ○ |
| 高塘号 | ○ | × | × | × | ○ |
| 彩虹号 | × | × | ○ | ○ | × |

C选项当选。

**40. 答案 ▶ E**

**解析 ▶** 论据：白噪音可以掩盖环境中干扰性的刺激，有助于人们进入睡眠。

结论：有睡眠障碍的人可以将自己置于一个白噪音环境中提高自己的睡眠质量。

E选项，认为白噪音在入睡前可以掩盖刺激，但入睡后无法提高人的睡眠质量，前真后假削弱题干。

A选项，不能说明白噪音对睡眠质量的影响，无关选项。

B选项，不能说明白噪音对睡眠质量的影响，无关选项。

C选项，认为白噪音会影响健康人的睡眠，与题干论述的睡眠障碍的人无关，不能削弱题干。

D选项，不能说明白噪音对睡眠质量的影响，无关选项。

41. **答案** D

**解析** 论据：GPT-4拥有庞大的语言文本库，不仅能够进行诗词创作，还能单独或者和人类共同进行故事创作。

结论：未来GPT-4将会在写作方面代替作家大放异彩。

D选项，认为GPT-4不具备情感上的共情，无法提升想象力，所以无法代替作家，削弱了题干结论。

A选项，说明了GPT-4的弊端，但未提及是否能代替作家，不能削弱。

B选项，说明了GPT-4的优点，但未提及是否能代替作家，不能削弱。

C选项，说明了GPT-4的弊端，但未提及是否能代替作家，不能削弱。

E选项，肯定了GPT-4的创作水平，但未提及是否能代替作家，不能削弱。

42. **答案** D

**解析** 题干逻辑：

（1）甲➡乙；

（2）戊➡己；

（3）非甲 or 己；

（4）丙➡丁；

（5）丙 and 非丁；

（6）己通过了报名。

将（6）代入（2），后假，逻辑为真，（2）为真。

将（6）代入（3），or 一边为真，逻辑为真，（3）为真。

（5）满足（4）的前真后假，（4）和（5）一定一真一假。

（1）的真假不确定，因此至少有三人说的是真话。D选项正确。

**43.** **答案** C

**解析** 题干逻辑：

（1）去过阿尔罕的所有地方，但是没有去过阿姆斯；

（2）去过安特曼的某些地方；

（3）去过目前为止爱沙尼亚斯能够探索到的所有地方。

通过（1）可得：阿姆斯不在阿尔罕。

通过（1）（2）可得：阿姆斯不属于爱沙尼亚斯能够探索到的地方。

C选项一定真；A选项一定假；B、D、E选项不一定真。

**44.** **答案** C

**解析** 题干逻辑：

（1）甲＝戊＝己＝辛；

（2）甲＝乙➡丁＝庚；

（3）乙≠己➡丙＝丁。

若（2）前件甲＝乙为真，推出丁＝庚。

结合（1），那么甲、乙、戊、己、辛在同一副药方，丁和庚在同一副药方，剩下丙，不管8种药材如何分配，都不满足题干配置在4种不同的药方，产生矛盾。

所以（2）的前件不能为真，即甲≠乙。

甲≠乙，结合（1）说明乙≠己，代入（3）中推出丙＝丁。

甲、戊、己、辛在一个药方，丙、丁在另一个药方，为满足4副药方，剩下的乙和庚只能单独在某个药方。

| 药方1 | 药方2 | 药方3 | 药方4 |
|---|---|---|---|
| 甲、戊、己、辛 | 丙、丁 | 乙/庚 | 庚/乙 |

C选项正确。

**45.** **答案** A

**解析** 题干推理：动力电池原材料价格快速上涨➡新能源汽车的价格水涨船高。

A选项，认为虽然原材料价格在上涨，但是商家在销售价格上会让利，保持销售价格来保证市场利润，新能源汽车的价格并不会增长，前真后假削弱了题干。

B选项，只提到了原材料价格的影响因素，未提及新能源汽车价格，不能削弱。

C选项，未提及新能源汽车价格，不能削弱。

D选项，厂家当前的定价并未留出太多利润空间，那么当原材料价格上涨时，为了保住利润，新能源汽车的价格也势必会上涨，加强了题干论证。

E选项，未提及新能源汽车价格，不能削弱。

---

46. **答案** ▶ A

**解析** ▶ 论据：抓拍不文明养犬行为的系统将拍摄到的影像与数据库进行碰撞分析，挑选拍到犬类的影像并截图保存。

结论：通过这个系统就可以消除遛狗不牵绳的不文明问题。

A选项，认为抓拍系统就算抓拍到了照片也很难辨认犬类与犬主人，依旧存在"发现难、取证难"的问题，不能解决遛狗不牵绳的不文明问题，削弱了题干。

B选项，小区中没有主人的流浪猫和流浪狗的问题与遛狗不牵绳的不文明问题无关，不能削弱。

C选项，狗伤人的案例高发区域与遛狗不牵绳的不文明问题无关，不能削弱。

D选项，认为抓拍系统的成像的清晰度和准确率会受到影响，并不能说明是否能取证，不能削弱。

E选项，与解决遛狗不牵绳的不文明问题无关，不能削弱。

---

47. **答案** ▶ A

**解析** ▶ 论据：很多网友会对他人进行地域性攻击、或施行网络暴力。

结论：在社交平台显示IP归属地对于净化网络生态环境，实施社会层面的网络治理意义不大。

A选项，认为显示用户IP属地，减少了大部分网络谣言的生存空间，所以确实能净化网络生态环境，可以强化实施社会层面的网络治理，削弱了题干。

B选项，与实施社会层面的网络治理无关，不能削弱。

C选项，与实施社会层面的网络治理无关，不能削弱。

D选项，恶意造谣的用户会选择通过IP代理实现异地虚拟登录，尽管显示属地也无法净化网络，无法实施社会层面的网络治理，不能削弱题干。

E选项，国家已经开展一系列措施，但不能清楚治理意义，不能削弱题干。

---

48. **答案** ▶ E

**解析** ▶ 题干逻辑：

（1）推进光纤到户 and 网络建设➡提高网络业务承载能力（A and B➡C）；

（2）提高网络业务承载能力➡推进"多网融合"的建设（C➡D）；

（3）推进数据库建设➡促进信息资源的开发利用（E➡F）。

甲、乙、丙：推进光纤到户 and 网络建设（A and B）。

乙：推进数据库建设（E）。

丙：非促成城市信息资源的开发利用（非F）。

（1）（2）串联得：（4）A and B➡C➡D。

A选项，甲是D，将甲是A and B代入（4）得：甲是D，正确。

B选项，乙是F，将乙是E代入（3）得：乙是F，正确。

C选项，乙是B and F，乙是A and B，所以乙是B，将乙是E代入（3）得：F，所以乙是B and F正确。

D选项，丙是D and 非E，将丙是A and B代入（4）得：丙是D，将丙是非F代入（3）得：丙是非E，所以丙是D and 非E正确。

E选项，甲：非E➡非F，否前不能推否后，错误。E选项当选。

49. **答案** B

**解析** 题干逻辑：

（1）铃台＝甲 or 己；

（2）中岛＝乙➡富野 or 浅原＝甲；

（3）浅原＝乙➡富野＝己；

（4）铃台≠乙➡香口＝丁 and 丹桥＝甲。

由（1）得：铃台≠乙为真，代入（4）得：香口＝丁，丹桥＝甲为真。

将丹桥＝甲代入（2）逆否得：中岛≠乙为真。

将丹桥＝甲代入（1）得：铃台＝己为真，代入（3）逆否得：浅原≠乙为真。

故：富野＝乙为真。B选项正确。

| 铃台 | 丹桥 | 富野 | 中岛 | 香口 | 浅原 |
|------|------|------|------|------|------|
| 己 | 甲 | 乙 | ≠乙 | 丁 | ≠乙 |

50. **答案** E

**解析** 题干逻辑：

（1）甲➡丁；

（2）丁 or 戊➡非己；

（3）非乙 or 非丙（乙➡非丙）；

（4）丙、戊、己至少选2个（确定1个不选，则其余2个必须选）。

由（1）（2）（4）串联得：甲➡丁➡非己➡丙 and 戊。

若甲为真，可得：丁、丙、戊为真，4个入选，产生矛盾，故：非甲为真。

由（3）（4）串联得：乙➡非丙➡戊 and 己。

若乙为真，可得：戊 and 己为真，和（2）矛盾，故：非乙为真。

确定了非甲，非乙，结合6选3得：丙、丁、戊、己恰有1个不入选。

由（2）逆否：若己为真，可得：非丁 and 非戊为真，2个不选，产生矛盾，故：非己为真。

所以非甲，非乙，非己；则丙、丁、戊入选。E选项正确。

---

51. **答案** D

**解析** 论据：西梅汁在欧美国家享有"人体清道夫"的美誉，很多女性也称它为"苗条汁"。

结论：喝西梅汁并不能真正起到减肥的作用。

D选项，减肥需要增加身体的卡路里消耗，而西梅不能增加身体卡路里消耗，建立起了西梅汁和不能减肥的联系，支持了题干。

A选项，认为便秘首选西梅汁，与减肥无关，不能支持。

B选项，认为天然西梅汁可以有效地增加肠道运动能力，但没有明确表示减肥，不能支持。

C选项，认为体质虚寒者长期吃西梅是有害的，但没有明确表示减肥，不能支持。

E选项，认为西梅汁的热量更低，但没有明确表示减肥，不能支持。

---

52. **答案** E

**解析** 论据："AI换脸"能模仿真人动作，且合成视频在清晰度、流畅度、逼真度等各方面有大幅提升。

结论：应该加大"AI换脸"技术的监管，减少未来给人民带来风险和损失的可能性。

E选项，该项说明AI换脸可以破解人脸核验系统，给人们带来风险和损失，所以需要加大技术监管，可以支持，当选。

A选项，说明已经开始进行分析和评估，但不确定分析和评估的结果是什么，无法支持，排除。

B选项，题干在讨论AI换脸，而该项在讨论AI语音，话题不一致，排除。

C选项，题干在讨论AI换脸，而该项在讨论照片，签名，话题不一致，排除。

D选项，该项说明AI换脸对现实并不会产生影响，那么就不需要加大监管，无法支持，排除。

---

**53.** **答案** **B**

**解析** 李女士认为：加大针对售卖假货的罚款，就能减少假冒的品牌运动鞋在市面上出售。

而王先生则不赞同李女士，因为违法虽然会受到惩罚，但还是有很多人为利益铤而走险。王先生的观点认为，就算有惩罚，但还是会有人违法。但李女士重点强调的是，加大罚款，就可以减少违法行为，而不是强调彻底不会存在违法行为。所以王先生并未考虑到是否减少了犯罪行为，B选项当选。

A选项，王先生并没有提到能不能减少假冒品牌出售的问题，排除。

C选项，很多人不知道法律规定的内容与王先生的观点无关，排除。

D选项，王先生并没有假设售卖假鞋和严重的违法犯罪受到的惩罚是一致的，排除。

E选项，李女士只是提出观点，并没有提出问题，所以王先生并不需要回答，排除。

---

**54.** **答案** **A**

**解析** 题干逻辑：

（1）甲和乙的选择恰好有一个并且仅有一个相同；

（2）甲 or 丙＝日本➡乙 and 丁＝日本；

（3）乙 or 丁＝日本 or 新加坡➡（丙＝法国 and 新加坡）and（丁＝英国）；

（4）甲＝德国 or 泰国➡乙≠德国 and 丁≠德国；

（5）每个国家都有2人选择，每人都要选择其中的3个国家进行旅游。

若条件（2）前件为真，此时最少有3人选择日本，与条件（5）产生矛盾，故条件（2）前件必然为假，得到甲≠日本，丙≠日本。

根据条件（5）每个国家都有2人选择，甲和丙不选日本，那么剩下乙、丁要选择日本。由此可知，条件（3）前件为真，推出丙选法国和新加坡，丁选英国。

条件（1）提到，甲和乙的选择恰好有一个并且仅有一个相同。甲、乙不选日本，并且法国、英国、新加坡都有其他人选择，所以甲、乙选择相同的也不是法国、英国、新加坡。只能在德国和泰国当中。

若乙选德国，或者丁选德国，根据条件（4）可推出甲不选德国和泰国，此时就不会存在甲乙选择相同的国家存在，与条件（1）矛盾。故乙和丁都不能选择德国。每个国家都有

2人选择，所以甲、丙选择德国。甲、乙选择相同的只能是泰国。丙、丁不能选择泰国。

推理结果如下表：

|  | 法国 | 德国 | 英国 | 日本 | 泰国 | 新加坡 |
|---|---|---|---|---|---|---|
| 甲 |  | ○ |  | × | ○ |  |
| 乙 |  | × |  | ○ | ○ |  |
| 丙 | ○ | ○ | × | × | × | ○ |
| 丁 |  | × | ○ | ○ | × |  |

故正确答案为A选项。

55. **答案▶** B

**解析▶** 题干逻辑：

（1）甲和乙的选择恰好有一个并且仅有一个相同；

（2）甲 or 丙＝日本➜乙 and 丁＝日本；

（3）乙 or 丁＝日本 or 新加坡➜（丙＝法国 and 新加坡）and（丁＝英国）；

（4）甲＝德国 or 泰国➜乙≠德国 and 丁≠德国；

（5）每个国家都有2人选择，每人都要选择其中的3个国家进行旅游。

附加条件：甲选择的国家中有法国。根据第一问可得下表：

|  | 法国 | 德国 | 英国 | 日本 | 泰国 | 新加坡 |
|---|---|---|---|---|---|---|
| 甲 | ○ | ○ |  | × | ○ |  |
| 乙 |  | × |  | ○ | ○ |  |
| 丙 | ○ | ○ | × | × | × | ○ |
| 丁 |  | × | ○ | ○ | × |  |

此时，法国已经有甲和丙选择，剩下乙和丁不能选择法国。同时，甲已选择法国、德国、泰国，根据条件（5），每人选择3个国家旅游，所以甲不选择英国和新加坡。

英国甲和丙不选，剩下乙和丁必须要选英国，如下表：

|  | 法国 | 德国 | 英国 | 日本 | 泰国 | 新加坡 |
|---|---|---|---|---|---|---|
| 甲 | ○ | ○ | × | × | ○ | × |
| 乙 | × | × | ○ | ○ | ○ | × |
| 丙 | ○ | ○ | × | × | × | ○ |
| 丁 | × | × | ○ | ○ | × | ○ |

故正确答案为B。

## 四、写作

### 56.论证有效性分析

范 文

**吃亏真的不是福吗？**

材料通过一系列的推理，试图得出吃亏不是福的结论，其推理过程存在诸多逻辑漏洞，现择其要点分析如下：

首先，材料由如果给提前选择的机会，没有人会选择吃亏推出吃亏不是福，此推理有误，材料所给的情况是人们都选择了不吃亏，既然没有吃亏就无法对吃亏是否是福进行论证，吃了亏才能对吃亏是否是福进行论证。

其次，材料中提到"吃亏要么自己的利益受到了损失，要么自己的权益受到了侵害，并没有获得什么实质性的收益，何谈吃亏是福。"这个说法有待讨论。虽然没有实质性的收益，但是吃亏可以给予我们宝贵的教训，从而避免后续发生此类事件的时候重蹈覆辙，这样不见得不是福。

再次，材料中由一个人吃亏越多推出他的损失也就越多，其认知和心态也会越来越差，内心也就越来越懦弱。懦弱的人即便自己的利益受到损害也不敢去申诉和争取，最终推出亏越吃越多。此处推理有误。吃亏不一定会让人损失越多，吃亏多和损失多没有必然的联系，吃亏多可能会焉知非福，得到更多的回报，不一定心态越来越差，就更不要说内心会懦弱，所以不见得能推出吃亏会越来越多。

最后，材料提到"只要我们摒弃吃亏是福的观念，遇到机遇的时候竭尽所能去争取，就能避免自己的利益和权益受到损害，长此以往势必得到众人的认可和信服。"此处推理不成立。保证自己的利益和权益不受损害，长此以往并不一定能得到大家的认可和信服，如果遇到利益自己就拼命争取从不考虑别人，自己永远不能吃亏，自己的利益永远在第一位，这样不见得得到众人认可和信服。

综上所述，材料的推理犯了诸多逻辑错误，最终得出的"吃亏不是福"的结论显然是站不住脚的。

**57.论说文**

范 文

**批判与认同两者需要紧密结合**

在当今社会多元化的浪潮下,"批判性思维"备受学者推崇,然而这一思维的盛行却也带来了新的问题。过度的批判常常使争论停于表面且愈发激烈,甚至演变成无意义的对抗。事实上,批判与认同并非对立,二者应相辅相成紧密结合。

批判若脱离认同,就容易沦为无意义的争吵和指责。批判的前提是先认同并深刻理解对方的内容,同时与自身价值观相比较,从而选择是否进行批判。否则批判就变成了为批判而批判,最终变成无意义的争吵和指责。当今社会网暴、无端谩骂的频发,其中一个重要原因就在于很少有人先去认真思考对方的观点,而是直接进行批判。所以我们要想沟通更加平和并具有针对性,就需要先思考对方的观点之后再决定是否要批判。

认同若脱离批判,就容易成为一味的迎合和盲从。批判是自我独立思维的外在体现,我们需要先进行认同,并与自身的观点进行比较,这样才能找到自身的独特性。曾经众多的共享单车运营公司一味认同原有商业模式而最终纷纷破产倒闭,这些案例告诉我们认同之后批判的重要性,一定要找到适合自己的发展道路。

批判与认同两者需要紧密结合,这样才能让我们的道路更加广阔。认同让我们能够接受更多的事物,批判让我们时刻保证自身道路的正确性,两者结合就能让我们迈上宽阔又正确大道。例如新文化运动认同中华优秀传统文化的精华,批判糟粕,对封建礼教、"吃人"的制度、旧文化等进行了激烈批判,中国文化从此走上了新的发展道路。所以我们需要在保持批判的态度,但在批判之前要思考是否真正对事物进行了全面科学的理解。

在复杂的社会环境中,我们要正确把握批判与认同的关系。以认同为土壤,让批判之花绽放;以批判为动力,使认同更具深度。

# 管理类联考综合能力基础卷（一）

**一、问题求解：** 第 1~15 小题，每小题 3 分，共 45 分。下列每题给出的五个选项中，只有一个选项是最符合题目要求的。

1. 在几个交易日内，甲操作一只股票. 他首先购入该股票，当天该股票上涨了 10%，随后几天中该股票下跌了 20%，然后该股票又上涨了 10%，此时甲将该股票全部卖出，则甲（　　）.

   A. 不赔不赚　　　B. 赔了 3.2%　　　C. 赔了 10%　　　D. 赚了 2%　　　E. 赚了 4.2%

2. 一个小数的小数点分别向右、向左移动一位所得两数之差为 2.4，则这个小数化成最简分数时，分母比分子大（　　）.

   A. 27　　　B. 26　　　C. 25　　　D. 24　　　E. 28

3. 某人到商场购买甲、乙两种商品，甲商品每件 16 元，乙商品每件 12 元，此人仅有一张 100 元的购物券付账，且购物券不能找零，此人为最大化利用购物券应该购买的甲种商品件数为（　　）.

   A. 2　　　B. 3　　　C. 4　　　D. 5　　　E. 6

4. 从 5 张 100 元，3 张 200 元，2 张 300 元的奥运预赛门票中任取 3 张，则所取 3 张中至少有 2 张价格相同的概率为（　　）.

   A. $\dfrac{1}{4}$　　　B. $\dfrac{79}{120}$　　　C. $\dfrac{3}{4}$　　　D. $\dfrac{23}{24}$　　　E. $\dfrac{41}{120}$

5. 如图，在直角三角形 $ABC$ 中，$\angle ACB=90°$，$CD$ 为 $AB$ 边上的高，$CE$ 为 $AB$ 边上的中线，$AD=2$，$CE=5$，则 $CD$ 的长为（　　）.

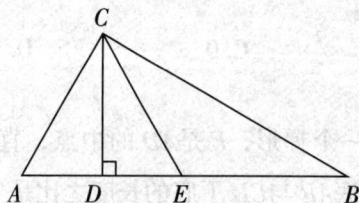

   A. 2　　　B. 3　　　C. 4　　　D. $2\sqrt{3}$　　　E. $2\sqrt{2}$

6. 等差数列 $\{a_n\}$ 的公差不为 0，$a_2$ 和 $a_8$ 是方程 $x^2-4x+1=0$ 的两个根，则数列 $\{a_n\}$ 的前 9 项和为（　　）.

   A. 8　　　B. 9　　　C. 11　　　D. 15　　　E. 18

7. 某校举行知识竞赛，有 6 支代表队参赛，每队 2 名同学，若 12 名参赛同学中有 4 人获奖，且这 4 人来自 3 支不同的代表队，则不同获奖情况种数有（　　）.

A. $C_{12}^4$　　　B. $C_6^3 C_3^1 C_2^1 C_2^1$　　　C. $C_6^3 C_2^1 C_2^1 C_2^1 C_3^1$　　　D. $C_6^3 C_2^1 C_2^1 C_3^1 2!$　　　E. $C_6^3 C_2^1 C_2^1 C_2^1$

8. 野外生存需要用一个简易的圆锥型过滤器（如图所示）装满溪水进行过滤. 过滤器的底面直径为 20 cm，高为 6 cm. 问全部过滤完毕后，在不考虑损耗的情况下，可使底面半径为 5 cm，高为 15 cm 的圆柱型容器的水面高度达到（　　）cm.

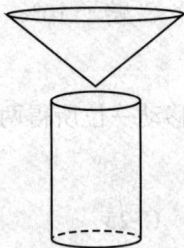

A. 4　　　　　B. 6　　　　　C. 8　　　　　D. 12　　　　　E. 14

9. 书架上放有 3 本数学书，4 本逻辑书，5 本英语书. 随机取出 3 本书，则取出的书均来自于同一科目的概率为（　　）.

A. $\dfrac{3}{44}$　　　B. $\dfrac{1}{11}$　　　C. $\dfrac{1}{10}$　　　D. $\dfrac{3}{22}$　　　E. $\dfrac{1}{5}$

10. 设 $f(x)=\dfrac{1}{(x+1)(x+2)}+\dfrac{1}{(x+2)(x+3)}+\dfrac{1}{(x+3)(x+4)}+\cdots+\dfrac{1}{(x+8)(x+9)}$，则 $f(9)=$（　　）.

A. $\dfrac{1}{9}$　　　B. $\dfrac{1}{10}$　　　C. $\dfrac{1}{45}$　　　D. $\dfrac{1}{18}$　　　E. $\dfrac{2}{45}$

11. 若函数 $y=x^2+bx+c$ 的顶点在第一象限，顶点的横坐标是纵坐标的 2 倍，对称轴与 $x$ 轴的交点在一次函数 $y=x-c$ 的图像上，则 $b+c=$（　　）.

A. $\dfrac{1}{2}$　　　B. $-\dfrac{1}{2}$　　　C. 0　　　　　D. 1　　　　　E. $-1$

12. 如图所示，四边形 $ABCD$ 是一个梯形，$E$ 是 $AD$ 的中点，直线 $CE$ 把梯形分成上下两部分，其面积之比为 15:7，那么上底 $AB$ 与 $CD$ 下底的长度之比是（　　）.

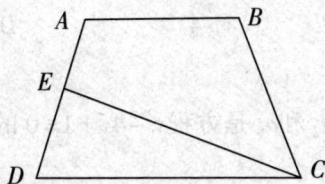

A. 5:7　　　B. 6:7　　　C. 4:7　　　D. 3:7　　　E. 5:8

13. 某两个省会城市 A、B 之间相距 2400 千米，一列和谐号动车计划 6 小时从 A 城开到 B 城，该动车行驶了一半的路程，因车上有人吸烟导致动车停留了 30 分钟，如果按照原计划到达 B 城，则该动车在后半段路程的速度应加快（　　）千米/小时.

   A. 50　　　　　　B. 60　　　　　　C. 70　　　　　　D. 80　　　　　　E. 90

14. 已知样本 $x_1$，$x_2$，$\cdots$，$x_n$ 的方差是 3，则样本 $2x_1$，$2x_2$，$\cdots$，$2x_n$ 和样本 $x_1+5$，$x_2+5$，$\cdots$，$x_n+5$ 的方差分别是（　　）.

   A. 14，4　　　　B. 12，3　　　　C. 14，3　　　　D. 12，4　　　　E. 14，12

15. 一张节目表上原有 3 个节目，如果保持这 3 个节目的相对顺序不变，再添进去 2 个新节目，有安排方法（　　）种.

   A. 20　　　　　　B. 12　　　　　　C. 18　　　　　　D. 24　　　　　　E. 6

二、条件充分性判断：第 16~25 小题，每小题 3 分，共 30 分。要求判断每题给出的条件（1）和条件（2）能否充分支持题干所陈述的结论。A、B、C、D、E 五个选项为判断结果，请选择一项符合题目要求的判断。

   A. 条件（1）充分，但条件（2）不充分.

   B. 条件（2）充分，但条件（1）不充分.

   C. 条件（1）和（2）单独都不充分，但条件（1）和条件（2）联合起来充分.

   D. 条件（1）充分，条件（2）也充分.

   E. 条件（1）和（2）单独都不充分，条件（1）和条件（2）联合起来也不充分.

16. $m$ 是偶数.

   （1）$3m+2n=29$，$m$，$n$ 为整数.

   （2）$m=a+b+c$，$a$，$b$，$c$ 为三个连续的整数.

17. 长方体的体对角线长为 $a$. 则表面积为 $2a^2$.

   （1）长方体的棱长均相等.

   （2）长方体的棱长之比为 1:2:3.

18. 方程 $x^2+y^2+4mx-2y+5m=0$ 在坐标平面上所代表的曲线是圆.

   （1）$m<0$ 或 $m>1$.

   （2）$1<m<2$.

19. 商店换季大甩卖，某种上衣价格下降 60%.

 （1）原来买 2 件的钱，现在可以买 5 件.

 （2）原来的价格是现在价格的 2.5 倍.

20. 数列 $\{a_n\}$ 的通项公式为 $a_n=2n$（$n=1,2,3,\cdots$）.

 （1）$S_n=n^2+n-1$.

 （2）$S_n=n^2+n$.

21. 甲先单独做了 3 天，然后甲乙一起做. 则可确定完成这项工程所需的天数.

 （1）甲、乙一起做 9 天能完成整个工程的 $\dfrac{7}{12}$.

 （2）乙单独做完工程需要的天数是甲单独做完工程需要天数的 $\dfrac{3}{4}$.

22. $||x-2|-1|=a$ 有且仅有 3 个整数解.

 （1）$a=0$.

 （2）$a=1$.

23. 已知二次函数 $f(x)=x^2+ax+b$. 则能确定 $a$、$b$ 的值.

 （1）$f(0)=f(1)$.

 （2）方程 $f(x)=x$ 有两个相等的实数根.

24. 袋子中有 6 个白球 4 个黑球. 则 $P>Q$.

 （1）不放回地取出 3 个球，第一次取出的是白球，且第三次取到黑球的概率为 $P$.

 （2）有放回地取出 3 个球，第一次取出的是白球，且第三次取到黑球的概率为 $Q$.

25. 如图，圆 $O$ 的两条半径 $OA\perp OB$，$D$ 为圆上一点，$AD$ 与 $OB$ 的延长线交于点 $C$. 则可以确定
 $CD=7.5$.

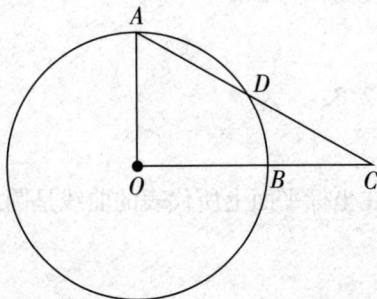

 （1）圆 $O$ 的直径为 15，$\angle OAC=60°$.

（2）$\angle OAC = 2 \angle OCA$，$AC = 15$.

三、**逻辑推理**：第 26~55 小题，每小题 2 分，共 60 分。下列每题给出的 A、B、C、D、E 五个选项中，只有一项是符合试题要求的。

26. 脱发是生物免疫系统攻击自己的毛囊导致的病症。研究人员为了证明 T 激素对毛发再生的影响，分别对两组小鼠进行了为其两周的观察实验。在观察期间，两组小鼠的饮食以及生存环境都保持一致。结果显示：注射了 T 激素小鼠的毛发重新长出，但体内缺乏 T 激素受体的小鼠几乎不能重新长出毛发。研究人员由此得出结论，T 激素对毛发的再生有不可或缺的作用。

以下哪项如果为真，最能支持上述研究人员的论述？

A. 根据最新研究，实际上促进头发生长和再生的激素和作用于免疫系统的激素有诸多相似之处。

B. T 激素对维持机体免疫耐受至关重要。

C. T 激素可以在生物体内诱导产生 β3 蛋白，该种机制参与激活毛囊干细胞从而使其分化成新的毛囊，以促进头发生长。

D. 在急性脱发病例中，免疫细胞会攻击皮肤组织，导致脱发。通常的补救措施是使用 T 激素来抑制皮肤的免疫反应。

E. 含有 T 激素的 T 细胞本身就具有极强的自我再生功能。

27. 随着经济的发展，更多人越来越重视自身的健康，而肥胖也成了 21 世纪人类健康的最大杀手。减肥的本质方法很简单，就是要减少热量的摄入构成热量差。如果每天的热量摄取均小于身体的热量耗费，你就能够逐渐变瘦。所以有人建议，想要避免肥胖一定要控制饮食，尽量少吃一些食物。

以下哪个选项最能够削弱上述建议？

A. 人是铁饭是钢，人们必须通过饮食来保证自己的营养摄入。

B. 尽管很多人都想减肥，但是往往控制不住自己的食欲。

C. 定期进行足量的运动，可以有效地帮助人们进行减肥。

D. 每种食物所含有的热量密度不同，吃得少不一定等于摄取热量少。

E. 有些胖子其实身体非常健康。

28~29 题基于以下题干：

甲、乙、丙、丁、戊、己、庚，7 名代表分别去七个城市考察。七个城市分别为，上海、北京、

深圳、西安、成都、广州、南京。每个人只去一个城市考察，并且每个城市只考察一次。已知：

（1）如果甲去上海考察，那么乙去成都考察并且丙去南京考察；

（2）如果甲不去上海考察，那么丁去西安考察，并且戊去深圳考察；

（3）或者丙去成都考察，或者己去南京考察；

（4）如果丁去西安考察，那么庚去成都考察。

28. 如果上述论述为真，以下哪个选项一定为假？

   A. 甲去广州考察。                    B. 乙去上海考察。

   C. 丙去北京考察。                    D. 庚去成都考察。

   E. 己去上海考察。

29. 如果确定安排丙去北京考察，那么以下哪个选项一定为真？

   A. 乙去广州考察。                    B. 乙去上海考察。

   C. 戊去成都考察。                    D. 己去广州考察。

   E. 庚去西安考察。

30. "闪辞族"最近成为一个新的网络名词。根据知名职场社交平台对15万名用户档案的统计数据显示，职场新人第一份工作的在职时间显著缩短。70后的第一份工作平均时间超过4年，80后的第一份工作平均时间为3年半，90后的第一份工作平均历时19个月，而95后第一份工作平均7个月就辞职。有些人由此宣称，现在的95后更加"娇气"，吃苦敬业的精神大大不如以前的人。

   下列论述中，除了哪个选项之外均可质疑上文的推理？

   A. 相比75后就业时当年41%的专业对口率，如今应届毕业生的工作和所学专业对口率仅有28.8%。

   B. 75、80后大多就业于国有企业，而现在市场竞争非常激烈，现在国内民营公司的平均存活时间不到2.5年。

   C. 95后更加看重个人能力的发展，更倾向于选择更有挑战，更能提升自己能力的岗位。

   D. 刚进职场不久，95后的工作经验和能力往往不如已经工作10余年的老员工。

   E. 70、80后刚工作的年代还没有跳槽的概念，而现在有很多猎头公司致力于挖人和提供跳槽的机会。

31. 最近德国科学家发明了一种皮肤传感器，并找到了一种将其用于医疗目的的方法。这种传感器类似于"纹身墨水"，可以植入人体皮肤并以纹身图案的方式体现在皮肤上，同时对

人体没有明显的副作用和影响。科学家指出，这项发明可能会对那些经常需要采集血液样本的人，比如那些患有糖尿病或肾病的人提供非常大的便利。

以下哪个选项为真，最能支持上述科学家的论述？

A. "纹身墨水"可以像传统纹身一样，根据个人喜好纹在身体的各个位置。

B. "纹身墨水"提供的信息并不能直接作为医生诊断的依据。

C. "纹身墨水"除了医疗以外，还可以有很多其他的用途。

D. "纹身墨水"的有效期非常长，一般可以持续超过 10 年。

E. "纹身墨水"会根据人的血液pH 值、血糖值和钠含量改变皮肤的颜色。

32. 一个国家必须提供多元化服务供给，才能同时发展出多样化的人群，足够的人群规模和合理的职业结构。因为有不同角色才能提供不同的供给；有不同的供给，才能让社会健康发展。已知A 国没有多元化服务的供给，但是有多样化的人群。

根据以上论述，以下哪个选项一定为真？

A. 如果A 国家有足够的人群规模，那么它一定没有合理的职业结构。

B. 如果A 国家没有足够的人群规模，那么它一定有合理的职业结构。

C. 如果A 国家没有遇到战争，那么社会可以健康发展。

D. 如果A 国家有不同的角色，那么它可以健康发展。

E. 如果A 国家没有多样化人群，说明人群规模还不够。

33. 某公司分为有三个事业部，分别从事电视、冰箱、洗衣机三类产品的销售。公司第二季度业绩报表表明：相比 2019 年第一季度，公司总业绩增长了 3000 万元，同时冰箱事业部的销售额占公司销售额的比例从 30% 提升到了 40%。

对于第二季度各事业部业绩的论述，以下哪个选项不可能为真？

A. 电视机事业部新增业绩比洗衣机新增业绩少。

B. 冰箱事业部新增业绩比电视机事业部少。

C. 冰箱事业部新增业绩比电视机和洗衣机事业部都少。

D. 电视机事业部新增业绩高于冰箱事业部。

E. 洗衣机事业部的业绩下降了。

34. 下方有一个 5×5 的方阵，其中每行、每列均有 5 个小方格。每格中应填 1 个字，每行、每列均要填上 "德""能""勤""绩""廉" 5 个字，不能重复，也不能遗漏。方阵中有些方格已填上了字。

| | | | | |
|---|---|---|---|---|
| 勤 | ? | 绩 | | |
| | ? | | 能 | |
| 绩 | ? | 德 | 勤 | |
| | 德 | ? | | |
| 德 | ? | 勤 | | |

根据要求，中间一列（有问号处）应填上的 5 个字自上而下依次是？

A. 德、能、勤、绩、廉。

B. 德、廉、能、勤、绩。

C. 绩、能、廉、德、勤。

D. 廉、德、能、勤、绩。

E. 勤、绩、能、廉、德。

35. 某研究团队将 32 只患阿尔茨海默病的实验鼠分成 2 组。在 3 个月时间里，研究人员根据小鼠体重给第 1 组小鼠摄入相应剂量的"EGCG＋阿魏酸"作为饮食补充，第 2 组作为对照组，饮食不添加任何一种成分。在实验后，研究人员发现第 1 组小鼠的空间感和记忆力明显高于第 2 组小鼠。从而研究人员宣称，定期服用"EGCG＋阿魏酸"很可能会有助于治疗阿尔茨海默病。

以下哪个选项是研究人员论述成立的假设？

A. 仅服用EGCG 不服用阿魏酸，并不能明显改善阿尔茨海默病的病症。

B. "EGCG＋阿魏酸"药剂不仅能在自然中提取，还可以被人工合成。

C. 两组小鼠在进行实验之前，阿尔茨海默病的病情和认知能力相当。

D. 在实验刚进行 1 个月的时候，第 1 组的小鼠空间感和记忆力高于第 2 组的小鼠。

E. 该研究团队是专门负责研究阿尔茨海默病的团队。

36. 一位旅行者在制定自己的登山计划，计划攀登的山峰为泰山、衡山、华山、恒山、嵩山，并且计划满足如下规则：

（1）如果攀登嵩山，就必须攀登华山；

（2）如果攀登华山，就必须攀登衡山；

（3）嵩山、华山、泰山至少要去其中的两座。

根据以上计划，可以推出哪两座山必须攀登？

A. 嵩山和华山。　　　　　　　　　B. 泰山和衡山。

C. 恒山和华山。　　　　　　　　　D. 华山和泰山。

E. 华山和衡山。

37. 如果一个发展中国家具备有利的自然要素资源条件，实行符合国情和外部环境需要的合理的经济制度与政策，就能抓住机遇，实现长期较快经济增长，不断提升综合实力，逐步缩小与发达国家之间的差距。发达国家只有尊重发展中国家的发展成就，才能形成在竞争中合作和共同发展局面，更好适应生产力发展要求，实现贸易畅通、百业兴旺。

如果上述论述为真，以下哪个选项一定为假？

A. 一个发展中国家具备有利的自然资源，但是没有合理的制度与政策，经济增长缓慢。

B. 一个发展中国家具备了有利的自然资源和合理的制度和政策，最终不被发达国家所尊重。

C. 一个发达国家尊重了发展中国家的成就，但是没有形成共同发展的局面。

D. 一个发展中国家具备了有利的自然资源和合理的制度和政策，和发达国家的差距在拉大。

E. 一个发达国家和发展中国家未建立合作和共同发展关系，且发展中国家并没有受到尊重与重视。

38~39 题基于以下题干：

某动物园进行动物展览，老虎、狮子、羚羊、大象、长颈鹿、牦牛。动物园有 6 个 A~F 六个展点如下图所示，两个展馆之间有线路相连则为相邻的展馆，反之则为不相邻的展馆。

并且动物的安排符合如下规则：

（1）老虎和羚羊不能相邻；

（2）长颈鹿和狮子不能相邻。

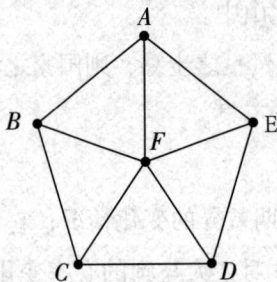

38. 如果大象在 E 展馆展出，那么以下哪个选项一定为真？

A. 老虎在 A 展馆。　　　　　　　　B. 牦牛在 F 展馆。

C. 狮子在 B 展馆。　　　　　　　　D. 牦牛在 D 展馆。

E. 长颈鹿在 C 展馆。

39. 如果 D 展馆展出的是牦牛或者狮子中的一个，同时大象在 A 展馆展出。以下哪个选项一定为真？

A. 羚羊在E 展馆。      B. 老虎在B 展馆。

C. 老虎在C 展馆。      D. 长颈鹿在B 展馆。

E. 长颈鹿在C 展馆。

40. 独角兽企业，是指创办 10 年以内，估值 10 亿美元以上，获得过私募投资但未上市的创业企业。和传统企业不同，独角兽企业的最大特点是受到资本的青睐，因此其平均成长速度往往也高于传统企业。如果独角兽企业数量增多，就意味着一个国家经济的未来和发展后劲很足。我国独角兽企业数量的明显增多从侧面反映出人们对中国企业和中国经济的明天更加充满信心。

若以上论述为真，可以得出以下哪个选项？

A. 独角兽企业的盈利能力往往高于传统企业。

B. 如果一个国家经济发展后劲不足，那么独角兽企业的数量不会增多。

C. 如果一个国家经济发展后劲很足，那么独角兽企业的数量也会随之增多。

D. 传统的非独角兽企业不会得到资本的青睐。

E. 如果一个公司估值 10 亿美金以上并且获得过私募投资，那么它是独角兽企业。

41. 政之所兴在顺民心，政之所废在逆民心。

以下哪项和上述论述相似？

A. 独学而无友，则孤陋而寡闻。

B. 不积跬步无以至千里，不积小流无以成江河。

C. 不识庐山真面目，只缘身在此山中。

D. 贤良之士众，则国家之治厚；贤良之士寡，则国家之治薄。

E. 志不强者智不达，言不信者行不果。

42. "心率变异性"是指逐次心跳周期差异的变化情况，它含有大脑神经系统对心血管系统调节的信息。研究人员分析了 130 对主人与狗的心率变化情况。他们每隔 10 秒测量一次狗和主人的心率周期，据此判断狗和主人之间的关联。结果发现，当主人做不同事情，心理压力发生变化时，部分参与实验的狗与主人心率变异性解析数值趋同。研究还发现，被主人饲养时间越长，狗与主人的心率变化越容易同步。研究人员宣称，这一发现意味着狗和主人之间能发生"情绪传染"。

以下哪个选项最能够支持上述论述？

A. 智商越高的狗，越容易被主人的情绪所传染。

B. 当亲近的人有正面或者负面的情绪的时候，大多数人也会被该情绪所"传染"。

C. 除了心跳以外，饲养时间长的狗的用餐周期也跟主人的用餐周期很接近。

D. 雌性狗比雄性狗更容易和主人产生情绪关联。

E. 只有两者具有近似的情绪，才会发生心率变异性相似的情况。

43. 痛敏肽是一种大脑分泌的抑制多巴胺的复杂分子。研究人员将 1 块蔗糖放进洞里，老鼠必须通过嗅觉才能发现蔗糖。一开始老鼠很容易就可以找到蔗糖，然后研究人员把洞的数量提升为 2 个，然后是 4 个，以此类推越来越多。随着洞的数量成倍增加，找到蔗糖的难度也随之增加，老鼠大脑分泌的痛敏肽的数量明显增加。直至最后，所有的老鼠都放弃了寻找蔗糖。

以下哪个选项，最能够解释上述现象？

A. 痛敏肽分子和多巴胺分子的构造结构是类似的。

B. 大脑分泌的痛敏肽分子越多，同时分泌的多巴胺分子数量就越少。

C. 在资源稀缺的环境中寻求奖励，会带来暴露于捕食者或能量消耗的风险，大脑分泌痛敏肽来抑制做对自己不利的行为的冲动。

D. 试验中不同的老鼠分泌的痛敏肽的数量也有所不同。

E. 人类回忆起童年痛苦经历的时候，也会分泌相当数量的痛敏肽分子。

44. 近几年，棕黄色的"本色卫生纸"在市场上大受欢迎。"本色卫生纸"和"白色卫生纸"的制作工艺不同，若生产白色卫生纸，则需要漂白纸浆，再洗涤和筛选；而生产本色卫生纸，则不用漂白，直接对纸浆进行洗涤筛选。由于漂白需使用含氯的化合物，在后面工序中虽会反复清洗，但不可避免会有少量残留。由此，很多商家宣称：本色纸比传统的白色卫生纸更健康更安全。

以下哪个选项为真，最能对商家的论述进行质疑？

A. 未经漂白的纸浆木质素含量较高，生产出来的纸会偏硬，达到同等柔软的效果会添加更多的化学剂。

B. 棕黄色的本色卫生纸的宣传口号就是"自然无公害"。

C. 有些厂家由于生产环境卫生不过关，生产的本色卫生纸被检测出细菌超标。

D. 本色卫生纸比白色卫生纸价格贵出不少，但依旧销售火热。

E. 生产白色卫生纸用的主要是木材原浆，而生产本色卫生纸用的是秸秆原浆。

45. 甲、乙、丙、丁、戊 5 个学校各派出 1 名学生代表参加区里组织的田径比赛。比赛的项目分为跳高、跳远、铅球三个田赛和 400 米、1500 米两个径赛。每个学校在自己的操场举办一个比赛项目，并且自己不能参加自己学校组织的比赛项目。

（1）甲、乙学校的代表参加的均不是径赛；

（2）丁学校举办的是 400 米比赛；

（3）如果丁学校的代表参加了 1500 米，那么丙和乙的学校代表不能参加铅球；

（4）丙学校的代表参加了跳远的项目。

若上述论述均属实，能推出以下哪个选项一定为真？

A. 甲校代表参加的项目为铅球。

B. 乙校代表参加的项目为铅球。

C. 甲校代表参加的项目为跳高。

D. 乙校代表参加的项目为 400 米。

E. 戊校代表参加的项目为 1500 米。

46. 傍晚摘下的玫瑰，由于经历了整个白天的阳光照射，整个植株以光合作用效果为主，植株体内的 $CO_2$ 被用掉，所以浓度很低，植株处于中性或者弱碱性的状态。而早晨摘的玫瑰，由于夜里没有阳光照射，整个植株以呼吸作用为主，植株体内 $CO_2$ 浓度相对较高，整个植株几乎处于弱酸性的状态。所以种花的店家一般建议下午摘花，下午摘下的玫瑰花比在上午摘下的玫瑰花更持久，枯萎更慢。

以下哪个选项能够支持种花店家的建议？

A. 隔夜花就不好卖了，种花的店家一般希望当天的花都能在下午卖出去。

B. 不只是玫瑰花，花店老板也建议百合和芍药等鲜花在下午的时间段采摘。

C. 花中的花青素等色素在酸性环境会更快地遭到破坏，弱酸状态更容易导致花朵的腐败。

D. 干花的保存时间要比鲜花长很多，一般可以保存几周甚至几个月。

E. 摘下的花如果放在营养液中，可以大幅度延长花朵的持续时间。

47. 一场国际化会议即将举行，小王是会场的负责人，而小李是晚宴的负责人。

同时规定如下：

（1）收到邀请信并且在会议获奖，即有资格参与晚宴；

（2）收到邀请信或者在会议获奖，即有资格进入会场。

现在有四位嘉宾已知信息如下：

甲有邀请信，乙确定获奖，丙没有获奖，丁没有邀请信。

小王和小李分别还需要询问哪几人更多的信息，才能确认所有来宾能否进入自己负责的活动？

A. 小王需询问甲、丁；小李需询问甲、乙。

B. 小王需询问乙、丙；小李需询问甲、丁。

C. 小王需询问丙、丁；小李需询问甲、乙。

D. 小王需询问甲、乙；小李需询问丙、丁。

E. 小王需询问乙、丁；小李需询问甲、丙。

48. 研究人员分析了伦敦 2000 多名小学生的情况,这些孩子年龄在 5 岁到 11 岁之间,肤色各异。研究人员调查了他们平时上学的交通方式,并检测了他们身体中的肌肉和脂肪含量。结果显示,与乘坐私家车或公共交通工具的孩子相比, 走路、骑自行车和蹬滑板车上学的孩子身体中的脂肪含量更低, 更不容易出现超重或肥胖问题。研究人员表示,让孩子们在上学这样的日常行为中增加活动量,有助于应对在许多地方日益严重的儿童肥胖问题。

以下哪个选项为真,最能支持研究人员的论述?

A. 乘坐私家车的孩子平时饮食的营养要更丰富,食量也更大。

B. 有些乘坐私家车的孩子也很瘦,体脂含量很低。

C. 喜欢运动的孩子大多成长的很健壮,体重相对偏高。

D. 有些比较胖的孩子家里离学校很远,上学必须坐私家车或者乘坐交通工具。

E. 平时不喜好运动的孩子,身体的体脂含量往往相对较高。

49. 雾霾中有害健康的物质主要指直径小于 2.5 微米的气溶胶粒子,俗称$PM_{2.5}$。汽车排放的尾气主要由气体形态的氮氧化物、挥发性有机物（VOCs）等物质组成,并不包含$PM_{2.5}$颗粒。最近一个用$PM_{2.5}$测试仪器直接测试汽车尾气的视频爆红网络。该测试者宣称, 既然汽车尾气都是气体, 并不含有$PM_{2.5}$颗粒。所以汽车尾气与雾霾天气无关,不应该让汽车尾气为雾霾背锅。

以下哪个选项最能够削弱测试者的论述?

A. 雾霾天气里, 对人体有害的除了$PM_{2.5}$颗粒以外还有$PM_{10}$颗粒。

B. 汽车尾气不是造成雾霾最重要的污染来源。

C. 无风的冬天是雾霾最容易生成的时候。

D. 汽车排放的氮氧化物在大气中冷却后会通过"二次反应"生成大量$PM_{2.5}$。

E. 如果使用其他的测试设备测试汽车尾气,结果可能会有所不同。

50. 在一次飞行表演中, 有赤队、橙队、黄队、绿队、青队、蓝队、紫队 7 个飞行大队上场表演,并且每次上场一个飞行大队。他们的顺序符合以下规则:

（1）黄队在绿队之前表演,绿队在紫队之前表演;

（2）赤队排在第 5 个表演,并且排在蓝队之前;

（3）青队和橙队的表演之间恰好间隔 1 个大队;

（4）如果绿队不在第3个表演，那么黄队在第6个表演。

如果上述论述为真，以下哪个选项一定为真？

A. 青队在第3个表演。　　　　　B. 绿队在第4个表演。

C. 黄队在第1个表演。　　　　　D. 紫队在第7个表演。

E. 蓝队在第6个表演。

51. 随着社会的发展，人们对于提升自我的意愿越来越高。根据统计，83%的人都表示，自己在获取知识和提升自我的方面花费了更多的时间。作为提升个人素养的最主流和简单的方式——读书，其阅读量和阅读时间应该也随之提升。然而根据统计，2018年我国成年国民人均纸质图书阅读量为4.67本，与2017年的4.66本基本持平，人均每天读纸质书的时间仅为19.81分钟，比2017年的20.38分钟还减少了0.57分钟。

以下论述，除了哪项之外均可以解释上述论述中看似的矛盾？

A. 近年来提升自我素质的方式愈发多样化，人们有了读书之外的很多选择，如线下社区分享、听公开课等等。

B. 现在社会上书籍质量良莠不齐，新出版的经典著作并不多。

C. 电子阅读的快速发展使得更多的人选择在手机上阅读电子书籍。

D. 我国国民有声阅读继续较快增长，移动有声APP已经成为很多人获取知识的选择。

E. 最近大火的提升个人素养的线下小班课和训练营，吸引了很多人参加。

52. 社会现代化实践的经验表明，特定历史阶段，如果发展的理念、实践、方式和目标等严重脱离了人民群众对美好生活的基本诉求，如果由发展所带来的不断增加的财富，没有与人民美好生活愿望的满足相一致，那么这种发展一定不科学、不可持续，并最终会脱离发展初衷、宗旨和方向。只有有了科学的发展，才能建立健康、完善的社会制度与发展方针。

如果以上论述为真，能够推出以下哪个选项？

A. 满足了人民群众对生活的诉求，就能够实现人民美好的生活愿望。

B. 如果能够建立起健康完善的社会制度与发展方针，说明发展与人民美好生活的愿望保持一致。

C. 如果发展的方式不够科学，说明社会现代化实践的经验不足。

D. 只要能与人民美好生活的诉求一致，就一定能找到科学的发展方式。

E. 科学发展，完善的制度都是社会现代化发展的关键因素。

53. S省"明星杯"篮球大赛开赛在即，教练要从小张、小李、小王、小赵、小田五人中挑选两名球员充实上场阵容。考虑到队员之间的最佳配合，教练做出如下五点决定：

（1）如果小张上场，那么小李和小王上场；

（2）如果小李上场，则小赵上场；

（3）小王上场，或小田上场；

（4）如果小赵上场，那么小田不上场；

（5）小田一定要上场。

据此，可以推出以下哪项一定为真？

A. 小张上场。　　　　　　　　B. 小李上场。

C. 小王上场。　　　　　　　　D. 小赵上场。

E. 小王不上场。

54~55 题基于以下题干：

　　A、B、C、D、E、F、G、H 8 个人出去旅游，他们 8 个人分为三组，其中的第一组和第二组有 3 个人，第三组有 2 个人。同时出游的分配符合以下规则：

（1）A 和 B 不同组，B 和 C 不同组，C 和 A 不同组；

（2）A 和 D 必须同组；

（3）E 和 F 必须同组；

（4）G 和 H 不能同组。

54. 若上述论述为真，则以下哪个选项一定为真？

A. D 和 E 不同组。　　　　　　B. D 和 H 不同组。

C. B 和 H 不同组。　　　　　　D. B 和 E 不同组。

E. A 和 G 不同组。

55. 若 A 和 H 同在第一组，则以下哪个选项一定为真？

A. B 在第二组。　　　　　　　B. E 在第三组。

C. G 在第三组。　　　　　　　D. B 在第一组。

E. F 在第一组。

**四、写作：第 56 ~ 57 小题，共 65 分。其中论证有效性分析 30 分，论说文 35 分。**

56. 论证有效性分析：分析下述论证中存在的缺陷和漏洞，选择若干要点，写一篇 600 字左右的文章，对该论证的有效性进行分析和评论。（论证有效性分析的一般要点是：概念特别是核心概念的界定和使用是否准确并前后一致，有无各种明显的逻辑错误，论证的论据是否成立并支持结论，结论成立的条件是否充分，等等。）

　　近些年部分企业开始流行放权管理，将更多的权力下放给员工，但这种管理有很大的

弊端。

管理的本质是通过员工完成工作，这不仅需要一定的能力更需要一定的权力，如果放权给员工，那么管理者将失去权力从而被架空。有权力，员工听从安排，没有了权力，员工就不会听从安排，领导者也就失去了管理的能力。由此可见，权力就是能力。

如果不放权管理，只要管理者正确决策，员工正确执行，企业的运行就不会出现问题。管理者相比较员工有较强的能力与丰富的经验，其决策的正确性就会远大于员工。而大部分员工在一线工作，很难有不同岗位之间的统筹管理能力，那么其决策的正确性就会大打折扣。这样看来，不放权的优势是明显大于放权管理的。

如果将权力下放员工，那么员工之间权利平等，难免会产生互相推诿等现象。更有甚者下放的权利会变成谋私的工具，这样本该所有人为了企业的利益奋斗变成了为自己的利益奋斗，最终导致的结果就是业绩下滑严重，企业最终失败。

57. 论说文：根据下述材料，写一篇700字左右的论说文，题目自拟。

一位记者采访了多位运动员、艺术家及企业家，她发现很多人成功或者失败一次之后再无建树；而那些能够连续取得成功的人，无论成功或者失败，都会在下一次开始之前将曾经"归零"。

# 管理类联考综合能力基础卷（二）

一、**问题求解**：第1~15小题，每小题3分，共45分。下列每题给出的五个选项中，只有一个选项是最符合题目要求的。

1. 某商家在"双十一"促销自家商品，决定半价出售，为了使利润率保持在75%，他在"双十一"前两个月将进价为200元、售价为300元的商品价格调高，则商家应该先涨价（    ）元.

   A. 200　　　　　B. 250　　　　　C. 300　　　　　D. 350　　　　　E. 400

2. $A, B, C$ 为三个不相同的小于20的质数，已知 $3A + 2B + C = 20$，则 $A + B + C =$（    ）.

   A. 12　　　　　B. 13　　　　　C. 14　　　　　D. 15　　　　　E. 16

3. 一项工程，甲单独做完要8天的时间，甲、乙一起做了4天完成了工程的75%，剩余工程由乙独自完成还需要（    ）天.

   A. 4　　　　　B. 8　　　　　C. 12　　　　　D. 16　　　　　E. 18

4. 设 $x$，$y$ 为实数，则 $f(x, y) = x^2 + 6xy + 10y^2 - 4y + 3$ 的最小值为（    ）.

   A. $-1$　　　　B. 0　　　　　C. 1　　　　　D. 2　　　　　E. 3

5. 从颜色不同的5个球中任取4个球放入3个不同的盒子中，要求每个盒子不为空，则不同的方法数有（    ）种.

   A. 120　　　　B. 150　　　　C. 180　　　　D. 240　　　　E. 200

6. 已知正方形的边长为 $a$，图中空白部分是以正方形的边为直径的半圆，则图中阴影部分的面积为（    ）.

   A. $2a^2\left(1 - \dfrac{\pi}{4}\right)$　　B. $a^2\left(\dfrac{3}{2} - \dfrac{\pi}{4}\right)$　　C. $a^2\left(\dfrac{1}{2} - \dfrac{\pi}{4}\right)$　　D. $a^2\left(1 - \dfrac{\pi}{4}\right)$　　E. $\dfrac{1}{2}a^2\left(1 - \dfrac{\pi}{4}\right)$

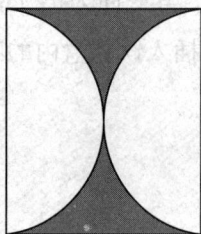

7. 在等差数列$\{a_n\}$中$a_4=9$，$a_9=-6$，则满足$S_n=54$的所有$n$的值为（　　）．

　　A. 4 或 9　　　　　B. 4　　　　　　C. 9　　　　　　D. 3 或 8　　　　　E. 8

8. 已知$a$，$b$，$c$为有理数，且$\sqrt{8-2\sqrt{15}}=a\sqrt{5}+b\sqrt{3}+c$，则$2012a+2013b+2014c=$（　　）．

　　A. 0　　　　　　　B. $-2$　　　　　C. 2　　　　　　D. $-1$　　　　　E. 1

9. 已知$x:y:z=1:2:3$，则$\dfrac{2x^3+5x^2y-z^3}{-3x^2z-xy^2}=$（　　）．

　　A. $\dfrac{15}{11}$　　　　B. $\dfrac{13}{11}$　　　　C. $\dfrac{11}{13}$　　　　D. $\dfrac{15}{13}$　　　　E. $\dfrac{13}{15}$

10. 平面内有两组平行线，一组有 4 条，另一组有 5 条，这两组平行线相交，可知这两组平行线可以构成（　　）个平行四边形．

　　A. 30　　　　　　　B. 40　　　　　　C. 50　　　　　　D. 60　　　　　　E. 20

11. 如图，在平行四边形$ABCD$中，$E$为$CD$上一点，连接$AE$、$BD$，且$AE$、$BD$交于点$F$，$\triangle DEF$与$\triangle ABF$的面积之比为$4:25$，则$\triangle ADF$与四边形$BCEF$的面积之比为（　　）．

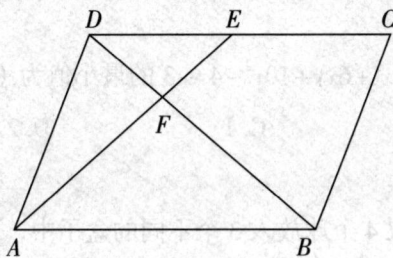

　　A. $10:31$　　　　B. $10:21$　　　　C. $4:25$　　　　D. $4:21$　　　　E. $15:31$

12. 已知方程$x^2-(k^2+2)x+k=0\ (1\leq k\leq 3)$的两个根是$m,n$，则$\dfrac{1}{m}+\dfrac{1}{n}$的最小值为（　　）．

　　A. 1　　　　　　　B. $\dfrac{1}{2}$　　　　　C. $\dfrac{\sqrt{2}}{2}$　　　　D. $\sqrt{2}$　　　　E. $2\sqrt{2}$

13. 一个无盖长方体饮料盒如下图所示，其底面为正方形，高为 23 厘米．若插入一根足够细的不可弯折的吸管与底部接触，已知插入饮料盒内的吸管长度最大为 27 厘米，则饮料盒底面边长为（　　）厘米．

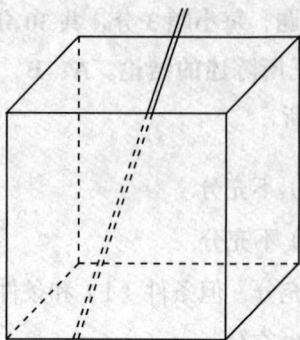

A. $10\sqrt{2}$    B. 10    C. 8    D. $5\sqrt{2}$    E. $4\sqrt{2}$

14. 甲、乙两名同学 6 次考试的成绩统计如图所示，甲、乙两组数据的平均数分别为$\bar{x}_甲$、$\bar{x}_乙$，标准差分别为$\sigma_甲$、$\sigma_乙$，则（　　）.

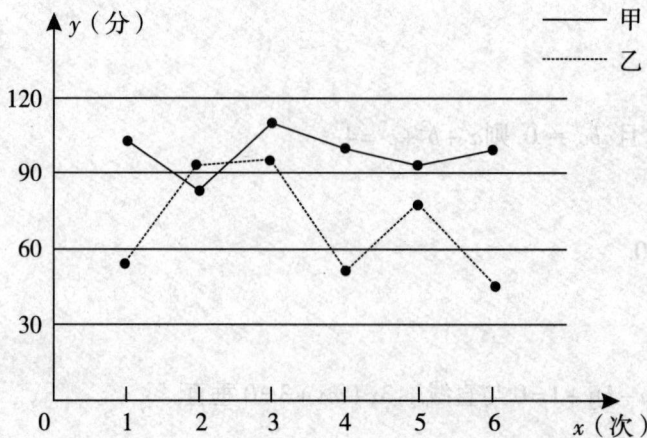

A. $\bar{x}_甲 < \bar{x}_乙$，$\sigma_甲 < \sigma_乙$    B. $\bar{x}_甲 < \bar{x}_乙$，$\sigma_甲 > \sigma_乙$

C. $\bar{x}_甲 > \bar{x}_乙$，$\sigma_甲 < \sigma_乙$    D. $\bar{x}_甲 > \bar{x}_乙$，$\sigma_甲 > \sigma_乙$

E. $\bar{x}_甲 = \bar{x}_乙$，$\sigma_甲 = \sigma_乙$

15. 某机构设有一个客服电话，假设顾客办理业务所需的通话时间相互独立，且都是整数分钟，对以往顾客办理业务所需时间的统计结果如下：

| 办理业务所需时间（分） | 1 | 2 | 3 | 4 | 5 |
|---|---|---|---|---|---|
| 频率 | 0.1 | 0.2 | 0.3 | 0.2 | 0.2 |

从接到第一个客户电话开始计时（不考虑挂机时间），第三个客户恰等待了 5 分钟才拨通电话的概率是（　　）.

A. 0.16    B. 0.22    C. 0.14    D. 0.24    E. 0.32

二、条件充分性判断：第 16~25 小题，每小题 3 分，共 30 分。要求判断每题给出的条件（1）和条件（2）能否充分支持题干所陈述的结论。A、B、C、D、E 五个选项为判断结果，请选择一项符合题目要求的判断。

A．条件（1）充分，但条件（2）不充分．

B．条件（2）充分，但条件（1）不充分．

C．条件（1）和（2）单独都不充分，但条件（1）和条件（2）联合起来充分．

D．条件（1）充分，条件（2）也充分．

E．条件（1）和（2）单独都不充分，条件（1）和条件（2）联合起来也不充分．

16. 方程的整数解有 6 个．

（1）$|x+2|+|x-3|=5$．

（2）$|x+2|-|x-3|=5$．

17. 已知 $a+b+c=2$ 且 $abc \neq 0$．则 $a^2+b^2+c^2=4$．

（1）$2b=a+c$．

（2）$\dfrac{bc}{a}+b+c=0$

18. 直线 $l_1: mx+(2m-1)y+1=0$ 与直线 $l_2: 3x+my+3=0$ 垂直．

（1）$m=-1$．

（2）$m$ 是方程 $x^2-x=0$ 的根．

19. 现有若干甲、乙两种不同浓度的盐水．则乙盐水的浓度为 6%．

（1）取甲盐水 300 克和乙盐水 100 克混合得到的盐水浓度为 3%．

（2）取甲盐水 100 克和乙盐水 300 克混合得到的盐水浓度为 5%．

20. 某车间有一批工人去搬饮料．若每人搬 9 箱，那么最后一名工人只需搬 6 箱．则搬饮料的工人共有 23 名．

（1）每人搬 $k$ 箱，则有 20 箱无人搬运．

（2）每人搬 4 箱，则需再派 28 人恰好搬完．

21. 已知 $\{a_n\}$ 为正项等比数列，$S_n$ 为数列 $\{a_n\}$ 的前 $n$ 项和. 则可以确定 $S_5$ 的值.

 （1）$a_1 = \dfrac{1}{2}$.

 （2）$a_2 \, a_4 = a_3 + 2$.

22. 小杨某次以每分钟 200 米的骑车速度去学校上学，骑了 $n(n>0)$ 分钟后发现，如果以这样的速度骑下去一定会迟到，于是加速前进，最终早到了 2 分钟. 则他家距离学校 5000 米.

 （1）加速了 50 米/分钟.

 （2）以原速度骑车会迟到 3 分钟.

23. 圆柱体的高是 10，过底面圆心垂直切割，把圆柱体分成相等的两部分. 则表面积增加 80.

 （1）圆柱的体积为 $40\pi$.

 （2）圆柱的体积为 $200\pi$.

24. 从集合 $A$ 中任取三个不同元素. 则这三个元素能构成直角三角形三边长的概率为 $\dfrac{1}{10}$.

 （1）$A = \{3, \ 4, \ 5, \ 6, \ 8, \ 10\}$.

 （2）$A = \{5, \ 6, \ 8, \ 10, \ 12, \ 13\}$.

25. 圆 $C: (x-1)^2 + (y-2)^2 = 25$ 与直线 $l: (2m+1)x + (m+1)y = 7m+4$ 相交.

 （1）$0 < m < \dfrac{\sqrt{3}}{3}$.

 （2）$-\dfrac{\sqrt{3}}{3} < m < 0$.

**三、逻辑推理：第 26~55 小题，每小题 2 分，共 60 分。下列每题给出的 A、B、C、D、E 五个选项中，只有一项是符合试题要求的。**

26. 人工智能 AlphaGo 最近不仅在德州扑克等竞技项目中战胜了人类，在号称"人类智商最后的堡垒"围棋上，也战胜了最有名的棋手李世石和柯洁。这标志着人工智能已经开始超越

人类，而且正在以指数级速度发展。有人据此宣称，不仅仅是下棋和打扑克，以后的公司管理方面也会有很多的机器"CEO"来代替人们决策。在人工智能年代，下岗的可能不仅仅是低级劳动者，高级的管理者也会被机器"CEO"而替代。

以下哪个选项如果为真，最能削弱上述论证？

A. 有些计算机程序在解决问题方面并不如人脑有效。

B. AlphaGo 只是跟李世石和柯洁交手了一次，下次交手的结果还未尝可知。

C. 在人工智能进步的同时，人类的智能也在不断进步与发展。

D. AlphaGo 团队表示，研发商业决策CEO版本的AlphaGo需要花费大量的资金。

E. 下围棋的每一步都可以通过计算得到确定结果，而在真正的商业环境中有很多不确定的无法计算的因素。

27. 某会议海报在黑体、宋体、楷体、隶书、篆书和幼圆 6 种字体中选择 3 种进行编排设计。已知：
（1）若黑体、楷体至少选择一种，则选择篆书而不选择幼圆；
（2）若宋体、隶书至少选择一种，则选择黑体而不选择篆书。

根据上述信息，该会议海报选择的字体是？

A. 宋体、楷体、黑体。      B. 隶书、篆书、幼圆。

C. 黑体、楷体、篆书。      D. 黑体、宋体、隶书。

E. 楷体、隶书、幼圆。

28. 为了验证高浓度二氧化碳对鱼苗的影响，研究人员在两倍二氧化碳浓度的海水中培养了一批鱼苗，结果发现这些鱼苗长大后，每当遇到障碍物时转向游动的速度相比正常海水中长大的鱼苗慢。因此，研究人员认为在高二氧化碳环境中孵化的鱼，生存的能力将会减弱。

以下哪项最可能是上述研究人员论证的假设？

A. 人类燃烧化石燃料产生的二氧化碳大约有三分之一都被地球上的海洋吸收了，这使得海水逐渐酸化。

B. 在二氧化碳含量高的海洋区域，氧气含量较低。这会影响鱼类对于方向的判断。

C. 二氧化碳是很多海洋生物的重要营养物质，它们在曝光照射下把叶子吸收的二氧化碳和根部输送来的水分转变为糖、淀粉以及氧气。

D. 游动慢的鱼类在遇到天敌时不能迅速改变方向离开，大大降低了生存能力。

E. 将鲜鱼幼鱼分别放在正常海水和二氧化碳较高的海水中饲养，结果发现，在二氧化碳高的水中的幼鱼体质远远比不上正常海水中的幼鱼。

29. 中国国家游泳队教练要在甲、乙、丙、丁、戊 5 个人中选拔 2 个人参加国际游泳比赛，他

们实力接近，都有可能获得冠军。最终比赛的冠军果然被中国队收入囊中。对此四名教练分别发表了下面的论述：

张教练说：如果甲夺冠，那么乙或者丙跟他一起参加比赛。

李教练说：如果乙夺冠，那么参加比赛的有丙或者丁。

陈教练说：除非丙没有夺冠，否则甲或者丁要和他一起参加比赛。

王教练说：只有乙或者丙参加比赛，丁才会夺冠。

事实证明，四个教练的预测都对了，那么以下哪项不可能是派去参加国际游泳比赛的名单？

A. 甲和丙。　　　　B. 乙和丙。　　　　C. 甲和丁。　　　　D. 丙和丁。　　　　E. 丙和戊。

30. 在网络零售发展的如火如荼的今天，阿里突然宣布投入约224亿港元，直接和间接获得高鑫零售36.16%的股份，同时腾讯也重金入股永辉超市旗下生鲜超市超级物种。新的线下零售业的大战一触即发。对此，有些人士表示困惑，既然从线上销售发展的网络零售已经相当成功，为什么互联网巨头们反而又要重新涉足线下零售呢？

除了以下哪个选项以外，都可以解释上述看似的矛盾？

A. 电商的获客成本和物流成本越来越高，原来电商的优势显著反而成为了新的硬伤。

B. 传统零售的硬伤主要体现在租金和人力成本增长，无人超市等新科技很大程度上减少了人力成本的负担。

C. 服装作为最重要的电商销售市场，退货率为25%，但是线下退货率仅为1%。

D. 阿里和腾讯一直是在各个方面相互竞争的两大互联网公司。

E. 线上零售的会员卡形同虚设，而线下的零售可以把店铺的会员资源进行更好的整合和利用。

31. 总经理：公司的这次关于发展计划的投票是失败的，因为选举委员会把登记流程变得很复杂，所以实际上只有不到2/3的员工提交了他们的选举材料。我们应该简化一下投票流程。

副总经理：我们并没有要求每一个员工都参加投票，但是我发现很多人投票的时候非常随意，选票上并没有选出自己对公司发展的真实建议和想法。在他们的观念里，不管自己怎么投票，公司的战略发展计划也不会因为他们的投票而改变。

总经理和副总经理之间争议的主要在于：

A. 改变员工的投票登记流程是否会很麻烦。

B. 为何如此多的员工不登记投票。

C. 决定一个投票是否成功取决于参与投票的人数，还是员工投票时是否表述出自己真实的想法。

D. 员工投票对于公司战略决策的制定是否重要。

E. 决定一个投票是否成功取决于所有参与投票的人数，还是关于公司发展方向的投票结果是否正确。

32~33题基于以下共同的题干：

某公司计划去世界发达国家学习先进技术，计划拜访的国家名单为：美国，法国，德国，意大利，澳大利亚，英国，日本。每次只能拜访一个国家，并且拜访计划服从下面的规律：

（1）德国需要第二个拜访；

（2）拜访日本要在拜访美国之前，并且他们之间恰好隔了其他两个国家；

（3）拜访英国要在拜访澳大利亚之前完成；

（4）拜访法国要在拜访美国之前完成。

32. 如果英国排第六的位置，以下哪个选项一定为真？

   A. 法国排第一。　　　　　　　　B. 法国排第三。

   C. 美国排第五。　　　　　　　　D. 美国排第七。

   E. 澳大利亚排第五。

33. 如果日本是第三个被拜访的国家，以下哪个选项一定为假？

   A. 澳大利亚排第四同时意大利排第五。

   B. 美国排第六同时德国排第二。

   C. 法国排第四同时意大利排第一。

   D. 澳大利亚排第七同时英国排第五。

   E. 英国排第一同时法国排第五。

34~35题基于以下题干：

华茶公司组织了7名成员甲、乙、丙、丁、戊、己、庚，要对S省的茶叶市场进行调研，这7人被分为两组，第一组有3名成员，第二组有4名成员，成员的分组必须符合以下要求：

（1）甲和丙不在同一个小组；

（2）如果乙在第一组，那么丁在第一组；

（3）如果戊在第一组，那么丙在第二组；

（4）己在第二组。

34. 如果戊和丙在同一组，那么以下除了哪项，都可能在同一组？

   A. 甲和乙。　　　B. 乙和庚。　　　C. 丙和庚。　　　D. 丁和庚。　　　E. 乙和丁。

35. 若丁和庚在同一组，那么以下哪一项一定是真的？

   A. 甲在第一组。　　B. 乙在第一组。　　C. 戊在第二组。　　D. 庚在第二组。　　E. 丙在第一组。

36. 那种认为母亲决定孩子智力的说法，常用的理由是"智力基因"主要分布在X染色体上。而事实上，基因组中并不存在"智力基因"。X染色体只是人类46条染色体中，决定性别

的一条而已，人类每条染色体上都有编码大脑发育的基因。通过对遗传病染色体异常情况进行统计分析，我们发现每条染色体上都存在导致智力低下的位点。因此，X 染色体对智力的影响不算大。

以下哪个选项为真，最能够支持上述论述？

A. 有些聪明的母亲的孩子也很聪明。

B. 有些聪明的父亲的孩子也很聪明。

C. 除了基因外，后天的教育和生活环境也会影响到孩子的智力。

D. 一个人的智力是由 46 条染色体的基因综合作用的结果。

E. 虽然影响身高的基因在 64 条染色体中也都有位点，但是 X 染色体上的位点对身高起决定性的因素。

37. 经过数年的业绩低迷，鸿运公司决定对他们的销售部门进行重组。在重组之前，销售是按地域划分的，每个销售负责所属区域下的所有客户。在这次改组之后，每个销售不再按照区域而是按照客户类型划分，每个销售只用负责同一种类型的客户。在重组之后的最近的两年，公司业绩有明显提升。该公司管理层宣称，显然是销售架构的重新整合起到了效果。

以下除了哪个选项以外，都能够削弱管理层的论述？

A. 架构重组以后每个销售的目标更明确，每个人的工作动力变更强了。

B. 在最近的两年，该公司在广告宣传方面投入了更多的资金。

C. 鸿运公司研发的非常有竞争力的最新一代产品于前年正式投入市场。

D. 在最近两年，鸿运公司所在的经济环境得到了很大的发展。

E. 两年前公司培育的一批核心客户的自身业务发展很好，对鸿运公司的产品需求量大大提升。

38. 四位男性候选人：小王、小李、小赵、小孙，和两位女性候选人小红、小丽。一起报名参加百科知识竞赛的预选赛，最终会选拔出 2 男 1 女组成正式参赛的代表队。最终入选名单符合以下规则：

（1）小王、小李、小孙，至少有一个人选上；

（2）小孙、小赵至多有一个人入选；

（3）小王、小丽至多有一个人入选；

（4）如果小红没有入选，那么小李也不会入选。

若最终小王没有入选，以下哪个选项一定为真？

A. 小孙一定入选了。　　　　　　B. 小赵一定没入选。

C. 小李可能没有入选。　　　　　D. 小红一定没有入选。

E. 小丽一定没有入选。

39. 某院校设计专业的课程安排时候，有 5 个课程可以供选择，它们分别是：数学、历史，逻辑、英语，文学。课程安排符合下面的规定：

（1）历史和英语最多选一个；

（2）逻辑、英语、文学至少要选 2 个；

（3）如果不选数学，那么一定得选历史。

关于课程安排的选择，以下哪个选项一定为真？

A. 逻辑、英语、文学 3 个都选了。

B. 数学和历史 2 个都选了。

C. 英语和文学 2 个都选了。

D. 数学和逻辑至少选 1 个。

E. 最终只有 2 门课程入选。

40. 要想处理好英国脱欧的"边境"问题，有三个困难必须解决。一是英国和欧盟层面达成共识，双方立场相近，都希望妥善解决，不留后患；二是英国与爱尔兰层面达成共识，后者作为欧盟成员国，希望这是一个"软边境"，能够最大程度保持目前爱尔兰与北爱尔兰的人员经贸往来；三是解决好北爱尔兰内部的矛盾，爱尔兰新芬党反对形成一个管控严厉的边境，而与之相对的是北爱尔兰民主统一党，不但坚决支持英国脱欧，还要求硬脱欧，包括最大限度切断同爱尔兰的联系。

若上述论述为真，以下哪个选项一定为真？

A. 如果不能解决北爱尔兰内部的矛盾，那么英国和欧盟就无法达成共识。

B. 如果能解决好北爱尔兰的内部矛盾，但是同时不能跟爱尔兰层面达成共识的话，那么就无法处理好英国脱欧的"边境"问题。

C. 如果跟爱尔兰层面达成共识，同时解决好北爱尔兰的内部矛盾，那么就一定能处理好英国脱欧的"边境"问题。

D. 如果没有处理好英国脱欧的"边境问题"，说明英国和欧盟层面没有达成共识。

E. 脱欧是一个很漫长的过程，还需要其他国家如中国、美国的支持与协助。

41. 小樱、小兰、小昭、小美四人周末逛街时来到一家蛋糕店，有四种慕斯蛋糕可供选择，包括草莓慕斯、芒果慕斯、巧克力慕斯、抹茶慕斯。已知四人中每个人只会选择一种慕斯蛋糕购买，且每个人购买的慕斯蛋糕种类各不相同。另外，有以下条件：

（1）如果小美购买巧克力慕斯，那么小樱购买芒果慕斯；

（2）如果小兰不购买草莓慕斯，那么小樱购买草莓慕斯并且小昭购买抹茶慕斯；

（3）如果小兰购买草莓慕斯，那么小昭购买抹茶慕斯，小美也购买草莓慕斯。

根据以上陈述，可以得出以下哪项？

A. 小美购买抹茶慕斯。      B. 小樱购买芒果慕斯。

C. 小兰购买巧克力慕斯。      D. 小樱购买巧克力慕斯。

E. 小昭购买草莓慕斯。

42. 所有的发行股票的行为，都是融资行为。同时，有的对公司有利决策的行为，是融资行为。所以，所有的对公司有利决策的行为都会发行股票。

以上哪个选项最能够质疑上述论述？

A. 有些融资行为实际上对公司并没有好处。

B. 有的对公司有利的决策行为是融资行为。

C. 有的融资行为，会同时也发行股票。

D. 有的对公司有利的决策行为并不会进行融资。

E. 所有的融资行为都会发行股票。

43. 为了对抗癌症，科学家发明了一种新型的纳米机器人，这种机器人在人体内可以"吃掉"癌细胞，但是它们并不会伤害到人类的正常细胞。据此科学家断言，人类能够治愈癌症的那一天，很快就会到来。

以下哪个选项若为真，最能够质疑上述论述？

A. 纳米机器人很昂贵，不是所有人都能承担起治疗费用。

B. 纳米机器人的疗效会因为不同人的体质而不同。

C. 除了癌细胞以外，纳米机器人不能"吃掉"身体里的其他病变细胞。

D. 随着科技的进步，纳米机器人也会持续的进化与发展。

E. 癌细胞在人体内的繁殖速度大大超过了机器人能够"吃掉"癌细胞的速度。

44. 有研究者提出，当面对不公平时，我们会产生愤怒和厌恶的情绪，而正是这种情绪驱使我们做出报复性的拒绝行为。以往研究发现，公平分配任务本身能够唤起回应者正面的情绪体验。研究者发现，当面对不公平分配时，回应者的负性情绪体验增加，他们会愤怒、轻蔑、恼怒、嫉妒、厌恶等等，而愉悦、满意等这些正性情绪体验会降低。所以，如果公司想尽量提高员工的工作效率，可以试着把工作任务尽可能公平地分配给每一个员工。

以下哪个选项能够支持上述论述？

A. 公司需要完成的工作和任务可以完全平均的分给每个员工。

B. 一般情况下，领导者比一般员工更能处理好不公平带来的情绪。

C. 任务分配越不公平，给员工带来的负面情绪就会越大。

D. 除了分配任务带来的情绪以外，员工的工作效率并不常被日常生活中带来的情绪所影响。

E. 有积极和正面的情绪会提高人的工作效率,同时拒绝和厌恶的心态会降低人的工作状态。

45. "事实陈述"就是把客观事实说出来。因为事实是基于客观的描述,所以事实无"好坏"之分。事实的关键是看是否具有客观性,不客观的东西不能算作事实。而"观点陈述"是指一个人基于事实的思考和判断后形成的对客观事物的认知。就好比说,"你迟到了"这句话是事实,而"你总喜欢迟到"这句话则是观点。因此有专家指出,相比较"事实陈述"而言,能否正确理解"观点陈述"对人们日常生活和决策的影响会更大。

以下哪项如果为真，最能支持上述专家的断言?

A. 对于"事实陈述"和"观点陈述",有时候两者会带来截然不同的两种结果。

B. 当人们进行决策和判断时,绝大多数人都参考的都是自己的"观点"而不是真正的"事实"。

C. 事实是客观存在在当前这一刻不会被改变的,但是一个人的观点是可以改变的。

D. 现实中的很多人还不能明确区分事实和观点的区别。

E. 判断事实是否正确往往有客观标准,而判断观点是否正确,往往没有明确的标准。

46. 张山、李斯、王武商量这个夏天去旅游,如果张山去新疆,就要去吐鲁番和喀什;只有和李斯与王武一起,张山才会去吐鲁番或塔里木盆地;如果他们三要一起去,就要保证这个夏天都要有空闲时间。很遗憾的是,李斯单位今年夏天有一项紧急任务,所有人不允许请假。

如果以上为真，可以推出以下哪项?

A. 张山这个夏天去了喀什。

B. 李斯这个夏天去了吐鲁番。

C. 张山这个夏天未去新疆。

D. 王武这个夏天去了塔里木盆地。

E. 张山这个夏天独自去了吐鲁番。

47. 研究人员近十年来对化学物质α与心脑血管系统正常功能及相关疾病的关系进行了深入的研究,认为人体血液中α含量的降低,会导致体内清除自由基的功能减退,造成有害物质沉积增多,血管壁变厚、血管弹性降低、血压升高、血流速度减慢,输送氧功能下降,从而诱发多种心脑血管疾病。所以,为了预防高血压、动脉硬化等心脑血管疾病,我们应该在饮食中添加α元素,或者有意吃一些含α元素比较多的食物。

若以下哪个选项为真，能够支持上述论述?

A. α元素除了对心脑血管疾病有预防的功效,还能够抑制癌细胞的生成。

B. 血管壁变厚,血压升高等症状,是心脑血管疾病的先兆。

C. 人们可以通过经常运动或者是少吃油脂含量高的食物来降低心血管疾病的风险。

D. 人体内部不能自然合成满足人体所需的α元素。

E. 服用α元素或者吃含有α元素的食品对于人体没有任何副作用。

48. 在这次的奖学金评选活动中，张明肯定会获得学校的一等奖学金。因为学校的文件规定，如果一个同学的成绩排名在年级前1%，且又有学生干部的经历，那么他就一定会获得学校的一等奖学金。

以下哪项与上述论证最为相似？

A. 李华是公司的优秀员工，因为他从不迟到早退，也能完成领导布置的任务。

B. 北极熊应该获得人们更多的关注。因为在全球气候变暖的情况下，北极熊的生存环境受到了极大的挑战。

C. 王雪一定没有通过公司的考核。因为公司规定，如果一个员工的薪水没有上涨，且没有搬到更宽敞的办公室，那他一定没有升职。

D. 这家快餐店的卫生一定达标了。因为该店铺所在街道有规定，如果卫生没有达标，就不允许在这条街道上营业。

E. 《芳华》这部电影一定是一部优秀的影片。因为根据以往的经验，如果一部电影排片率高，且出自于大导演之手，那么这部电影一定是一部优秀的影片。

49. 梦兰岛主要的经济支柱是周围海域所生产的金枪鱼。但是金枪鱼也同时是周围海域鲨鱼的食物。为了出海安全和金枪鱼产业，梦兰岛的渔民希望通过猎捕鲨鱼来增加金枪鱼的产量。实际上猎捕鲨鱼的计划很成功，梦兰岛周围的海域的鲨鱼数量明显减少了，但是同时金枪鱼的产量没有显著提升，反而下降了。

以下哪个选项能够最好的解释上述看似矛盾的情况？

A. 渔民只捕杀了一部分鲨鱼，岛屿周围的海域还有一部分鲨鱼存活。

B. 最近几年梦兰岛的捕捞金枪鱼的渔船的数量持续在增加。

C. 鲨鱼不仅吃金枪鱼还吃海豹，而金枪鱼是海豹的主要食物。

D. 许多居民猎捕鲨鱼并不仅仅是因为鲨鱼影响金枪鱼产业，还因为猎捕的鲨鱼也可以卖钱。

E. 最近几年市场上对金枪鱼的需求量有所下降。

50. 5年前金星航空公司花重金聘请了北奥广告公司来处理其旗下的100多条航线的促销和广告业务。如今该公司的利润比五年前高出20%。说明广告和促销业务可以显著的提高航空公司的销售利润。

以下哪个选项最能削弱上述论述？

A. 该公司的利润提高主要来自于关键航线，还有 20 多条航线的利润并没有提高。

B. 银海航空公司也聘请了广告公司为其做广告，但是最近几年的销售利润一直没有明显提高。

C. 经济好的时候人们更愿意乘坐飞机，航空公司的业绩也会受经济环境的影响。

D. 金星航空公司并没有透露他付给广告公司的具体金额。

E. 香烟行业禁止打广告，但是其销售利润也逐年提升。

51. 最近A城市进行了一次翻转式教学的实验。选择了一部分学校作为试点学校，把传统教学方式改为了翻转式教学的模式，统计结果表明，采取翻转式教学模式的同学的平均考试成绩比那些没有参加试点的传统教学模式的学校要高 5 分。所以，很明显翻转式教学的新模式能够提高同学的学习成绩。

以下哪个选项是对上述论述的削弱？

A. 有些试点学校的同学的成绩要比没有非试点学校的同学的成绩低。

B. 有些非试点学校的同学比试点学校的同学成绩高。

C. 有些试点学校的学生家长反映孩子回家以后变得愈发调皮难管。

D. 试点的学校是专门挑选的在A城市成绩排名靠前的几所学校。

E. 在这之前，A城市没有试过翻转式教学的试点工作。

52. 小张、小王、小李三个人在玩"六顶思考帽"的游戏。游戏规定如下：一共有六顶颜色不同的帽子，分别是白、绿、黄、黑、红、蓝。当戴上不同颜色的帽子时，就只能给固定的角度的建议。

（1）只有戴黄色思考帽，才能说积极和正面的建议；

（2）只有戴黑色思考帽，才能说批判和反面的建议；

（3）如果戴红色思考帽，那么必须从情绪和感性上给出建议；

（4）如果小张戴黄色思考帽并且小王戴蓝色思考帽，那么小李戴的是红色思考帽；

（5）小李说的是客观的事实和数据的建议，小张说的是积极和正面的建议。

如果上述条件均为真，那么以下哪个选项一定为真？

A. 小李戴的是绿色思考帽。

B. 小李戴的是红色思考帽。

C. 小王戴的不是蓝色思考帽。

D. 小王戴的是黑色思考帽。

E. 小张戴的是白色思考帽。

53. 运载火箭是将航天器从地面发射到太空中的工具，根据运载能力分类，近地轨道运载能力

在 50 吨以上的是重型火箭，近地轨道运载能力在 15 至 50 吨左右的属于大型火箭，运载能力在 2 至 15 吨之间的称为中型火箭，在 2 吨以下的叫小型火箭。与其他类型的火箭不同，小型火箭主要面对是竞争激烈的微小卫星商业发射市场。如果不注重成本的控制，那么就无法提供有吸引力的发射价格。如果想在商业发射市场占据一席之地，就必须提供有吸引力的发射价格。

若上述论述为真，以下哪一个选项一定为假？

A. 一个小型火箭如果已经占据了发射市场的一席之地，那么就不注重成本的控制。

B. 重型火箭的设计可以不注重成本控制。

C. 一个小型火箭既占据发射市场的一席之地，同时又不注重成本的控制。

D. 一个小型火箭或者占据发射市场一席之地，或者不注重成本的控制。

E. 中型火箭和小型火箭的设计原理是完全不同的。

54~55 题基于以下题干：

某旅游管理专业的学生需完成编写旅游简介的课中作业，第三小组的甲、乙、丙、丁、戊 5 位同学需要在 5 座名山：华山、恒山、嵩山、泰山、黄山中选择 2 座进行介绍，每座名山均有 2 人选择。另外安排如下：

（1）甲和乙都选择华山，但是另外一个选择不同；

（2）若丙和丁至少一人选择恒山，则甲、乙、戊中至多一个不选恒山；

（3）除非戊不选择恒山，否则丙不选择泰山。

54. 根据上述信息，可以得出以下哪项？

    A. 甲选择恒山。               B. 乙选择嵩山。

    C. 丙选择黄山。               D. 丁选择黄山。

    E. 丙选择泰山。

55. 若甲选择嵩山，则以下哪项一定为真？

    A. 甲选择泰山。               B. 丁选择恒山。

    C. 乙选择嵩山。               D. 丁选择黄山。

    E. 戊选择嵩山。

**四、写作：第 56 ~ 57 小题，共 65 分。其中论证有效性分析 30 分，论说文 35 分。**

56. 论证有效性分析：分析下述论证中存在的缺陷和漏洞，选择若干要点，写一篇 600 字左右的文章，对该论证的有效性进行分析和评论。（论证有效性分析的一般要点是：概念特别是核心概念的界定和使用是否准确并前后一致，有无各种明显的逻辑错误，论证的论据是

否成立并支持结论，结论成立的条件是否充分，等等。)

促进经济发展一直是各个国家和政府的头等大事，各国为了促进经济的发展也出台了大量的政策，其中我国就出台了"双循环"政策，即加强对外贸易的同时也增大内需的拉动作用，但是有一部分人认为扩大内需的好处远远比不上加强对外贸易。

首先，全球那些生产力低下但资源丰富的国家，他们的日常生活完全依靠对外贸易，但是并不影响这些国家积累财富。如果他们将经济政策也改变为扩大内需，那这些国家经济体制就会完全崩塌。

其次，内需是由本国消费者消化本国企业生产出来的商品，而外贸是和全球的商家进行交易，一个国家的人数再多也比不上全球的人数，所以内需和对外贸易相比较就存在消费群体少的天然劣势。随后，国内很多的企业就是从事国际贸易业务，如果扩大了内需，这些公司的业务就会受到影响，这些公司经济下滑又反作用于社会经济，这与扩大内需促进社会经济发展的初衷背道而驰。

最后，对外贸易可以让优秀的产品走进来，从而和国内的产品进行竞争，促进国内产业的创新和质量提升；若提倡扩大内需，国内企业就会仗着高销量而不思进取，最后与国际企业拉开差距，这也不利于我们的企业发展。

57. 论说文：根据下述材料，写一篇700字左右的论说文，题目自拟。

在太极拳中，有一个重要的技巧叫"借力打力"，借他人的力量提升自己出拳的力度。古人也强调了"借力"的智慧，"假舆马者，非利足也，而致千里；假舟楫者，非能水也，而绝江河"，借助车马的力量，即便走得不快也能到达千里之外；借助舟船的力量，即便不善游泳也能横渡江河。

# 管理类联考综合能力基础卷（三）

**一、问题求解**：第 1~15 小题，每小题 3 分，共 45 分。下列每题给出的五个选项中，只有一个选项是最符合题目要求的。

1. 甲、乙两仓库存货吨数比为 5:3，如果由甲仓库中取出 8 吨放到乙仓库中，则甲、乙两仓库存货吨数比为 1:1，则两个仓库一共有存货（    ）吨.

   A. 72　　　　　B. 66　　　　　C. 63　　　　　D. 56　　　　　E. 64

2. 一瓶硫酸使用了 5 天，使用时后一天总比前一天少使用 1 毫升，第 5 天做实验用掉了 5 毫升后，发现剩下的量与已经用掉的量相同，则这瓶硫酸原来有（    ）毫升.

   A. 75　　　　　B. 70　　　　　C. 65　　　　　D. 60　　　　　E. 55

3. 四个不同的正整数 $a$、$b$、$c$、$d$，满足 $(5-a)(5-b)(5-c)(5-d)=9$，那么 $a+b+c+d=$（    ）.

   A. 20　　　　　B. 28　　　　　C. 18　　　　　D. 24　　　　　E. 44

4. 为了推动产业园和产业集聚区加快转型，某地计划在三角形 $ABC$ 区域内建设新能源产业园区（如下图所示），三角形 $DEF$ 是中央工厂区，已知 $BD:DE:EC=1:2:3$，$F$ 为 $AE$ 的中点，则新能源产业园区总面积是中央工厂区面积的（    ）倍.

   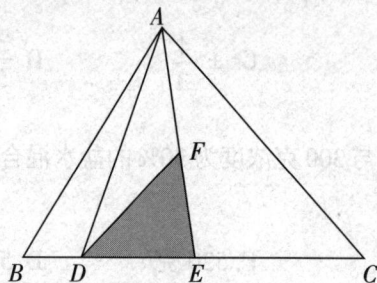

   A. 2　　　　　B. 3　　　　　C. 4　　　　　D. 5　　　　　E. 6

5. 实数 $x$，$y$ 满足 $x+2y=3$，则 $x^2+y^2+2y$ 的最小值为（    ）.

   A. 4　　　　　B. 5　　　　　C. 6　　　　　D. $\sqrt{5}-1$　　　　　E. $\sqrt{5}+1$

6. 一辆汽车往返于甲、乙两地之间，去时速度为每小时 40 千米，回来时速度为每小时 60 千米，往返两地的平均速度为（    ）千米/ 小时.

   A. 42　　　　　B. 48　　　　　C. 52　　　　　D. 54　　　　　E. 58

7. 不等式 $x^2-ax+b<0$ 的解集是 $x\in(-1,2)$，则关于 $x$ 的不等式 $x^2-bx+a>0$ 的解集是（　　）.

A. $x\neq 1$　　　B. $x\neq 0$　　　C. $x\neq -1$　　　D. $x\in R$　　　E. $x\in(-1,3)$

8. 已知一圆柱轴截面是正方形，它的高与一铁球的直径相等，则圆柱的全表面积与铁球的表面积的大小比是（　　）.

A. $6:5$　　　B. $5:4$　　　C. $4:3$　　　D. $3:2$　　　E. $2:1$

9. 有四队学生，每队均有 3 人，现从中选取 4 人参加比赛，要求恰有 2 人来自同一队，则有（　　）种不同的选取方案.

A. 324　　　B. 300　　　C. 100　　　D. 900　　　E. 420

10. 已知 $(3x+1)^5=ax^5+bx^4+cx^3+dx^2+ex+f$，则 $a+c+e=$（　　）.

A. 114　　　B. 528　　　C. 126　　　D. 326　　　E. 428

11. 数列 $\{a_n\}$ 是首项为 23，公差为整数的等差数列且第六项为正，第七项为负. 则能令 $S_n>0$ 的 $n$ 的最大值是（　　）.

A. 10　　　B. 11　　　C. 12　　　D. 13　　　E. 14

12. 已知 $ax+y=4$ 是圆 $(x-3)^2+y^2=25$ 的切线，则 $a=$（　　）.

A. $-\dfrac{3}{2}$　　　B. $-\dfrac{3}{4}$　　　C. $\pm\dfrac{4}{3}$　　　D. $\dfrac{3}{5}$　　　E. $-1$

13. 将 200 克浓度为 20% 的盐水与 300 克浓度为 30% 的盐水混合,若要配成浓度为 63% 的盐水,需要再加盐（　　）.

A. 480 克　　　B. 500 克　　　C. 520 克　　　D. 530 克　　　E. 550 克

14. 某人 5 次上班途中所花时间（单位:分）分别为 $x$，$y$，10，11，9. 已知这组数据的平均数为 10，方差为 2，则 $|x-y|=$（　　）.

A. 1　　　B. 2　　　C. 3　　　D. 4　　　E. 5

15. 从正方形四个顶点及中心这 5 个点中，任取 2 个点，则这 2 个点的距离不小于该正方形边长的概率为（　　）.

A. $\dfrac{1}{5}$　　　B. $\dfrac{1}{4}$　　　C. $\dfrac{2}{5}$　　　D. $\dfrac{3}{5}$　　　E. $\dfrac{4}{5}$

二、条件充分性判断：第 16~25 小题，每小题 3 分，共 30 分。要求判断每题给出的条件（1）和条件（2）能否充分支持题干所陈述的结论。A、B、C、D、E 五个选项为判断结果，请选择一项符合题目要求的判断。

    A. 条件（1）充分，但条件（2）不充分.

    B. 条件（2）充分，但条件（1）不充分.

    C. 条件（1）和（2）单独都不充分，但条件（1）和条件（2）联合起来充分.

    D. 条件（1）充分，条件（2）也充分.

    E. 条件（1）和（2）单独都不充分，条件（1）和条件（2）联合起来也不充分.

16. 某人投资股市，用 3 万元买进 A、B 各若干股，他在交易中的收益为 1500 元.

    （1）某人在 A、B 股上的投资额之比是 3:2.

    （2）当 A 股票升值 15%，B 股票下跌 10% 时全部抛出.

17. 如图所示，$EF$ 平行于 $BC$. 则可以确定 $\triangle AEF$ 的面积与梯形 $BCEF$ 的面积的比值.

    （1）$H$ 是 $BC$ 的中点.

    （2）$G$ 是 $AH$ 的中点.

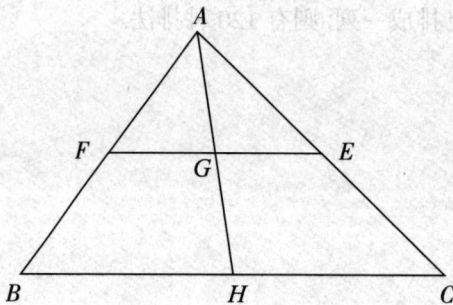

18. $a^2 + b^2 \geq \dfrac{1}{5}$.

    （1）$a > 0$，$b > 0$.

    （2）$a + 2b = 1$.

19. 等比数列 $\{a_n\}$ 的公比为 $q$. 则 $q > 1$.

    （1）对于任意正整数 $n$，都有 $a_{n+1} > a_n$.

    （2）$a_1 > 0$.

20. 圆 $x^2+y^2-2mx+m^2-4=0$ 与圆 $x^2+y^2+2x-4my+4m^2-8=0$ 相切.

  （1）$m=2$.

  （2）$m=-\dfrac{2}{5}$.

21. 甲、乙两袋装有大小相同的红球和白球,甲袋装有 3 个红球,3 个白球;乙袋装有 2 个红球, $n$ 个白球,从甲、乙两袋中各任取 2 个球,取到的 4 个球全是红球的概率为 $p$. 则 $p>\dfrac{1}{90}$.

  （1）$n=3$.

  （2）$n=4$.

22. 已知 $\{a_n\}$ 为等差数列. 则 $S_{100}=250$.

  （1）$a_2+a_3+a_{98}+a_{99}=10$.

  （2）$a_2+a_5+a_{97}+a_{98}=10$.

23. 甲、乙、丙、丁、戊、已排成一列. 则有 120 种排法.

  （1）甲、乙相邻.

  （2）丙在丁左侧某处.

24. 长方体的体积为 96.

  （1）长方体的三棱长之比为 $1:3:4$.

  （2）长方体的表面积为 152.

25. $f(x)=ax^2-(a+1)x+1$ 为关于 $x$ 的函数,其中 $a$ 为实数. 则能确定 $a$ 的值.

  （1）$f(x)$ 与 $x$ 轴相切.

  （2）$f(x)$ 与 $x$ 轴仅有一个交点.

三、**逻辑推理：第26~55小题，每小题2分，共60分。下列每题给出的A、B、C、D、E五个选项中，只有一项是符合试题要求的。**

26. 希腊财长察卡洛托斯：如果欧盟结束对希腊的纾困援助，那么希腊国债要在2017年春就被纳入QE购债计划中。除非美国通过对欧盟的经济合作条款，否则希腊国债不能在2017年春被纳入QE购债计划。只有希腊国债不能在2017年春被纳入QE购债计划，英国才不可能实施宽松的货币政策。如果上述论述为真，那么可以得出下面哪个选项：

    A. 如果美国通过对欧盟的经济合作条款，那么欧盟将结束对希腊的纾困援助。

    B. 只有希腊国债要在2017年春就被纳入QE购债计划中，英国才会实施宽松的货币政策。

    C. 如果希腊国债不能在2017年春被纳入QE购债计划，那么英国不会实施宽松的货币政策。

    D. 如果欧盟结束对希腊的纾困援助，并且英国实施了宽松的货币政策，那么美国将通过对欧盟的经济合作条款。

    E. 如果欧盟结束对希腊的纾困援助，或者英国实施了宽松的货币政策，那么美国将通过对欧盟的经济合作条款。

27. 喝白酒一直是中国人的传统文化，不过最近社会上也在大量宣传白酒对于高血压、心脏病人的危害，以及酒精会影响健康的科学知识。经过科学证明，酒精也麻痹人的神经，让人情绪失控，容易产生暴力和冲动的事情。最近几年国内白酒的销售量有了明显的下滑，所以，一定是大家出于对自己的健康的顾虑，在尽量减少自己白酒的摄入量。

    以上哪一个选项是对上述论述最强的削弱？

    A. 现在患高血压心脏病的人很多，这些人在饭桌上很少再喝大量白酒。

    B. 有些人喜欢在睡前喝一些红酒。

    C. 最近各个城市严查酒驾，凡是开车去吃饭的人，很少会有人再劝他们喝酒。

    D. 也有研究指出，少量饮酒反而会有益健康。

    E. 抽烟比喝酒会更大程度影响健康，但是最近几年烟草的销量并没有减少。

28. 三年二班的同学代表班级去参加学校组织的运动会。运动会的项目有，400米跑，5000米跑，跳高，跳远和铅球。

    （1）如果三年二班要参加400米跑项目，就会派王宇参加运动会；

    （2）如果三年二班要参加5000米跑项目，就会派赵思参加运动会；

    （3）如果陈全腿伤完全康复了，那么他就会参加跳远项目；

    （4）除非陈全腿伤完全康复，否则就要派王宇或者赵思中的一个人去医院照顾他。

    事实上,三年二班没有派人参加校运动会组织的跳远的项目。那么可以推出以下哪个选项?

    A. 三年二班既没有参加400米跑的项目也没有参加5000米跑项目。

B. 三年二班或者没有参加 400 米跑的项目，或者没有参加 5000 米跑项目。

C. 三年二班没有参加铅球项目。

D. 三年二班参加了除了跳远以外的所有项目。

E. 三年二班参加了 400 米跑项目。

29. 如果不仅拥有名校的博士学位，而且在海外某研究机构有超过一年的研究经历，那么一定是一名高校教师，老王不是高校教师但是有名校的博士学位，所以他一定没有海外研究的经历。

以下哪项跟上述推理的方式一致？

A. 如果汽车保养完善，并且符合规则驾驶，那一定不会产生事故。小李的汽车保养很完善，而且符合规则驾驶，所以他一定不会出事故。

B. 如果一个人享有义务教育的权利并且有公平获得高等教育的机会，那么这个人就享受了教育权。小王没有享受教育权，但是享有了义务教育，所以他没有公平获得高等教育的机会。

C. 如果有特殊贡献，或者有兢兢业业的精神，那么就可以被评为优秀员工。小赵这次被评为了优秀员工，并且有特殊的贡献，说明他没有兢兢业业的精神。

D. 如果没有全勤上班，那么就不能获得全勤奖，而且不能获得优秀奖。小孙上周请了一天假，说明他没有获得优秀奖。

E. 如果按时缴纳了医保，那么就可以领取医疗报销。小孙生病了，同时没有领取医疗报销，说明他没有按时缴纳医保。

30. 对于企业员工考核结果如下：

如果员工能得到年终奖，那么个人先进奖和见义勇为奖至少得到了一个。

如果员工获得了见义勇为奖，那么年终奖和个人先进奖至多得一个。

如果上述论述为真，以下哪项不可能为真。

A. 小赵获得了年终奖，但是没有获得见义勇为奖。

B. 小孙没有获得年终奖，但是获得了见义勇为奖。

C. 小李获得了年终奖和个人先进奖。

D. 小王三个奖项都获得了。

E. 小陈一个奖也没有得到。

31. 为了吸引用户，增加在银行的长期存款数额。A 市银行准备推广一种专门的储蓄账户。如果用户把一定比例的工资直接存入该账户，那么每年存入的前 30 000 元就不需要缴纳个

人所得税。如果用户提现的时间短于 5 年，这时就需要补缴免除的所得税的金额。

以下哪个选项是对银行的政策能够达到预期的效果的削弱？

A. 银行给用户补贴的金额有可能比通过存款赚到的钱多。

B. A 市的有些居民并没有在企业工作，没有固定工资。

C. A 市的大多数企业都有内部的小金库，如果员工把工资直接存入金库，企业会给员工补贴需要交纳的所得税。

D. A 市居民所需要缴纳的所得税比例并不是很高。

E. 一旦存款存够了 5 年，大多数用户会选择立刻取出存在账户中的存款。

32. 某饲养员笼子中一共养了四只动物，加菲猫，金毛狗，长耳兔和土拨鼠。同时饲养笼外的食物栏中饲养员买了燕麦，苹果，肉骨头，青菜四种食物。同时满足如下条件：

（1）放出金毛狗，会吃掉所有的食物；

（2）如果苹果被吃掉，那么猫一定被放出来；

（3）或者放出土拨鼠，或者放出金毛狗；

（4）除非没有放出兔子，否则苹果或者青菜会被吃掉。

最终发现栏里的食物只剩下了青菜，请问能推出以下哪项？

A. 放出了狗。     B. 没有放出猫。

C. 放出了兔子。     D. 放出了狗或者兔子。

E. 放出了土拨鼠。

33. 一项关于对年轻人饮酒和暴力倾向的研究中，实验者选择了 1 000 名 18 岁的年轻人，其中有人不饮酒，另一部分人喜欢饮酒。经过 2 年的跟踪调查，发现喜欢饮酒的年轻人中体现出暴力倾向的比例，是不喜欢饮酒的年轻人中体现出暴力倾向的比例的 4 倍。同时也有调查显示，酒精能够刺激人的大脑，甚至影响判断力。所以，喜欢饮酒会让年轻人更加具有暴力倾向。

以下哪个选项为真，最能削弱上述论述？

A. 该实验选择的 1 000 人，有 700 多人喜欢饮酒，另外不到 300 人不喜欢饮酒。

B. 该试验并没有准确区分喜欢饮酒和嗜酒对人的影响。

C. 除了饮酒，家庭教育的因素也有可能导致暴力倾向。

D. 有暴力倾向的人往往会选择饮酒来缓解自己的情绪。

E. 如果喜欢饮酒的人不再喝酒，就不会发展出暴力倾向。

34. 为了保护大自然，绿化环境，某公司举行了一场植树造林的捐款的活动，关于这次的捐款

情况，小孙，小李，小赵，小陈和小王分别进行了预测：

小孙：如果我捐款，那么小李肯定会跟我一起捐。

小李：小赵和小陈至少有一个人会捐款。

小赵：小李最近比较拮据，肯定没捐款，小孙倒是每次都会捐款。

小陈：我和小王都捐款了。

实际情况发现，4个人的判断，只有2个人猜对了。

以下哪个选项一定为真？

A. 小孙肯定捐款了。

B. 小李肯定没捐款。

C. 如果小赵没捐款，那么小陈肯定捐款了。

D. 小陈和小赵都捐款了。

E. 小王肯定没捐款。

35. 小张、小王、小赵、小李在一个圆形的桌子开会，四个人分别坐在东南，西南，东北，西北四个方向，均面向桌子中心。他们分别担任的职位是公司董事长，人力资源总监，财务总监和技术总监。同时，小张对面的人不是人力资源总监，小李坐在小赵的右手方向，小李对面的人是董事长，董事长跟小张穿的衣服颜色相近，小李比人力总监的年龄大2岁。财务总监坐在董事长的左手边或者右手边。

根据以上信息，能够推出以下哪个选项？

A. 小李是董事长。      B. 小张是人力总监。

C. 小赵是技术总监。      D. 小王是财务总监。

E. 以上信息均不能确定。

36. 随着经济放缓和竞争加剧，汽车制造商采取了一系列的措施，比如说随车赠送保险，提供长达5年15万公里的质保服务，以及各种增值小配件。因而汽车企业的负责人宣称，该企业一定可以增加汽车的销售额，度过资本寒冬。

以下哪个选项支持了上述汽车企业负责人的论述？

A. 只要提供这一系列的增值服务，消费者就会被吸引购买该企业的汽车。

B. 其他车企也采用了类似的促销手段。

C. 除了汽车，该制造商还有很多房地产、金融业务，销售额都在连年增长。

D. 汽车制造商的利润很高，即使销售额下降了，利润也依旧可观。

E. 现在消费者要求高，只有提供这一系列增值服务，才能增加汽车的销售额。

37. 消费者协会进行了一项有趣的统计，来计算人们吃完饭以后，给服务商的小费的金额。经过大量的数据统计，发现当结账金额的末位数为7、8或者9的时候，平均给小费的金额是总餐费的16%，而当结账金额的末位数为1、2或者3的时候平均给小费的金额是总餐费的12%。

以下哪个选项能够支持上述有趣的发现？

A. 服务态度好，长得好看的服务员，往往能够得到更多的小费。

B. 愿意多给小费的顾客，往往比不愿意多给小费的顾客点的菜多，也更贵。

C. 当结账金额的末位数为7、8、9的时候，顾客会更倾向于用现金买单而不是信用卡。

D. 当结账金额末位数为1、2或者3的时候，顾客会希望服务员能给打折免去零头。

E. 当结账末位数为7、8和9的时候，顾客潜意识里会觉得这顿饭比较便宜。

38. 很多人都会有对硫过敏的症状，对硫过敏的人也同时会对红酒、干酪等食品中添加的硫过敏。为了这些人的特殊需要，很多红酒制造厂商宣称，他们采用了最新的工艺，不再在制作的过程中往红酒中添加任何硫，所以，那些对硫过敏但是喜欢喝酒的人就可以放心饮用红酒，不会再担心会有对硫过敏的风险了。

以下哪个选项是上述论述成立需要的假设？

A. 现在医学发达了，有很多针对硫过敏的特效药。

B. 除了硫以外，对硫过敏的人不可能对其他过敏原过敏。

C. 制作时不添加硫的红酒并不会比普通红酒贵太多。

D. 在酿造红酒的过程中，不会自然产生硫元素。

E. 有些人虽然对硫过敏，但是少量的硫并不会产生过敏反应。

39. 关税是国家宏观调控的一项重要手段，某国准备降低医疗产品、消费品、资源产品、原材料中的一种或几种商品的关税。具体规则如下：

（1）如果降低医疗类产品的关税，那么也要降低资源产品的关税；

（2）医疗类产品、消费品、资源产品中，至少两种降低关税；

（3）只有降低原材料的关税，才能降低资源产品的关税。

如果上述断定为真，则关于该国的关税调整以下哪项一定为真？

A. 降低医疗类产品的关税。

B. 降低消费品的关税。

C. 不降低资源产品的关税。

D. 不降低医疗类产品的关税。

E. 降低原材料的关税。

40. 布里斯托大学的一项新研究分析了英国生物样本库中超 33 万人的数据。该数据主要关注点为睡眠状态与血糖水平变化的联系。结果显示，那些报告经常失眠、喜欢熬夜的人，他们血液样本中的血糖监测水平最高。很少有失眠、熬夜经历的人，他们的血糖水平次之，而那些从不失眠且从不熬夜的人血糖水平最低。因此，有专家认为血糖和睡眠之间有一定的联系。

以下哪项如果为真，最能支持专家结论？

A. 有专家宣称，经常失眠或者喜欢熬夜的人更容易被糖尿病给盯上。

B. 影响高血糖的风险因素很多，想要控制血糖，就要注意均衡饮食、多运动。

C. 长时间睡眠不足会导致人体内的红细胞中的血红蛋白与血清中糖类产生反应，该反应产生的H元素对睡眠有一定的影响。

D. 如果一个人既患有失眠，又被认为患糖尿病风险高，那么首先应该解决的是睡眠问题。

E. 相比其他降血糖的干预措施，或许治疗失眠会更加有效。

41. 经过周密的计算，欧洲博彩公司已经开出了奥运金牌第一的赔率：美国的赔率是 1.14，中国 4.5，俄罗斯和英国 67，澳大利亚和德国 101……和往年一样，美国是最大热门。除了金牌第一，欧洲博彩公司还开出了几个主要代表团的金牌数赔率：美国的基数是 41.5，中国的基数是 36.5，也就是他们看好中国的金牌总数在 36~37 之间。除非美国在田径或者游泳上有闪失，否则中国不能在奖牌数量上超过美国。

如果上述论述为真，那么可以得出下面哪个选项？

A. 只有美国在田径或者游泳上有闪失，中国奖牌才能超过美国。

B. 如果中国奖牌超过美国，那么美国在田径上一定有了闪失。

C. 如果中国奖牌没有超过美国，那么美国在田径或者游泳上有闪失。

D. 要想中国超过美国，美国必须在田径和游泳上有闪失。

E. 如果美国在田径上有所闪失，那么在游泳上就不会有闪失。

42~43 题基于以下题干：

一个宠物爱好者要为他的鱼缸选择 3 种鱼类和 2 种植物。能够选择的鱼有：G、H、J、K、L。

能够选择的植物有：W、X、Y、Z，同时还需要满足以下规则：

（1）如果选择了G，那么不能选择H也不能选择Y；

（2）除非选择K，否则不能选择H；

（3）除非选择W，否则不能选择J；

（4）如果选择了K，那么必须选择X。

42. 以下哪一个选项是他有可能进行的选择?

| 鱼 | 植物 |
|---|---|
| A. G、H、K | W、Y |
| B. G、J、K | W、X |
| C. G、J、L | X、Z |
| D. H、J、L | W、Z |
| E. H、K、L | Y、Z |

43. 如果爱好者选择了H,那么以下哪个选项也为真?

A. 她选择了X。

B. 她选择了W。

C. 她选择了J,同时没有选择Y。

D. 她选择了K,同时没有选择X。

E. 她选择了X,同时没有选择Y。

44. 甲买了一套新房子,乙、丙、丁三人决定一起去甲家里吃火锅庆祝,他们需要提前购买的食材有肉类、蔬菜、水果和饮料。四人购买的食材种类均不相同,并且情况如下:

(1)如果甲购买肉类,那么乙不购买蔬菜;

(2)或者丙购买肉类,或者甲购买肉类;

(3)如果乙不买蔬菜,那么丁不买水果;

(4)或者甲不买饮料,或者丁买水果。

以下哪项如果为真,可以推出丙买肉类?

A. 甲买肉类。　　　B. 乙不买蔬菜。　　　C. 甲买饮料。　　　D. 丁不买水果。　　　E. 乙买水果。

45. 钩端螺旋体病主要是因为人们被带有病菌的跳蚤叮咬后传染的。一般来说,跳蚤并不会直接产生这种细菌,它们往往是因为在幼虫时期,寄生在携带了寄生钩端螺旋体病的灰鼠身上,从而携带具有传染性的病菌。所以,如果在该区域放生一些没有寄生细菌的老鼠,这样跳蚤在幼虫时期寄生在带有病菌的灰鼠身上的概率就会降低,从而也降低了人们被跳蚤叮咬以后感染钩端螺旋体疾病的概率。

以下哪个选项最能够加强上述论述?

A. 跳蚤本身的健康不会被钩端螺旋体病菌影响。

B. 目前没有例子证明,人们会直被带有钩端螺旋体病的灰鼠所传染。

C. 幼虫时期没有生长在患病灰鼠身上的跳蚤,即使以后接触患病老鼠,也不会有传染性。

D. 除了跳蚤，还有其他的方式会导致人们被钩端螺旋体病感染。

E. 带有钩端螺旋体病的跳蚤也会叮咬猫狗等小动物，但是猫和狗并不像人那么容易受到这种病毒的影响。

46. 椰子是很多人喜欢的食物，在市场上也有琳琅满目各种各样的椰果食品。不过最近几年来，人们对于椰果的消费需求并没有提升太多，而且最近三年，椰果类食品在市场上的销售价格也没有显著波动，去年椰果类食品的生产厂家的平均利润却得到了显著的提升。

以下除了哪项以外，都可以解释题干中看似的矛盾？

A. 椰果的生产厂商通过用机械收割的方法代替人工收割，节约了一部分成本。

B. 橄榄油，作为生产椰果食品的主要原料，最近的价格大幅度下跌。

C. 去年的降雨量有明显提升，从而节约了椰果园的很多灌溉成本。

D. 椰果厂家进行研发，推出了更丰富的一系列不同口味的椰果类食品。

E. 去年很多家小椰果厂商合并重组，节约了很多运营成本。

47~48 题基于以下题干：

一个广告公司决定在周一到周六举办一系列的宣讲会。宣讲会的内容包括美术、音乐、文学、摇滚、历史、经济。每天早上和下午各有一次内容不同的宣讲，同时每个内容的宣讲恰好只举办两次。同时宣讲会举办安排符合下面的要求：

（1）周三必须有一次美术题材的宣讲会；

（2）周五必须有一次音乐题材的宣讲会；

（3）如果经济宣讲会没有排在周五，那么它也不能排在周三以及周三之前的某一天；

（4）如果历史题材的宣讲会没有排在周五或者周三，那么美术题材的宣讲会不能排在周三；

（5）如果摇滚题材的宣讲会没有排在周二或者周六，那么经济题材的宣讲会不能排在周六。

47. 如果实际排列符合上述所有要求，以下哪个选项一定为真？

A. 摇滚题材的宣讲会排在周二。

B. 美术题材的宣讲会排在周五。

C. 音乐题材的宣讲会排在周六。

D. 文学题材的宣讲会排在周一。

E. 经济题材的宣讲会排在周三。

48. 如果音乐题材的宣讲会排在周四，以下哪个选项一定为真？

A. 周一有摇滚题材的宣讲会。

B. 周二有美术题材宣讲会。

C. 周四有文学题材的宣讲会。

D. 周二有文学题材的宣讲会。

E. 周三有经济题材的宣讲会。

49. 尽管退烧药已经被证明，确实可以有效地治愈低烧和小部分疾病。但是现在很多医生并不会轻易再给病人开消炎药用来退烧。因为低烧同时也会唤醒体内的免疫机能，增加白细胞的数量，这样可以杀死体内的导致其他疾病的各种细菌。

如果以上论述为真，那么以下哪一个选项能够被合理推出？

A. 服用退烧药有可能反而推迟某些疾病的康复时间。

B. 退烧药可以有效地治愈很多疾病。

C. 退烧药的有效成分会阻止人体白细胞的生成。

D. 人体产生的白细胞越多，对于一个病人来说，康复就越快。

E. 除了退烧药，还有其他的药可以有效地杀死病人体内的细菌。

50. 没有教书育人责任心的人不可能成为一名优秀的老师，而没有一个商人有教书育人的责任心。

如果上述论述为真，以下哪个选项不可能为真？

A. 甲做生意赚了很多钱，同时没有教书育人的责任心。

B. 乙从父亲那里继承了一大笔财富，同时也有教书育人的责任心。

C. 丙是一个商人，同时是一名优秀的老师。

D. 丁开公司赚了很多钱，同时也在学校里教书。

E. 戊是一名学习很差的学生，他的志向是当一名老师。

51. 一个咖啡机的广告商给出了下面的论述：5 年前，晨星公司和浩瀚公司分别购买了咖啡机，晨星公司购买的是我们公司的咖啡机，而浩瀚公司购买的是其他品牌的咖啡机。到现在，浩瀚公司的咖啡机已经老化，必须更换新的咖啡机了，而晨星公司的咖啡机依旧工作很好，而这两个公司的员工数量是近似的，对咖啡量的需求也近似。这说明我们的咖啡机质量过硬，非常耐用。

以下哪个选项最强地削弱了广告商在上文做出的论述？

A. 晨星公司的咖啡机不是市场上最耐用的咖啡机。

B. 晨星公司楼下有一家便宜又好喝的咖啡连锁店，吸引了很多消费者。

C. 除了耐用和质量，咖啡机还有很多其他更重要的功能。

D. 浩瀚公司准备新买的咖啡机也不是该咖啡机品牌。

E. 晨星公司的咖啡机的价格比浩瀚公司咖啡机的价格要更贵一些。

52~53题基于以下题干：

　　某省游泳队报名参加了运动会，现将赵甲、钱乙、孙丙、李丁、周戊、吴己、郑庚7名队员分为A，B，C三队进行训练，每人只加入其中一队。已知：

　　（1）孙丙和李丁在同一队；

　　（2）周戊和吴己在同一队；

　　（3）C队的队员比B队多；

　　（4）孙丙或郑庚在A队；

　　（5）郑庚或吴己在B队。

52. 如果A队的队员比C队多，以下哪项一定为真？

　　A. 赵甲在B队。　　B. 钱乙在B队。　　C. 吴己在C队。　　D. 孙丙在C队。　　E. 李丁在A队。

53. 如果钱乙和周戊在同一个队，以下哪项是可能的？

　　A. 赵甲在B队。　　B. 钱乙在A队。　　C. 孙丙在C队。　　D. 周戊在B队。　　E. 李丁在B队。

54~55题基于以下题干：

　　中秋将近，后勤部的甲乙丙丁4人要负责给公司同事分发月饼礼盒，公司一共4层楼，要求每层楼有2人负责，每人负责2层楼且不能完全一致。已知：

　　（1）如果甲负责1楼，那么乙和丁都负责一楼；

　　（2）如果丙、丁至少有一人负责2楼，那么甲负责1楼；

　　（3）如果甲、乙负责的其中一层楼一致，那么丙、丁都负责4楼。

54. 根据以上信息，以下哪项一定为真？

　　A. 甲负责3楼。　　　　　　　　B. 丙不负责1楼。

　　C. 乙负责3楼。　　　　　　　　D. 丁负责1楼。

　　E. 甲不负责2楼。

55. 若丙负责的两层楼与甲不相同，以下哪项一定为真？

　　A. 丙负责3楼。　　　　　　　　B. 丁负责2楼。

　　C. 丁负责3楼。　　　　　　　　D. 丙不负责1楼。

　　E. 甲负责4楼。

四、写作：第 56 ~ 57 小题，共 65 分。其中论证有效性分析 30 分，论说文 35 分。

56. 论证有效性分析：分析下述论证中存在的缺陷和漏洞，选择若干要点，写一篇 600 字左右的文章，对该论证的有效性进行分析和评论。（论证有效性分析的一般要点是：概念特别是核心概念的界定和使用是否准确并前后一致，有无各种明显的逻辑错误，论证的论据是否成立并支持结论，结论成立的条件是否充分，等等。）

  "奋斗改变命运"这一曾经激励几代人的口号已经逐渐成为了一种空洞的历史口号，我们不得不承认的是，现代社会改变命运的只有社会阶级。

  虽然人们出生的时候都是两手空空来到人世，但是家庭环境优越的人有比其他人更好的物质资源，这也就决定了他们的个人教养与整体素质是优于他人的，而这些人生来就有的物质资源是其他人奋斗一生都没有的。

  即便两个人是同一阶级，但是我们会发现不同选择带来的命运也有所不同，而且有一句名言是："选择比努力重要得多"。所以我们努力奋斗不如选择得正确，这样看来奋斗的作用也不值得一提。

  而且现在社会上的"拜金主义""唯利是图"的观念已经被一部分人接受，"奋斗改变命运"的观念已经开始被当成一种嘲讽，这也反映了整个社会的大趋势是在逐步向着"金钱主义"过渡。

  "奋斗改变命运"，但是残酷的现实是：很多人奋斗了却没有改变命运，这不就是对这句话最好的反驳吗？

  所以，我们不得不承认的是："奋斗改变命运"这句话已经成为了空洞的历史口号。

57. 论说文：根据下述材料，写一篇 700 字左右的论说文，题目自拟。

  一位伟大的哲学家说过"何为成事之本？其首要在于正确方法，无论是个人之小业抑或是国家之大业，方法是前提。否则精力付出与结果将南辕北辙。但是方法并非是唯一，路途之千难万阻还需有实干为核心"。

# 管理类联考综合能力强化卷（一）

**一、问题求解：第 1~15 小题，每小题 3 分，共 45 分。下列每题给出的五个选项中，只有一个选项是最符合题目要求的。**

1. 某班学生在一次测验中平均成绩为 75 分，该班男生人数比女生人数多 80%，而女生平均成绩比男生高 20%，则女生的平均成绩为（　　　）分.

   A. 80　　　　　　B. 81　　　　　　C. 82　　　　　　D. 70　　　　　　E. 84

2. 已知非零实数 $a,b$ 满足 $a+b=3$，$\dfrac{1}{a}+\dfrac{1}{b}=\dfrac{3}{2}$，则代数式 $a^2b+ab^2$ 的值为（　　　）.

   A. 3　　　　　　B. 4　　　　　　C. 5　　　　　　D. 6　　　　　　E. 7

3. 某班级有 60 名同学，有 36 名同学报名参加了数学竞赛，其中的 15 名同学同时报名参加了物理竞赛，占报名参加物理竞赛总人数的 60%，那么没有报名参加这两项竞赛的同学有（　　　）名.

   A. 10　　　　　　B. 11　　　　　　C. 12　　　　　　D. 13　　　　　　E. 14

4. 求 $f(x)=\dfrac{x^2+7x+10}{x+1}$ 在 $x\in(-1,+\infty)$ 范围内的最小值.（　　　）

   A. 6　　　　　　B. 9　　　　　　C. 4　　　　　　D. 13　　　　　　E. 7

5. 从标有 1~9 的九张卡片中不放回地抽取 3 次，每次抽取一张，则三张卡片上数字奇偶性不完全相同的概率为（　　　）.

   A. $\dfrac{5}{6}$　　　　B. $\dfrac{5}{14}$　　　　C. $\dfrac{10}{21}$　　　　D. $\dfrac{17}{21}$　　　　E. $\dfrac{1}{6}$

6. 如图所示，$\triangle ABC$ 的 $BC$ 边上有一点，已知 $AB=4$，$AD=2$，$\angle DAC=\angle B$，且 $\triangle ABD$ 的面积为 3，则 $\triangle ADC$ 的面积为（　　　）.

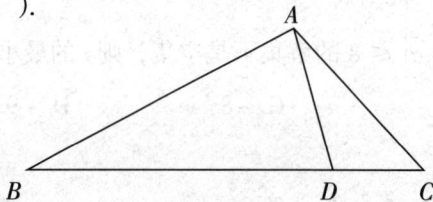

   A. 1　　　　　　B. $\dfrac{1}{2}$　　　　　　C. 2　　　　　　D. $\dfrac{3}{2}$　　　　　　E. 4

7. 如图，$ABCD-A_1B_1C_1D_1$ 为正方体，点 $M, N, P$ 分别为棱 $AB$，棱 $BC$ 与棱 $BB_1$ 的中点，则过点 $M$，$N, P$ 的截面面积与正方体表面积之比为（　　　）.

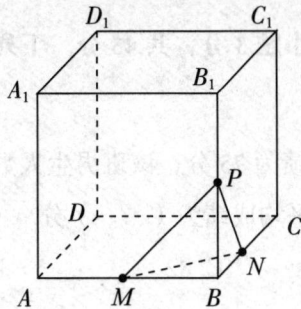

A. $16\sqrt{3}:1$ 　　　B. $\sqrt{3}:24$ 　　　C. $1:48$ 　　　D. $\sqrt{3}:36$ 　　　E. $\sqrt{3}:48$

8. 一个盒子中有大小相同的 4 个红球和 2 个白球，现从中不放回地先后摸球，直到 2 个白球都摸出为止，则摸球 4 次就完成的概率为（　　　）.

A. $\dfrac{1}{5}$ 　　　B. $\dfrac{1}{12}$ 　　　C. $\dfrac{1}{15}$ 　　　D. $\dfrac{5}{15}$ 　　　E. $\dfrac{4}{15}$

9. 已知圆 $C: (x+1)^2 + y^2 = 1$，点 $P$ 为直线 $5x + 12y - 21 = 0$ 上一动点，过 $P$ 点作圆 $C$ 的切线，设切点为 $M$，则切线段 $PM$ 长度的最小值为（　　　）.

A. 1 　　　B. 2 　　　C. $\sqrt{5}$ 　　　D. $\sqrt{3}$ 　　　E. $\sqrt{3}-1$

10. 某班级有 9 类不同的图书，且每类图书的数量足够多，现每个小朋友从中任意选择 3 本不同类的图书，则至少要有（　　　）个小朋友，才能保证总有 2 个小朋友选择的图书类别完全相同.

A. 82 　　　B. 83 　　　C. 84 　　　D. 85 　　　E. 86

11. 某个三位数，其个位、十位、百位数字各不相同且均为质数. 若将该数的个位与百位数字对调，所得新的三位数比原三位数大 396，则原三位数的个位数字为（　　　）.

A. 1 　　　B. 2 　　　C. 3 　　　D. 5 　　　E. 7

12. 关于 $x$ 的不等式 $|x-1| + |x+a| \leqslant 8$ 的解集不是空集，则 $a$ 的最小值是（　　　）.

A. $-6$ 　　　B. $-7$ 　　　C. $-8$ 　　　D. $-9$ 　　　E. $-10$

13. 已知数列 $\{a_n\}$ 的前 $n$ 项和 $S_n = 2n^2 - 3n$，而 $a_1$，$a_3$，$a_5$，$a_7$，$\cdots$. 组成一新数列 $\{c_n\}$，其通项公式为（　　　）.

A. $c_n = 8n - 9$    B. $c_n = 8n - 1$    C. $c_n = 8n + 1$    D. $c_n = 4n - 3$    E. $c_n = 8n + 9$

14. 某公司安排3人值班一周,每天安排1人值班,每人至少值2天,其不同的排法共有(    )种.

   A. 260        B. 320        C. 480        D. 520        E. 630

15. 已知10个产品中有3个次品,现从中抽取一个后放回,抽取若干次,要使至少抽得一个次品的概率不小于0.7,则至少应抽取(    )次.

   A. 2        B. 3        C. 4        D. 5        E. 6

**二、条件充分性判断:第16~25小题,每小题3分,共30分。要求判断每题给出的条件(1)和条件(2)能否充分支持题干所陈述的结论。A、B、C、D、E五个选项为判断结果,请选择一项符合题目要求的判断。**

   A. 条件(1)充分,但条件(2)不充分.

   B. 条件(2)充分,但条件(1)不充分.

   C. 条件(1)和(2)单独都不充分,但条件(1)和条件(2)联合起来充分.

   D. 条件(1)充分,条件(2)也充分.

   E. 条件(1)和(2)单独都不充分,条件(1)和条件(2)联合起来也不充分.

16. 甲、乙两辆汽车同时从A、B两地相向开出,甲车每小时行驶50千米,乙车每小时行驶40千米.则两地相距360千米.

   (1)相遇后,甲车再行驶3小时到达B地.

   (2)两车在距离中点20千米处相遇.

17. 已知$m,n$均为实数,且$m^2 + n^2 = 6mn$.则有$\dfrac{m+n}{m-n} = \sqrt{2}$.

   (1)$m < n < 0$.

   (2)$m > n > 0$.

18. $m$本不同的书分给$n$个人.则可以确定$m$的值为52.

   (1)每人分5本则缺3本.

   (2)每人分$k$本(某个适当的$k$),则多出8本.

19. 实数 $a$，$b$ 之间满足 $a=2b$.

（1）关于 $x$ 的方程 $x^2-ax+b^2=0$ 有两相等实根.

（2）实数 $\begin{cases} x=a \\ y=b \end{cases}$ 为二元二次方程 $x^2-xy-2y^2=0$ 的一组解.

20. 方程 $|x-3|+|x+4|=a$ 有无穷多解.

（1）$a \geqslant 7$.

（2）$a \leqslant 7$.

21. 数列 $\{a_n\}$ 为等差数列，前 $n$ 项和为 $S_n$. 则可确定 $S_n$ 有最大值.

（1）$3a_1+3a_3-a_2^2-8>0$.

（2）$a_1a_3<0$.

22. 设两组数据 $S_1$：1，2，3，4，5 和 $S_2$：1，2，$a$，4，5. 则能确定 $a$ 的值.

（1）$S_1$ 与 $S_2$ 的均值相等.

（2）$S_1$ 与 $S_2$ 的方差相等.

23. $\triangle ABC$ 中，第三条高线的最大值为 6.

（1）有两条高线的长分别为 5 和 20.

（2）第三条高线的长为整数.

24. 设 $x$，$y$ 为实数. 则 $x^2+y^2 \geqslant 1$.

（1）$x+y \geqslant \sqrt{2}$.

（2）$xy \geqslant 1$.

25. 袋子中有若干个大小相同的白球、黑球和红球. 则可确定红球最多.

（1）从中任取一球，则此球为黑球的概率为 $\dfrac{1}{3}$.

（2）从中任取两球，则两球均为红球的概率大于 $\dfrac{1}{3}$.

26. 社交工具不断升级,年轻人却在"社交降级"。超四成年轻人表示自己存在不同程度的"社恐"。如果生活节奏快、工作压力大、心理负担重，就会导致过度依赖虚拟社交平台并且处于社交"被动"的状态。更多的年轻人依靠手机建构和维护自己的社交网络，在虚拟世界越陷越深。长此以往，便远离了真切的现实生活。任何一种网络产品，只有当它植入现实生活，与正常生活步调和谐，才会具有持久的生命力。换言之,逃避社交只是一时的,只有化解"社恐"焦虑，才能勇敢地迈出从舒适走向未知的那一步，触摸真实社交的复杂和温暖。

    如果以上陈述为真，则以下哪项也一定为真？

    A. 对于年轻人来说，如果生活节奏快、工作压力大，那么就容易产生"社恐"的焦虑。

    B. 要化解"社恐焦虑"就不可避免地会利用虚拟社交平台进行社交，若尺度拿捏不当，则又会出现过度依赖虚拟社交平台的问题。

    C. 如果一个网络产品能够植入生活，那么它一定具有持久的生命力。

    D. 若有人能勇敢地迈出从舒适走向未知的那一步，但无法从根本上化解"社恐焦虑"，说明他一定没有触摸到真实社交的复杂和温暖。

    E. 处于社交"被动"状态的年轻人，一定会过度依赖虚拟社交平台。

27. 某研究团队为了了解食物摄入和我们感知食物气味能力之间的关系，进行了一项实验。实验分为两组，第一组是没吃任何食物的饥饿受试者，第二组是刚吃过食物的饱腹受试者。研究人员让这两组受试者试闻一种食物和非食物的混合气味，比如"披萨"和"松树"。这种混合气味中食物和非食物气味的比例完全相同。结果发现，有 87% 的第一组实验者反馈他们闻到的是披萨味道，而 85% 的第二组实验者反馈他们闻到的是松树的味道。

    以下哪个选项最能解释两组受试者闻到的是相同的混合气味，反馈出的结果却有所不同？

    A. 第二组的有些人闻出了披萨的味道，但是他们并不喜欢吃披萨。

    B. 当人们吃饱后，处理气味的大脑区域敏感性降低，人们的嗅觉会变差。

    C. "披萨"的气味主要来源于其中烤芝士的味道，这种味道比较浓郁。

    D. 相比饱腹时，饥饿状态下的受试者更倾向于感知食物气味而不是环境中的其他味道。

    E. 松树是该受试者城市里种植的常见树木，大家生活中经常可以闻到松树的味道。

28. 海龟为国际珍稀濒危物种，同时被列为我国二级野生保护动物。它源于二叠纪中后期，曾经历了从海洋到陆地，又从陆地返回海洋的漫长演化史，形成了如今独特的洄游习性，即从出生地游到栖息地生活，成年后又从栖息地返回出生地产卵的习性。在澳大利亚的蒙利普斯海滩，每年 11 月到次年 3 月份是红海龟产卵的季节，如果温度适宜而且没有人类的

打扰，红海龟们就会爬上海滩产卵。但是有志愿者发现从去年 11 月到现在的 3 月份，一直没有看到红海龟在蒙利普斯的沙滩产卵的迹象，所以他们得出结论，去年该海滩的气温一定不适宜红海龟产卵。

以下哪项是上述推理成立所需要的假设？

A. 去年 11 月到今年 3 月的时间段没什么人去海滩游玩。

B. 澳大利亚有非常多的著名海滩，每个海滩都景色宜人。

C. 去年蒙利普斯海滩的温度创了最近十年的最低温记录。

D. 除了红海龟以外，志愿者也没有发现其他种类海龟在沙滩产卵的痕迹。

E. 红海龟产卵时，对气温的要求十分的严格和挑剔。

29. 张医生给来自外地的患者诊病，根据病人病症的三个治疗阶段各开具了 1 张中药处方，对于青皮、佛手、川芎和桃仁这四种药在 3 张药方中的重复使用，张医生有以下的配药原则：
    （1）如果青皮或者佛手在第一阶段的药方中，那么第二和第三阶段的药方中都要有川芎和桃仁；
    （2）如果某个阶段的药方中有川芎，那么该药方中没有桃仁。

    根据上述的要求，以下哪项不可能为真？

    A. 佛手和桃仁在第二阶段的药方中。

    B. 青皮和佛手不在第一阶段的药方中。

    C. 青皮和桃仁在第三阶段的药方中。

    D. 川芎和青皮在第一阶段的药方中。

    E. 佛手和川芎在第二阶段的药方中。

30. 通常认为，人体正常内部温度（体温）为 37℃。如今，体温达到 37℃ 已经算是低烧了。越来越多的科学家发现，我们的"正常"生理似乎发生了一些细微的变化。研究人员通过分析超过 50 万份个体温度测量的详细信息，发现在本世纪初出生的男性体温比大约 200 年前出生的男性体温平均低 0.59℃，同时女性的平均体温下降了 0.32℃。研究人员认为这可能与疾病引起的炎症有关，而炎症会导致体温升高。人类平均体温的下降是因为随着现代医学的兴起，人体内的慢性炎症程度得到了明显的降低。

    以下除了哪项均能削弱上述论述？

    A. 玻利维亚一个相对偏远的土著部落中也发现了体温降低的现象，但该部落医疗护理水平很低，感染仍然很普遍。

    B. 肌肉是人体内最大的发热器官。现代人运动量的减少，导致肌肉含量变低，能量消耗减少，基础体温因此有所降低。

    C. 现代人类接种了大量的疫苗，间接地降低了人体内的免疫系统的活跃度，从而造成体温下降。

D. 现代人普遍面临着比过去的人更多的生活压力，导致皮质醇长期大量分泌，会导致体温随之降低。

E. 在新陈代谢速度较低的情况下，体温会有所下降，若新陈代谢速度增加，则会促使体温上升。

31. S市要求医院给附近数个社区的居民提供医务服务。负责服务的医务人员均来自甲医院或乙医院，给社区居民提供的服务包括打疫苗或者核酸检测。已知，没有一个甲医院的医生给翱翔社区的居民做过核酸检测，乙医院的医生都给翱翔社区的居民打过疫苗；王伟给张明做了核酸检测，但是没有给赵峰打疫苗；刘晋给孙华打了疫苗，但是从来没去翱翔社区给居民做过核酸检测。

根据以上信息，可以得出哪项？

A. 王伟一定来自乙医院。

B. 刘晋一定来自甲医院。

C. 如果刘晋来自乙医院，那孙华一定是翱翔社区的居民。

D. 如果张明不是翱翔社区的居民，那王伟一定来自甲医院。

E. 如果张明是翱翔社区的居民，那王伟一定来自乙医院。

32. 少壮不努力，老大徒伤悲。因此，如果你年少时期努力，那么成年后就不会感叹后悔。

以下哪项与上述论证方式最为相似？

A. 若要人不知，除非己莫为。因此，如果是你真的做了的事情，就不要害怕人知道。

B. 不听老人言，吃亏在眼前。因此，如果你没有听长辈的话，那么你一定会吃亏。

C. 不经一番寒彻骨，怎得梅花扑鼻香？因此，如果经历了彻骨的寒冷，梅花自会盛开。

D. 路遥知马力，日久见人心。因此，你要明白人心，必定有漫漫长路要走。

E. 亡羊补牢，犹未迟也。因此，只要你愿意努力，任何时候都不晚。

33. 金润生物科技公司计划在10周年庆时推出植物固体饮料组合装回馈新老客户，可选择的饮料含有下列6种口味：荔枝红茶、蜜桃乌龙、玫瑰红茶、西柚龙井、椰香茉莉、乌梅绿茶。

通过客户口味的调查发现，组合装里面的6种口味的搭配需要满足以下的条件：

（1）如果不选择荔枝红茶，那么要选择玫瑰红茶；

（2）如果选择西柚龙井或者玫瑰红茶，那么就必须选择椰香茉莉；

（3）椰香茉莉和乌梅绿茶至多选择一种；

（4）除非不选择椰香茉莉，否则要选择乌梅绿茶。

根据上述信息，以下哪项一定为真？

A. 选择蜜桃乌龙。　　　　　　　　B. 不选择乌梅绿茶。

C. 选择西柚龙井。　　　　　　　　D. 选择玫瑰红茶。

E. 选择荔枝红茶。

34. 生物钟指的是什么？它们是怎样工作的？有时你不必看钟，当你肚子饿的时候，你就知道那是该吃饭的时候了。当你困了的时候，你就知道那是该睡觉的时候了。在通常情况下，你感到困、饿的时间总是非常接近于正常的就寝和就餐时间。生物钟调节着我们的身体让它有规律地去做该做的事情，如果生物钟紊乱，不仅会让我们作息不规律，还会对我们的身体健康造成危害。因此为了健康的身体，应该保持规律的生物钟。

以下哪项最能支持上述结论？

A. 如果没有规律的生物钟，人体的免疫力也会跟着下降，感冒、胃肠感染、过敏等神经失调症状都会出现，甚至会出现休克危及生命。

B. 不规律的作息会使人们反应变慢，记忆力下降，第二天无精打采。

C. 人体和自然界许多生物一样，都有生物钟。生物钟一旦被打破，就会较长时间的处于紊乱状态。

D. 生物钟不规律容易使人心情抑郁，长期下去会变得暴躁易怒，影响生活状态。

E. 不同年龄段的人出现生物钟紊乱的情况都不一样，最常见的就是会出现精神不振、注意力无法集中、面容憔悴等症状。

35. 混凝土是现代主要的人造工程结构材料，由水泥、砂、石子和水按一定比例拌合，经搅拌、成型、养护后凝固而成的水泥石，受压性能很好，但是混凝土有一个缺点，就是不能够承受拉伸。一旦地震的话，房屋就会顷刻倒塌，为提高混凝土的抗拉性能，常在混凝土受拉区域内加入一定数量的钢筋，使两种材料成一个整体，共同承受外力。这种配有钢筋的混凝土，称为钢筋混凝土。钢筋混凝土梁承载力大，变形性能好，一般是作为房屋地基或者桥梁建造里的主要结构。为了让建造出来的房屋足够坚固和安全，工程学专家宣传，钢筋混凝土结构目前是人们建造房屋必须的选择。

以下哪项是对工程学家论述的削弱？

A. 不使用钢筋混凝土结构的房屋，抗震性和抗拉性能难以满足房屋的安全要求。

B. 钢筋混凝土密度大，制造出来的房屋整体质量比较重。

C. 根据房屋的不同要求，钢筋混凝土中的钢筋直径规格有 10mm、14mm、18mm、22mm 等多种选择。

D. 对于抗灾或者抗疫的临时性建筑，对安全性要求相对较低，大多选择采用复合板和钢结构简单搭建而成。

E. 混凝土中也可以使用纤维增强复合材料（FRP 材料），FRP 材料抗拉强度是钢筋的好几倍，

制造出来的房屋也很坚固安全。

36. 中文专业诗歌鉴赏课程张老师给赵、钱、孙、李、周、吴、宋、孔八名学生分配了三类诗歌鉴赏的学习任务，分别是古体诗、近代诗和现代诗。一个学生只能选择一种诗歌类型进行鉴赏，且每种类型选择的人数最多三个，已知：

（1）如果赵没有选择古体诗或者钱没有选择现代诗，那么孙选择现代诗并且李选择近代诗；

（2）如果李没有选择现代诗或者吴选择古体诗，则钱和孙都会选择近代诗；

（3）孙和吴会选择相同的诗歌类型。

如果周和宋选择相同的诗歌类型，则以下哪项一定为真？

A. 钱选择近代诗鉴赏。        B. 李不选择现代诗鉴赏。

C. 孔选择现代诗鉴赏。        D. 宋选择古体诗鉴赏。

E. 吴不选择近代诗鉴赏。

37. 亚麻籽油因为拥有着独特的亚麻香味，受到很多人们的喜爱。其实亚麻籽油的最大优势是 α-亚麻酸含量丰富，这也是其他种类的食用油无法与其相比的。因为 α-亚麻酸是人体必需的一种不饱和脂肪酸，而且在人体无法合成，只能从食物中摄入。所以食疗主义者建议，"三高"患者应该尽量多食用一些亚麻籽油而不是豆油或者菜籽油。

以下哪个选项是对食疗主义者的支持？

A. α-亚麻酸可调节血压，减少血脂含量，改善血液浓度，降低血液黏性，保持血液的流动性，预防血管阻塞及有关疾病。

B. 亚麻籽油的价格比豆油和花生油略贵，但是比橄榄油的价格便宜一些。

C. 鱼肉，核桃等人们的日常食物中也含有大量的 α-亚麻酸。

D. 亚麻籽油中的 α-亚麻酸在 120° 的时候开始减少，油温达到 240° 的时候，α-亚麻酸含量降低 82.56%。

E. 现在亚麻籽油的榨取技术非常成熟，超市、网上都可以很方便买到。

38. 一部好的作品，离不开好的故事题材。只要有动人的故事和鲜明的人物特色就能让电影拥有社会效益。如果一个电影拥有社会效益，那它一定就会拥有足够的教育意义和足够的经济效益。电影要传得开、留得下，不仅要题材好，更要讲得好。然而，众多影迷期待上映的重磅科幻片 N 影片并没有产生足够的经济效益。

根据上述论述，以下哪项关于 N 影片的描述一定为真？

A. 鲜明人物特色和动人的故事至少有一个不具备。

B. 具备鲜明的人物特色。

C. 不具备动人的故事。

D. 拥有社会效益。

E. 没有拥有足够的教育意义。

39. 汉服文化的兴起使得传统金银首饰制作受到追捧，擅长点翠工艺的张师傅根据客户需求打造点翠饰品，计划从珍珠、珊瑚、绿松石、青金石、玛瑙和翡翠这6种材料中选取适合的3种制作，已知：

（1）如果珍珠和珊瑚至少使用一种，那么绿松石和青金石都不使用；

（2）只有珍珠和翡翠都使用，才使用玛瑙；

（3）如果使用珍珠或者翡翠，那么也会使用绿松石。

根据上述信息，张师傅最终使用的材料是？

A. 珍珠、珊瑚、翡翠。　　　　　B. 珊瑚、玛瑙、翡翠。

C. 青金石、玛瑙、翡翠。　　　　D. 绿松石、青金石、翡翠。

E. 珍珠、玛瑙、翡翠。

40. 根据市场研究机构发布的报告，2020年我国耳机市场出货量为9610万台,同比增长23.5%,其中无线耳机占比66%,同比增长44.1%。有线耳机不敌无线耳机已成为板上钉钉的事实，且从当前的出货量以及增速来看，某些行业专家认为，无线耳机与有线耳机未来的产值差距或还将进一步被拉大，无线耳机会继续扩大耳机市场的占有率。

以下除了哪项，均能支持上述观点？

A. 无线耳机的功能比有线耳机更全面，音质、降噪、通话的体验感有很大提升。

B. 无线耳机摒弃有线烦恼，越来越多的人更倾向于购买和使用无线耳机。

C. 在那些对于声音还原度要求极高的场景，有线耳机依旧是主流的选择。

D. 随着电池进一步的发展，电池越来越小，容量越来越大，减少了无线耳机使用时的充电限制。

E. 有线耳机携带和收纳时容易导致接头处损耗，平均使用寿命和性价比均低于无线耳机。

41. 某市计划在文青街道自西向东设立6个志愿服务站点为附近居民提供生活帮助。服务站点有：龙川站点、博罗站点、仲恺站点、河源站点、和平站点、塘厦站点。关于各站点的安排顺序还需遵循以下要求：

（1）龙川站点和河源站点相邻，并且河源站点安排在第三个；

（2）和平站点不在第一个，就在最后一个；

（3）龙川站点和仲恺站点之间恰好有1个其他站点；

（4）博罗站点和塘厦站点之间的居民人数很多，一定要相邻。

如果以上要求得到满足，则以下哪项一定为真？

A. 博罗站点在第五个。　　　　B. 仲恺站点在第六个。

C. 塘厦站点在第五个。　　　　D. 和平站点在第一个。

E. 龙川站点在第四个。

42. X大学传统知识乐趣问答中出了一道6×6的方阵填字问题，它所含的每个小方格中可填入一个字（已有部分字填入）。现要求该方阵中的每行、每列及每个粗线条围住的六个小方格组成的区域中均含有"仁""义""礼""智""忠""信"6个字，不能重复也不能遗漏。

| | | 信 | | 礼 | |
|---|---|---|---|---|---|
| 义 | 忠 | | | | |
| | | | 礼 | 忠 | 信 |
| | 仁 | 义 | | | |
| | 礼 | 仁 | 智 | | |
| ① | ② | ③ | ④ | | |

根据上述要求，以下哪个选项为①②③④空格中从左至右依次应填入的字？

A. 义、信、智、忠。　　　　B. 智、义、忠、信。

C. 智、信、忠、义。　　　　D. 智、义、信、忠。

E. 义、忠、智、信。

43. 近日，从猫皮肤中分离的一种独特的菌株S，它具有让皮肤愈合的功能，同时可以对抗难以治疗的动物和人类皮肤感染。一个研究团队通过小鼠实验发现，与没有治疗的小鼠相比，用菌株S治疗的小鼠皮肤上鳞屑和红肿都有所减少，同时减少了感染的皮肤坏死损伤。有人据此认为，那些担心养猫会影响人类健康的言论已经过时，当下应该鼓励大家养猫。

以下哪项如果为真，最能削弱上述论述？

A. 虽然猫咪身上有存在抗菌的S菌株，但如果细菌过多，皮肤损伤过大，也不能彻底保证它们不会患有皮肤病。

B. 猫身上容易携带弓形虫，这类寄生虫容易传染给人，对人类的健康危害性非常大，并且这种病到现在都没有理想的治疗方法。

C. 实验者把猫和实验的小鼠放在同一个封闭环境中，实验过程中猫并没有吃掉小鼠。

D. 猫有清理自己的习惯，空闲的时候就会用舌头舔舐自己的毛发，可以起到清洁毛发、保养皮肤的作用。

E. 人体皮肤上定植着百余种不同的细菌,猫咪身上独特的细菌菌株仅对部分"坏菌"有作用。

44. 近日,一篇关于睡眠的最新研究揭示了"困意"究竟是如何在脑中产生的。目前普遍认为,困意与一种叫"腺苷"的分子不断积累有关。大体来说,清醒越久,细胞外的腺苷分子越多,它们与相应的受体相结合,抑制了神经活动,于是人就越来越困。科学家进一步研究发现,大脑基底前脑区的谷氨酸能神经元(以谷氨酸为神经递质的神经元)的活动是引起胞外腺苷积累的主要原因。据此科学家推测,谷氨酸能神经元的活动与"困意"的形成有着密切的关系。

以下哪项是对科学家推测的支持?

A. 谷氨酸是生物机体内氮代谢的基本氨基酸之一,在代谢上具有重要意义。

B. 损毁了小鼠基底前脑区的谷氨酸能神经元后小鼠清醒的时间显著增加。

C. 不同的人大脑中谷氨酸能神经元的活性有所不同。

D. 除了大脑基底前脑区,大脑的其他区域也分布着众多的谷氨酸能神经元。

E. 降低神经系统中腺苷的浓度后人体的疲劳感将会增加。

45. 某校要从艺术学院中舞蹈能力较为突出的赵、钱、张、王、李5人中挑选3人代表学校参加多校联合组织的舞蹈风暴大赛,已知项目有单人舞和双人舞,选出的3人每人只能参加一类舞蹈项目,现已知参赛人员安排情况如下:

(1)赵和张不可能同时被选中代表学校参赛;

(2)如果王或李参赛,那么钱一定会参赛;

(3)除非王不参赛,否则赵参加单人舞。

根据以上信息,以下哪项可能为真?

A. 王参加单人舞;赵、李参加双人舞。

B. 钱参加单人舞;赵、张参加双人舞。

C. 赵参加单人舞;王、钱参加双人舞。

D. 李参加单人舞;赵、王参加双人舞。

E. 赵参加单人舞;张、王参加双人舞。

46. 北欧五国:挪威、瑞典、芬兰、丹麦、和冰岛每个国家都有自己独特的旅游景点,甲、乙、丙、丁、戊五人将在假期各前往其中一个国家旅游,并且每个国家只有一个人选择。已知:

(1)甲选择的国家在挪威、瑞典和芬兰之中;

(2)乙选择的国家在芬兰、丹麦之中;

(3)如果丙不选择挪威,那么甲选择冰岛;

（4）丁选择的国家在丹麦、瑞典之中。

根据以上信息，以下哪项一定为真？

A. 甲选择的是挪威。　　　　　　B. 乙选择的是丹麦。

C. 丙选择的是芬兰。　　　　　　D. 戊选择的是冰岛。

E. 甲选择的是芬兰。

47. 就牛奶而言，全脂牛奶和脱脂牛奶最大的区别就是脂肪含量。脂肪含量按照脂肪在液体总量中所占的比例来计算。全脂牛奶的脂肪含量约为 3.5%，半脱脂牛奶约为 2%，脱脂牛奶低于 0.5%，明显脱脂牛奶是脂肪含量最低的，但是最近有报道称，对近 2 万人进行的一项行为研究显示，在 9 年时间中，每日摄入全脂牛奶超过 1 次的人，其肥胖率比摄入脱脂牛奶的人低 15% 左右。

以下除了哪项均可以解释上述看似矛盾的现象？

A. 大部分情况，偏肥胖的人会刻意去选择喝脱脂牛奶。

B. 牛奶脱脂过程中会损失营养物质变得口感变差，为了保持口感，牛奶制造者往往会加入一些会诱发人们长胖的添加剂。

C. 全脂牛奶中的脂肪，不但能增加牛奶浓郁香醇的口感，还能降低食欲，增加饱腹感，减少了总体摄入的食物总量。

D. 全脂牛奶的优势在于 ω−3 脂肪酸含量较高。ω−3 脂肪酸对大脑发育有诸多好处。

E. 选择脱脂牛奶的人往往会肆无忌惮地摄入更多高热量高碳水的食物。

48. 甲、乙、丙、丁、戊、己 6 人都是小说爱好者，现在有 3 种类型的小说：科幻、历史和武侠。每种类型的小说至少有一人喜欢，最多有 3 人喜欢，每人只喜欢其中的一种类型。关于每人喜欢的类型还知道以下信息：

（1）喜欢科幻小说的人比喜欢历史小说的人少，比喜欢武侠小说的人多；

（2）己和戊至多有一人喜欢历史小说，那么甲和丁喜欢科幻小说；

（3）甲和戊喜欢的小说类型不同；

（4）丙和丁喜欢的小说类型相同。

根据以上信息，以下哪项一定为真？

A. 甲喜欢历史小说。　　　　　　B. 乙喜欢科幻小说。

C. 己喜欢武侠小说。　　　　　　D. 丙喜欢历史小说。

E. 甲喜欢武侠小说。

49. 甲、乙、丙、丁、戊 5 名学生争夺入选机器人编程大赛的机会，已知：

（1）甲和戊至少有一个人入选；

（2）如果甲或者乙入选，那么乙和丙均能够入选；

（3）丙和戊至多有一个人入选；

（4）甲没能入选。

根据上述信息，能够推出以下哪项？

A. 乙入选了，丙没有入选。　　　　　　B. 丙入选了，丁没有入选。

C. 乙、丙均没有入选。　　　　　　　　D. 丙、丁均没有入选。

E. 丙、戊均没有入选。

50. 为了加强企业管理，公司新招聘了三名经理：张经理、郭经理、李经理。他们每人需要负责研发、宣传、策划、销售、设计和行政这 6 个部门中的两个部门。关于这三名经理还知道以下信息：

（1）宣传部经理和销售部经理的不是同一个人；

（2）张经理在三人中的工龄最小；

（3）李经理、研发部经理和销售部经理三人经常一起讨论方案；

（4）研发部经理比行政部经理的工龄要大；

（5）张经理、策划部经理和行政部经理三人将共同负责下次的招标大会。

根据以上信息，可推出张经理负责哪两个部门的工作？

A. 宣传和行政。　　　　　　　　　　　B. 研发和策划。

C. 设计和研发。　　　　　　　　　　　D. 销售和设计。

E. 销售和行政。

51. 由安格利亚鲁斯金大学教授领导的这项研究是有史以来对身体形象和约会焦虑进行的最大规模的研究。这项研究涉及 501 名来自英国的异性恋年轻人，平均年龄为 21 岁，研究者根据特点将他们分成两组，第一组实验者平时注重打扮，对自己外貌很在意，第二组则对自己外貌并不在意的。他们发现第一组在约会中表现出焦虑的人数比例和平均焦虑程度明显高于第二组，研究者从而得出结论，更注重外表的人更有可能经历社交焦虑。

以下哪项为真，最能支持上述的论述？

A. 注重外表的人往往不怕别人对自己有负面的评价。

B. 有些颜值高的人不在意自己平时的打扮，反而有些颜值中等的人更愿意在打扮上花费时间和精力。

C. 注重外表的人更看重别人对自己的评价，当没有得到肯定的评价时往往会担心对方心中给自己的是差评。

D. 审美本身就是因人而异的，自己不经意间随意选择的穿搭有时也能让其他人觉得很好看。

E. 如果是一个不善于跟陌生人沟通的人，约会的时候就会产生焦虑感。

52. 桃江自然地理优越，政府为扶持重点旅游项目建设，计划在已申报的东城湖湾、西区彩岛、南隅水寨、北疆明楼这 4 个景区项目中安排旅游产业发展专项资金，支持其中的 2 个项目作为旅游示范区。关于专项资金安排，参会四人有以下的预测：

甲：如果支持东城湖湾或者支持西区彩岛，那么就不能支持南隅水寨。

乙：如果支持西区彩岛，那么也要支持北疆明楼。

丙：西区彩岛和南隅水寨至少要支持一个。

丁：如果支持东城湖湾，那么另一个支持的需要在南隅水寨或北疆明楼之中选择。

最终证明，4 句话中恰好有 2 句与实际结果不符，说明专项资金投入选择的 2 个项目是？

A. 选择支持的项目是东城湖湾和南隅水寨。

B. 选择支持的项目是西区彩岛和北疆明楼。

C. 选择支持的项目是东城湖湾和西区彩岛。

D. 选择支持的项目是东城湖湾和北疆明楼。

E. 选择支持的项目是南隅水寨和北疆明楼。

53. 现在的植发手术，实际上是毛囊移植。从后枕部（后脑勺）取下毛囊，然后移植到秃的部位比如头顶。但毕竟后枕部的毛囊也是有限的，不可能一次次取材。最近几个研究团队都在攻克同一个难题——克隆头发毛囊。克隆毛囊就不一样了：原有的毛囊不需要受伤，实打实地可以增加毛囊的总量。一家叫STS的公司，就已经研制出了干细胞生成的人类毛囊，而且成功地移植到了小鼠身上。该公司负责人宣称，克隆出活着的毛囊细胞将是秃头界的颠覆性突破，未来人类将彻底摆脱秃头的困扰。

以下哪项是上述论述成立需要的假设？

A. 克隆出来的毛囊，在生长毛发时是不定向的，这会导致毛囊有往里生长的情况。

B. 肝细胞，肾细胞等重要器官的克隆技术已经获得重大技术进展。

C. 克隆出来的头发毛囊可以保证稳定的基因遗传特质并持续生长分裂。

D. 移植克隆毛囊不会给植发手术的患者带来任何的副作用。

E. 秃头或头发稀少已经成为现代人生活中最主要的烦恼之一。

54~55 题基于以下题干：

某甜点师傅制作了一款月饼，共 7 枚，上面分别印有水、火、冰、雷、草、岩、风这 7 个元素。现要将这 7 枚月饼分装在甲、乙、丙这 3 个月饼盒里。已知：每个盒子里最少装一枚月饼，

最多装3枚月饼，且丙盒装的月饼数量最多。并且还满足如下条件：

（1）水火不相容，不能放在同一个盒子里；

（2）如果冰在甲盒，那么雷和草在乙盒；

（3）如果冰不在甲盒，那么雷在乙盒并且岩在丙盒；

（4）岩和风在同一个盒子里。

54. 除了以下哪项都可能为真？

    A. 草在乙盒。    B. 水在甲盒。    C. 火在甲盒。    D. 冰在甲盒。    E. 风在乙盒。

55. 如果冰在甲盒，以下哪项一定为真？

    A. 岩不在丙盒。    B. 水在甲盒。    C. 火不在甲盒。    D. 水在丙盒。    E. 岩在丙盒。

**四、写作：第56～57小题，共65分。其中论证有效性分析30分，论说文35分。**

56. 论证有效性分析：分析下述论证中存在的缺陷和漏洞，选择若干要点，写一篇600字左右的文章，对该论证的有效性进行分析和评论。（论证有效性分析的一般要点是：概念特别是核心概念的界定和使用是否准确并前后一致，有无各种明显的逻辑错误，论证的论据是否成立并支持结论，结论成立的条件是否充分，等等。）

    近些年，社会是否应该给穷人提供福利引起了大家广泛的争论。有人认为，不应该给穷人提供福利。

    穷人之所以穷，其原因可能在于自身懒惰。一个人越勤奋，他抓住的机遇也就越多，成功的概率也就越大，当然也就越容易富有。我们给穷人提供福利，可是福利并不能改变穷人懒惰的本性，那提供的福利就无法给穷人提供实质性的帮助。

    人的本性是趋利的，如果给穷人提供福利，那么会有很多的非穷人"装穷""哭穷"而替代了真正穷人的名额，既然如此就不应该给穷人提供福利。退一步说，即便福利发给了穷人，那么穷人就会因为有福利领取不愿意脱贫，最后的结果就是福利越多穷人也就越多。

    社会福利大部分是由税收等组成，如果给穷人发福利，这就意味着把努力工作的人的财富转移给了穷人。长此以往，人们就会都不再努力工作，而变成穷人等待社会福利的发放，这对于社会来说无疑是价值观的崩塌。

57. 论说文：根据下述材料，写一篇700字左右的论说文，题目自拟。

    有位著名的学者说过："无论做什么都需要从'量'的累积开始，但不能只停留在'量'的层面，要从量的累积中升华思想、提高水平、不断创新，最终完成'质'的蜕变，此两者结合，才能成就一番事业，做出一些成绩"。

# 管理类联考综合能力强化卷（二）

一、问题求解：第 1~15 小题，每小题 3 分，共 45 分。下列每题给出的五个选项中，只有一个选项是最符合题目要求的。

1. 商店为了提高销量，开展打折促销活动．顾客发现，同样多的钱，原来可以购买 6 件衬衫，而打折后可以购买 8 件衬衫，则衬衫价格比原来下降（    ）．

   A. 25%　　　　　B. 37.5%　　　　　C. 40%　　　　　D. 60%　　　　　E. 45%

2. 若 $f(x)=|x-1|+|x-2|+|x-3|+|x-4|+\cdots+|x-101|$，则 $f(x)$ 的最小值为（    ）．

   A. 1000　　　　　B. 1550　　　　　C. 2000　　　　　D. 2550　　　　　E. 3000

3. 在某年终晚会上，所有员工分组表演节目．如果按 7 男 5 女搭配分组，会剩下 8 名男员工；如果按 9 男 5 女搭配分组，会剩下 40 名女员工．该公司员工总数为（    ）．

   A. 446　　　　　B. 488　　　　　C. 508　　　　　D. 576　　　　　E. 600

4. 一点 $P$ 在直线 $kx-y-4k=0$ 位于第一象限内的部分移动，点 $P$ 横纵坐标乘积的最大值为 2，则直线的斜率 $k$ 为（    ）．

   A. $\dfrac{1}{2}$　　　　　B. 1　　　　　C. $-\dfrac{1}{2}$　　　　　D. $-1$　　　　　E. 2

5. 某运输公司有 5 种不同型号的卡车，每种都有 15 辆，现调集 $K$ 辆车，欲保证其中一定有 3 辆车的型号是一样的，则 $K$ 的最小值为（    ）．

   A. 9　　　　　B. 10　　　　　C. 11　　　　　D. 30　　　　　E. 31

6. 一个分数，分子与分母之和是 100．如果分子加 23，分母加 32，新的分数约分后为 $\dfrac{2}{3}$，则原分数的分母与分子之差为（    ）．

   A. 22　　　　　B. 23　　　　　C. 24　　　　　D. 25　　　　　E. 26

7. 已知 $\alpha$，$\beta$ 是方程 $x^2-2x-1=0$ 的两个实根，则 $\alpha^3+5\beta$ 的值为（    ）．

   A. 12　　　　　B. 11　　　　　C. 15　　　　　D. 13　　　　　E. 14

8. 如图所示，$\triangle ABC$ 的面积是 24，且 $BE=2EC$，$D$、$F$ 分别是 $AB$、$CD$ 的中点，那么阴影部分的面积是（    ）．

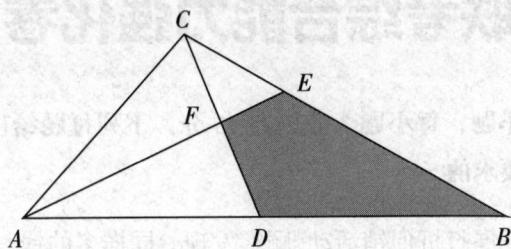

A. 6        B. 7        C. 8        D. 9        E. 10

9. 已知等比数列 $\{a_n\}$ 满足 $a_1 = \dfrac{1}{4}$，$a_3 a_5 = 4(a_4 - 1)$，则 $a_2 = ($     $)$．

A. 2        B. 1        C. $\dfrac{1}{2}$        D. $\dfrac{1}{4}$        E. $\dfrac{1}{8}$

10. 如图，已知四边形 $ABCD$，$\angle BAD + \angle BCD = \pi$，$PA = 6$，$PC = 4$，$PD = 3$，则 $PB$ 长为 (     )．

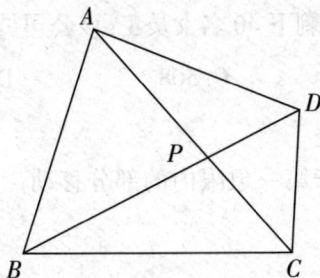

A. 8        B. 9        C. 7        D. 10        E. 11

11. 某校初一年级共 4 个班，有 4 名班主任和 3 名辅导员，其中辅导员小张同时辅导一班和三班. 期中考试时，要从每班的班主任和辅导员中选派一人作为监考人员，小张不参与监考. 规定班主任和辅导员不能监考本班，则不同的安排方案有 (     )．

A. 72 种      B. 64 种      C. 52 种      D. 48 种      E. 36 种

12. 现有 100 个编号为 1-100 的罐子，第 1 个人在所有编号为 1 的倍数的罐子中倒入 1 毫升水，第 2 个人在所有编号为 2 的倍数的罐子中倒入 1 毫升水，…，最后第 100 个人在所有编号为 100 的倍数的罐子中倒入 1 毫升水，则第 92 号罐子中总共装了 (     ) 毫升的水.

A. 2        B. 6        C. 46        D. 92        E. 184

13. 向一瓶酒精溶液中误加入 80 克的水后，需要再加入 20 克纯酒精才能恢复成原浓度，则原酒精溶液的浓度为 (     )．

A. 80%            B. 50%            C. 40%            D. 25%            E. 20%

14. 若 $\dfrac{x-y}{a}=\dfrac{y-z}{b}=\dfrac{z-x}{c}=abc<0$，则 $a$，$b$，$c$ 中为负数的共有（        ）个.

A. 1            B. 2            C. 3            D. 0            E. 无法判断

15. 某学校要举行一次会议，为了让参会人员正确到达开会地点，需要在途经路上的 10 棵树中任选 3 棵，各放置一个指示牌. 假如树的选择是随机的，那么 3 个指示牌等距排列（即相邻两个指示牌间隔的树的数目相同）的概率为（        ）.

A $\dfrac{1}{2}$            B. $\dfrac{1}{3}$            C. $\dfrac{1}{4}$            D. $\dfrac{1}{5}$            E. $\dfrac{1}{6}$

二、条件充分性判断：第 16~25 小题，每小题 3 分，共 30 分。要求判断每题给出的条件（1）和条件（2）能否充分支持题干所陈述的结论。A、B、C、D、E 五个选项为判断结果，请选择一项符合题目要求的判断。

A. 条件（1）充分，但条件（2）不充分.

B. 条件（2）充分，但条件（1）不充分.

C. 条件（1）和（2）单独都不充分，但条件（1）和条件（2）联合起来充分.

D. 条件（1）充分，条件（2）也充分.

E. 条件（1）和（2）单独都不充分，条件（1）和条件（2）联合起来也不充分.

16. 可以确定某同学四门功课的总成绩.

（1）已知任意两门功课的平均成绩.

（2）已知四门功课的平均成绩.

17. 如图，$\triangle ABC$ 中，$AB=AC=10$，$BC=16$. 则可确定 $CD$ 长度.

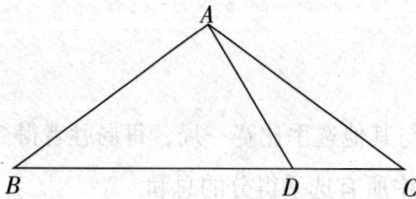

（1）$\angle ABD=\angle CAD$.

（2）$\angle BAD=3\angle DAC$.

18. 能确定五个数的方差.

  （1）五个连续的正整数.

  （2）五个连续的正偶数.

19. 等差数列 $\{a_n\}$ 中，$S_n$ 是前 $n$ 项之和. 则 $a_5<0$，$a_6>0$.

  （1）$S_n \geq S_5$.

  （2）$a_5 \neq 0$.

20. 已知 $m$，$n$ 为整数. 则 $(m+1)(n+1)$ 能被 6 整除.

  （1）$m$ 除以 9 余数为 2.

  （2）$n$ 除以 6 余数为 1.

21. 集合 $\{2，3，x，y\}$ 是包含 4 个质数的集合. 则能确定 $x+y$ 的值.

  （1）$x \leq 10$，$y \leq 10$.

  （2）$y-x=2$.

22. 有一个圆柱形容器（甲）与一个半球形容器（乙），若圆柱的高与半球的半径均为 1. 则用甲容器取水注满乙容器，注水次数最少为 3.

  （1）圆柱底面圆半径为 $\dfrac{\sqrt{2}}{3}$.

  （2）圆柱底面圆半径为 $\sqrt{2}$.

23. 象棋比赛中，每个选手均与其他选手比赛一局，每局胜者得 2 分，负者得 0 分，和棋各得 1 分. 则可以确定某次比赛中所有选手得分的总和.

  （1）该次比赛共有 7 个选手参赛.

  （2）该次比赛共有 9 个选手参赛.

24. 有一批产品，其中有几个是次品。每次取一个，取出后不放回。则能确定第3次抽出的是次品的概率不小于 $\frac{1}{6}$.

　　（1）产品共有 12 个，有 2 个次品。

　　（2）产品共有 15 个，有 3 个次品。

25. 对于实数 $a$，$b$，$c$，$|a|+|b|+|c| \geqslant 4$.

　　（1）$a+b+c=0$.

　　（2）$abc=2$.

**三、逻辑推理：第 26~55 小题，每小题 2 分，共 60 分。下列每题给出的 A、B、C、D、E 五个选项中，只有一项是符合试题要求的。**

26. 整体而言，目前柔性电子技术主要面临两个困难。第一个困难是力学问题，柔性电子元器件在反复折叠、弯曲时会不断承受交变应力，时间久了容易开裂；第二个困难是电子封装问题，就是把在柔性基板上集成的部件严丝合缝地封装在一起，并实现预期功能。只有成功克服了这两个困难，柔性电子技术才能得到真正的应用。

　　若以上论述为真，以下哪个选项不可能为真？

　　A. 如果人们能克服电子封装问题，那么就也能克服力学问题。

　　B. 现在柔性电子技术还没有得到真正的应用。

　　C. 柔性电子技术得到了真正的应用，但没有克服力学问题的困难。

　　D. 柔性电子技术得到了真正的应用，且克服了电子封装问题的困难。

　　E. 柔性电子技术得到了真正的应用，且克服了电子封装问题或者克服力学问题。

27. 随着科学技术的不断发展，工艺装备的不断改进和完善，各种类型的牙膏相继问世，产品的质量和档次不断提高，现在牙膏品种已由单一的清洁型牙膏，发展成为品种齐全，功能多样的"全能型"牙膏，满足了不同消费者的需要。近年来，S 公司的"护齿王"牙膏的销量有了明显的增长，同时，生产该牙膏的公司用于该牙膏的保健效用的研发费用也同样有明显的增长。业内人士认为，"护齿王"牙膏的销量增长，得益于其保健效用的提升。

　　以下哪项为真，最能削弱上述业内人士的观点？

　　A. 在牙膏消费市场中，具有保健效用的牙膏所占的份额只有 11%。

　　B. 市面上保健效用被公认为最好的"健康白"牙膏的销量并不如 S 公司的"护齿王"牙膏。

C. 近年来，除了"护齿王"牙膏，市面上不少品牌的牙膏的销售量都有了大幅度提升。

D. 大多数消费者购买"护齿王"牙膏时并不看功效，而是觉得该牙膏气味清新、包装新颖。

E. 近年来人们的健康保健意识提高使得人们越来越重视牙膏的保健效用。

28. 人们每天的膳食应包括谷薯类、蔬菜水果类、畜禽鱼蛋奶类、大豆坚果类等食物。为了追求更健康合理的饮食结构，小明决定自己的每一餐都符合以下规则。如果含有谷薯类和蔬菜水果类，则一定含有畜禽鱼蛋奶类；只有含有蔬菜水果类，才会含有大豆坚果类。

假设小明某餐的食品没畜禽鱼蛋奶类但是吃了大豆坚果类，则以下哪一个选项一定为真？

A. 该餐中小明没有吃谷薯类。

B. 该餐中小明没有吃蔬菜水果类。

C. 该餐中小明吃了谷薯类。

D. 该餐中小明吃了谷薯类又吃了蔬菜水果类。

E. 该餐中小明或者没有吃了蔬菜类，或者吃了谷薯类。

29. 小李、小王、小赵准备参加一个读书会。可以选择的书籍包括《道德经》《唐诗三百首》《资治通鉴》。他们每人选择的书是不一样的。他们三人对选择结果作出了如下预测：

小李：如果我选择了《资治通鉴》，那么小王会选择《唐诗三百首》。

小王：如果我选择了《道德经》，那么小李也会选择《道德经》。

小赵：如果我选择《唐诗三百首》或者《资治通鉴》，那么小王选择《资治通鉴》。

如果小李、小王、小赵最终选择书籍的结果依次如下，则哪项符合三人的预测？

A.《资治通鉴》《道德经》《唐诗三百首》。

B.《道德经》《唐诗三百首》《资治通鉴》。

C.《资治通鉴》《资治通鉴》《道德经》。

D.《唐诗三百首》《资治通鉴》《道德经》。

E.《唐诗三百首》《道德经》《资治通鉴》。

30. 外商投资法的颁布及准时的实施是一个积极的信号，它表明我国优化营商环境这一政策的可预见性。外商投资法的落地和执行是一件值得期待的事情。很多外商表明："想要赢得资本，透明度是必要的。大家只有知道规则是怎样的，你落实了，才能赢得别人的信任。如果没有赢得别人的信任，那就说明透明度没有达到要求。

根据上述论述，则以下哪一项论述一定为真？

A. 只有透明度达标，才一定会赢得别人的信任。

B. 不可能同时赢得资又赢得了别人的信任。

C. 除非大家知道规则或者政策落实到位，否则不能赢得别人的信任。

D. 如果赢得了别人的信任，那一定会赢得资本。

E. 如果大家知道规则是什么，就不能赢得别人的信任。

31. 如果一个人具备丰富的阅历，就能更好的理解生活。一旦他更好的理解生活，说明他一定
热爱生活并且对世界充满善意。因此，一个具备丰富阅历的人，必将对世界充满善意。

以下哪项推理的结构和题干最为类似？

A. 所有的技术骨干一定都认真学习。如果一个人是技术骨干，那他一定脚踏实地并且虚心
请教。所以，认真学习的人都会虚心请教。

B. 所有的犯罪行为都是违法的行为，违法的行为都应该受到社会的谴责和法律的制裁。所
以，犯罪的行为是要受到法律制裁。

C. 如果一个摄影师的经验不丰富，那么他不能够捕捉到美好的瞬间。如果捕捉到了美好的
瞬间，那他一定有着专业的摄影技术同时善于发现生活中的美好。所以，一名经验丰
富的摄影师，一定善于发现生活中的美好。

D. 杰出的管理者一定具有创新思维。如果具有创新思维，那么他或者会有前瞻性的目光或
者会有国际化的视野。所以，杰出的管理者一定具有国际化视野。

E. 一部电影如果要获得高票房，或者要打动人心，或者要丰富的故事情节，或者有新颖的
题材。如果故事情节丰富，那一定会有新颖的题材。所以一部获得高票房的电影一定
会获得媒体的好评。

32~33 题基于以下题干：

在一次宠物表演中，有 5 位狗主人 A、B、C、D、E 分别带了自己的养的一只宠物参加比赛。

他们养的狗分别为边牧、哈士奇、贵宾、柴犬和金毛。每位主人依次带自己的宠物上场表
演，最终通过评分得出结果。并且上场的顺序符合以下条件：

（1）第三个上场的主人是 B，他和 C 主人上场顺序不相邻；

（2）第四个上场的狗是哈士奇；

（3）E 主人养的狗是贵宾，A 主人养的不是哈士奇；

（4）边牧和哈士奇上场之间恰好隔了 1 只其他的狗。

32. 根据以上条件，能够推出以下哪个选项一定为真？

　A. C 第一个上场。　　　　　　　　　B. E 第二个上场。

　C. A 第二个上场。　　　　　　　　　D. C 第五个上场。

　E. D 第五个上场。

33. 如果第五个上场的主人养的是金毛，以下哪个选项一定为真？

 A. 第一个上场的是边牧。 B. 第二个上场的是贵宾。

 C. 第三个上场的是柴犬。 D. 第四个上场的是柴犬。

 E. 第五个上场的是贵宾。

34. 浮藻泛指水面上的藻类植物，跟鱼类的生长有密切的关系，比如说常见的鲢鱼就是一种吃浮藻为生的鱼类。随着水中营养物质的增多，浮藻生长的会更加旺盛，鲢鱼的食物也会更加丰富。按理说，浮藻变多应该有利于鲢鱼的生长，可是实际上，浮藻非常多的水域中反而鲢鱼数量很少。

 以下哪个选项最能解释上述论述中看似的矛盾？

 A. 浮藻不是鲢鱼唯一的食物，它们也吃一些浮游生物或者其他鱼类的粪便。

 B. 营养物质增多，不仅仅浮藻会增多，鱼虾等小型生物的数量也会增多。

 C. 大部分鲢鱼都生活在池养的环境下。

 D. 茂盛的浮藻会消耗掉水中的大量氧气。

 E. 鲢鱼大部分时间在水底活动，饿的时候才会浮上水面进食。

35. 某单位举行团建，活动项目在密室逃脱、极限飞盘、创意工坊、陆地冰壶、油画大师中选择，选择要求如下：

 （1）如果选择密室逃脱，那么一定选择极限飞盘；

 （2）创意工坊和陆地冰壶中至多选择一个项目；

 （3）只有创意工坊和油画大师同时选择，才能选择极限飞盘；

 （4）如果密室逃脱和油画大师至少选择一个，就要选择陆地冰壶。

 根据上述要求，关于该次团建以下哪项一定为真？

 A. 选择了密室逃脱。 B. 没有选择极限飞盘。

 C. 没有选择创意工坊。 D. 选择了陆地冰壶。

 E. 没有选择油画大师。

36. 关键绩效指标（KPI：Key Performance Indicator）是通过对组织内部流程的输入端、输出端的关键参数进行设置、取样、计算、分析，衡量流程绩效的一种目标式量化管理指标，KPI 是企业绩效管理的基础，其主要优势在于能够把企业的战略目标分解为可操作可衡量的细分指标。有些管理人员宣称，要想公司发展迅速，必须要做好KPI薪酬系统的设计。

 以下哪个选项为真，最能够削弱上述管理人员的论述？

 A. KPI 系统的关键是设计考核指标，而精准的考核指标的设计非常困难。

B. KPI 系统"重结果，轻过程"，而 OKR 系统"重过程，轻结果"，有时甚至不考核结果。

C. 很多没有设计 KPI 薪酬激励系统、一起吃大锅饭的企业，在市场的竞争下纷纷倒闭。

D. 什么样的薪酬激励体系最好，管理学上尚且没有定论。

E. 很多公司采用了更加关注过程的 OKR 管理体系，公司业绩得到显著提升。

37. 这两年，随着国人对品牌、内容的追求提高，很多 IP 的价值增长甚至超 10 倍以上。任何一个成功的 IP 都需要长期的打磨。如果是主题不鲜明并且内容不流畅的 IP，则一定没有经历过长期的打磨。据了解：《福娃》是一个成功的 IP。

若上述论述为真，则能推出以下哪个选项？

A.《福娃》主题鲜明并且内容流畅。

B. 如果《福娃》主题鲜明那么内容不流畅。

C. 如果《福娃》的内容不流畅，那么主题鲜明。

D. 除了《福娃》之外，还有许多成功的 IP。

E.《福娃》其实还有很多问题，不像人们想象的那样成功。

38.《周易》有言："形而上者谓之道，形而下者谓之器。"哲学和自然科学具有不同的思维特征，哲学是在"问道"，自然科学旨在"求器"。辩证思维作为哲学思维的核心内容，旨在寻找万事万物背后的对立统一关系。因此，对于一个人的长远发展来说，学习辩证思维比学习自然科学更重要一些。

以下哪个论述如果为真，最能支持上述论述？

A. 面对具体的事情的时候，人们需要掌握一定的技能来应对日常的工作。

B. 辩证思维需要长时间的体会领悟比较难学，而自然科学相对容易学习。

C. 对于一个人的发展来说，长期目标比短期目标更重要。

D. 掌握辩证思维比自然科学更让人理性，而理性是长远发展的基本要求。

E. 哲学辩证思维的更新速度，要比自然科学知识更新的速度慢很多。

39. 创新中学羽毛球队有五名队员，分别为小张、小王、小赵、小钱、小李。现在他们要选出 2 人参加区上的羽毛球双打比赛。

（1）如果小张未入选，那么小李不能入选；

（2）如果小钱未入选，那么小赵不能入选。

若上述论述为真，以下哪个选项一定为假？

A. 小张和小钱均未入选。　　　　B. 小钱和小赵均入选。

C. 小李和小赵均未入选。　　　　D. 小张和小李均入选。

E. 小王未入选。

40. 某化工厂组织员工进行废料站垃圾的清理工作。关于这项工作，四个项目经理分别发表了自己的论述：

张经理：废料站的垃圾必然会被回收。

王经理：废料站的垃圾可能不会被回收。

赵经理：有的员工没有参与回收工作。

李经理：小李和小陈均未参与回收工作。

根据最后考察发现四个经理说的话中，只有一句真话。

那么以下哪个选项的论述一定为真？

A. 小陈参与了回收工作，小李没有参与。

B. 小李和小陈都参与了回收工作。

C. 小李参与了回收工作，小陈没有参与。

D. 废料站的垃圾必然不会被回收。

E. 废料站的垃圾可能会被回收。

41. 随着世界新一轮科技革命与产业变革不断兴起，高新技术领域的国际竞争也会日趋激烈。除非创新，否则经济结构的深度调整与新旧动能的接续转换都不能正常开展。如果创新，那么市面上一定会涌现一批高新技术产业。根据S区的计划表明，未来5年内，S区政府将加大力度支持各产业的创新。

根据上述论述，以下哪一项一定是真的？

A. 未来会涌现出一批高新技术产业。

B. 未来经济结构深度调整不能正常开展。

C. 未来新旧动能的接续转换都不能正常开展。

D. 如果不创新，就不可能继续发展。

E. 政府大力支持各产业创新对于创业的人来讲是一件难得的好事。

42. 脑梗俗称"中风"，是脑部血液循环障碍所导致的一种脑组织损害疾病。主要原因是血液中的脂肪代谢功能出现障碍，脂肪在血管内壁堆积形成粥状动脉硬化。科学家发现一种肠道菌群"I3CA"可以很大程度地分解和燃烧掉脂肪，所以科学家建议，可以研发出一种功能跟"I3CA"近似的纳米机器人，投放在人的血液中，从而达到减少中风发病率的目的。

以下哪个论述能够对上述科学家建议的有效性提出最大的质疑？

A. 有些人血脂含量偏高，但是没有发现粥状动脉硬化的明显症状。

B. 随着人类年龄增大，血管老化，血管壁上或多或少都会有一些脂肪堆积。

C. 纳米机器人只能帮助人体分解脂肪，并不能起到抵抗入侵病菌的作用。

D. "I3CA"在分解脂肪的时候，需要与肠道消化液中的酶一起作用。

E. 该治疗方法比较昂贵，大多数心血管疾病患者可能无法承担。

43. 在很长一段时间里，提到"独居青年"，无论是新闻媒体还是社会舆论，对独居生活方式的评价大多倾向于负面。从独居意愿来看，当代独居青年可以分为自愿独居和非自愿独居。如果是自愿独居，那么你将会拥有高质量的独处时光。如果你是非自愿独居，那么你的内心将会感到成长，如果你的内心受到成长，那就会拥有高质量的独处时光。

根据上述论述，对于独居青年来说以下哪一项一定正确？

A. 没有人是自愿独居的。

B. 拥有高质量的独处时光。

C. 所有人的独居都是自愿的。

D. 内心会感到成长。

E. 无法拥有高质量的独处时光。

44. 等车、坐车、开车、排队、候机、上厕所、睡觉前、运动中、酒店住宿、会议前的等待时间等无需脑力的活动，都可以称之为碎片化时间。根据统计，人的一天中除了6~8小时睡眠以外，还有3~4个小时碎片化时间。由于这些时间短且分散，所以难以完成一项大块的完整的任务，从而很容易被白白浪费。不可否认的是，在这个"随时在线"的时代，时间碎片化已成常态，而一个人每天能够产出的价值，很大程度上取决于对碎片化时间的利用。

从上述论述可以推出以下哪个结论？

A. 完成一个大任务的价值产出要比完成一个小任务的价值产出大。

B. 如果减少睡眠时间，就必定可以增加一个人的产出价值。

C. 把大块的任务分散成多个短时间能完成的小的任务，往往能够帮助人们增加自己每天产出的价值。

D. 很多人还没有意识到利用碎片化时间的重要性。

E. 人们并不喜欢碎片化时间，但是却无可奈何。

45. "新药"一般指刚刚上市不久的药物，而"老药"则是指已经在市场存在很长时间的药物。自2011年起,德国开展了一项针对欧洲上市的216种新药物的研究。他们研究的数据表明，只有1/4的药物超越了现有的治疗措施，带来了更显著的健康效益。而剩下3/4的药物只有微小效益，甚至没有效益。从而实验者宣称，患者应该根据自己的需求选择合适的药物，

而不应该仅仅依靠"新旧"来做出判断。

除了哪个选项外，都可以支持实验者的论述？

A. 一些改良换代的药物与老药相比，效果更好、不良反应更小、特异性更强。这是科学进步的结果。

B. 有些新药，其实就是一些常用的老药，只是改换了药名、或改换了包装、或由国产变成了中外合资冠以"洋名"，其有效成分完全相同。

C. 研发新药主要的目的是解决老药难以解决的病症，大多数普通的病症已经有很成熟的解决方案。

D. 新药临床使用的时间并不长，使用者数量有限，潜在的不良反应有可能还没有被发现。

E. "新药"不等于"科技新"，很多过审的新药物使用的还是多年以前的科研成果。

46. 关于少年儿童的课外班报名情况，专业人士给了如下建议：

（1）书法和阅读至少要报名一种；

（2）阅读、绘画至多只能报名一种；

（3）若报名绘画，就必须报名声乐；

（4）报名声乐，就必须报名阅读。

如果只能报名两种课程，则以下哪个选项符合专业人士的所有建议？

A. 声乐、绘画。　　　　　　　　　B. 绘画、阅读。

C. 声乐、书法。　　　　　　　　　D. 绘画、书法。

E. 书法、阅读。

47. 近年来P2P平台的发展可谓经历了过山车一般，单单2018年就有近1 300家网贷平台退出。由于对"资金池"的管理缺乏监管，不少P2P平台最终以逾期和跑路关张，极大地侵害了投资者的合法权益。政府最近推出政策，决定取缔所有不合规的P2P融资平台。

以下哪个选项最能够支持政府所做的决策？

A. P2P金融牌照的获取难度非常高，很多小平台无法获取。

B. P2P平台的收益远高于银行存款，导致大家不再愿意把钱存在银行。

C. 在P2P平台借钱需要支付手续费，借钱成本比信用卡高不少。

D. 一年中P2P跑路的平台上百家，让众多民众的投资血本无归。

E. P2P属于风险很大的投资方式，很多人未能正确评估收益和风险的关系。

48~49题基于以下题干：

一次人文会议安排6个议题进行讨论，会议分为上午场次和下午场次，并分别各讨论三个

议题。议题的内容分别为，古典诗词、古代小说、现代散文、近代杂文、周易和现代诗歌。

已知会议安排规则如下：

（1）古代小说和现代诗歌不能在同一个场次讨论；

（2）现代散文和近代杂文至多有一个在上午场次讨论；

（3）如果周易在下午场讨论，那么现代散文也要在下午场讨论；

（4）如果近代杂文在上午场讨论，那么古典诗词要在上午场讨论。

48. 如果古典诗词在下午场讨论，以下哪个选项一定为真？

  A. 古代小说在上午场讨论。    B. 现代诗歌在下午场讨论。

  C. 现代散文在下午场讨论。    D. 近代杂文在上午场讨论。

  E. 周易在上午场讨论。

49. 如果古代小说和现代散文在上午场讨论，那么在下午场讨论的3个议题是？

  A. 古典诗词、现代散文和周易。

  B. 古典诗词、近代杂文和现代诗歌。

  C. 古典诗词、周易和现代诗歌。

  D. 近代杂文、周易和现代诗歌。

  E. 古代小说、近代杂文和周易。

50. 某大学运动会开幕式有工程学院、商学院、医学院、文学院、法学院、社会科学院等6个方阵等候入场。入场顺序需满足以下条件：

  （1）只有商学院先入场，工程学院才能入场；

  （2）只有法学院先入场，医学院才能入场；

  （3）如果文学院入场就要先入场工程学院；

  （4）社会科学院应第4个入场，之后医学院才可入场。

  该大学运动会开幕式顺利入场了上述6个学院。

  根据上述信息，关于该大学运动会开幕式方阵的入场顺序，以下哪项不可能为真？

  A. 商学院第一个入场。    B. 法学院第二个入场。

  C. 文学院第三个入场。    D. 工程学院第五个入场。

  E. 医学院第六个入场。

51. HPV 感染会导致健康问题。为了研究有效的治疗手段，某大学选取了100名患有HPV的女性，将他们平均分成了治疗组和对照组。治疗组的患者先接受了6个月的补充剂治疗，然后接受了6个月的安慰剂治疗。对照组的患者则只接受了为期12个月的安慰剂治疗。

结果发现，治疗组有 2/3 的患者转为阴性，而对照组则只有 1 人转为阴性。研究人员据此表明，补充剂治疗可以帮助大多数患者解决HPV 感染问题。

以下哪项如果为真，最能支持题干论述？

A. 这项研究发表在《肿瘤学前沿》杂志上，而该杂志在行业内被视为权威。

B. 治疗组和安慰剂组的女性患者在感染时间上几乎是一致的。

C. 治疗组和安慰剂组的女性患者的病情特征以及年龄区间基本相同。

D. 补充剂治疗被用于解决除了HPV 感染的其他感染问题。

E. 近年来，感染HPV 的人群有年轻化的趋势，这部分人的身体素质较强，也能更好适用补充剂治疗。

52. 在食物链上，野猪是虎、豹的主要食物。近年来我国虎、豹等食肉动物的生存现状普遍不容乐观，虎、豹的减少可能会带来野猪数量的大幅增加。有人据此建议，为了维护自然界的生态平衡，防止野猪数量过剩，我们应该通过人工干预的方式来限制野猪数量。

以下哪项如果为真，最能削弱上述专家建议？

A. 过分的人工狩猎会影响该物种以及该地区其他野生动物的可持续增长。

B. 一个地区野猪的数量是否过剩，不能简单地用是否与人类发生冲突为衡量依据。

C. 野猪不是濒危物种，也没有被列入国家重点保护野生动物名录。

D. 野猪在欧洲不少国家的数量都迅速减少，部分地区甚至彻底消失。

E. 在食物链上，野猪的天敌豺、狼等野兽的数量有明显上升的趋势。

53. 在互联网时代，网络社交已然明显地充斥于我们的生活。网络社交不可避免出现了一些缺点：网络社交很少会有深入的思考和沟通，在网络社交中传递的信息受到手机屏幕的局限往往只是寥寥数语，百字以上已属长文，能够传达的信息相当有限，在反反复复的你一言我一语过程中信息更加支离破碎，参与双方对真实意思的理解可能存在比较大的差异。尽管如此，还是会有很多人对网络社交上瘾，甚至不愿意与人当面沟通。

以下哪个选项为真，最能解释上述的现象？

A. 有数据说明越来越多的人习惯并且依赖网络社交。

B. 网络社交信息传递的速度要比传统媒体传递的速度快得多，一旦离开社交网络，人们获取信息的数量、速度都会大大降低。

C. 文字交流在社交中所能够传达的信息量要比语言、表情和肢体动作少很多，长此以往可能会造成功能性的社交障碍。

D. 许多年轻人在网络社交中能够侃侃而谈、异常活跃，但在面对面的社交中却沉默寡言、近乎自闭，在虚拟网络和现实生活中是截然不同的两个人。

E. 网络社交像存在于工作与生活之间的黏合剂，让年轻人难以区分工作与生活、公司与家庭、忙碌与休闲的边界。

54~55题基于以下题干：

有甲、乙、丙、丁、戊5个科考工作者负责完成8项科考工作。这8个科考项目分别位于正东、东南、正南、西南、正西、西北、正北、东北8个方向。

已知每个工作者至少负责1个，至多负责2个项目。每个科考项目只需要1个人负责。同时安排满足以下条件：

（1）甲负责的项目只可能在正东、正南、正西、正北方向中；

（2）乙负责西南和一个与之相邻的项目；

（3）丙负责东南、正南、西南中的一个项目；

（4）如果丁负责西北或者东南的项目，那么戊同时负责正西和正南的项目；

（5）如果戊负责西北的项目，那么他同时要负责正西的项目。

54. 根据以上条件，下面哪个选项一定为真？

　　A. 正东方向的项目负责人是甲。

　　B. 正西方向的项目负责人是乙。

　　C. 西南方向的项目负责人是丙。

　　D. 正北方向的项目负责人是丁。

　　E. 正西方向的项目负责人是戊。

55. 如果正东项目负责人是甲，并且他只负责1个项目，以下哪个选项一定为真？

　　A. 正北方向的项目负责人是丁。

　　B. 正东方向的项目负责人是丁。

　　C. 正南方向的项目负责人是丙。

　　D. 正北方向的项目负责人是乙。

　　E. 西北方向的项目负责人是乙。

**四、写作：第56~57小题，共65分。其中论证有效性分析30分，论说文35分。**

56. 论证有效性分析：分析下述论证中存在的缺陷和漏洞，选择若干要点，写一篇600字左右的文章，对该论证的有效性进行分析和评论。（论证有效性分析的一般要点是：概念特别是核心概念的界定和使用是否准确并前后一致，有无各种明显的逻辑错误，论证的论据是否成立并支持结论，结论成立的条件是否充分，等等。）

　　在一次街头的随机采访中，主持人采访了大家对"网络节日"和"传统节日"的了解

程度，当主持人问到网络节日"双十一、618、520"时，大家非常的清楚，但是当问到"寒食节、重阳节"时，大部分人都表示不清楚。这一现象引发了很多人的思考，甚至有人认为"网络节日"应该取代"传统节日"。

现在人们印象中仅存的传统节日剩下了为数不多的"清明、中秋和春节"，其原因就是这些节日有假期，如果这些节日假期取消，那么这些节日必然淡出人们的印象。

古人设置传统节日的目的是缅怀先人，思念亲友，但是现在很多的传统节日都是工作日，既然是工作日，就很难起到原有节日的意义，那这些节日也应该取消。反观一些网络节日，虽然是工作日，但是我们却参与其中，这便有了过节的感受。很多传统的节日，虽有节日的"名"，却没有节日的"实"，我们无法有过节的氛围和感受，这还不如直接让网络节日取代这些传统节日，让节日回归实际。

而且，现在的社会发展愈快，很多传统节日已经跟不上时代的步伐，那么传统节日已经不适用于现在的社会了。

57. 论说文：根据下述材料，写一篇700字左右的论说文，题目自拟。

如何用好人才是管理的重中之重，人才一般都具有独特的个性，难免会和管理者产生一定的矛盾甚至冲突，能否有"容人"之心成了判断管理者能力的重要条件。

# 管理类联考综合能力强化卷（三）

**一、问题求解**：第 1~15 小题，每小题 3 分，共 45 分。下列每题给出的五个选项中，只有一个选项是最符合题目要求的。

1. 某商场元旦休假期间进行让利销售，全部商品一律九折销售，这样所获利润恰是收入的 20%，如果第一天的销售额是 4 万元，第三天的利润是 1.25 万元，则三天销售收入的日平均增长率为（　　）.

   A. 55%　　　　　B. 50%　　　　　C. 40%　　　　　D. 30%　　　　　E. 25%

2. 若 $x,y$ 是有理数，且满足 $(1+2\sqrt{3})x+(1-\sqrt{3})y-2+5\sqrt{3}=0$，则 $xy$ 的值为（　　）.

   A. 1　　　　　B. $-1$　　　　　C. $-3$　　　　　D. 2　　　　　E. $-2$

3. 某班 20 人参加百分制的考试，及格线为 60 分，20 人的平均成绩为 88 分，及格率为 95%，所有人得分均为整数，且彼此得分不同，则成绩排名第十的人最低考了（　　）分.

   A. 88　　　　　B. 89　　　　　C. 90　　　　　D. 91　　　　　E. 87

4. 方程 $x^2-2007|x|-2008=0$ 所有实数根的和等于（　　）.

   A. 2007　　　　　B. 4　　　　　C. 2　　　　　D. $-2007$　　　　　E. 0

5. 如图所示，设 $F$、$G$ 分别是平行四边形 $ABCD$ 上 $BC$、$CD$ 的中点，$O$ 是 $AG$ 和 $DF$ 的交点，则 $AO:OG$ 为（　　）.

   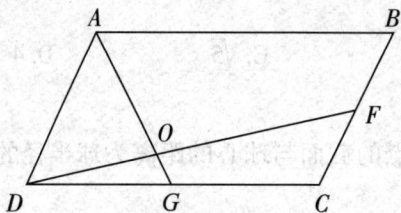

   A. 2:1　　　　　B. 5:2　　　　　C. 3:1　　　　　D. 7:2　　　　　E. 4:1

6. 若 $(1-2x)^{2023}=a_0+a_1x+a_2x^2+\cdots+a_{2023}x^{2023}$，$x\in\mathbf{R}$，则 $\dfrac{a_1}{2}+\dfrac{a_2}{2^2}+\cdots+\dfrac{a_{2023}}{2^{2023}}=$（　　）.

   A. 2　　　　　B. 0　　　　　C. $-1$　　　　　D. $-2$　　　　　E. 1

7. 今年祖父年龄是小明年龄的 6 倍. 几年后，祖父年龄是小明年龄的 5 倍. 又过几年后，祖父年龄是小明年龄的 4 倍. 则祖父今年（　　）岁（祖父的年龄不超过 99 岁）.

A. 72    B. 74    C. 76    D. 78    E. 80

8. 一个整数 $x$，加 4 之后是一个完全平方数，减 7 之后也是一个完全平方数，则 $x$ 各数位上的数字之和为（　　）.

   A. 3    B. 4    C. 5    D. 6    E. 7

9. 如图所示，$A$、$B$、$C$、$D$ 是圆 $O$ 上的点，$BA$ 与 $CD$ 的延长线交于一点 $P$，$PA=2$，$PD=CD=3$，则 $PB$ 长度为（　　）.

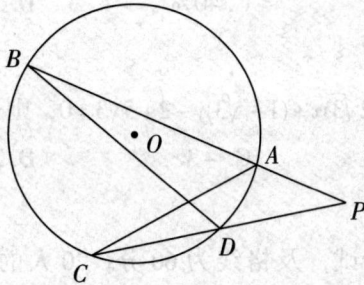

   A. 6    B. 7    C. 8    D. 9    E. 10

10. 在数列 $\{a_n\}$ 中，$a_{102}=7$，$a_{1000}=9$，且数列 $\{a_n\}$ 中任意连续三项和都是 21，则 $a_{2021}+a_{2022}+a_{2023}+a_{2024}=$（　　）.

   A. 7    B. 9    C. 26    D. 21    E. 27

11. 已知坐标平面上两点 $A(0,1)$ 与 $B(-2,0)$，点 $P$ 是直线 $y=x$ 上一动点，则两线段和 $PA+PB$ 的最小值为（　　）.

   A. 5    B. $2+\sqrt{3}$    C. $\sqrt{5}$    D. 4    E. 3

12. 已知过球面上 $A$、$B$、$C$ 三点的截面与球心的距离为球半径的一半，且 $AB=BC=CA=2$，则球的表面积为（　　）.

   A. $\frac{64}{9}\pi$    B. $\frac{32}{9}\pi$    C. $\frac{64}{3}\pi$    D. $\frac{32}{3}\pi$    E. $\frac{16}{9}\pi$

13. 一个各位由 0、1、2、3、4、5、6、7 组成的正五位数，若个位与万位相等，十位与千位相等，如 32123、23332、66666 等，那么就称其为"对称五位数". 则这样的对称五位数有（　　）个.

   A. 336    B. 384    C. 392    D. 448    E. 512

14. 如图所示，从坐标平面上均匀分布的 12 个点中任取 3 个，则这 3 个点在同一圆周上的情

况有（　　）种.

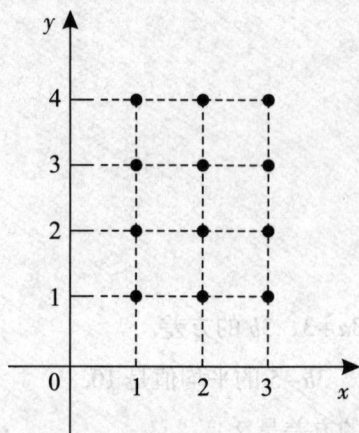

A. 196　　　　　　B. 198　　　　　　C. 200　　　　　　D. 190　　　　　　E. 220

15. 某房间共有 6 扇门，甲、乙、丙三人分别从任一扇门进去，再从剩下的 5 扇门中的任一扇出来，则甲从未经过 1 号门，并且乙从未经过 2 号门，并且丙从未经过 3 号门进出的概率为（　　）.

A. $\dfrac{125}{216}$　　　　B. $\dfrac{2}{3}$　　　　C. $\dfrac{8}{27}$　　　　D. $\dfrac{27}{64}$　　　　E. $\dfrac{64}{125}$

二、条件充分性判断：第 16~25 小题，每小题 3 分，共 30 分。要求判断每题给出的条件（1）和条件（2）能否充分支持题干所陈述的结论。A、B、C、D、E 五个选项为判断结果，请选择一项符合题目要求的判断。

　A. 条件（1）充分，但条件（2）不充分.

　B. 条件（2）充分，但条件（1）不充分.

　C. 条件（1）和（2）单独都不充分，但条件（1）和条件（2）联合起来充分.

　D. 条件（1）充分，条件（2）也充分.

　E. 条件（1）和（2）单独都不充分，条件（1）和条件（2）联合起来也不充分.

16. 若 $a$，$b$，$c$ 均为质数，且 $a < b < c$. 则可以确定 $a$，$b$，$c$ 的值.

　（1）$a + b + c = 36$.

　（2）$abc = 506$.

17. 方程的整数解有 5 个.

　（1）方程为 $|x+1| + |x-3| = 4$.

（2）方程为 $|x+1|-|x-3|=4$.

18. $x^3+y^3+3xy=1$.

（1）$x+y=1$.

（2）$x+y=x^2+y^2+\dfrac{1}{2}$.

19. 可以确定数据 15，21，27，$3a+3$，$3b$ 的方差.

（1）数据 10，16，22，$3a-2$，$3b-5$ 的平均值是 10.

（2）数据 4，6，8，$a$，$b-1$ 的方差是 2.

20. $a_1+a_2+\cdots+a_{10}=15$.

（1）数列 $\{a_n\}$ 的通项公式是 $a_n=(-1)^n(3n-2)$.

（2）数列 $\{a_n\}$ 的通项公式是 $a_n=(-1)^n(3n-1)$.

21. 关于 $x$ 的方程 $\sqrt{1-x^2}=x+m$ 有两个不等实根.

（1）$1\leqslant m<\sqrt{2}$.

（2）$\sqrt{2}\leqslant m<2\sqrt{2}$.

22. 已知数列 $\{a_n\}$ 是等比数列. 则可确定 $S_{10}$ 的值.

（1）$a_m a_n=9$，$a_m^2+a_n^2=18$.

（2）$a_1 a_2=9$，$a_1^2+a_2^2=18$.

23. 若二次函数 $f(x)=x^2+bx+c$. 则 $f(1)<f(0)<f(3)$.

（1）$f(1-x)=f(x+1)$.

（2）$f(x+2)=f(2-x)$.

24. 4 只球，每只都以同样概率落入 4 个格子的任一个中．则恰有 3 只球落入同一格的概率为 $\frac{1}{8}$．

    （1）若前两只球已落入相同的格子．

    （2）若前两只球已落入不同的格子．

25. $a$，$b$ 均为正实数．则可确定 $\frac{1}{a^2} + \frac{1}{b^2}$ 的最小值．

    （1）$ab \leqslant \frac{1}{2}$．

    （2）$a^2 + 4b^2 - 3 = 0$．

**三、逻辑推理：第 26~55 小题，每小题 2 分，共 60 分。下列每题给出的 A、B、C、D、E 五个选项中，只有一项是符合试题要求的。**

26. 医学研究人员发现，人均电视机数量最多的村子感染严重的脑部疾病蚊媒脑炎（一种主要靠蚊子传染的疾病）的发病率最低。研究人员得出结论，这些村子的人们在室内停留的时间更多，从而降低了被蚊虫叮咬的概率。

    如果以下哪一项属实，能够加强研究人员的论述？

    A. 试图减少传染疾病蚊子数量的计划，并没有明显影响蚊媒脑炎的发病率。

    B. 一些身体非常健康的人，即使被蚊子叮了也不会患脑炎。

    C. 在人均电视机数量最多的县，蚊媒脑炎的发病率有希望进一步下降。

    D. 一个村子人们在户外的时间越多，他们对蚊子可能传播的脑炎的危险的认识就越大。

    E. 一个村子人均电视机数量越多，居民在室内看电视的平均时间就越多。

27. 以沙拐枣为研究对象，分别考察不同灌溉周期下该植物的生理生态响应及其生存机制的时候，科学家们发现：伴随着灌溉周期的增大，干旱程度加深，沙拐枣的光合作用会遭受不同程度的抑制。当灌溉周期设定为 8 周和 12 周的时候，这种现象尤其明显。科学家由此断言，植物水分不足会导致光合作用的效果变差。

    以下哪个选项是对上述论述的支持？

    A. 当灌溉周期设置为 15 周的时候，部分沙拐枣被干死了。

    B. 缺水还会对沙拐枣的其他机能产生明显影响。

    C. 当灌溉周期缩短到 1 周的时候，沙拐枣的光合作用明显增强。

    D. 除了缺水，空气的氧气含量过低，也会影响到沙拐枣的光合作用的效果。

E. 当水分不足的时候，沙拐枣的根系生长会更加发达，可以从土壤中获取更多水分。

28. 有些不想做的事是自己一辈子都不会做的事，有些自己想做的事是需要努力才能做成的事。所以有些自己不想做的事是自己不喜欢做的事。

以下哪个选项是上述论述成立必需的假设？

A. 所有自己一辈子都不会做的事都是自己不喜欢做的事。

B. 所有自己不想做的事都是自己一辈子不会做的事。

C. 有些自己不想做的事是自己不喜欢做的事。

D. 有些需要努力才能做成的事，不是自己一辈子都不会做的事。

E. 努力才能做成的事，不会是自己一辈子都不会做的事。

29. 科学家对全球变暖的现象进行了激烈的争议，有些科学家认为，全球变暖已经是一个不争的事实，因为全球变暖导致的极地海域的大型冰层融化，会导致海平面上升，海洋温度升高，最终会威胁到海洋食物链至关重要的浮游生物。另一些环境学家争辩说，情况并没有那么严峻，因为根据对极地海域温度的监测，极地海域的水温与一个世纪前的今天一样。所以极地冰块的融化只是一个假设而并不是现实。

下面哪一个选项如果属实，最严重地削弱了环境学家的论述？

A. 极地冰层的融化和结冰是自然的周期性行为，大概以 200 年为一个周期。

B. 全球变暖现象会对全球范围造成影响，而不仅仅是极地海域。

C. 在过去 100 年中，极地地区的企鹅数量并没有大量减少。

D. 在冰水混合物中的所有冰融化之前，冰水混合物的温度往往保持不变。

E. 近 100 年来赤道附近海域的平均海水温度没有特别明显的变化。

30. 痢疾是在婴幼儿中极其常见的一种肠道传染病，一般情况下是因为饮食不洁和感受湿热之邪引起的，其主要症状有：大便次数增多、肚子痛，里急后重等等。我国也把防范婴幼儿感染痢疾作为重要防控项目。根据最近的卫生统计，去医院就医的患有痢疾的儿童数量明显增加了，很显然，我国防控痢疾的措施并没有达到成效。

以下哪个选项为真，最能够质疑上述论述？

A. 虽然就诊痢疾的儿童数量增加了，但是就诊肺炎的儿童数量明显减少。

B. 在成年人就诊的统计数据中，感染痢疾的人数非常少。

C. 很多时候感染痢疾是因为饮食不卫生，饭前不洗手导致的。

D. 近年来，防控婴幼儿痢疾的投入费用占总体医疗费用投入费用的比例有所提升。

E. 由于放开二孩政策很多家庭都生育了二孩，新生儿数量明显增加。

31. 在人们的普遍观念里，聪明的人会在社会上获取更多的资源和获取更大的成就。但是最近的一项统计显示：在经济相关的纠纷和官司中，聪明的人反而更容易选择妥协和让步，即使自己会因为妥协让步而吃亏。从这个角度看起来，聪明的人反而成了更傻的一方。

以下哪个选项能够最好的解释上述论述中看似的矛盾？

A. 有的聪明的人在社会上并没有获得很大的成功。

B. 有时候聪明反被聪明误，再聪明的人也免不了有吃亏的时候。

C. 相对不够聪明的人，对于争议和纠纷往往都更加执着。

D. 聪明和傻是相对的，并没有绝对准确的标准来界定和区分。

E. 聪明的人往往有更多的选择和更多的机会，他们更倾向于早点结束纠纷从而节约时间来做收益更大的事情。

32. 从经济学理论来看，如果货币供给量增加，那么就会引起通货膨胀。但是虽然近年来我国货币供给高速增长但物价水平却在低位徘徊。所以小张宣称，即使货币供给量增加了，房价也不会大幅度上涨。

若以下哪个选项为真，能说明小张的论述是错误的？

A. 小张并不是经济学家，也不是房地产专业人士。

B. 如果货币供给量没有增加，那么就不会有通货膨胀。

C. 房价是否上涨同时受很多因素的影响。

D. 如果房价没有上涨，说明一定没有通货膨胀的发生。

E. 如果房价上涨了，那么说明一定有通货膨胀发生。

33. 有一种蟑螂诱捕器的工作原理是通过散发特殊的信息素来吸引蟑螂爬上诱捕器，从而被诱捕器上面的胶水粘住无法逃脱。如果在一个屋子里同时放上多个蟑螂诱捕器，房间中蟑螂的数量会明显减少，但是如果只放一个诱捕器，虽然诱捕器也能粘住一些蟑螂，但是房间中的蟑螂反而会变多。

以下哪个选项最有助于解释上述论述中看似的矛盾？

A. 这种诱捕器散发的特殊气味，只有蟑螂能闻到，人类的嗅觉感觉不到。

B. 如果房间里有多个诱捕器，那么平均每个诱捕器能粘到的蟑螂会减少。

C. 蟑螂嗅觉非常敏感，一个诱捕器散发的气味能引诱来的蟑螂会超过诱捕器能够粘住蟑螂的最大数量，而多个诱捕器并不会显著的增加吸引来的蟑螂的数量。

D. 蟑螂是一种群居动物，往往都是成群结队一起出现。

E. 蟑螂的生殖能力很强，一对蟑螂一个多月就可以繁殖出非常多的小蟑螂。

**34~35题基于以下题干：**

在一次优秀企业家评选中，有7名企业家甲、乙、丙、丁、戊、己、庚参加评选，他们中恰好3名会被评为优秀企业家。

（1）如果甲入选，那么庚也要入选；

（2）丁和戊恰好有一个人入选；

（3）如果己入选，那么丙一定入选；

（4）乙和丙至少有一个人入选。

34. 如果实际名单符合上述规则，那么以下哪项一定为真？

    A.庚一定没有入选。            B.丁一定没有入选。

    C.己一定没有入选。            D.甲一定没有入选。

    E.丙一定没有入选。

35. 如果丙没有入选，那么以下哪个选项一定为真？

    A.庚一定入选了。            B.丁一定入选了。

    C.戊一定入选了。            D.己一定入选了。

    E.甲一定入选了。

36. 当一个人有感冒症状的时候，身体会以升温的方式来对抗病毒，当没有感冒症状的时候，身体的温度往往也会恢复正常。给身体降温最简单直接的方式就是出汗，所以有些人建议，当感冒的时候，可以去跑跑步出出汗，这样出汗后可以降低体温，有助于感冒的康复。

以下哪个选项指出了上述建议的逻辑缺陷？

    A.有些人得病后在家静养，感冒过段时间也会自行康复。

    B.得了感冒去跑步的时候如果运动过度，可能会造成肌肉拉伤。

    C.整体上来说，爱运动的人感冒康复的速度要比不爱运动的人快。

    D.得感冒是很常见的现象，不一定要刻意干涉。

    E.出汗是感冒康复带来的结果，而并不是使感冒康复的原因。

37. 在对待不公平分配的时候，一个人或者采取上行调解心理，或者采取下行调解心理。如果具有上行调解心理，那么被分配者会从负面理解分配者做出不公平分配的意图和行为，比如认为分配者是一个自私而贪婪的人，想独自获得所有的金钱收益；如果具有下行调解心理，则是被分配者从正面理解分配者的意图和行为，比如认为分配者可能存在债务问题，因此想尽可能地多挣一些。科学家同时发现，具有上行调解心理对不公平分配的拒绝率提高，而下行调解则相反。

如果上述论述为真，那么以下哪个选项一定为真？

A. 如果一个人没有采取上行调解心理，那么他会试着从正面理解分配者的意图。

B. 如果一个人采取了上行调解心理，那么他会试着从正面理解分配者的意图。

C. 在对待不公平分配的时候，大部分人都会拒绝。

D. 如果一个人拒绝了不公平分配，那么他一定采取了上行调解心理。

E. 如果一个人没有拒绝不公平分配，那么他一定采取了下行调解心理。

38. 人体的疼痛感是通过神经传递的，同时身体也会分泌一种疼痛阻断激素，这种激素可以降低神经的活性，从而也降低了一个人的疼痛感。疼痛感越强，就需要更高的麻醉剂量，同时意味着增加了患者的手术风险。根据研究，人类在晚上分泌的这种疼痛阻断激素要多于白天，所以有些人建议，从患者的角度出发，最好尽量在晚上进行手术，而不是白天。

以下哪个选项是上述论述成立所必需的假设？

A. 在任何情况下，一个医院都应该把患者的利益放在最高优先级。

B. 对于不同患者，每个人做手术的需要的麻醉剂量是近似的。

C. 对于有的需要做剖腹产手术的孕妇，能够提前确定自己做手术的时间。

D. 在夜间工作时，医院需要承担的医生和护士的工资并不会高很多。

E. 相比在白天，在晚上做手术并不会很大程度降低医生的手术水平。

39. 孟教授：我非常喜欢演员 M 出演的电影，不过我觉得他不能称之为一个伟大的演员，因为不管他的表演风格有多么的独特，但是他出演的所有角色都很相似，他的戏路实在是太窄了。

陈研究员：我不同意你的看法，一个好的演员不一定需要出演各种不同的角色。恰恰相反，一个伟大的演员一定要能把一类角色演的好。

以下哪个选项是以上两人讨论的焦点？

A. 演员 M 除了一类角色以外，还有没有演过其他风格不同的角色。

B. 演员 A 的表演风格是否足够独特。

C. 有没有其他孟教授喜欢的演员，能够饰演各种各样的角色。

D. 一个演员出演过的电影数量是否应该成为判断其是否伟大的标准。

E. 判断一个演员是否伟大，取决于他饰演角色的广度，还是取决于饰演角色的深度。

40~41 题基于以下题干：

在湿地公园，有 6 个坐落在水上的小岛，位置如下图所示。

A      B      C
■      ■      ■

■      ■      ■
R      S      T

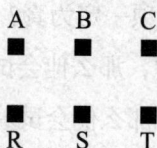

为了让游客可以游览每一个小岛，公园决定修建一些直线的道路来连接这些小岛。但是因为资金有限，所以公园需要尽可能地减少桥梁的数量（假设每条桥梁造价相同，与长短无关）。同时现在已知的规划如下。

（1）每一个小岛最多有两座桥梁能够到达；

（2）每个小岛至少修一座桥梁，并且游客可以通过桥梁走到每一座小岛上；

（3）桥梁高度有限，不能跟其他桥梁有交叉，也不能经过其他小岛；

（4）B 和 R 之间和 S 和 T 之间的桥梁已经竣工。

40. 如果 B 和 S 之间的桥梁已经修通，那么以下哪个论述一定为真？

    A. C 和 B 之间必须要修一座桥梁。

    B. A 和 B 之间必须要修一座桥梁。

    C. S 和 C 之间必须要修一座桥梁。

    D. C 和 T 之间必须要修一座桥梁。

    E. R 和 S 之间必须要修一座桥梁。

41. 如果 S 和 C 之间的桥梁已经修通，那么以下哪个选项论述正确？

    A. C 和 R 之间必须要修一座桥梁。

    B. A 和 B 之间必须要修一座桥梁。

    C. B 和 C 之间必须要修一座桥梁。

    D. R 和 A 之间必须要修一座桥梁。

    E. 以上选项都不必然为真。

42. 2023 年 8 月 24 日，日本启动福岛第一核电站核污水排海，引起全世界范围的强烈谴责，也让国内日料餐厅的食品安全受到广泛关注。有网友指出，此次事件之后，如果日料店的食材来源于日本进口，那么其销量必然严重下降；如果日料店的食材不是从日本进口，那么就失去了其"日料"的本质，失去其本质必然会导致对于食客吸引力的降低，其销量也会严重下降。

如果上述网友的断定为真，则以下哪项一定为真？

    A. 日料店的食材不能从日本进口。

    B. 日料店销量降低。

    C. 日料会失去其本质。

D. 日料店价格会降低。

E. 食客吸引力会降低。

43. 近年来，我国楼市火爆，房屋价格猛涨，为了抑制房屋价格的增长速度，江城市政府针对非本市户籍的购房者出台了以下政策：如果是本科及以上学历并且在本市交了3年（含3年）以上社保就有资格在本市购买房屋。研究生张华现在没有资格在江城市购买房屋，所以他在本市的社保一定没有满3年。

以下哪项与上述论证最为相似？

A. 某商场举行大型促销活动，规定如果在双十二这天会员在商场指定店铺消费满1000元，那么就会获得双倍的积分。李雪没有获得双倍的积分，但她是会员，那么她当天在商场指定店铺的消费一定低于1000元。

B. 中心大学的MBA录取政策是这样的，在这次的考试中，只有英语和管综都达到录取分数线才可以被录取，张华没有被录取，所以他的英语和管综一定都没有过线。

C. 如果周六下雨，那么李磊就要坐公交去上班。事实上周六这天李磊确实坐公交去上班了，那么周六一定下雨了。

D. 学校规定，如果在宿舍用违禁电器，那么他就一定会受到惩罚。王伟冒着风险在学校使用烧水壶，果然，他被处罚了。

E. 某公司规定，只有在本公司工作满两年并且是研究生及以上的学历，才可以参与本次的升职加薪的评选，小何还是公司的实习生，所以他一定没有资格参与本次的升职评选。

44. 某单位拟委派甲、乙、丙、丁4人到英国、美国、法国、德国考察，每个人选择一个地方且每个人的选择都不同。已知：

（1）如果甲或者乙选择英国，那么丙一定选择德国；

（2）如果乙不选择美国，那么丙就不会选择德国；

（3）甲选择英国，或者丙选择德国。

根据以上信息，可以得出以下哪项？

A. 甲去英国。　　B. 乙去法国。　　C. 丙去美国。　　D. 丁去德国。　　E. 乙去美国。

45~46题基于以下题干：

广告公司要开展一个为期一周的调研活动，每天从A、B、C、D、E、F、G中选择一个，每天开展一个活动，并且每个活动只举行一次。

（1）B活动必须星期二开展，而E活动必须星期四开展；

（2）A活动在D活动前开展，并且中间恰好隔了一个其他活动；

（3）F活动和G活动在相邻的两天开展。

45. 如果上述规则均成立，下列哪个选项列举的2个活动都可能排在周日开展？

　　A. A活动和D活动。　　　　　　　　B. B活动和C活动。

　　C. A活动和C活动。　　　　　　　　D. G活动和D活动。

　　E. F活动和C活动。

46. 如果C活动排在周一，那么以下哪个选项一定为真？

　　A. G活动排在周六。　　　　　　　　B. D活动排在周五。

　　C. F活动排在周日。　　　　　　　　D. A活动排在周五。

　　E. D活动排在周三。

47. 黑尾鸥是一种候鸟，每年都会进行迁徙。威海附近的海驴岛就是他们很重要的一个中间的落脚点，海驴岛周围有丰富的鱼虾资源供候鸟们补给营养。因为最近的工业污染，海驴岛附近的水域中的鱼虾数量只有大约以前的一半，但是因为候鸟可以通过在海驴岛多待一倍的时间，来补足继续迁徙需要的养分。所以很显然，本地鱼虾数量减少并不会影响黑尾鸥补给营养，实际上也并不会影响黑尾鸥的迁徙。

以下哪个选项是对上述论述最大的质疑？

A. 虽然海驴岛周围海域的鱼虾有所减少，但是依旧比其他海域的鱼虾密度高很多。

B. 有些体形偏小，途经海驴岛的其他候鸟，可以在很短的时间内完成补给营养的任务。

C. 常年生活在海驴岛上的那些不迁徙的鸟类，它们的数量并没有明显受到工业的影响。

D. 对黑尾鸥来说，迁移时间缩得越短，面对迁移过程的代价就越低，同时越早到达过冬地也越容易尽早觅得好的栖地。

E. 人类的大量捕捞也是海岛周围鱼虾数量减少的原因之一。

48. "企业文化"一般是指这个企业创始人本人的思想理念的延伸和凝练，也就是他对工作的态度，对客户的态度，对产品的态度。"企业文化"就是企业具有的精神。"企业制度"是指经营管理这个企业所用的手段或方法的汇总，也就是管理制度。组织结构就是为了便于企业的管理，明确每个人的工作内容，根据管理工作需要设置的不同岗位的汇总。一个企业能否成功，好的"企业文化"和好的"企业制度"缺一不可，"企业文化"的影响会更大一些。

以下哪个选项最能够支持上述论述？

A. 没有好的"企业文化"的公司如同没有灵魂的人们，很难有建树。

B. 没有好的"企业制度"的公司如同没有纪律的军队，很难打胜仗。

C. 一个企业成功最大的因素是经济环境，如果经济环境不好，再好的企业也很难成功。

D. "企业文化"决定了企业的发展方向和发展格局，而"企业制度"只是保障企业发展方向的手段。

E. 谷歌，苹果等成功的企业都有非常健全和明确的"企业文化"。

49. 甲状腺激素功能低下症，简称甲减。甲减除了人们熟知的影响智力和生长发育之外，约20%~60% 的甲减患者常同时伴发贫血和免疫缺陷等症状，这些症状从外观不易察觉，经常被忽视，然而他们对人体的危害很大。从而专家建议，患有甲状腺激素功能低下症的患者，最好多吃一些含碘比较高的食物，比如海带和各类海鲜等。

以下哪个选项若为真，最能够支持上述论述？

A. 以前食盐中总是添加碘元素，但是最近超市中更多售卖的是不含碘的食盐。

B. 碘是合成甲状腺激素的基本元素，有助于甲状腺分泌激素。

C. 海鲜含有的嘌呤比较高，患有痛风的病人不建议食用。

D. 注重调理，增强身体代谢可以一定程度上预防和治疗甲状腺激素功能低下症。

E. 海带和海鲜本来就是中国人食谱中常见的食材。

50. 小王跟他的三个家人（妻子、儿子和女儿）决定在星期日休假的时间选择一个地方出行，可以去的地方有游乐场、商场和动物园。但是因为这三个地方相隔很远，所以一天时间只够往返一个地方游玩，对于出行，小王说了以下几句话：

（1）如果我带妻子或者女儿出门，那么我会去商场；

（2）如果我同时带妻子和儿子一起出门，那么不能去游乐园；

（3）如果我同时带儿子和女儿出门，那么我去动物园。

实际上最终小王和某个或几个家人去了游乐园，那么最终跟小王一起出门的是？

A. 妻子　　　　　B. 女儿　　　　　C. 儿子

D. 儿子和女儿　　E. 儿子和妻子

51. 在非洲，有很多的偷猎者以偷猎象牙为生，他们一般一个季度进入一次野象的栖息地猎捕野象并用象牙换取钱财。为了保护野象群，有些环保主义者建议偷猎者改职业为导游，带领去非洲游玩的游客去参观野象的栖息地。这样既可以让偷猎者有收入，又不至于猎杀大象导致大象灭绝。

以下哪个选项是对上述环保主义者的建议的质疑？

A. 猎人除了用猎取来的象牙卖钱，猎取的大象肉也可以卖钱。

B. 野象的繁殖数量比猎人猎捕的数量要略低一些。

C. 象牙的价格很昂贵，要想通过导游获取跟偷猎一样的收入，必须要每 2 周进入一次野象的栖息地，这会对野象的自然生存环境造成很大的破坏。

D. 有些去非洲旅游的游客对于参观野象的栖息地并不是很感兴趣。

E. 即使没有猎人猎捕大象，丛林中生存的狮子和老虎也是大象的天敌。

52. 在Java的程序设计里，如果发现了异常嵌套或者捕获到了异常数据，那么需要把异常交给调用者处理。除非你不想把异常交给调用者处理，否则你就需要反馈一个关于该异常的声明。

如果上述论述为真，那么以下哪个选项一定为真?

A. 如果你发现了异常的嵌套，那么你也会捕获一个异常数据。

B. 如果你不想把异常交给调用者处理，那么你不会反馈一个异常的声明。

C. 当你把异常交给调用者处理的时候，一般他都能够处理掉这个异常。

D. 如果你捕获到了异常数据，那么你需要反馈一个关于该异常的声明。

E. 如果你没有发现异常嵌套，那么你一定会捕获一个异常数据。

53. 生物钟是生物体内固有的一个"时钟",指的是生理活动会在一段时期内出现周期性的变化，通常指的是昼夜节律，科学家研究发现生物钟是体内固有的，由基因决定的，但是也受到外界环境因素的影响，其中主要是受到光线的影响。如果我们大脑里面控制生物钟的中枢通过视网膜的感光受体感觉到光线变暗了，就会命令松果体分泌褪黑素。相反，如果我们大脑里面的控制生物钟的中枢通过视网膜的感光受体没有感觉到光线变暗了，那么他就一定不会命令松果体分泌褪黑素。

以下哪项与上述论证最为相似?

A. 国家规定，如果员工工作满一年，那么就会享受年假的福利。张欣刚来公司两个月，所以她一定不可以享受带薪年假。

B. 童心中学举行校庆活动，要求凡是高一的新生，都必须参加。李璐没有参加，所以他一定不是高一的新生。

C. 王华和王鹏报名参加了大学生英语竞赛，英语老师对他俩的成绩做出预测，如果王鹏进决赛，那么王华也会进入决赛。事实上，王华进了决赛，但是王鹏却因为迟到错过了当天的考试。

D. 跑得最快的动物当数猎豹，它追捕猎物时每小时不超过七十千米，因此猎物很快就会被捉住。但是，如果距离不是很短，猎豹就坚持不住最快的速度，所以它尽力捕捉近处的猎物。

E. 由于周围空气越来越稀薄，气压越来越低，上升气体积就要膨胀。膨胀的时候要耗去自身的热量，因此，上升空气的温度要降低。

54~55 题基于以下题干：

有 6 个人甲、乙、丙、丁、戊、己代表学校参加校际田径运动会，运动会有 8 个项目，分别是：长跑、短跑、跳高、游泳、铅球、标枪、跨栏和竞走。每个项目都必须有人参加，每个人都有报名项目并且一个人最多同时报名 2 个项目。另外，报名情况满足以下要求：

（1）长跑和竞走比赛时间重合，所以没有人能同时参加；

（2）甲只参加了游泳项目，乙只参加了标枪，戊只参加了跳高；

（3）如果丙没有参加铅球，那么甲不能参加游泳并且丁不能参加竞走；

（4）如果乙参加了标枪比赛，那么己参加长跑比赛。

54. 若实际情况与上述规则相符，以下哪个选项可能为真？

    A. 甲参加短跑和长跑比赛。        B. 乙参加铅球和竞走比赛。

    C. 丙参加跳高和标枪比赛。        D. 丁参加竞走和跨栏比赛。

    E. 己参加竞走和游泳比赛。

55. 若丁仅参加了短跑比赛，以下哪个选项一定为真？

    A. 丙参加了长跑比赛。        B. 丙参加了跨栏比赛。

    C. 己参加了跨栏比赛。        D. 己参加了竞走比赛。

    E. 己没有参加跨栏比赛。

## 四、写作：第 56 ~ 57 小题，共 65 分。其中论证有效性分析 30 分，论说文 35 分。

56. 论证有效性分析：分析下述论证中存在的缺陷和漏洞，选择若干要点，写一篇 600 字左右的文章，对该论证的有效性进行分析和评论。（论证有效性分析的一般要点是：概念特别是核心概念的界定和使用是否准确并前后一致，有无各种明显的逻辑错误，论证的论据是否成立并支持结论，结论成立的条件是否充分，等等。）

    近日，不少地方发起倡导：制止浪费。这项倡导成为商家和顾客的共识，宣扬大吃大喝、暴饮暴食的直播不见了，绿色健康饮食受到追捧。但是有人认为勤俭节约并不适合现在的社会，理由如下：

    我们经过了几十年艰苦卓绝的奋斗才换来了现在物质丰富的生活，如果现在还倡导勤俭节约那不就意味着我们要放弃优越的物质生活条件去过原来的苦日子吗？这不和"让生活更加美好"的发展目标背道而驰吗？

    而且，为什么勤俭节约是我们的传统美德？那是因为古代的粮食产量并不高，所以不得不强调勤俭节约。步入现代社会，勤俭节约也应该和"缠足""磕头请安"等陋习一并淘汰了。

    国家现在的首要目标依旧是大力发展生产力，如果我们大力倡导勤俭节约不就是一种

舍本逐末吗？都勤俭节约了，还何谈经济发展和国家复兴？

虽然我们在不断地强调勤俭节约，但是总有人在大吃大喝铺张浪费，而且很多人有"我不大吃大喝铺张浪费，别人也会浪费，为什么要委屈自己"的想法，这不就是勤俭节约和社会的主流价值观不相符吗？

综上所述，有人对现代社会是否还应该勤俭节约持有怀疑态度。

57. 论说文：根据下述材料，写一篇700字左右的论说文，题目自拟。

科学技术是社会进步的核心动力，有了科学技术的推动，社会可以丰富劳动者的文化知识，从而提高人们的技能水平和生产力。人文精神是道德养成的关键，有了人文精神的滋养，我们可以树立和坚持正确的历史、价值和文化观，有助于提升认知社会和谐。

# 管理类联考综合能力满分卷（一）

**一、问题求解**：第 1~15 小题，每小题 3 分，共 45 分。下列每题给出的五个选项中，只有一个选项是最符合题目要求的。

1. 若 $a=\sqrt{5}$，$a$ 的小数部分为 $b$，则 $a-\dfrac{1}{b}=$（　　）.

   A. $-2$     B. $-1$     C. $0$     D. $1$     E. $2$

2. 袋子里红球与白球的数量之比为 $19:13$，放入若干个红球后，红球与白球的数量之比变为 $5:3$，再放入若干个白球后，红球与白球的数量之比为 $13:11$，已知放入的红球比白球少 80 个.那么原来袋子里共有（　　）个球.

   A. 650     B. 720     C. 840     D. 920     E. 960

3. 函数 $y=f(x)$ 的图像关于直线 $x=1$ 对称，若方程 $f(x)=0$ 有四个不等实根 $x_1$，$x_2$，$x_3$，$x_4$，则 $x_1+x_2+x_3+x_4=$（　　）.

   A. 2     B. 3     C. 4     D. $-2$     E. 1

4. 将放有乒乓球的 1997 个盒子从左到右排成一行，如果最左边的盒子里放了 7 个乒乓球，且每相邻的四个盒子里共有 30 个乒乓球，那么最右边的盒子里放有乒乓球（　　）个.

   A. 6     B. 7     C. 8     D. 9     E. 以上都不正确

5. 关于 $x$ 的不等式 $\dfrac{x-a}{x^2+x+1}<\dfrac{x-b}{x^2-x+1}$ 的解集为 $\left(-\infty,\dfrac{1}{3}\right)\cup(1,+\infty)$，则 $\dfrac{a+b}{a-b}=$（　　）.

   A. $-4$     B. $0$     C. $2$     D. $\dfrac{7}{2}$     E. $4$

6. 某社团共有 46 人，其中 40 人爱好戏剧，38 人爱好体育，35 人爱好写作，30 人爱好收藏，则以上四项活动都喜欢的至少有（　　）.

   A. 5 人     B. 6 人     C. 7 人     D. 8 人     E. 4 人

7. 如图，正方体 $ABCD-A_1B_1C_1D_1$ 的棱长为 1 cm，则三棱锥 $C-AB_1D_1$ 的体积是（　　）cm³.

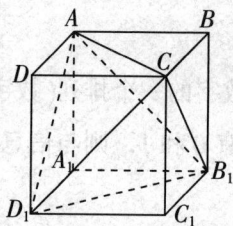

A. $\dfrac{1}{3}$     B. $\dfrac{1}{4}$     C. $\dfrac{1}{5}$     D. $\dfrac{1}{6}$     E. $\dfrac{1}{7}$

8. 数列 $\{a_n\}$ 中，$a_1=1$，$a_n$，$a_{n+1}$ 是方程 $x^2-(2n+1)x+\dfrac{1}{b_n}=0$ 的两个根，则数列 $\{b_n\}$ 的前 $n$ 项和 $S_n=$

   （     ）.

   A. $\dfrac{1}{2n+1}$     B. $\dfrac{1}{n+1}$     C. $\dfrac{n}{2n+1}$     D. $\dfrac{n}{n+1}$     E. $\dfrac{n+2}{n+1}$

9. 某学生统计自己 11 月份的模考成绩，满分为 75 分，平均分为 66 分. 如果去掉一个最高分，
   平均分为 63 分. 则 11 月份他最多参加了（     ）次模考.
   A. 4     B. 5     C. 6     D. 7     E. 8

10. 若集合 $A=\{(x,y)|x^2+y^2\leqslant 16\}$，$B=\{(x,y)|x^2+(y-2)^2\leqslant a-1\}$，且 $A\cap B=B$，则 $a$ 的取值范围是
    （     ）.
    A. $a\leqslant 1$     B. $a\geqslant 5$     C. $1\leqslant a\leqslant 5$     D. $a\leqslant 5$     E. $a\geqslant 1$

11. 箱中装有标号分别为 1，2，3，4，5，6 的六个球（除标号外完全相同），从箱中一次摸出
    两个球，记下号码并放回，若两球的号码之积是 4 的倍数，则获奖，现有 4 人参与摸球，
    恰好有 2 人获奖的概率是（     ）.

    A. $\dfrac{624}{625}$     B. $\dfrac{96}{625}$     C. $\dfrac{36}{625}$     D. $\dfrac{216}{625}$     E. $\dfrac{4}{625}$

12. 在 MBA 大师成立 8 周年庆典活动上，师宝骑独轮车表演助兴. 独轮车车轮直径为 50 厘米，
    师宝沿如图所示 8 字形轨迹骑行. 轨迹为相切的两个圆，两个圆面积比是 16:9，小圆直径
    为 15 米. 则师宝沿 8 字形轨迹骑行一圈，车轮转动了（     ）圈.

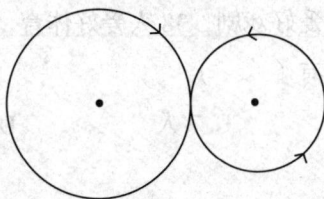

    A. 50     B. 60     C. 70     D. 80     E. 90

13. 在某种信息传输过程中，用 4 个数字的一个排列(数字允许重复)，表示一个信息，不同排
    列表示不同信息，若所用数字只有 0 和 1，则与信息 0110 至多有两个对应位置上的数字
    相同的信息个数为（     ）.

A. 10      B. 11      C. 12      D. 15      E. 20

14. 2个大人带4个小孩去坐只有6个位置的圆形旋转木马,那么两个大人不相邻的概率为( ).

A. $\dfrac{2}{5}$      B. $\dfrac{3}{5}$      C. $\dfrac{1}{3}$      D. $\dfrac{2}{3}$      E. $\dfrac{1}{2}$

15. 已知$a+b=4$($a>0$,$b>0$),则$\sqrt{a^2+1}+\sqrt{b^2+4}$的最小值为( ).

A. 4      B. 5      C. $\sqrt{5}+2\sqrt{2}$      D. $5+\sqrt{2}$      E. 8

二、条件充分性判断:第16~25小题,每小题3分,共30分。要求判断每题给出的条件(1)和条件(2)能否充分支持题干所陈述的结论。A、B、C、D、E五个选项为判断结果,请选择一项符合题目要求的判断。

     A.条件(1)充分,但条件(2)不充分.

     B.条件(2)充分,但条件(1)不充分.

     C.条件(1)和(2)单独都不充分,但条件(1)和条件(2)联合起来充分.

     D.条件(1)充分,条件(2)也充分.

     E.条件(1)和(2)单独都不充分,条件(1)和条件(2)联合起来也不充分.

16. $f(x)$除以$(x+2)(x+3)$的余式为$2x-5$.

     (1)多项式$f(x)$除以$x+2$的余式为1.

     (2)多项式$f(x)$除以$x+3$的余式为$-1$.

17. $a$,$b$,$c$的方差等于0.

     (1)$a^2+b^2+c^2=ab+bc+ac$.

     (2)$a^3+b^3+c^3=3abc$.

18. 已知$a$为实数.则$\dfrac{a^3}{a^6+1}>\dfrac{1}{12}$.

     (1)$a^2-3a+1=0$.

     (2)$a^2+3a+1=0$.

19. 游泳池有大、小两根进水管，大水管单独开放 30 小时可注满全池，小水管单独开放 120 小时可注满全池. 则 26 小时内可注满全池.

（1）大管单独开放 10 小时后，两管齐开.

（2）两管齐开 18 小时后，停电 2 小时，再重新打开两进水管.

20. $M=24$.

（1）已知三个连续的正整数的倒数和等于 $\dfrac{191}{504}$，这 3 个数之和为 $M$.

（2）已知三个质数的倒数和等于 $\dfrac{113}{154}$，这 3 个数之和为 $M$.

21. 如图，由 120 块小正方体构成的 $4 \times 5 \times 6$ 的大长方体，如果将大长方体表面涂成红色，然后从 120 块小正方体中随机取出一个小正方体. 则概率 $P=\dfrac{13}{30}$.

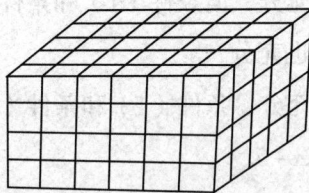

（1）$P$ 为这个小正方体恰有两面被涂成红色的概率.

（2）$P$ 为这个小正方体恰有一面被涂成红色的概率.

22.（条件充分性判断）数列 $\{a_n\}$ 的前 $n$ 项和 $S_n=2^{n+1}-n-2$.

（1）$a_1=1$，且 $a_{n+1}=2a_n+1$.

（2）$a_n=2^n-1$.

23. $\dfrac{y}{x+2}$ 的最大值是 $\dfrac{\sqrt{3}}{3}$.

（1）动点 $P(x,y)$ 在曲线方程 $3x^2+3y^2=4$ 上运动.

（2）动点 $P(x,y)$ 在曲线方程 $3x^2-6x-3y+2\sqrt{3}=0$ 上运动.

24.（条件充分性判断）某校从高三年级参加期末考试的学生中抽出 60 人，其成绩（均为整数）的频率分布直方图如图所示．从成绩是 80 分以上（包括 80 分）的学生中选 $m$ 人．则他们在不同分数段的概率为 $\dfrac{5}{17}$．

（1）$m=1$．

（2）$m=2$．

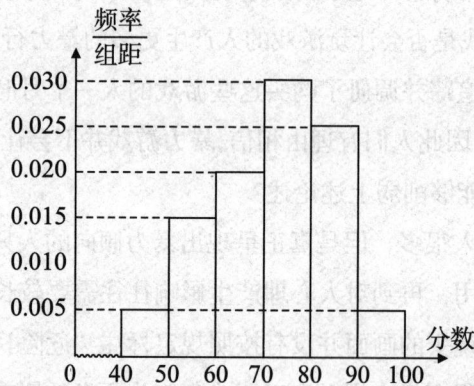

25. 如图所示，在矩形 $ABCD$ 中，$BE:EC=2:3$，$DF:FC=1:2$．则可确定矩形 $ABCD$ 的面积．

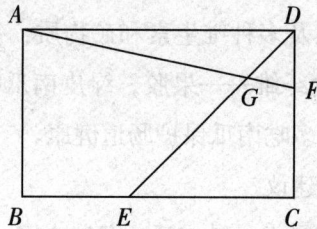

（1）$S_{\triangle ADG}=5$．

（2）$S_{\triangle DGF}=2$．

**三、逻辑推理：第 26~55 小题，每小题 2 分，共 60 分。下列每题给出的 A、B、C、D、E 五个选项中，只有一项是符合试题要求的。请在答题卡上将所选项的字母涂黑。**

26. 靡不有初，鲜克有终。如果一味追名逐利或者计较得失，那么一定会忘记初心。被路边风景吸引难以抵挡诱惑的人不在少数。忘记初心不可怕，可怕的是无法察觉。当一个人忘记了初心，则会迷失方向并且陷入自我怀疑。

如果上述断定为真，可以得到以下哪项？

A. 如果没有迷失方向，那么就不会陷入自我怀疑。

B. 除非迷失了方向，否则不会一味追名逐利。

C. 如果一个人忘记了初心，那么他难以抵挡诱惑。

D. 当你在追梦的路上迷失方向并且陷入了自我怀疑，可知你一定忘记了初心。

E. 只有不忘记初心，才不会计较得失和不被路边风景吸引。

27. 大众媒体和普通民众经常将暴力电子游戏与现实生活中的暴力联系起来。科学家试图通过调研数据来研究暴力游戏是否会让玩游戏的人产生更多的暴力行为。在最新款暴力游戏《猎杀》发布后，研究小组追踪并调研了购买这些游戏的人一个月时间，但并没有数据表明他们的暴力行为有所增加。因此人们有理由相信，暴力游戏并不会让玩游戏的人增加暴力倾向。

以下哪项如果为真，最能够削弱上述论述？

A. 现在社会中玩游戏的人很多，但是真正呈现出暴力倾向的人只占一小部分。

B. 一款游戏从购买到使用，再到对人心理产生影响往往需要较长的一段时间。

C. 该款游戏中有血腥的镜头的画面并没有按照规定标注"危险！严禁模仿"的提示语。

D. 除了暴力游戏，还有很多暴力视频会对青少年产生不良的影响。

E. 适当玩电子游戏可以开发人的智力，让人们的大脑更加灵活。

28. 南瓜也称倭瓜，属于葫芦科南瓜属植物，在我国种植广泛，品种也很多，含有蛋白质、碳水化合物、脂肪、膳食纤维以及多种维生素和矿物质，备受人们的喜爱。科学研究发现，南瓜中还含有一种可溶性膳食纤维——果胶，绿皮南瓜中的果胶含量最高可达到2.03%，为此，医生建议便秘的人群要多吃南瓜保护肠道健康。

以下哪项为真最能支持医生的建议？

A. 南瓜的优点非常明显，它产量大、易成活、营养丰富，荒年可以代粮。

B. 南瓜多糖是一种非特异性免疫增强剂，能提高机体免疫功能，促进细胞因子生成。

C. 南瓜有消除致癌物质亚硝胺的突变作用，有防癌功效。

D. 南瓜种子含南瓜子氨基酸，有清热除湿、驱虫的功效，对血吸虫有控制和杀灭的作用。

E. 果胶能够增加饱腹感，疏通肠道，吸附胆固醇和有毒金属物质，将其排出体外。

29. 恒昌苗圃拥有丰富的绿化苗木资源，承接了某中心园区的绿化工作，计划用郁金香、白玉兰、杜仲、蜀桧、樱花、紫薇这6种苗木作为资源实施绿化方案，关于在园区东南区域的苗圃种植，有以下的要求：

（1）白玉兰和杜仲至少种植一种；

（2）除非不种植杜仲，否则樱花和紫薇要都种植。

已知实际上没有选择樱花，根据上述种植要求，以下哪项一定为真？

A. 种植白玉兰。　　B. 种植紫薇。　　C. 不种植蜀桧。　　D. 种植杜仲。　　E. 不种郁金香。

30. 学校计划举办一场文艺联欢活动,最终确定了七个节目入选,分别是:二胡独奏、钢琴独奏、单人脱口秀、男高音独唱、美声独唱、大合唱和双人拉丁舞。关于这七个节目的出场顺序需要符合以下要求:

（1）除非美声独唱排第二,否则二胡独奏排第四;

（2）二胡独奏和单人脱口秀中间隔了三个位置,且都在美声之后上场;

如果男高音独唱在二胡独奏之后表演,请问以下哪个选项一定为真?

A. 单人脱口秀排在第七的位置。　　B. 男高音独唱排在第四的位置。

C. 大合唱排在第三的位置。　　D. 钢琴独奏排在第六的位置。

E. 男高音独唱排在第五的位置。

31. 创益基金管理公司为客户M构建资产配置型基金组合,根据客户的收入和风险偏好以及预期回报,在进行大类资产相关基金配置时,有一定的要求:如果配置境内固定收益资产,那么就不配置境内权益资产。只有配置境内权益资产,才配置商品期货基金或者货币基金。境内固定收益资产和不动产投资信托基金至少要配置一类。

根据以上的基金构建组合要求,则以下哪项是不可能的?

A. 配置境内权益资产,没有配置商品期货基金。

B. 既不配置商品期货基金,也不配置货币基金。

C. 配置商品期货基金,不配置境内固定收益资产。

D. 配置境内固定收益资产,而不配置商品期货基金。

E. 配置货币基金,不配置不动产投资信托基金。

32. 城市和乡村是大型的生物聚居地,和人类语言一样,鸟鸣语言的功能十分复杂,包含的信息也很丰富。鸟的歌声也可以用来争地盘、夺配偶。当一只鸟在鸣唱,它有可能正在告诉你它的种类、性别、身份甚至心情。最近研究发现:夜莺和灰胸绣眼鸟等鸟类,城市中的种群相比乡村中的种群叫声的音调更高,它们不约而同地提高了自己鸣叫声音的频率。

以下哪项为真,最能解释上述论述中出现的现象?

A. 到了夜晚,城市灯火通明,使原本遵守自然规律的鸟类,在人造光线中很难保持方向感,它们不得不想出方法适应城市生活。

B. 高楼和玻璃墙,让城市里生活的很多种鸟儿在飞行时遇到了很大的问题,而这种问题在乡村却不多见。

C. 恶劣天气,鸟类不得不降低飞行高度,遇到的障碍和危险会比正常飞行时更多,城市里的鸟类生活比乡村的鸟类更加艰难。

D. 人声、车船汽笛和工厂建筑等带来了很多噪声，频率高的声音传播距离和可辨识度都要高于频率低的声音。

E. 对于在城市生活的鸟类来说，只要我们做出一些小小的改变，其实就能很大程度帮它们避免一些威胁。

33. 奶茶作为一种新式饮品，受到越来越多年轻人的喜爱。根据消保委进行的一项调查发现，频繁喝奶茶（每天 3~4 杯）的人中，重度失眠的人有 16.7%，中度失眠的人则高达 64.8%，其余的被调查人员也存在轻度失眠的症状。对此，专家认为，这与他们饮用的大量奶茶中的茶碱有关，是茶碱刺激人的神经使人精神振奋，影响了睡眠质量。

以下哪项如果为真，最能削弱上述专家的论述？

A. 对市场上的奶茶样品检测发现，所有奶茶中均含有咖啡因，咖啡因是一种能够刺激人神经的成分。

B. 奶茶中的茶碱进入大脑后，能够阻碍腺苷与受体结合，使神经元保持活跃刺激人体脑神经，让大脑保持清醒。

C. 导致人们失眠的原因和睡眠对人类的作用是科学家一直在研究的话题和重点。

D. 奶茶中除了茶碱还含有大量的糖和热量，长期喝奶茶容易导致肥胖。

E. 有些人对茶叶的敏感度高，喝茶不仅会引起失眠，还会出现心跳过快等症状。

34. 以下是残特奥会期间机动车限行规则和每日项目安排：

| 10月22日周五 | 10月23日周六 | 10月24日周日 | 10月25日周一 | 10月26日周二 | 10月27日周三 | 10月28日周四 |
|---|---|---|---|---|---|---|
| 5、0 残奥游泳 盲人篮球 | 1、6 硬地滚球 坐式排球 | 2、7 残奥田径 盲人柔道 | 3、8 飞镖 盲人跳绳 | 4、9 盲人足球 盲人门球 | 5、0 特奥游泳 特奥田径 | 1、6 特奥篮球 特奥滚球 |

以下哪项对上述安排的概括最为准确？

A. 如果当天限号 6，那一定有特奥田径。

B. 滚球项目和排球一定是安排在一起的。

C. 如果当天限号 5，那一定有游泳比赛。

D. 盲人篮球和盲人足球安排在一起。

E. 如果当天限号的不是 4，那么一定有篮球比赛。

35. 稻田养鱼能够消灭和抑制田内杂草，松土活水，消灭部分害虫，为农户带来双赢。陈老一家正在计划采购今年的稻田鱼苗，计划从草鱼、鲤鱼、鲫鱼、罗非鱼、鲢鱼和青鱼这几种鱼苗中进行挑选，有以下的养殖要求：

（1）如果养殖草鱼或者鲤鱼，那么也要养殖鲫鱼；

（2）如果养殖罗非鱼，那么鲢鱼和青鱼都要养殖；

（3）除非养殖罗非鱼，否则不养殖鲫鱼。

以下除了哪项，其余均与上述养殖要求一致？

A. 如果养殖草鱼，那么要养殖罗非鱼。

B. 只有养殖青鱼，才养殖鲫鱼。

C. 如果养殖鲤鱼，就要养殖鲢鱼。

D. 除非养殖青鱼，否则不养殖草鱼。

E. 如果养殖鲤鱼，就不养殖青鱼。

36. 一切有生命的东西，从最简单的细胞到最大的红杉树，都包含着大量的水。浸在这种水中的是极复杂的分子，称为蛋白质和核酸，它们似乎具有我们所知道的一切生命的特征。碳原子能够以四面附着在四个不同的原子上，上面所说的蛋白质和核酸就是由碳原子链和环组成的构成生命的基础分子。硅原子也能以四个面附着在四个不同的原子上，所以我们有理由相信以硅为基础的生命也是有可能存在的。

以下哪项是上述推理能够成立所需要的假设？

A. 碳原子构成的生命和硅原子构成的基础分子从生命特征上没有本质的不同。

B. 除水以外，还有能提供起着生命基础作用的必要的独特物质。

C. 已经有专家证实：生命可能由其他物质构成。

D. 根据外太空观测，在宇宙中人类已经发现了富含硅原子的星球。

E. 一个原子能够以四个面附着在四个不同的原子上，那么它就有可能构成生命基础分子。

37. 科学研究所计划从现有的棉花品种中选出 3 种进行转基因抗虫棉研究，可供选择的棉花有甲棉，乙棉，丙棉，丁棉，戊棉，己棉 6 种，有以下的要求：

（1）如果选择甲棉，就要选择丁棉而不选择乙棉；

（2）如果不选择丙棉或者不选择乙棉，就要选择戊棉；

（3）如果选择丁棉，就要选择甲棉或己棉。

根据以上信息，哪个选项选择研究的棉花品种与上述要求不矛盾？

A. 乙棉、丁棉、戊棉。　　　　　　　B. 甲棉、乙棉、己棉。

C. 乙棉、丙棉、戊棉。　　　　　　　D. 乙棉、丁棉、己棉。

E. 丙棉、丁棉、己棉。

38. 欧力公司主要包含冰箱，洗衣机，冰柜三大业务。新的一年该公司调整策略，对冰箱业务进行了优化，年底财务报表显示冰箱业务线的销售额有了明显上升，然而同时冰箱业务线

的销售额占所有业务的销售额比例却下降了。

如果以上论述为真，可以推出以下哪项一定为真？

A. 洗衣机、冰柜业务线的销售额增长率均高于冰箱业务线。

B. 洗衣机和冰柜业务线的销售增长率均低于冰箱业务线。

C. 洗衣机和冰柜业务线至少有一个的销售增长率高于冰箱业务线。

D. 欧力公司冰箱业务线的利润率有所上升。

E. 如果继续对冰箱业务线进行改造，该线销售额可能会继续增加。

39. 不积跬步，无以至千里，不积小流，无以成江海。

以下哪项和上述论述结构最为类似？

A. 兼听则明，偏信则暗。

B. 知之者不如好之者，好之者不如乐之者。

C. 名不正，则言不顺；事不成，则礼乐不兴。

D. 不患寡而患不均，不患贫而患不安。

E. 人谁无过，过而能改，善莫大焉。

40. 四名学生唐玲、李华、赵婷和王迪，准备购买北京冬奥会周边产品"民间雪趣系列"马克杯作为纪念。该系列马克杯共 4 款，分别以"雪趣""雪悦""雪欢""雪乐"命名。每人只购买其中一款，并且每个款式都有人购买。关于四人的选择，还知道以下信息：

（1）如果李华购买"雪悦"或者"雪欢"，那么唐玲购买"雪趣"；

（2）如果王迪没有购买"雪悦"，他一定购买"雪趣"且李华购买"雪欢"；

（3）如果李华没有购买"雪欢"，则王迪购买"雪乐"。

根据上述论述，以下哪项一定为真？

A. 王迪购买了"雪乐"。　　　　　　B. 赵婷购买了"雪悦"。

C. 李华购买了"雪趣"。　　　　　　D. 赵婷购买了"雪乐"。

E. 唐玲购买了"雪欢"。

41. 生命的真正意义在于运动，因为运动可以让身体的细胞活动起来，使身体更加健康。有氧运动也是当下大家选择最多的减肥方式。所谓有氧运动就是一边做运动，一边随着运动的节律调整自己的呼吸，这样可以使身体中的氧气达到代谢和补充，有氧运动减肥的道理就是通过运动让氧气在体内加快代谢和消耗，进而达到减肥的目的。但是有专家建议，减肥不能只依靠有氧运动，想健康减肥还必须结合适当的无氧运动。

以下哪项为真可以支持上述论述？

A. 很多人都觉得有氧运动减肥效果好，因为有氧运动的持续时间往往要长很多，总体的运动量也就更大，消耗的能量也就更多。

B. 有氧运动消耗的是人体的脂肪和糖分，还有少量蛋白质，特点是产能量比较足，但是供能速度很慢。

C. 无氧运动可以增加身体的力量，让你的身体变得非常有力量，变得精力充沛。

D. 无氧运动可以磨炼你的意志力，让你具有意志力，这属于一种无形的力量。因为这样的力量对于我们的生命来说是无穷尽的。

E. 单靠有氧运动减肥减脂，肌肉量也会有所流失。需要去进行适当的无氧运动，因为无氧运动在一定程度上可以避免肌肉流失，并且对肌肉的增长有一定促进作用。

42. 陈木、王余、李思 3 人参加优秀员工评选，关于谁能被评为优秀员工，5 个人分别给出了以下评论：

甲：他们三人至少有一个人能评为优秀。

乙：他们三人至少有一个不能被评为优秀。

丙：如果李思被评为优秀，那么陈木肯定也能评为优秀。

丁：如果李思被评为优秀，那么王余肯定能被评为优秀；

总经理说：如果陈木或者王余被评为优秀，那么李思肯定可以评为优秀。

最终评选结果的事实证明，总经理说的话为假，请问甲、乙、丙、丁 4 人说的话中有几句真话？

A. 4 人说的话中全部都是假话。　　B. 4 人说的话中恰有 1 句真话。

C. 4 人说的话中恰有 2 句真话。　　D. 4 人说的话中恰有 3 句真话。

E. 4 人说的话中恰有 4 句真话。

43. "秋冬一碗汤，医生不用帮"，为增强孩子的体质，适应秋冬季节交替和气温骤降，周妈妈去菜市场采购本周炖汤的食材，考虑到家人的口味，周妈妈对食材的采购有以下的要求：

（1）黄豆、白萝卜和山药这三种里面恰好采购两种；

（2）猪排、猪蹄、老鸭和筒骨这四种里面恰好采购三种；

（3）如果采购筒骨，那么黄豆和山药都不采购；

（4）如果采购山药，那么采购白萝卜。

根据周妈妈的上述要求，以下哪项一定为真？

A. 采购白萝卜，而不采购山药。　　B. 筒骨和老鸭都采购。

C. 采购猪蹄，采购山药。　　D. 不采购筒骨，采购白萝卜。

E. 不采购猪蹄，采购黄豆。

44. "你仔细研究就会发现，大部分影响生活的事情，都是沟通不善而导致的"。因而，塑造一个会讲话、爱讲话的孩子至关重要。《自然》杂志期刊上，就曾发表过一项研究：科学研究工作人员选择了88位实验者，利用技术对他们的大脑开展扫描。结果发现，"话少"的实验者大脑的灰质相对密度比较小。所以相对而言，"话多"的人的大脑更聪慧。

以下哪项如果为真，最能支持上述推理？

A. 已经有很多研究表明，灰质密度的变化还与年龄密切相关。

B. 如果大脑长时间受到大量信息的冲击，脑功能会发生相对应的改变。

C. 大脑的灰质相对密度越高，智力测试表现越好，智力也就越高。

D. 当别人跟自己对话时，多说一些话能表示出自己对对方的尊重和重视。

E. 话多的孩子，不仅喜欢和父母朋友进行沟通，而且也具备一定的运动协调能力。

45. 东伦敦大学曾做过一个关于喝咖啡提神是否来自于心理作用的实验。实验选择了一些平均每天喝2杯以上咖啡的人，并把他们分成两组。研究人员告诉第一组实验者他们喝的是无咖啡因的咖啡，而告诉第二组的实验者他们喝的是正常含有咖啡因的咖啡。但实际给的咖啡与陈述恰好相反，即给第一组实验者饮用的是正常含有咖啡因的咖啡，而给第二组实验者喝的是无咖啡因的咖啡。喝完咖啡后的实验结果显示，第二组实验者的注意力和反应力的平均得分高于第一组的平均得分。所以科学家宣称，咖啡因给人带来的提神醒脑的作用，更多地来自于心理暗示，而不是咖啡因本身。

以下哪项如果为真，最能够削弱科学家做出的论述？

A. 平时爱喝咖啡的人里，女性数量明显多于男性。

B. 咖啡因对于人脑的作用机理，科学界还没有定论。

C. 第二组人员参加实验之前的注意力及反应能力要高于第一组。

D. 第二组实验者有的人注意力和反应力得分较低。

E. 如果选择那些平均每天喝咖啡2杯以下的人群做实验，其结果可能会有所不同。

46~47题基于以下题干：

动物探索栏目准备开设3期不同栖息地的动物日常节目，每期只从以下3类栖息地的每类中各选一种动物，组合作为每期节目的素材，恰好3期。每种动物只能出现一期。

海洋类：海狮、大白鲨、海豚。

草地类：羚羊、斑马、袋鼠。

荒漠类：沙狐、沙兔、沙蜥。

关于每期节目动物的选择，还知道以下信息：

（1）如果某期节目选择海狮或者沙狐，就不会选择羚羊；

（2）如果某期节目选择袋鼠，就不会选择海狮；

（3）大白鲨和沙狐会出现在同一期节目中。

46. 根据上述论述，以下哪一项一定为真？

　　A. 沙兔和海狮在同一期节目。　　　　B. 海狮和袋鼠在同一期节目。

　　C. 海豚和羚羊在同一期节目。　　　　D. 海豚和袋鼠在同一期节目。

　　E. 大白鲨和斑马在同一期节目。

47. 现在增加苔原类：旅鼠、雷鸟、北极狐，旅鼠和沙兔一起出现且不和海豚一起出现，则以下哪项一定为真？

　　A. 北极狐和羚羊在同一期节目。　　　B. 旅鼠和海狮在同一期节目。

　　C. 雷鸟和海豚在同一期节目。　　　　D. 袋鼠和旅鼠在同一期节目。

　　E. 沙兔和海豚在同一期节目。

48. 为带领乌头村实现乡村振兴，提高农村居民人均可支配收入，村委会带领村民积极参加现代农业产业园项目，关于产业园的经济作物种植选择，村委会结合当地自然地理条件和产出回报，做出了以下的决定：

　　（1）如果种植花生而不种植芝麻，那么要种植大豆而不种植向日葵；

　　（2）如果种植芝麻或者不种植向日葵，那么不种植甘蔗；

　　（3）甘蔗和油菜不能都不种植；

　　（4）既不种植芝麻，也不种植油菜。

　　根据上述信息，以下哪项一定为真？

　　A. 不种植向日葵。B. 不种植甘蔗。　　C. 不种植花生。　　D. 种植大豆。　　E. 不种植大豆。

49. 斯坦福大学团队的研究表明：一般情况下，世界男性和女性的比例维持在1:1左右，然而大约在7000年前到5000年前新石器时代，女人的数量达到了男人的3倍以上，人类男女比例严重的失调。与此同时，那时候围绕父系组织的大量部落都开启了战争模式。因此有人得出结论是部落战争导致男丁被杀，女人被虏，甚至蔓延到数代之间，导致了该时间段男女比例的严重失调。

　　以下哪项如果为真，最能质疑上述论断？

　　A. 研究表明不仅是新石器时代，历史上其他阶段也存在过男女比例大规模失调。

　　B. 在动物界，不少物种的雌性数量都远远高于雄性。

　　C. 人类是哺乳动物，出生时男女性别比例大致维持在1.04:1左右，长大后由于各种原因，基本维持在1:1或以下。一般不会有大规模的变动。

　　D. 古代的战争主要以男性参加为主，而且战争非常凶残，生还者极少。

E. 某种疾病导致男性大量死亡，使得当时部落内部严重缺乏劳动力，统治者遂通过发起战争的方式获得劳动力和食物的补给。

50. 随着社会发展，很多父母把电视当成了"带娃神器"。为了让孩子安静，很多家长会经常打开电视，跟孩子一起看一些自己喜欢、觉得有趣的节目。只要面对电视，无论什么节目，儿童几乎可以坐上一整天。但是实际上长时间看电视不仅仅是对眼睛有伤害，还会对孩子的生长发育有危害，所以专家们建议家长还是多陪孩子，不要让孩子长时间看电视。

以下哪项是对上述专家建议的支持？

A. 现在社会内卷严重，很多父母回家还需要继续工作，与其把时间花费在陪孩子看电视上，不如做一些对人生和个人发展更有价值的事情。

B. 电视上的信息对于孩子来说都是新事物，如果孩子看到了这些新鲜的自己未接触过的信息，可能会愈发地想继续看下去。

C. 玩电脑游戏比看电视更上瘾，与其让孩子玩游戏无法自拔，还不如让他们看点电视节目。

D. 长时间看电视会让孩子远离现实生活，容易从小养成孤僻的性格，更为严重的还可能产生自闭症等问题。

E. 让孩子打发时间的方法很多，除了电视以外，还有绘本，玩具，棋牌、互动小游戏等等各种多样的方式。

51. 齐江大学举办校际间的学术交流会，邀请了几大高校的学科教授开展史学、管理学、法学、教育学、农学、文学讲座，交流会为期三天，每天都有讲座安排且最多安排三场，关于这三天讲座开展的具体安排如下：

（1）每个讲座都要被安排一次；

（2）某一天除非没有安排农学的讲座，否则同时安排法学和教育学的讲座；

（3）管理学和文学的讲座不能安排在同一天。

根据以上安排，学术交流会第一天安排了文学讲座，以下哪一项不可能为真？

A. 农学和管理学不在同一天出现。　　B. 农学在第二天。

C. 管理学在第三天。　　D. 法学和教育学在同一天。

E. 法学和管理学在同一天。

52. 晨星学院为培养孩子们的想象力和实践力，开创了寓教于学的教学模式，让孩子们在玩中学、学中玩。本周，教学部的老师组织低年级的 6 个班级参加创意益智系列的体验馆活动，包括陶艺馆、手工制作馆、油画馆、太空沙馆、迷宫馆和积木馆 6 种，每个班级只选择一个项目参加，每个项目也只有一个班级参加。已知：

（1）除非一班选择陶艺馆且二班选择手工制作馆，否则四班选择油画馆；

（2）如果五班不选择油画馆，那么三班选择陶艺馆；

（3）六班不选择积木馆或者三班选择太空沙馆；

（4）六班选择了积木馆。

根据上述信息，以下哪项一定为真？

A. 三班选择了手工制作馆。　　B. 一班没有选择陶艺馆。

C. 二班选择了油画馆。　　D. 四班选择了迷宫馆。

E. 五班选择了太空沙馆。

53. 回避型人格障碍，是以全面的社交抑制、能力不足感、对负面评价极其敏感为特征的一类人格障碍。患者在幼年或童年时期就开始表现出害羞、孤独、害怕见陌生人、害怕陌生环境等特征。成年以后这些问题对患者的社交和职业功能产生不利影响。尤其是在工作中，这类人一旦遇到问题，更倾向于通过快速更换一份工作来试图摆脱现有的问题。在这类人的观念中，他们认为采用这种逃避、更换环境的方式能够远离问题，最终可以减少和缓解自己的焦虑。

以下哪项为真，最能说明回避型人格的观念并不合理？

A. 在如今社会，频繁跳槽是一件司空见惯的事情。

B. 未经深思熟虑而选择新的环境往往会带来新的问题和新的焦虑。

C. 并不是每个问题都可以被解决，即使硬着头皮解决问题，也未必有好结果。

D. 即使是回避型人格的人，往往也有一些知心好朋友，可以去讨论自己的困惑和问题。

E. 使用网络社交隔着屏幕聊天可以一定程度上起到缓解社交障碍，减少沟通压力的作用。

54~55 题基于以下题干：

甲、乙、丙、丁、戊 5 人正在学习画画，画室老师要求他们从《星夜》《睡莲》《墨虾》《爱痕湖》《洛神赋图》这 5 幅著名画作中每人选取 3 幅画作进行临摹且每幅画作只能被 3 人临摹，现已知：

（1）如果甲选《星夜》或者丁不选《洛神赋图》，那么丙、丁、戊都会选《墨虾》；

（2）如果至少有 3 人选《墨虾》，那么丁和戊不可能都选《墨虾》；

（3）如果甲不选《星夜》，那么甲和丙都选《墨虾》且戊不选《爱痕湖》；

（4）丁选择《墨虾》进行临摹。

54. 根据上述信息，能够得出以下哪项一定为真？

A. 丙选择《睡莲》。　　B. 甲选择《洛神赋图》。

C. 丁未选择《爱痕湖》。　　D. 乙选择《星夜》。

E. 戊选择《洛神赋图》。

55. 假设丙和丁分别选择《星夜》和《睡莲》其中的一个，且乙选择了《爱痕湖》和《洛神赋图》，以下哪项一定为真？

A. 丁选择了《星夜》。　　　　　B. 丙选择了《星夜》。

C. 丙选择了《洛神赋图》。　　　D. 乙选择了《睡莲》。

E. 乙选择了《星夜》。

**四、写作：第56~57小题，共65分。其中论证有效性分析30分，论说文35分。**

56. 论证有效性分析：分析下述论证中存在的缺陷和漏洞，选择若干要点，写一篇600字左右的文章，对该论证的有效性进行分析和评论。（论证有效性分析的一般要点是：概念特别是核心概念的界定和使用是否准确并前后一致，有无各种明显的逻辑错误，论证的论据是否成立并支持结论，结论成立的条件是否充分，等等。）

英国利兹大学和波兰华沙大学社会学教授齐格蒙特·鲍曼（Zygmunt Bauman）在其著作中提出了"消费陷阱"这一观念，用来表达生产者通过各种手段让人们为了不必要的产品进行消费，但这一观念其实是悖论。

首先，当今社会的生产者和消费者很难被清晰割裂，很多时候个体既扮演生产者又扮演消费者，由此可见，消费陷阱就是自己为自己挖的陷阱。而且我们购买的很多产品或多或少都有其对应的用途，这也进一步说明了消费陷阱是悖论。

其次，现代社会并非古代自给自足的小农经济，消费是必不可少的，而且也是自愿产生的，既然是自愿消费那就没有陷阱一说了。社会产能随着科技进步不断提升，多消费才能匹配更高的生产力，反之消费降低就可能会造成生产过剩，进而导致经济危机，既然消费能带动经济发展，就不会产生消费陷阱。

再次，假设消费陷阱是存在的，但是我们也不可能为了避免消费陷阱而不去消费，既然如此何必担心消费陷阱。随着物质条件的进步，人们对于美好生活的需求也在增加，既然消费满足了需求，增加了幸福感，那更没有陷阱一说了。

57. 论说文：根据下述材料，写一篇700字左右的论说文，题目自拟。

科技的发展与进步为人类提供了越来越多的工具，例如：人工智能、大数据搜索引擎、无人驾驶技术等。而随着问题越复杂，人们对于工具的依赖程度也越深，工具已经成为人类生产生活中不可缺少的一部分。但是长时间依赖工具就会导致自主思维的退化，脱离了工具时其独立解决问题的能力就会大打折扣。所以我们既要"借用工具"提升效率，也要注意培养"自主思维"，不被工具所裹挟。

# 管理类联考综合能力满分卷（二）

**一、问题求解**：第1~15小题，每小题3分，共45分。下列每题给出的五个选项中，只有一个选项是最符合题目要求的。

1. 已知 $x$ 为正整数，$y$ 和 $z$ 均为质数且满足 $x=yz$，$\dfrac{1}{x}+\dfrac{1}{y}=\dfrac{1}{z}$，则 $x$ 的值为（　　）.

   A. 2　　　　B. 3　　　　C. 4　　　　D. 5　　　　E. 6

2. 不等式 $|x+2|+|x|>4$ 的解集中包含（　　）个小于10的奇数.

   A. 3　　　　B. 4　　　　C. 5　　　　D. 0　　　　E. 无数

3. 已知圆 $C:x^2+y^2+Dx-1=0$ 上存在两点关于直线 $2x+3y+4=0$ 对称,则实数 $D$ 的值为（　　）.

   A. $-4$　　　　B. 4　　　　C. $-2$　　　　D. 2　　　　E. 6

4. 正方体 $ABCD-A_1B_1C_1D_1$ 中，棱长为2，$E$、$F$ 分别为棱 $A_1A$ 和 $C_1C$ 的中点，则平面 $D_1EBF$ 的面积为（　　）.

   A. $\sqrt{6}$　　B. $2\sqrt{6}$　　C. $2\sqrt{3}$　　D. 5　　E. $\dfrac{5\sqrt{5}}{2}$

5. 某年级共有10个参加竞赛的名额分到各个班级中，每个班至少一个名额，若有36种不同分配方案，则该年级最多有（　　）个班级.

   A. 7　　　　B. 8　　　　C. 9　　　　D. 10　　　　E. 11

6. 一个四边形的广场，边长分别为60、72、96、84，现要在四角和四边植树，若四边上每两棵树间距相等，则至少要植（　　）棵树.

   A. 24　　　　B. 26　　　　C. 28　　　　D. 30　　　　E. 32

7. 已知数列 $\{a_n\}$ 中 $a_1=3$，$(n+1)a_{n-1}=na_n(n\geq2)$，则 $a_n=$（　　）.

   A. $3(n+1)$　　B. $3n$　　C. $\dfrac{3(n+1)}{2}$　　D. $\dfrac{n+1}{2}$　　E. $\dfrac{3n+1}{2}$

8. 如图，将 $\triangle ABC$ 各边均顺次延长一倍，连接所有端点，得到 $\triangle DEF$，若 $\triangle ABC$ 的面积为1，则 $\triangle DEF$ 的面积为（　　）.

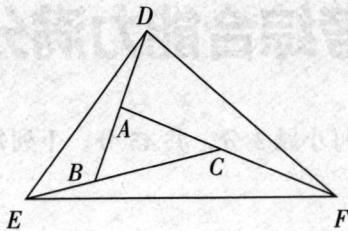

A. 3      B. 4      C. 5      D. 6      E. 7

9. 小杨计划到商店为自己购买衣服和鞋子,预算不超过 800 元,已知每套衣服的售价是 99 元,每双鞋子的售价是 67 元,如果小明至少要买 4 套衣服和 3 双鞋.那么他有（   ）种不同的购买方式.

    A. 4      B. 5      C. 6      D. 7      E. 8

10. 某数学竞赛结束后确定了 60 名获奖同学.原定一等奖 5 人,二等奖 15 人,三等奖 40 人,则二等奖的平均分比三等奖平均分多 7 分.后因故调整为一等奖 10 人,二等奖 20 人,三等奖 30 人.调整后一等奖的平均分降低了 3 分,二等奖的平均分降低了 2 分,三等奖的平均分降低了 1 分.则调整后一等奖平均分比二等奖平均分高（   ）.

    A. 2 分      B. 3 分      C. 4 分      D. 5 分      E. 6 分

11. 若三角形的三边 $a$, $b$, $c$ 均为整数,且 $a+b+c=10$,则三角形面积的最大值为（   ）.

    A. $2\sqrt{2}$      B. $2\sqrt{5}$      C. $2\sqrt{3}$      D. $4\sqrt{5}$      E. $4\sqrt{3}$

12. 公园里有一片四边形草坪,沿对角线修建的小道相交于 $O$ 点,且 $AC$ 垂直于 $BD$, $O$ 到四个顶点 $A$、$B$、$C$、$D$ 的距离之比正好为 $1:2:3:4$,一名工人花费 1 天正好完成 $AOB$ 区域的修剪,则第二天至少需要额外增加（   ）名效率相同的工人一起工作,才能在当天内完成剩余草坪的修剪.

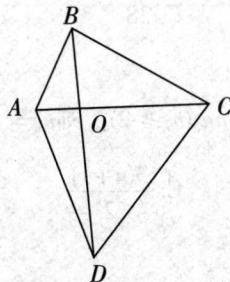

    A. 8      B. 9      C. 10      D. 11      E. 12

13. 如图所示，正方形 $OABC$ 的边长为 $a(a>1)$，函数 $y=3x^2$ 的图像交 $AB$ 于点 $Q$，函数 $y=\dfrac{1}{\sqrt{x}}$ 的图像交 $BC$ 于点 $P$，则当 $AQ+CP$ 最小时，$a$ 的值为（　　）.

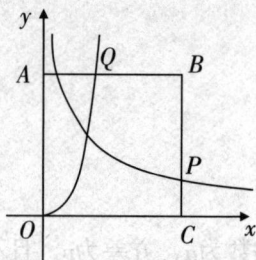

  A. 3       B. 2       C. $\dfrac{3}{2}$       D. $\sqrt{2}$       E. $\sqrt{3}$

14. 有 3 千克浓度为 70% 和 2 千克浓度为 55% 的酒精溶液，现从两个容器中分别取出等量的酒精溶液，倒入对方容器中，混合后两个容器中的酒精溶液浓度相等，则从每个容器中取出的溶液质量为（　　）千克.

  A. 1       B. 1.2       C. 1.5       D. 1.6       E. 1.75

15. 公司计划在甲、乙两个电视台做总时间不超过 300 分钟的广告，广告总费用不超过 9 万元. 甲、乙电视台的广告收费标准分别为 500 元/分钟和 200 元/分钟. 假定甲、乙两个电视台为该公司所做的每分钟广告，能给公司带来的收益分别为 0.3 万元和 0.2 万元. 问该公司调整在甲、乙两个电视台的广告时间，可得到的最大收益是（　　）万元.

  A. 70       B. 60       C. 80       D. 90       E. 85

**二、条件充分性判断：第 16~25 小题，每小题 3 分，共 30 分。要求判断每题给出的条件（1）和条件（2）能否充分支持题干所陈述的结论。A、B、C、D、E 五个选项为判断结果，请选择一项符合题目要求的判断。**

  A. 条件（1）充分，但条件（2）不充分.

  B. 条件（2）充分，但条件（1）不充分.

  C. 条件（1）和（2）单独都不充分，但条件（1）和条件（2）联合起来充分.

  D. 条件（1）充分，条件（2）也充分.

  E. 条件（1）和（2）单独都不充分，条件（1）和条件（2）联合起来也不充分.

16. 设 $f(x)=ax^2+bx+c$. 则能确定 $\dfrac{f(-1)}{f(1)}=-3$.

  （1）对任意的 $x$，有 $f(x+1)=f(1-x)$.

  （2）函数 $f(x)$ 过点 $(2,0)$.

17. 已知 $a = \log_m \dfrac{x+y}{2}$，$b = \dfrac{1}{2}(\log_m x + \log_m y)$，$c = \dfrac{1}{2}\log_m(x+y)$. 则有 $c > b \geqslant a$.

（1）$x > 2$，$y > 2$.

（2）$0 < m < 1$.

18. $0 < \dfrac{q}{p} < 1$.

（1）样本甲 $x_1$，$x_2$，$\cdots$，$x_n$ 的平均数为 $a$，方差为 $p$，且不为 0.

（2）样本乙 $x_1$，$x_2$，$\cdots$，$x_n$，$a$ 的平均数为 $b$，方差为 $q$，且不为 0.

19. 已知 $\triangle ABC$ 的三个顶点都在函数 $y = x^2$ 的图像上，且 $A$，$B$，$C$ 的横坐标依次为 $n$，$n+1$，$n+2$（$n$ 为正整数）. 则 $\triangle ABC$ 的面积为 1.

（1）$n = 1$.

（2）$n = 2$.

20. 任取一个正整数，其平方数的末尾数字是 $k$ 的概率为 $\dfrac{1}{5}$.

（1）$k = 6$.

（2）$k = 9$.

21. 袋中装有若干个白球与红球，从中随机地抽取 2 个球，发现都是同一种颜色的. 那么取出的 2 个球都是白色的概率为 $\dfrac{2}{3}$.

（1）袋中装有 4 个白球与 3 个红球.

（2）袋中装有 3 个白球与 4 个红球.

22. $N_1 + N_2$ 的所有正约数之和是 470.

（1）男运动员 6 名，女运动员 4 名，其中男、女队长各 1 人，选派 5 人外出比赛，至少有 1 名女运动员的选派方法有 $N_1$ 种.

（2）男运动员 6 名，女运动员 4 名，其中男、女队长各 1 人，选派 5 人外出比赛，既要有

队长，又要有女运动员的选派方法有 $N_2$ 种.

23. 实数 $a$，$b$，$c$ 至少有一个不小于 0.
    （1）$a=x^2+yz$，$b=y^2+zx$，$c=z^2+xy$.
    （2）$a=x^2+2yz$，$b=y^2+2zx$，$c=z^2+2xy$.

24. 已知二次函数 $y=x^2-2x-3$. 的图像与 $x$ 轴交于 $A$、$B$ 两点，在 $x$ 轴上方的抛物线上有一点 $C$，使得 $\triangle ABC$ 的面积等于 10.
    （1）$C$ 点坐标为 $(-2,5)$.
    （2）$C$ 点坐标为 $(4,5)$.

25. 若 $x$，$y$ 均为正数. 可确定 $x+y$ 的最大值.
    （1）$x^3+y^3=2$.
    （2）$x^2+y^2=2$.

**三、逻辑推理：第 26~55 小题，每小题 2 分，共 60 分。下列每题给出的 A、B、C、D、E 五个选项中，只有一项是符合试题要求的。请在答题卡上将所选项的字母涂黑。**

26. 善弈者谋势，善治者谋全局。高质量发展不是简单的经济要求，而是对经济社会发展方方面面的总要求。没有坚实的物质技术基础，就不可能全面建成社会主义现代化强国。只有具备坚实的物质技术基础，才能不断推动高质量发展，我们只有不断推动高质量发展，才能在新时代上不断开拓发展新境界，并且在新征程上不断创造发展新奇迹。

    根据以上信息，可以得出以下哪项？

    A. 只有不断推动高质量发展，才能全面建成社会主义现代化强国。

    B. 如果没有坚实的物质技术基础，就不能在新征程上创造发展新奇迹。

    C. 除非全面建成社会主义现代化强国，否则不能开拓发展新境界。

    D. 如果没有开拓发展新境界，也没有不断推动高质量发展，则不能创造发展新奇迹。

    E. 如果没有坚实的物质技术基础,就不能推动高质量发展以及全面建设社会主义现代化强国。

27. 糖尿病可能会带来的冠心病、心肌梗塞、脑梗、下肢坏死等并发症令人痛苦不堪，更忧伤的

是它还会诱发认知障碍，例如轻度认知损伤和阿尔茨海默病。在糖尿病重症患者中，患有认知障碍的比重越来越大。因此有人认为糖尿病是触发人们患认知障碍的一个重要原因。

以下哪项如果为真，最能支持上述论述？

A. 糖尿病患者脂肪组织分泌的"M 型"生物分子，会导致大脑中神经营养因子减少，造成大脑负责认知部分的神经突触损伤。

B. 糖尿病已经成为了影响人类平均寿命的重要病症之一。

C. 认知障碍会影响病人的日常生活和工作能力，发展严重的话会导致痴呆。

D. 一般轻度血糖升高的患者可以通过合理饮食、加强运动锻炼来控制血糖水平达到稳定状态。

E. 糖尿病虽然在一定程度可以被药物控制，但是很难通过治疗痊愈。

28. 某展览会馆打算在画卷、竹简、飞天、华表、论语、戏曲、瓷器、汉服这些中国元素中选 4 个作为展览会主题元素，现已知：
（1）如果选了画卷或者竹简，那么就要选瓷器和戏曲；
（2）如果选了飞天或者论语，那么就要选竹简；
（3）如果选了华表和论语，那么就不选飞天而是选汉服。

以下哪项符合展览会主题元素？

A. 画卷、竹简、瓷器、论语。

B. 瓷器、戏曲、汉服、华表。

C. 飞天、画卷、瓷器、汉服。

D. 论语、飞天、画卷、戏曲。

E. 飞天、论语、汉服、竹简。

29. 不少人习惯在周末打乱睡眠节奏，晚上不睡，白天不醒；到了周一，身体就像被"掏空"了。人体生物钟在一定程度上可调节，但黑白颠倒则会对身体产生负面的影响。伴随着高压快节奏的生活，又有一个新的睡眠观点出现，该观点认为：正常人睡眠时间保证在 6~8 小时就能满足身体的需要，但是这个睡眠并不一定只能在夜间完成。那些需要经常熬夜的人，只要保证白天能够达到充足时间的睡眠，就能代替夜间睡眠，从而不会对健康产生危害。

以下哪项如果为真，最能削弱新的睡眠观点？

A. 不管在什么时间段睡着，大脑都会进入休息状态，不会受到外在环境的影响。

B. 人的睡眠质量会随着环境、心理、天气等因素的变化而改变。

C. 促进人体代谢、生长发育的肾上腺皮质激素和生长激素都仅在夜间睡眠时才分泌。

D. 长期不能保证每日 6~8 小时的睡眠，会对代谢产生不利的影响，出现血压增高、体重增加、

血糖增高、血脂异常等病症。

E. 晚上睡不好严重失眠患者，往往在白天的时候也睡不着。

30. 中医有"以皮治皮"之说。现已知某款产品主打中药护肤，它的组成可以在以下7种成分中选择：白芷、白术、白芨、白附子、白茯苓、白莲心、白丁香。经机构鉴定，该款产品实际包含上述成分中的4种，且满足以下条件：

（1）除非白芷和白术都不是组成成分，否则白附子和白芨都是组成成分；

（2）只要白茯苓和白莲心至少有一个是组成成分，那么白丁香就不可能是组成成分。

根据上述信息，哪两种成分是该产品一定包含的？

A. 白芷和白术。      B. 白术和白丁香。

C. 白茯苓和白附子。      D. 白附子和白芨。

E. 白茯苓和白莲心。

31. 甲、乙、丙、丁、戊5人报名竞赛，现已知初赛情况如下：

（1）甲、乙、丙中至少有2人参加；

（2）除非甲不参加，否则戊参加。

根据以上信息，以下哪项是不可能的？

A. 甲、乙均参加。      B. 戊、乙均不参加。

C. 丙、丁均参加。      D. 甲、丙均参加。

E. 甲、戊均不参加。

32. 下表是市医院在未来一周部分科室门诊的可预约挂号情况：

| 周一 | 周二 | 周三 | 周四 | 周五 | 周六 | 周日 |
|---|---|---|---|---|---|---|
| 胸外科<br>主任医师<br>无号 | 肿瘤内科<br>主治医师<br>上午可约 | 骨外科<br>副主任医师<br>下午可约 | 消化内科<br>住院医师<br>全天可约 | 肾脏内科<br>主任医师<br>下午可约 | 泌尿外科<br>主治医师<br>全天可约 | 神经内科<br>副主任医师<br>无号 |

以下哪项对该医院未来一周部门科室可预约挂号的情况概括最为准确？

A. 如果甲预约了下午的号源，则一定是副主任医师出诊。

B. 如果乙没有预约到号源，则他一定预约的是内科医生。

C. 如果丙预约了内科检查，则不可能是副主任医师号源。

D. 如果丁连续两天成功预约挂号，则他一定去外科检查。

E. 如果戊预约了主治医师的号源，则他只能上午去检查。

33. 如果血糖长期处于较高水平，血糖可以在没有酶类参与的情况下与各种蛋白质结合。这种结合，称之为糖的非酶糖化。皮肤包含各种蛋白，如弹性蛋白、胶原蛋白等。糖与弹性蛋白的非酶糖化，可以引起皮肤变薄；与胶原蛋白的非酶糖化，可以引起胶原蛋白结构改变，导致皮肤弹性下降。因此吃糖多会增加人的皮肤衰老程度。

以下哪项如果为真，最能支持上述的论述？

A.有些人年纪轻轻，但是皮肤显得很老；也有些人年纪较大，但是皮肤却显得非常年轻。

B.糖尿病患者如果血糖控制不理想，可出现眼部并发症甚至失明。

C.衰老的理论很多，影响皮肤衰老的因素也极多，糖化对皮肤的负面影响不如紫外线大。

D.人的皮肤随着年龄的增加本来就会日渐衰老。

E.那些长期以来有规律控制糖分摄入的人，整体的皮肤状态会比同龄人年轻很多。

34~35 题基于以下题干

中秋临近，某公司准备了 5 类月饼准备发放给员工，这 5 类月饼分别为：广式月饼、苏式月饼、京式月饼、秦式月饼、晋式月饼。A 小组有赵、钱、孙、李、郑这 5 位员工，他们选取了自己喜欢的月饼且每人选择都各不相同。已知：

（1）如果赵选择广式月饼或者苏式月饼，那么钱选择广式月饼并且李选择秦式月饼；

（2）如果赵不选择苏式月饼，那么郑不选择晋式月饼并且李选择秦式月饼；

（3）如果孙选择晋式月饼或者郑不选择京式月饼，那么郑选择秦式月饼。

34. 根据以上信息，以下哪项一定为真？

A.赵选择广式月饼。      B.钱选择苏式月饼。

C.孙选择秦式月饼。      D.李选择晋式月饼。

E.郑选择京式月饼。

35. 若已知孙选择了苏式月饼，以下哪个选项一定为真？

A.赵没有选择晋式月饼。      B.钱选择广式月饼。

C.李选择晋式月饼。      D.郑没有选择京式月饼。

E.赵选择广式月饼。

36. 不良的口腔卫生状况会导致细菌进入血液并引发身体炎症，而炎症会增加心房颤动和心衰的风险。在最近的研究中，科学家发现那些每天刷牙三次或三次以上的人，心房颤动的风险降低了 10%，心衰的风险降低了 12%，并且这一结果不受年龄、性别、社会经济地位、定期锻炼、饮酒、体重指数和并发症（如高血压）等因素的影响。有专家据此得出结论：人们应该保证每天至少三次的刷牙频率。

以下哪项如果为真，最能支持专家的论述？

A. 经常刷牙可以减少龈下的细菌数量，从而防止细菌向血液中转移。

B. 大多数人们能做到的每天刷牙频率上限就是每天三次。

C. 这项调查结果受到了来自全国各地很多知名高校与团体的认可和支持。

D. 这是一项跨度超过 10 年的大规模调查，选出了超过 16 万人作为研究对象。

E. 勤用水牙线、漱口水等产品也可以很大程度上保证口腔卫生情况。

37. 赵、钱、孙、李、周、吴、郑、王 8 人被分到甲、乙、丙 3 个制作小组，每人只能去一个小组，每人只能去一个小组，甲、乙每个小组可容纳 3 人，丙组可容纳 2 人。已知：

（1）如果赵、郑、王至多有一个人分到甲组，那么孙和周分到同一组；

（2）如果钱、李、赵 3 人至少有 2 人被分在同一组，那么孙与吴均分到甲组、周分到乙组。

根据以上信息，以下哪项一定为真？

A. 钱、李、赵任意两人都不在同一组中。

B. 赵、钱、孙任意两人都不在同一组中。

C. 吴、郑、王任意两人都不在同一组中。

D. 钱、周、吴任意两人都不在同一组中。

E. 赵、周、王任意两人都不在同一组中。

38. 某校开展文艺活动，选拔了四位学生甲、乙、丙、丁，分别扮演四大才女卓文君、蔡文姬、李清照、上官婉儿之一，每人只能扮演一个角色，且每个角色只能被一人扮演。现已知：

（1）如果甲扮演卓文君，那么丁扮演李清照并且乙扮演蔡文姬；

（2）除非乙扮演上官婉儿，否则丙扮演李清照；

（3）如果丙不扮演李清照或者丁不扮演上官婉儿，除非甲扮演卓文君。

根据以上信息，以下哪项一定为真？

A. 甲扮演卓文君。                    B. 乙扮演卓文君。

C. 丙扮演上官婉儿。                  D. 丁扮演李清照。

E. 甲、丁其中的一个人扮演李清照。

39. 一款全球发行的MOBA类游戏至今已上市 12 周年，为庆祝游戏周年庆的巅峰时刻，游戏公司推出了系列活动公告。公告中指明：自万圣节起，无论购买通行证与否，都可以通过游戏地图解锁任务赢取稀有道具和限定皮肤。地图对全服玩家均开启，解锁代币通行证的玩家可额外获得至臻限定皮肤，不过，通行证玩家只有完成雪地大冒险对战胜利任务之后才能解锁皮肤获取任务。

以下哪项解释最符合游戏公告的内容？

A. 万圣节之前没有类似的代币回馈活动。

B. 列表内通行证任务并非都是用于解锁至臻限定皮肤的。

C. 未拥有通行证的玩家，亦可通过雪地大冒险对战胜出来解锁皮肤获取任务。

D. 已经完成所有道具解锁任务的玩家可以通过充值来额外解锁限定皮肤。

E. 凡未能在雪地大冒险对战中胜出的通行证玩家，均未能解锁限定皮肤获取任务。

40. 香菜是受争议的一种食材，有的人爱它的味道，可以天天吃，甚至把它当作一道菜来吃。有些人从小就不吃香菜，在外人看来吃几片香菜有什么关系呢，但是对于不吃香菜的人而言，他们隔很远也能闻到它的"臭味"。据统计，全球人口中，东亚地区的人讨厌香菜的比例最高，高达21%，欧洲人和非洲裔分别占17%和14%，中东裔最少，只有3%。这其中还包括一小部分人对香菜过敏，症状和其他食物过敏相似。

以下哪项最能解释上述现象？

A. 年龄小的时候，味觉比较灵敏，年龄大了，味觉会慢慢退化，老人总喜欢重口的食物就是这个原因。

B. 香菜含有多种挥发性物质，比如说甘露糖醇、壬烷、癸烷、壬醛和癸醛和芳樟醇等，人闻到的"香菜味"主要就是这些醛类物质。

C. 讨厌香菜的人吃饭不会受到影响，因为现在的饭馆在点菜时基本上都会询问顾客是否需要香菜。

D. 讨厌香菜的人体内有一种被称为"OR6A2"的基因，因为它的存在，导致人们对香菜里的醛类物质特别敏感。

E. 有的人只吃自己喜欢吃的东西，不喜欢吃蔬菜，那他接触到香菜的机会也就会大大减少。

41. 关于金鱼，在古代晋朝时期就有"赤鳞鱼"的文字记载，称得上是中国的国粹。金鱼性情温和，易于饲养，其寿命大概在6年左右。金鱼的饲料主要由鱼虫、红线虫等活食和合成鱼食，但不论是哪一种，投喂量过大的时候都会有吃不完的饲料剩在鱼缸中。长期以来人们一直认为：喂鱼的时候不能喂太多，金鱼吃东西不知道饱，喂多了会撑死。但是最新的一项研究却指出，虽然喂食过度的确会导致金鱼的死亡，但是金鱼并不是被撑死的。

以下哪项如果为真，最能支持上述最新的研究结果？

A. 金鱼身体内没有饱食神经中枢，所以它们感受不到饱腹感。

B. 鱼虫或红线虫含有大量的蛋白质和营养，是金鱼最喜欢的食物种类。

C. 很多养鱼的爱好者都表示自己确实有过投食过多后发现金鱼死亡的经验教训。

D. 市面上的金鱼由于品种繁多、运输周期长、操作频繁等原因,容易出现损伤、交叉感染等,

这些都会威胁金鱼的健康。

    E. 没有被吃完的鱼食会被微生物分解，消耗大量水中溶解的氧气，缺氧会导致金鱼身体机能出现障碍甚至死亡。

42. 股市下跌和美元加息往往同时出现，因为不是股市下跌导致美元加息，所以是美元加息导致了股市下跌。以下哪项论述和上述结构最为类似？

    A. 厄尔尼诺现象和拉尼娜现象往往交替出现，因为已经连续三次出现厄尔尼诺现象了，所以下一次一定会是拉尼娜现象。

    B. 伯乐和千里马在历史中往往同时出现，因为没有伯乐就没有千里马，所以有了伯乐才会有千里马。

    C. 高房价和高负债往往同时出现，因为是高负债导致的高房价，所以一定不是高房价导致的高负债。

    D. 森林大火和高温现象往往同时出现，因为不是森林大火导致高温现象，所以是高温现象导致的森林大火。

    E. 器官衰竭和神经衰弱往往先后出现，因为神经衰弱不一定会导致器官衰竭，所以器官衰弱一定会导致神经衰弱。

43. 某哲学家说：所有不善良的人都不是真诚之人，也不是有爱心之人；同样，所有不爱护小动物的人也都不是有爱心之人。据了解，小明很善良，小华有爱心，小红非常爱护小动物。根据以上信息，以下哪项一定为真？

    A. 小明是真诚之人。

    B. 小华是真诚之人。

    C. 或者小红是善良的人或者小红很有爱心。

    D. 有些善良的人同时非常爱护小动物。

    E. 小明既善良又真诚。

**44~45 题基于以下题干**

    新源中学班主任刘老师为全面了解学生的学习生活情况，在假期第一周的周一至周五内，计划安排学生甲、乙、丙、丁、戊、己、庚、辛这 8 人的家访时间，每人仅安排一次家访，每次上午或下午家访时仅家访 1 人，已知：

    （1）周二上午和周三下午不安排家访；

    （2）如果丙的家访不在周四或者甲的家访不在周三，则乙和丙的家访均在周三；

    （3）除非甲的家访在周五，否则乙的家访安排在周四下午；

（4）丁和戊的家访之间隔了两天；

（5）己和庚的家访安排在不同的两天。

44. 根据上述信息，以下哪项一定为真？

    A.丁的家访在周一。                B.戊的家访在周五。

    C.己的家访在周二。                D. 辛的家访在周一。

    E.庚的家访在周一。

45. 假设丁、戊、庚的家访均安排在下午，则以下哪项一定为真？

    A.丁的家访在周二下午。          B.戊的家访在周五下午。

    C.己的家访在周五上午。          D.己的家访在周五下午。

    E.甲的家访在周三下午。

46. 为了研究人们心脏健康与酒精摄入之间的关系。研究人员对超过700名的受试者进行了平均5.4年的随访，通过超声心动图测量了他们的心脏功能。根据每周纯酒精摄入量，研究人员将受试者分为4组，分别是：不饮酒、少量饮酒、中度饮酒、大量饮酒。分析结果显示，与不饮酒相比，中度饮酒和大量饮酒组的心脏健康恶化风险增加4.5倍，更有可能进展为有症状的心力衰竭。因此酒精摄入的多少会影响人们的心脏健康情况。

以下哪项如果为真，最能支持上述论述？

A. 在高危风险受试者中，中度饮酒或大量饮酒与是否进展为心力衰竭前期或有症状的心力衰竭之间没有关系。

B. 该试验并没有区分摄取酒精的种类，比如说区分红酒、啤酒或白酒对人的影响。

C. 不饮酒和中度/大量饮酒的受试者在参加研究之前自身的身体健康以及心脏健康情况没有明显的不同。

D. 有一种被称为"酒精性心肌病"的心力衰竭，这种疾病的主要原因是饮酒严重过量。

E. 酒精需要肝脏来代谢，已经有科学研究指出酒精对人们的肝脏健康有负面影响。

47. 石榴是秋季的时令水果，酸甜多汁，含有丰富的膳食纤维。过去在欧洲，石榴被称为"天赐的圣果"，石榴中的有机酸还有助于保护人体心脏健康。研究发现，成人每天吃一个石榴，或200~300毫升石榴汁，可使心血管疾病的患病风险有所降低，所以心血管疾病风险较高的中老年人要多吃石榴。

以下哪项如果为真，可以作为上述论述的假设？

A. 石榴是秋季的时令水果，酸甜多汁，它属于浆果的一种，含有丰富的膳食纤维。

B. 石榴中含有丰富的鞣花单宁，被人体吸收后可提高肌肉的力量，延缓肌肉衰老。

C. 食用市面上销售的不同品种的石榴能给人带来的功效没有太大的差别。

D. 糖尿病是心血管疾病的重要诱因，石榴中富含的糖分不会让老人血糖指标过高导致糖尿病。

E. 中老年人的肠胃比较脆弱，石榴中的成分可能会导致这部分人肠胃不适，胃酸过多。

48. 在佛教造像中，石雕大多是天然灰调，质地粗朴，比起敷彩泥塑的五彩缤纷和质地精致，石雕历经沧桑，质地斑驳，更显得古意十足，贴合讲求超脱的佛理。相比先用泥捏然后烧制再上色而成的泥塑佛像，石雕大多在雕刻上不羁绊于技巧规律的束缚，因此有相当一部分的人们认为石雕佛像更能体现佛教艺术品的价值。

以下哪项是上述论述所假设的？

A. 艺术品更看重的是人们的意识观念，而不是技术本身。越不受规律和技巧束缚的创作，越能体现艺术品的价值。

B. 石雕质地的精致，暗示了一种对技术和规律的屈从，多少有些束缚相，与讲求超脱的佛理不近不亲。

C. 能够制作石雕佛像的工匠往往都能做泥塑雕像，而做泥塑雕像的工匠会制作石雕的不多。

D. 石雕一般基于天然的石块而创作，从挑选石块的角度来看，它们也受制于某种自然规律。

E. 现存的佛教艺术品仅有石雕和泥塑雕像这两种表现形式。

49~50题基于以下题干

为了丰富学生们的课余生活，增长见识，开阔眼界，张老师计划为同学们订阅为期三周，涉及 8 个种类的学习期刊，这 8 类学习期刊分别是：综合类、数学类、文学类、艺术类、地理类、生物类、化学类和历史类。每周至少订阅一类学习期刊，最多只能订阅 3 种。关于这 8 类期刊的订阅情况，还知道以下信息：

（1）数学类恰好在综合类的前一周订阅，地理类在综合类之前的某一周订阅；

（2）文学类和艺术类在同一周订阅；地理类不能跟艺术类在同一周订阅；

（3）如果综合类在第二周订阅，则文学类和地理类在同一周订阅；

（4）化学类在第二周订阅。

根据以上信息，可以得出以下哪项？

A. 综合类在第二周订阅。　　　　　B. 数学类在第二周订阅。

C. 文学类在第一周订阅。　　　　　D. 地理类在第三周订阅。

E. 历史类在第一周订阅。

50. 如果生物类在历史类之前的某一周订阅，以下哪项一定为真？

A. 地理类在第二周订阅。　　　　　B. 历史类在第三周订阅。

C. 文学类在第三周订阅。          D. 生物类在第一周订阅。

E. 艺术类在第二周订阅。

51. 随着生活品质的提高，人们为追求更健康的生活方式，吃素逐渐成为一种新的潮流。近期，某个知名素食主义分享的团队计划制作几期素食美食分享视频，有以下要求：

（1）如果小南选择西蓝花制作视频，那么小西不会选择莴笋制作视频；

（2）除非小姜选择荷兰豆制作视频，否则小书选择南瓜制作视频；

（3）小南选择西蓝花制作视频，同时小西选择莴笋制作视频；

（4）小姜选择了荷兰豆制作视频。

事实上，上述四个要求最终只有两个要求被满足，以下哪项一定为真？

A. 小南选择西蓝花制作视频。

B. 小姜没有选择荷兰豆制作视频。

C. 小西没有选择莴笋制作视频。

D. 小书没有选择南瓜制作视频。

E. 小西选择莴笋制作视频。

52. 近来在网络上，各类"网红"进口盐打破了人们对盐的认知，除了包装精美，这类网红进口盐也会以原产地以及自身的功效为"卖点"。譬如："夏威夷火山红盐混合有红色的火山泥，含有丰富的矿物质，质地脆嫩，口感温和""法国灰盐来自法国的凯尔特海，含水量较高，湿润而脆薄，富含矿物质"……在商家的文案中，各种"网红"进口盐不仅充满异域风情，而且具有独特的营养成分。然而最近有研究指出，人们为了自身的身体健康，还是不要过多摄取"网红盐"。

以下哪项为真，最能解释上述信息中的不一致？

A. 充满异域风情的盐的主要成分还是氯化钠，跟人们日常购买的盐在调味方面没有太大区别。

B. "网红盐"相比食盐的成分主要是增加了砷、铅、铝、磷等矿物质元素，人体不仅不缺乏，如果在体内积蓄过多反而会造成伤害。

C. 营养调查结果显示，我国部分居民食盐摄入量超过WHO推荐的 5 克/ 天和我国居民膳食指南推荐的 6 克/ 天。

D. 摄入盐分太多，会导致钙质流失，影响人们的健康，有可能增加骨折风险和增加患骨疏松等病症的概率。

E. 商家通过炒作，让购买"网红盐"的消费者在食盐方面的开支增加了十几倍。

53. 定期进行体育锻炼是能有效预防和降低高血压的健康方法，即使是在空气污染水平相对较

高的地方，情况依然如此。根据近期发表的一项研究，即使生活在空气污染程度较高的区域，经常户外运动的人罹患高血压的风险也要低于不常锻炼的人。因此我们有理由相信就算空气质量确实不好，定期进行户外体育锻炼也有利于身体健康。

以下哪项如果为真，最能削弱上述论述？

A. 对那些生活在空气污染的地区的居民来说，户内体育锻炼也是一种预防高血压的安全方法。

B. 骑行、跑步、扔飞盘等不同户外体育锻炼项目给人们健康带来的效果也有所不同。

C. 血压正常不代表身体健康，那些经常在污染的空气中进行体育锻炼的人，大多体检后都发现了呼吸系统疾病。

D. 空气污染严重的地区主要是大城市，而繁忙的都市人大部分没有时间可以定期进行户外体育锻炼。

E. 空气污染会增加罹患高血压的风险，但体育锻炼所带来的健康收益大过这种危险。

54~55题基于以下题干

青城中学开运动会，高一（3）班的老师安排赵甲、钱乙、孙丙、李丁、周戊5名学生报名比赛项目，要求在跳高、铅球、接力、长跑、拔河中，每人报名2种项目，每个项目有2人报名。已知：

（1）如果赵甲在接力、长跑、拔河中至少报名一个项目，那么孙丙选择接力，李丁选择拔河；

（2）只有周戊报名接力，赵甲才报名跳高和铅球。

（3）如果赵甲不报名接力，那么周戊也不报名接力；

（4）孙丙一定报名拔河。

54. 根据以上条件，以下哪项一定为真？

A. 赵甲报名跳高。      B. 孙丙不报名接力。

C. 钱乙报名拔河。      D. 李丁报名拔河。

E. 孙丙报名长跑。

55. 如果赵甲和周戊都不报名长跑，以下哪项一定为真？

A. 周戊报名跳高和铅球。      B. 赵甲和钱乙报名接力。

C. 李丁报名接力和拔河。      D. 钱乙和周戊报名铅球。

E. 周戊和赵甲报名跳高。

**四、写作：第 56 ~ 57 小题，共 65 分。其中论证有效性分析 30 分，论说文 35 分。**

56. 论证有效性分析：分析下述论证中存在的缺陷和漏洞，选择若干要点，写一篇 600 字左右的文章，对该论证的有效性进行分析和评论。（论证有效性分析的一般要点是：概念特别

是核心概念的界定和使用是否准确并前后一致，有无各种明显的逻辑错误，论证的论据是否成立并支持结论，结论成立的条件是否充分，等等。）

在人类认知发展的过程中，关于"物质决定意识"还是"意识决定物质"的争论从未停止过，但是结合实际情况来看，我们认为"意识决定物质"。

首先，人的意识会对真实世界做出主观呈现，但意识感知的世界并不等于真实世界却又指导真实世界的行为，由此可见，真实世界听从于意识的指挥。换言之，只要我们的意识存在，那么真实世界的物质就一定存在。

其次，人类意识可以主观呈现真实世界没有的东西，这些意识是超出物质的，这就证明了"意识产生物质"的正确性。举例来说：最先发明汽车、火车、飞机的人，都是先有了发明的意识，最后才发明出了实际的物质。

再次，地球存在了46亿年，唯独在人类意识大爆发的近200万年间，世界才出现了众多新兴事物，所以意识能够创造物质。而不同的人根据不同的意识对相同物质会产生不同认知和使用方式，那么意识也能改变物质。

57. 论说文：根据下述材料，写一篇700字左右的论说文，题目自拟。

孔子在《论语·季氏》第十六篇中指出："闻有国有家者，不患寡而患不均，不患贫而患不安。"意即不论有国的诸侯或封地的大夫，不应担心财富不多，只需担心财富分配不均。从古到今"公平"一直是国家、社会、人民追求的重点，但是到了物质丰富的现代，公平分为了两种，一种是"相对的公平"，另外一种是"绝对的公平"，相对的公平是指根据个人情况制衡成平等的利益关系，而绝对的平等是指不顾个人情况一律追求均等相同的分配。

# 管理类联考综合能力满分卷（三）

一、问题求解：第 1~15 小题，每小题 3 分，共 45 分。下列每题给出的五个选项中，只有一个选项是最符合题目要求的。

1. 某校男女生的人数比为 3:2.该校共 A、B、C 三个班，三个班的人数比为 10:8:7. A 班男女生人数之比为 3:1，B 班男女生人数之比为 5:3，则 C 班男女生人数之比为（    ）.
   A. 1:1    B. 5:9    C. 5:7    D. 3:5    E. 6:11

2. 设 $a$，$b$，$c$ 是三个不同的正实数，若 $\dfrac{a-c}{b}=\dfrac{c}{a+b}=\dfrac{b}{a}$，则（    ）.
   A. $3b=2c$    B. $3a=2b$    C. $2b=c$    D. $2a=b$    E. $2c=b$

3. 现将 22 本书作为奖品发给 5 位优秀学员，已知每个人分得书的数量不同，则分得书最多的学员最少分得（    ）本.
   A. 5    B. 6    C. 7    D. 8    E. 9

4. 一个杂技团有 11 名演员，其中 5 人只会表演魔术，4 人只会表演口技，2 人都会表演.今从演员中选 3 人，1 人表演口技，2 人表演魔术，则共有（    ）种选法.
   A. 90    B. 95    C. 104    D. 114    E. 118

5. 某工程由 A，B，C，D 四道工序组成，完成它们需要时间依次为 2，5，$x$，4 天.四道工序的先后顺序及相互关系是：A 和 B 可以同时开工；A 完成后，C 才可以开工；B 和 C 均完成后，D 才可以开工.若该工程总工时数为 9 天，则完成工序 C 需要的天数 $x$ 最大是（    ）.
   A. 1    B. 2    C. 4    D. 5    E. 3

6. $a$，$b$ 分别满足 $19a^2+99a+1=0$ 及 $b^2+99b+19=0$ 且 $ab \neq 1$，则 $\dfrac{ab+4a+1}{b}=$（    ）.
   A. 0    B. $-3$    C. $-5$    D. 3    E. 5

7. 古希腊数学家丢番图（*Diophantus*）的墓志铭：过路人，这儿埋葬着丢番图，他生命的六分之一是童年；再过了一生的十二分之一后，他开始长胡须，又过了一生的七分之一后他结了婚；婚后五年他有了儿子，但可惜儿子的寿命只有父亲的一半，儿子死后，老人再活了四年就结束了余生.根据这个墓志铭，丢番图的寿命为（    ）岁.
   A. 60    B. 84    C. 77    D. 72    E. 78

8. 如图所示，已知直角 △ABC 的两条直角边 AC，BC 的长分别为 3 和 4，以 AC 为直径的圆与 AB 交于点 D，则 BD =（ ）.

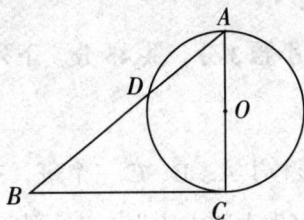

A. $\dfrac{16}{5}$　　　B. $\dfrac{15}{6}$　　　C. 2　　　D. $\dfrac{4}{3}$　　　E. $\dfrac{5}{4}$

9. 将一骰子连续抛掷 3 次，它落地时向上的点数依次成等差数列的概率为（ ）.

A. $\dfrac{1}{9}$　　　B. $\dfrac{1}{12}$　　　C. $\dfrac{1}{15}$　　　D. $\dfrac{1}{18}$　　　E. $\dfrac{1}{14}$

10. 已知 P 点在二次函数 $y=x^2-x-4$ 上第四象限内部分移动，分别向 x 轴和 y 轴作垂线，垂足分别为 $H_1$ 和 $H_2$，则四边形 $PH_1OH_2$ 周长的最大值为（ ）.

A. 10　　　B. 8　　　C. 7　　　D. 7.5　　　E. 5

11. AB 两列车分别从甲乙两地同时出发，相向而行，B 车比 A 车每小时慢 10 千米，在相遇时 A 车比 B 车多行驶 56 千米．若 A 车比原计划时间晚出发 $\dfrac{3}{4}$ 小时，则两车恰好在甲乙两地的中点相遇．则甲乙两地的距离为（ ）.

A. 210　　　B. 360　　　C. 420　　　D. 450　　　E. 840

12. 已知关于 x 的方程：$(x-2)^2-4|x-2|-k=0$ 有四个相异根，则 k 的取值范围是（ ）.

A. $k<0$　　　B. $k<-4$　　　C. $k>-4$　　　D. $0<k<4$　　　E. $-4<k<0$

13. 如图所示，四根绳子上共挂有 10 只气球，绳子上的球数依次为 1，2，3，4，每枪只能打破一只球，而且规定只有打破下面的球才能打上面的球，则将这些气球都打破的不同打法数是（ ）.

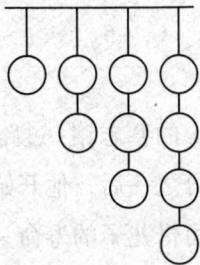

A. 6200　　　B. 6300　　　C. 8400　　　D. 12600　　　E. 16200

14. 如图所示，一个圆柱形密闭容器水平放置，圆柱底面直径为 2，高为 10，里面有一个半径为 1 的小球来回滚动，则小球无法触碰到的空间部分的体积为（　　　　）.

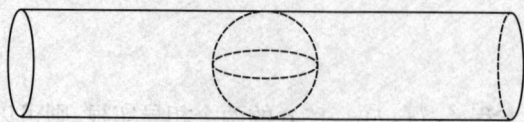

   A. $\pi$　　　　B. $\dfrac{4}{3}\pi$　　　　C. $\dfrac{3}{4}\pi$　　　　D. $\dfrac{2}{3}\pi$　　　　E. $\dfrac{3}{2}\pi$

15. 管理类联考考试时间为上午 8:30~11:30，小张和小王参加考试，他们均在交卷时间前 10 分钟内答完，且他们在该时段任何时刻答完试卷都是等可能的. 假设小张在 11:20 过 $a$ 分钟答完，小王在 11:20 过 $b$ 分钟答完，则小张比小王至少早答完 5 分钟的概率为（　　　　）.

   A. $\dfrac{3}{4}$　　　　B. $\dfrac{1}{8}$　　　　C. $\dfrac{1}{2}$　　　　D. $\dfrac{3}{20}$　　　　E. $\dfrac{7}{8}$

二、条件充分性判断：第 16~25 小题，每小题 3 分，共 30 分。要求判断每题给出的条件（1）和条件（2）能否充分支持题干所陈述的结论。A、B、C、D、E 五个选项为判断结果，请选择一项符合题目要求的判断。

   A. 条件（1）充分，但条件（2）不充分.

   B. 条件（2）充分，但条件（1）不充分.

   C. 条件（1）和（2）单独都不充分，但条件（1）和条件（2）联合起来充分.

   D. 条件（1）充分，条件（2）也充分.

   E. 条件（1）和（2）单独都不充分，条件（1）和条件（2）联合起来也不充分.

16. 设三个不相等的自然数 $a$，$b$，$c$ 依次成等比数列，且 $a$，$b$，$c \in (2,36)$. 则有 $abc=216$.

   （1）$a$，$b$，$c$ 中最大的数为 12.

   （2）$a$，$b$，$c$ 中最小的数为 3.

17. 小张一周的总开支分布如图（a）所示，一周的食品开支如图（b）所示. 则能确定服装开支占总开支的 20%.

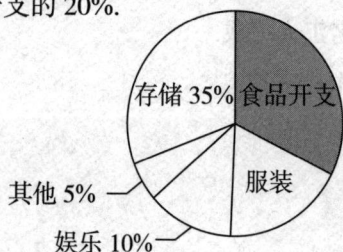

图（a）

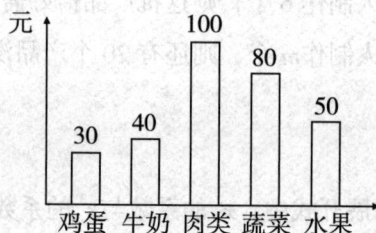

图（b）

（1）蔬菜开支与服装开支金额之比为 $2:5$.

（2）鸡蛋开支占总开支的 $3\%$.

18. 已知 $a$，$b$ 是一元二次方程 $x^2-(a+b)x-1=0$ 的两个相异实根. 则可以确定 $a-b$ 的值.

（1）已知 $a^2+b^2$ 的值.

（2）已知 $a+b$ 的值.

19. $a=\dfrac{8\sqrt{3}}{9}R^3$.

（1）将半径为 $R$ 的球切割成一个长方体，则长方体的最大体积为 $a$.

（2）将半径为 $R$ 的球切割成一个圆柱体，则圆柱体的最大体积为 $a$.

20. $a_1^2+a_2^2+a_3^2+\cdots+a_n^2=\dfrac{1}{3}(4^n-1)$.

（1）数列 $\{a_n\}$ 的通项公式为 $a_n=2^n$.

（2）在数列 $\{a_n\}$ 中，对任意正整数 $n$，有 $a_1+a_2+a_3+\cdots+a_n=2^n-1$.

21. 可以确定某直角三角形内切圆的半径为 $\sqrt{2}$.

（1）该直角三角形的面积为 12.

（2）该直角三角形的周长为 $12\sqrt{2}$.

22. 现将一批产品分给某工厂的工人制作，已知若每人制作 9 个产品，则有一个人只需要做 6 个. 则能确定这个工厂共有 23 名工人.

（1）若每人制作 6 个，则这批产品恰好需要 34 名工人完成.

（2）若每人制作 $m$ 个，则还有 20 个产品没人制作.

23. $(ax+1)^8$ 的展开式中，$x^2$ 的系数与 $x^3$ 的系数相等.

（1）$a=2$.

（2）$a = \dfrac{1}{2}$.

24. $x^2 + y^2 \leqslant 4$.

（1）$|x+1| + |y-1| = 1$.

（2）$(x+1)^2 + (y-1)^2 = 1$.

25. 已知 $f(x) = ax^2 + bx + c(a \neq 0)$. 则方程 $f(f(x)) = x$ 无解.

（1）$f(x) = x$ 无解.

（2）$y = f(x)$ 与 $y = ax + b$ 相切.

**三、逻辑推理：第 26~55 小题，每小题 2 分，共 60 分。下列每题给出的 A、B、C、D、E 五个选项中，只有一项是符合试题要求的。请在答题卡上将所选项的字母涂黑。**

26. 所谓美好生活，就是一种有意义、值得过的生活，就是对缺乏意义感的生活的扬弃。在现实生活中，追求民主、自由、公平、正义和道德感以及做人的尊严等价值，需要文化的引领和界定，也需要在文化追求和文化体验中实现获得感。如果能满足人民群众多样化的文化需求并且让人民享有更加充实、更为丰富的精神文化生活，则有利于促进人民精神力量的增强。有效提升公共文化服务水平，就能在促进文化产业高质量发展的同时实现文化产品和服务的有效供给。

根据以上信息，可以得出以下哪项？

A. 对缺乏意义感的生活进行扬弃，就能在文化追求和文化体验中实现获得感。

B. 如果是一种有意义、值得过的生活，就是对意义感的生活的扬弃。

C. 只有促进文化产业高质量发展，才能实现文化产品和服务的有效供给。

D. 有些人在追求民主、自由、公平、正义等价值时并不需要文化的引领和界定。

E. 如果不能实现文化产品和服务的有效供给，说明没有有效提升公共文化服务水平。

27. 甲、乙、丙、丁四位同学参与了本市的两大企业高科和挚诚举办的招聘会。他们分别来自管理类、文史类和经济类三个专业，关于这次招聘情况，有以下几个要求：

（1）若甲或乙的专业属于管理类，那么这次高科招聘丙和丁；

（2）只有高科公司或者挚诚公司招聘经济类，他们才能招聘文史类；

（3）没有一个公司既招聘管理类又招聘经济类。

根据上述论述，以下哪项一定为假？

A. 高科公司招聘管理类和文史类。

B. 高科公司招聘经济类，挚诚公司招聘文史类。

C. 如果高科公司招聘丙，那么也会招聘甲或乙。

D. 挚诚公司招聘经济类和文史类。

E. 甲属于文史类专业。

28. 在对仓鼠的一项研究中发现，幼鼠刚出生的一段时间内，公鼠可能对幼鼠具有攻击性，甚至有可能杀死幼鼠。为了避免这种情况发生，哺乳期母鼠会在尿液中释放一种被称为乙酸异戊酯的化合物，这类化合物会在公鼠身上产生压力反应，警告并驱赶公鼠远离幼鼠。因此研究人员认为，哺乳期母鼠不在幼鼠身旁时，可以通过在幼鼠身旁放置香蕉来达到保护幼鼠的目的。

以下哪项如果为真，最能支持上述论述？

A. 常见的水果中只有香蕉的体积和母鼠的体积在一定程度上是类似的。

B. 香蕉的气味主要来源于乙酸异戊酯。

C. 乙酸异戊酯不仅能有效的驱赶公鼠，对其他的母鼠也有同样的效果。

D. 添加乙烯能让香蕉加速成熟，释放出更多的乙酸异戊酯。

E. 公鼠因气味表现出的压力反应与它们即将受到攻击时的压力反应相似。

29. 根据数据统计，28岁以下登记结婚的年轻夫妻比例逐年减少，是年轻人在逃避婚姻吗？对此有专家分析：对于上一代人来说，物资匮乏，结婚是生存的必要条件，普通的个人无法脱离家庭在社会上生存。经济越好，物资越充裕的地区，个体越容易在社会独立生存，而并非必须依托于婚姻组建的家庭。所以很显然，区域内较高的经济水平会导致生活在该区域中年轻人的结婚意愿降低。

以下哪项如果为真，最能削弱题干论述？

A. 近年来经济水平较高的地区的离婚率也在逐年上升。

B. 在某些贫困山区，依旧存在年轻人不到十八岁就被迫结婚的情况。

C. 那些生活在经济水平较低的四五线小城市里的年轻人，他们的结婚意愿也在逐年降低。

D. 虽然登记结婚的年轻夫妻的比例有所降低，但年轻人中单身的比例也有所降低。

E. 现在社会倡导婚姻自由，每个人都有自由选择是否结婚的权利。

30. 某城市将在东湾区、南湖区、西港区、北关区和中山区这五个行政区内开展新一轮的经济发展计划，可供选择的发展领域有：教育、医疗、金融、工业和地产。按照经济发展计划的规定，每个行政区只能选择一个发展领域，并且每个领域也只能由一个行政区发展，关

于每个行政区的发展领域，已知以下信息：

（1）若西港区发展教育或者南湖区发展医疗，那么中山区发展金融或者教育；

（2）若北关区发展工业或者中山区发展地产，那么东湾区发展教育并且南湖区发展金融。

根据以上信息，以下哪项不可能为真，除了？

A. 北关区发展工业，中山区发展教育。

B. 中山区发展地产，西港区发展金融。

C. 南湖区发展医疗，中山区发展地产。

D. 西港区发展教育，北关区发展金融。

E. 中山区发展地产，北关区发展医疗。

31. 大学生林佳和她的几名舍友打算在某电脑城买电脑，现已知他们的选择在联想、华为、惠普、华硕、苹果、戴尔这 6 个品牌之中，并且满足以下条件：

（1）如果选择了联想，就会选惠普和华为；

（2）如果没选择联想，就会选华为但不会选华硕；

（3）除非选戴尔，否则选华硕；

（4）只要选择戴尔并且不选苹果，就一定不选华为；

（5）只有选择华硕，才能选择苹果。

根据上述信息，以下哪项一定为真？

A. 她们之中一定有人择了惠普。　　　B. 她们之中一定有人没选华为。

C. 她们之中一定有人没选戴尔。　　　D. 她们之中一定有人选了苹果。

E. 她们之中一定有人没选联想。

32. 新华大学课题组为了研究碳水对于人体睡眠系统的影响，决定对随机抽取的 1000 人进行为期三个月的跟踪调查。一组人午餐食用 150g 精致碳水和 50g 蛋白质，另一组人在同一时段食用 50g 精致碳水和 50g 蛋白质。后来发现第一组的人群明显要比第二组的人更容易在下午工作时犯困。因此该课题组得出结论，食用过多的精致碳水不但无法增加精力，反而会让人体感觉到困意。

以下哪项为真，最能支持上述论述？

A. 我们应该调整饮食结构，保证日常所需营养的前提下，尽量减少精制碳水的摄入。

B. 如果也进行蛋白质类食物和脂肪类食物的对比实验，或许会有新的发现。

C. 过多的精致碳水化合物会让人血糖迅速升高，从而导致胰岛素快速分泌，合成褪黑素，导致人们犯困。

D. 营养学家表示：食用蛋白质和蔬菜的组合要比食用等量的精致碳水更有益健康。

E. 成功人士内驱力很强，即使犯困他们也能想办法让自己抖擞精神保证工作效率。

33. 罗非鱼主要以吃小型鱼类、虾类及水生昆虫为生，但是它们的生存也同时受到上层掠食者如鲶鱼，翘嘴鱼等的威胁。为了研究不同的光源对于水生物行为的影响，研究人员把罗非鱼安排在三种不同的照明方式中，包括：窄谱低压钠照明，广谱照明，自然光照明。在监测的过程中，研究人员发现，广谱照明下的罗非鱼捕获的食物最少且被捕食的数量最多，而其他组的罗非鱼的生存情况却与之相反。

以下哪项如果为真，最能解释上述实验结果？

A. 照明技术的改变使得自然物种不得不以越来越快的速度适应新的环境。

B. 广谱照明有可能会改变一系列视觉引导的生态过程，更好地帮助生物辨别和获取它们的捕食对象。

C. 广谱照明技术会降低生物的伪装效果，让它们在天敌与自己的捕食对象面前更为显眼。

D. 更先进的照明技术让人们在灯光下也能正确感知颜色，减少色彩的失真，但对动物来说却未必如此。

E. 不同光源对于不同颜色、不同物种生物的影响可能会有所不同。

34. 文学社的甲、乙、丙、丁、戊、己6人报名了《家》《春》《秋》的话剧表演，每人仅报名一个话剧，每个话剧也至少有1个人报名。已知：

（1）上述6人中报名话剧《家》的人数比报名表演《春》的人数多；

（2）若甲和乙都报名话剧《家》的表演，则丙和丁都报名话剧《秋》；

（3）若丁、戊和己至少有一人没有报名话剧《秋》，则只有丙报名话剧《家》。

根据上述信息，以下哪项一定为真？

A. 丙报名了话剧《家》。　　　　　B. 甲报名了话剧《家》。

C. 乙报名了话剧《家》。　　　　　D. 丁报名了话剧《春》。

E. 丙报名了话剧《春》。

35. 某校要举办一场音乐会，要从排笙、编钟、琵琶、云锣、扬琴、排箫这6种乐器中选择2种进行演奏，已知：

（1）如果选用排笙或编钟进行演奏，就也会选用琵琶；

（2）如果选用云锣或编钟进行演奏，就也会选用扬琴。

根据上述信息，以下哪项一定为真？

A. 一定选用琵琶。　　　　　B. 一定选用排箫。

C. 一定选用扬琴。　　　　　D. 如果不选琵琶，则一定选用扬琴。

E. 如果选用扬琴，则一定不选用琵琶。

36. 很多饮品店在为顾客推荐无咖啡因饮料时会推荐抹茶类的产品，其实相比味道浓厚的焙煎

麦茶，味道清淡的抹茶并不符合无咖啡因的标准。一杯合格的抹茶饮品，必然能从中检测出咖啡因和茶多酚，而咖啡因作用于人体后则会导致神经兴奋或肠胃刺激。能被体质敏感者饮用的饮料必须保证其成分不能让其神经兴奋也不能让其肠胃受到刺激。

根据以上信息，能得出以下哪项？

A. 含有咖啡因和茶多酚的饮料都是抹茶类饮品。

B. 茶多酚会导致精神兴奋或者肠胃刺激。

C. 不适宜被敏感体质人群饮用的饮料会导致人体神经兴奋。

D. 如果一款饮品适宜敏感体质人群饮用，那么它一定不是合格的抹茶饮品。

E. 抹茶类饮品适宜给体质敏感者饮用。

37. 某研究团队在斑马鱼大脑中发现了一组神经元，这些神经元是一种特定社交互动所必需的，且与之相关的肠道微生物会影响斑马鱼的社交行为。在社交正常的斑马鱼体内，肠道微生物会刺激小胶质细胞，去修剪神经元之间多余的连接。在没有这些肠道微生物的斑马鱼中，修剪没有发生，斑马鱼则表现出社会交往的缺陷。研究小组据此得出结论，斑马鱼体内的修剪行为与它的社交表现之间有密切联系。

以下哪项如果为真，最能支持上述论述？

A. "修剪行为"是每一个正常的斑马鱼体内都会正常运行的行为。

B. 预测未来是鱼类和人类决策的一个重要组成部分，必要的社交有利于决策的合理性。

C. "修剪行为"是健康大脑发育的正常部分。就像柜台上的杂乱一样，额外的神经连接会妨碍重要的社交神经连接。

D. 如果两条斑马鱼隔板互望，它们会互相接近并排游泳，但是缺失这些神经元的斑马鱼不会互相表现出兴趣。

E. 该项研究成果被发表在一家国际权威杂志上，获得了该领域专家的高度认可。

38~39 题基于以下题干：

龙湾号、沙岭号、永安号、高塘号、彩虹号这 5 列车会停靠东、西、南、北、中这 5 个站点。每个站点仅有 2 列车停靠，每列车仅停靠在 2 个站点。已知：

（1）龙湾号停靠的站点在东、西、南这三个站点之中；

（2）龙湾号和沙岭号分别在东站和西站中的一个站点停靠；

（3）永安号或者高塘号至少有一辆停靠在南站或北站，那么龙湾号没有停靠在南站。

38. 根据上述信息，以下哪项一定为真？

A. 龙湾号在东站停靠。　　　　　B. 沙岭号在西站停靠。

C. 永安号在南站停靠。　　　　　D. 高塘号在北站停靠。

E. 彩虹号在北站停靠。

39. 如果永安号在西站停靠，那么以下哪个选项一定为假？

    A. 沙岭号在北站停靠。           B. 龙湾号在西站停靠。

    C. 高塘号不在东站停靠。        D. 永安号不在北站停靠。

    E. 彩虹号在南站停靠。

40. 白噪音，主要是大自然中比较柔和的声音，是指一段声音中的频率、分量的功率，在整个可听范围内都是均匀的，比如雨声、风声、海浪声等。根据研究，白噪音可以掩盖环境中干扰性的刺激，有助于人们进入睡眠。有人据此建议，那些有睡眠障碍的人，夜晚可以将自己置于一个白噪音环境中让自己快速入睡，从而提高自己的睡眠质量。

    以下哪项如果为真，最能削弱上述论述？

    A. 自然界的白噪音和人工合成的白噪音还是存在区别，人类无法靠技术手段模仿出一个严格意义上真正的纯白噪音环境。

    B. 白噪音只能掩盖分贝较低的干扰性刺激，无法掩盖旁边有人大吵大闹或者音量很大的刺激性声音。

    C. 白噪音会使 80 岁的老人睡眠期间脑电波的循环交替模式显著改变，这意味着健康人睡眠会受到白噪声的影响。

    D. 白噪音掩盖环境中干扰性的刺激，也会掩盖环境中有意义的声音，可能会减少人们生活中的很多乐趣。

    E. 白噪音可以在入睡前掩盖刺激声音，但是入睡后持续的白噪音会损害人们睡眠质量。

41. 人工智能研究实验室近期发布了一个名为GPT-4的人工智能机器人，它具备相当全能的语言模型。不管是聊天、翻译、还是问答等其他文字使用场景下，表现都令人惊艳。GPT-4拥有庞大的语言文本库，不仅能够进行诗词创作，还能单独或者和人类共同进行故事创作，研究人员宣称，随着人们对于故事情节想象力要求的提高，未来GPT-4将会在写作方面代替作家大放异彩。

    以下哪个选项为真，最能够削弱上述论述？

    A. GPT-4 进行内容创作轻松便利，如果被不法分子利用，可能会成为助长抄袭的洗稿工具。

    B. GPT-4 创作的故事在逻辑的一致性、情节丰富度，乃至细节描写都令人惊讶。

    C. GPT-4 虽然在写作方面表现出色，但它只能输出文本，不能直接生成可以阅读的网页。

    D. 提升想象力需要以情感上的共情为基础，这种思考能力是人类所独有的。

    E. 诗词创作是衡量AI创作水平的一把标尺，GPT-4 在新一届诗词学会上创作的诗词投票支持者超过 70%。

42. 已知甲、乙、丙、丁、戊、己 6 人报名抗疫志愿者。关于他们报名的通过情况，大家有如下讨论：

甲：如果我通过，则乙也通过；

乙：如果戊通过，则己也通过；

丙：甲没通过或者己通过；

丁：只要丙通过，丁就通过；

戊：丙通过但是丁未通过。

现已经确定己通过了报名，其他 5 人的报名情况还不明确。

根据以上信息，以下哪项一定为真？

A. 5 人中恰好有 1 人说的是真话。

B. 5 人中恰好有 2 人说的是真话。

C. 5 人中恰好有 3 人说的是真话。

D. 5 人中至少有 3 人说的是真话。

E. 5 人中至少有 4 人说的是真话。

43. 某省举办了户外探险交流会，其中有位户外探险爱好者上台分享自己的故事，他说他去过阿尔罕的所有地方，但是没有去过阿姆斯；他去过安特曼的某些地方，还去过目前为止爱沙尼亚斯能够探索到的所有地方。

根据以上信息，能够推出以下哪个选项？

A. 阿姆斯属于阿尔罕。

B. 阿姆斯属于安特曼。

C. 阿姆斯不属于目前为止爱沙尼亚斯能够探索到的地方。

D. 阿尔罕属于目前为止爱沙尼亚斯能够探索到的地方。

E. 属于爱沙尼亚斯的地方一定属于阿尔罕。

44. 医师老马配制中药，他手头有甲、乙、丙、丁、戊、己、庚、辛 8 种药材，他计划把这些药材配制在 4 种不同的药方。每种药材只使用一次，每副药方中至少含有上述药材中的一种，现已知：

（1）甲、戊、己、辛在同一副方子中出现；

（2）如果甲和乙在同一副药方中使用，那么丁和庚在同一副药方中使用；

（3）除非乙和己在同一副药方中使用，否则丙和丁在同一副药方中使用。

根据以上信息，以下哪项一定为真？

A. 丙单独在某个药方中被使用。

B. 丁、庚在同一个药方中被使用。

C. 乙、庚在不同的药方中被使用。

D. 丁、戊在同一个药方中被使用。

E. 乙、丙在同一个药方中被使用。

45. 随着新能源汽车的快速发展，动力电池的需求水涨船高，进一步推升了相关材料价格。数据显示，在 2021 年初，电池级碳酸锂的价格仅为每吨 5 万元左右，而到 2022 年底已经接近每吨 60 万元，不到两年的时间，涨幅超过十倍。随着全球储能的订单开始放量，赛道开启长期的高增长，锂电需求量上涨将是未来的长期趋势。有人据此宣称，动力电池原材料价格快速上涨，定会使得新能源汽车的价格水涨船高。

以下哪项如果为真，最能削弱上述论述？

A. 即使承担着成本上涨的压力，商家往往也会选择让出部分的利润来保证市场份额。

B. 除了供需关系外，还有很多其他因素在扰动相关原材料的价格。

C. 虽然成本上涨是时代背景，但很多粮食、药品等民生必需品价格并没有明显上涨。

D. 为了占领市场，电动汽车的利润率较低，厂家当前的定价并未留出太多利润空间。

E. 产业链本就利益分配不均不公，电池成本上涨的幅度远大于技术进步给用户带来的价值。

46. "遛狗不牵狗绳"一直是广大市民反响比较突出的不文明养犬行为，然而在警方的日常执法中，该类违法行为却存在"发现难、取证难"的问题。针对这一违法行为，近期某公安研发出了一个抓拍不文明养犬行为的系统。据悉，这套系统实现了对小区出入犬类目标的智能分析筛选，可以将小区内公共视频拍摄到的影像与数据库进行碰撞分析，挑选拍到犬类的影像并截图保存。公安局由此宣称，通过这个系统就可以消除遛狗不牵绳的不文明问题。

以下哪项如果为真，最能削弱上述论述？

A. 该区域的养狗住户大都是上班族，晚上下班才有时间遛狗。而抓拍系统在夜间拍摄的照片非常模糊，识别率非常低。

B. 拍照取证后警方也只能批评教育狗主人，并不能解决小区中没有主人的流浪猫和流浪狗的问题。

C. 发生在大城市中的狗伤人案例很少，大部分狗伤人的案例都发生在农村或经济较落后的地区。

D. 抓拍系统的成像的清晰度和准确率会受到天气、光线、摄像头遮挡等因素带来的影响。

E. 敢不牵绳遛狗的主人养的大多数都是小狗，相比不牵绳遛大型烈性犬带来的风险较小。

47. IP 归属地功能，即用户在网络社交平台上的评论、留言、发帖等行为，都会在相应位置显示用户 IP 地址属地信息。由于在当前的网络生态中，很多网友会对他人进行地域性攻击或

施行网络暴力，因此有部分网友认为，在社交平台显示IP归属地将加剧这一现象，这对于净化网络生态环境，实施社会层面的网络治理意义不大。

以下哪项如果为真，最能质疑上述网友的看法？

A. 显示用户IP属地，很大程度上消解了特定时期出现的具有强烈地域属性的非真实信息对公众的干扰，减少了大部分网络谣言的生存空间。

B. IP属地是具有一定商业价值的数据信息，广告公司可以据此实施更为精准的商业行为。

C. 自众多社交平台上线IP属地功能以来，一些常年身处"海外"的资讯账号露出原形，不少网络大V因IP属地显示功能而"贻笑大方"。

D. 恶意造谣的用户会选择通过IP代理帮助自己实现在异地虚拟登录，让自己的网络账号"名副其实"。

E. 国家已经针对网络暴力和网络谣言展开了"清朗"专项行动、要求部分网站"实名认证"等等一系列措施。

48. 面对网络基础建设落后的地区，推进光纤到户和网络建设，就能提高网络业务承载能力。只有推进"多网融合"的建设，才能提高网络业务承载能力。同时，加快推进数据库建设，就能促进信息资源的开发利用。甲、乙、丙三市都在加快推进光纤到户和网络建设，乙市也在加快推进数据库建设，丙市未能促成城市信息资源的开发利用。

根据上述信息，以下哪项一定为真，除了？

A. 甲市推进了"多网融合"的建设。

B. 乙市促进了城市信息资源的开发利用。

C. 有些推进了网络建设的城市同时促成了信息资源的开发利用。

D. 同时推进"多网融合"和完成数据库建设，有些城市没有做到。

E. 如果甲市没有完成数据库建设，那么它也未能促进城市信息资源的开发利用。

49. 铃台、丹桥、富野、中岛、香口、浅原6个特色景点与甲、乙、丙、丁、戊、己6个特色村落一一对应，并且已知：

（1）铃台是甲村或者己村的景点；

（2）如果中岛是乙村的景点，那么富野或者浅原是甲村的景点；

（3）如果浅原是乙村的景点，那么富野是己村的景点；

（4）如果铃台不是乙村景点，则香口是丁村景点并且丹桥是甲村景点。

根据以上信息，以下哪项一定为真？

A. 香口是甲村的景点。　　　　B. 富野是乙村的景点。

C. 浅原是丙村的景点。　　　　D. 铃台是丁村的景点。

E. 中岛是戊村的景点。

50. 随着农业和乡村旅游的兴起，王女士准备在甲村、乙村、丙村、丁村、戊村和己村这6个美丽的乡村中选择3个进行游览观光。关于王女士的选择，已知：

（1）如果选择观光甲村，那么也会观光丁村；

（2）若丁村和戊村至少选择一个观光，则不观光己村；

（3）乙村和丙村至多选择一个村庄观光；

（4）丙村、戊村和己村至少选择两个村庄观光。

根据以上信息，可以得出以下哪项一定为真？

A. 入选的三个村庄是甲、乙、丙。

B. 入选的三个村庄是乙、戊、丙。

C. 入选的三个村庄是乙、丁、戊。

D. 入选的三个村庄是丙、己、丁。

E. 入选的三个村庄是丙、戊、丁。

51. 西梅汁不仅芳香甜美、口感润滑，更为重要的是，西梅中富含多种人体所需的营养物质且不含脂肪和胆固醇。长久以来，西梅汁在欧美国家享有"人体清道夫"的美誉。很多女性也称它为"苗条汁"。但是最近有研究发现，喝西梅汁其实并不能真正起到减肥的作用。

以下哪项为真，最能支持上述论证？

A. 儿科医生在治疗儿童消化不良，缓解儿童便秘时，并没有首选推荐西梅汁。

B. 天然西梅汁中含有大量水溶性的果胶纤维和不溶性的植物纤维，这些纤维不参与代谢也不产生热量，但可以有效地增加肠道运动能力。

C. 体质虚寒者不建议吃西梅助排便。即使短期内能达到通便的效果，从长远看，对整体体质反而是有害的。

D. 减肥的原理是减少热量的摄入或者增加身体的卡路里消耗。西梅虽然有清理肠道的作用有益肠胃健康，但自身含糖量不低且不能增加身体卡路里消耗。

E. 西梅汁酸甜可口，并且不含有脂肪和胆固醇，它所含有的热量比其他畅销饮品更低。

52. 某科学团队宣称研发出了"AI换脸"系统。这个系统根据拍摄的人脸照片进行建模之后，可以创造出照片中的人的各种表情和动作，动作幅度和真人完全一致，还能眨眼和露齿微笑，仿真度很高。随着技术的不断成熟，合成视频在清晰度、流畅度、逼真度等各方面都有大幅提升。有人由此呼吁，我们应该加大"AI换脸"技术的监管，尽量减少未来给人民群众带来的风险和损失的可能性。

以下哪项如果为真，最能支持上述的论述？

A. 相关部门已经开始针对"AI换脸"的使用场景和管理规范进行分析和评估。

B. 模仿和生成某个人的AI语音技术已经非常成熟，这导致录音不能再作为警察断案的可靠证据。

C. 现在市场上已经出现了很多通过仿造照片，仿造签名实施的犯罪行为，给人民群众带来的巨大的损失。

D. 技术生成的表情和动作只能以图片或视频的方式在电脑屏幕上显示，并不能生成现实中立体的表情和动作。

E. "AI换脸"可以对生成的"人脸"做出指令性动作，进而可以破解智能设备和线上银行的人脸核验系统。

53. 李女士：某知名品牌在今年推出几款新设计的运动鞋，在市面上销售火爆，但这也使得市面上假冒该品牌的运动鞋泛滥，所以如果能加大针对售卖假货的罚款，这样就能减少假冒的品牌运动鞋在市面上出售。

王先生：我不认可你的说法。因为在现实中违反法律会受到惩罚，可还是有很多人为了利益铤而走险。

以下哪项如果为真，最能评价上王先生的说法？

A. 王先生的观点是正确的。所以惩罚并不能减少假冒品牌出售。

B. 王先生的观点有漏洞。因为他只看到了依旧有人还在犯罪，但未考虑总体犯罪率是否减少。

C. 王先生的观点有漏洞。因为在实际中，很多人根本不知道法律规定的内容。

D. 王先生的观点有漏洞。因为他假设了售卖假鞋和严重的违法犯罪受到的惩罚是一致的。

E. 王先生的观点有漏洞。因为他没有针对李女士的问题给出合理回答。

54~55 题基于以下题干

某公司甲、乙、丙、丁4人计划年终旅游，他们将要从法国、德国、英国、日本、泰国、新加坡这6个国家中进行选择。已知每个国家都有2人选择，且每人都要选择其中的3个国家进行旅游：

（1）甲、乙选择的国家中恰好有一个并且仅有一个相同；

（2）如果甲或者丙至少有一个人去日本，那么乙和丁也去日本；

（3）如果乙或者丁至少有一个人去日本或新加坡，那么丙去法国和新加坡，并且丁去英国；

（4）如果甲去德国或者泰国，那么乙和丁均不去德国。

54. 根据以上信息，以下哪项一定为真？

A. 甲选择的国家中有泰国和德国。

B. 乙选择的国家中有日本和法国。

C. 丙选择的国家中有英国和新加坡。

D. 丁选择的国家中有日本和法国。

E. 丙和丁都选择了法国。

55. 若甲选择的国家中有法国，以下哪项一定为真？

A. 甲选择了英国。        B. 乙选择了英国。

C. 乙没有选择泰国。        D. 丁没有选择新加坡。

E. 丁选择了法国。

**四、写作：第 56 ~ 57 小题，共 65 分。其中论证有效性分析 30 分，论说文 35 分。**

56. 论证有效性分析：分析下述论证中存在的缺陷和漏洞，选择若干要点，写一篇 600 字左右的文章，对该论证的有效性进行分析和评论。（论证有效性分析的一般要点是：概念特别是核心概念的界定和使用是否准确并前后一致，有无各种明显的逻辑错误，论证的论据是否成立并支持结论，结论成立的条件是否充分，等等。）

    有人认为吃亏是福，其理由是：吃亏给我们带来经验和教训，从而避免再次吃亏。但其实，吃亏并不是福。

    假如给事情的结果一个提前选择的机会，几乎没有人选择吃亏的结果，如果吃亏是福，那为何人们都会极力避免吃亏？吃亏要么自己的利益受到了损失，要么自己的权益受到了侵害，并没有获得什么实质性的收益，何谈吃亏是福？

    一个人吃亏越多，他的损失也就越多，其认知和心态也会越来越差，内心也就越来越懦弱。懦弱的人即便自己的利益受到损害也不敢去申诉和争取，最终亏越吃越多。而吃亏之后用吃亏是福安慰自己，就会将吃亏等同于是好事，在做判断的时候产生错误预期，导致吃亏成为常态。

    因此，只要我们摒弃吃亏是福的观念，遇到机遇的时候竭尽所能地争取，就能避免自己的利益和权益受到损害。长此以往势必得到众人的认可和信服，这个时候我们就会发现，吃亏并不是福。

57. 论说文：根据下述材料，写一篇 700 字左右的论说文，题目自拟。

    在社会多元化的今天，很多学者都推崇"批判性思维"，但是这样就容易导致争论加剧，人与人之间很多时候都在为无意义的事件相互谩骂，或表达浅层次的争论。如果没有认同，批判将没有意义；但又不能只是一味认同，否则新的观点就无法提出，隐藏的错误就无法被发现。

# 写作

56、论证有效性分析

▲ 100

▲ 200

▲ 300

▲ 400

请在各题目的答题区域内作答，超出答题区域的答案无效

▲ 500

▲ 600

▲ 700

57、论说文

▲ 100

▲ 200

# 写作

56、论证有效性分析

▲ 100

▲ 200

▲ 300

▲ 400

▲ 500

▲ 600

▲ 700

**57、论说文**

▲ 100

▲ 200

# 写作

56、论证有效性分析

▲ 100

▲ 200

▲ 300

▲ 400

▲ 500

▲ 600

▲ 700

57、论说文

▲ 100

▲ 200

# 写作

56、论证有效性分析

▲ 100

▲ 200

▲ 300

▲ 400

▲ 500

▲ 600

▲ 700

**57、论说文**

▲ 100

▲ 200

# 写作

## 56、论证有效性分析

▲ 100

▲ 200

▲ 300

▲ 400

请在各题目的答题区域内作答，超出答题区域的答案无效

▲ 500

▲ 600

▲ 700

57、论说文

▲ 100

▲ 200

# 写作

56、论证有效性分析

▲ 100

▲ 200

▲ 300

▲ 400

▲ 500

▲ 600

▲ 700

**57、论说文**

▲ 100

▲ 200

# 写作

56、论证有效性分析

▲ 100

▲ 200

▲ 300

▲ 400

▲ 500

▲ 600

▲ 700

**57、论说文**

▲ 100

▲ 200

# 写作

56、论证有效性分析

▲ 100

▲ 200

▲ 300

▲ 400

▲ 500

▲ 600

▲ 700

**57、论说文**

▲ 100

▲ 200

# 写作

56、论证有效性分析

▲ 100

▲ 200

▲ 300

▲ 400

请在各题目的答题区域内作答，超出答题区域的答案无效

▲ 500

▲ 600

▲ 700

57、论说文

▲ 100

▲ 200

# 写作

56、论证有效性分析

▲ 100

▲ 200

▲ 300

▲ 400

▲ 500

▲ 600

▲ 700

**57、论说文**

▲ 100

▲ 200

# 全国硕士研究生入学统一考试

## 管理类专业学位联考综合能力答题卡(199)

报考单位

考生姓名

准考证号（左对齐）

| 0 | 0 | 0 | 0 | 0 | 0 | 0 | 0 | 0 | 0 | 0 | 0 | 0 | 0 | 0 |
|---|---|---|---|---|---|---|---|---|---|---|---|---|---|---|
| 1 | 1 | 1 | 1 | 1 | 1 | 1 | 1 | 1 | 1 | 1 | 1 | 1 | 1 | 1 |
| 2 | 2 | 2 | 2 | 2 | 2 | 2 | 2 | 2 | 2 | 2 | 2 | 2 | 2 | 2 |
| 3 | 3 | 3 | 3 | 3 | 3 | 3 | 3 | 3 | 3 | 3 | 3 | 3 | 3 | 3 |
| 4 | 4 | 4 | 4 | 4 | 4 | 4 | 4 | 4 | 4 | 4 | 4 | 4 | 4 | 4 |
| 5 | 5 | 5 | 5 | 5 | 5 | 5 | 5 | 5 | 5 | 5 | 5 | 5 | 5 | 5 |
| 6 | 6 | 6 | 6 | 6 | 6 | 6 | 6 | 6 | 6 | 6 | 6 | 6 | 6 | 6 |
| 7 | 7 | 7 | 7 | 7 | 7 | 7 | 7 | 7 | 7 | 7 | 7 | 7 | 7 | 7 |
| 8 | 8 | 8 | 8 | 8 | 8 | 8 | 8 | 8 | 8 | 8 | 8 | 8 | 8 | 8 |
| 9 | 9 | 9 | 9 | 9 | 9 | 9 | 9 | 9 | 9 | 9 | 9 | 9 | 9 | 9 |

### 注意事项

1、填（书）写必须使用黑色字迹签字笔，笔迹工整、字迹清楚;涂写部分必须使用2B铅笔填涂。
2、选择题答案必须用2B铅笔涂在答题卡相应题号的选项上，非选择题答案必须书写在答题卡指定位置的边框区域内超出答题区域书写的答案无效；在草稿纸上、试题册上答题无效。
3、保持答题卡整洁、不要折叠，严禁在答题卡上做任何标记，否则按无效答卷处理。
4、考生须将"考生信息条形码"粘贴在答题卡的"考生信息条码粘贴位置"框中。

正确涂卡 ■

错误涂卡 ☑ ☒ ▮ ● ◩ ◪ ▬

缺考标记 □

缺考考生由监考员贴条码，并用2B铅笔填涂缺考标记。加盖缺考章时，请勿遮盖信息点。

1 [A] [B] [C] [D] [E]　　6 [A] [B] [C] [D] [E]　　11 [A] [B] [C] [D] [E]
2 [A] [B] [C] [D] [E]　　7 [A] [B] [C] [D] [E]　　12 [A] [B] [C] [D] [E]
3 [A] [B] [C] [D] [E]　　8 [A] [B] [C] [D] [E]　　13 [A] [B] [C] [D] [E]
4 [A] [B] [C] [D] [E]　　9 [A] [B] [C] [D] [E]　　14 [A] [B] [C] [D] [E]
5 [A] [B] [C] [D] [E]　　10 [A] [B] [C] [D] [E]　　15 [A] [B] [C] [D] [E]

16 [A] [B] [C] [D] [E]　　21 [A] [B] [C] [D] [E]　　26 [A] [B] [C] [D] [E]
17 [A] [B] [C] [D] [E]　　22 [A] [B] [C] [D] [E]　　27 [A] [B] [C] [D] [E]
18 [A] [B] [C] [D] [E]　　23 [A] [B] [C] [D] [E]　　28 [A] [B] [C] [D] [E]
19 [A] [B] [C] [D] [E]　　24 [A] [B] [C] [D] [E]　　29 [A] [B] [C] [D] [E]
20 [A] [B] [C] [D] [E]　　25 [A] [B] [C] [D] [E]　　30 [A] [B] [C] [D] [E]

31 [A] [B] [C] [D] [E]　　36 [A] [B] [C] [D] [E]　　41 [A] [B] [C] [D] [E]
32 [A] [B] [C] [D] [E]　　37 [A] [B] [C] [D] [E]　　42 [A] [B] [C] [D] [E]
33 [A] [B] [C] [D] [E]　　38 [A] [B] [C] [D] [E]　　43 [A] [B] [C] [D] [E]
34 [A] [B] [C] [D] [E]　　39 [A] [B] [C] [D] [E]　　44 [A] [B] [C] [D] [E]
35 [A] [B] [C] [D] [E]　　40 [A] [B] [C] [D] [E]　　45 [A] [B] [C] [D] [E]

46 [A] [B] [C] [D] [E]　　51 [A] [B] [C] [D] [E]
47 [A] [B] [C] [D] [E]　　52 [A] [B] [C] [D] [E]
48 [A] [B] [C] [D] [E]　　53 [A] [B] [C] [D] [E]
49 [A] [B] [C] [D] [E]　　54 [A] [B] [C] [D] [E]
50 [A] [B] [C] [D] [E]　　55 [A] [B] [C] [D] [E]

请在各题目的答题区域内作答，超出答题区域的答案无效

▲ 300

▲ 400

▲ 500

▲ 600

▲ 700

▲ 800

# 全国硕士研究生入学统一考试

## 管理类专业学位联考综合能力答题卡(199)

| 报考单位 | 准考证号（左对齐） |
|---|---|

考生姓名

1  [A] [B] [C] [D] [E]    6  [A] [B] [C] [D] [E]    11 [A] [B] [C] [D] [E]
2  [A] [B] [C] [D] [E]    7  [A] [B] [C] [D] [E]    12 [A] [B] [C] [D] [E]
3  [A] [B] [C] [D] [E]    8  [A] [B] [C] [D] [E]    13 [A] [B] [C] [D] [E]
4  [A] [B] [C] [D] [E]    9  [A] [B] [C] [D] [E]    14 [A] [B] [C] [D] [E]
5  [A] [B] [C] [D] [E]    10 [A] [B] [C] [D] [E]    15 [A] [B] [C] [D] [E]

16 [A] [B] [C] [D] [E]    21 [A] [B] [C] [D] [E]    26 [A] [B] [C] [D] [E]
17 [A] [B] [C] [D] [E]    22 [A] [B] [C] [D] [E]    27 [A] [B] [C] [D] [E]
18 [A] [B] [C] [D] [E]    23 [A] [B] [C] [D] [E]    28 [A] [B] [C] [D] [E]
19 [A] [B] [C] [D] [E]    24 [A] [B] [C] [D] [E]    29 [A] [B] [C] [D] [E]
20 [A] [B] [C] [D] [E]    25 [A] [B] [C] [D] [E]    30 [A] [B] [C] [D] [E]

31 [A] [B] [C] [D] [E]    36 [A] [B] [C] [D] [E]    41 [A] [B] [C] [D] [E]
32 [A] [B] [C] [D] [E]    37 [A] [B] [C] [D] [E]    42 [A] [B] [C] [D] [E]
33 [A] [B] [C] [D] [E]    38 [A] [B] [C] [D] [E]    43 [A] [B] [C] [D] [E]
34 [A] [B] [C] [D] [E]    39 [A] [B] [C] [D] [E]    44 [A] [B] [C] [D] [E]
35 [A] [B] [C] [D] [E]    40 [A] [B] [C] [D] [E]    45 [A] [B] [C] [D] [E]

46 [A] [B] [C] [D] [E]    51 [A] [B] [C] [D] [E]
47 [A] [B] [C] [D] [E]    52 [A] [B] [C] [D] [E]
48 [A] [B] [C] [D] [E]    53 [A] [B] [C] [D] [E]
49 [A] [B] [C] [D] [E]    54 [A] [B] [C] [D] [E]
50 [A] [B] [C] [D] [E]    55 [A] [B] [C] [D] [E]

请在各题目的答题区域内作答，超出答题区域的答案无效

▲ 300

▲ 400

▲ 500

▲ 600

▲ 700

▲ 800

# 全国硕士研究生入学统一考试

## 管理类专业学位联考综合能力答题卡(199)

1 [A] [B] [C] [D] [E]　　6 [A] [B] [C] [D] [E]　　11 [A] [B] [C] [D] [E]
2 [A] [B] [C] [D] [E]　　7 [A] [B] [C] [D] [E]　　12 [A] [B] [C] [D] [E]
3 [A] [B] [C] [D] [E]　　8 [A] [B] [C] [D] [E]　　13 [A] [B] [C] [D] [E]
4 [A] [B] [C] [D] [E]　　9 [A] [B] [C] [D] [E]　　14 [A] [B] [C] [D] [E]
5 [A] [B] [C] [D] [E]　　10 [A] [B] [C] [D] [E]　　15 [A] [B] [C] [D] [E]

16 [A] [B] [C] [D] [E]　　21 [A] [B] [C] [D] [E]　　26 [A] [B] [C] [D] [E]
17 [A] [B] [C] [D] [E]　　22 [A] [B] [C] [D] [E]　　27 [A] [B] [C] [D] [E]
18 [A] [B] [C] [D] [E]　　23 [A] [B] [C] [D] [E]　　28 [A] [B] [C] [D] [E]
19 [A] [B] [C] [D] [E]　　24 [A] [B] [C] [D] [E]　　29 [A] [B] [C] [D] [E]
20 [A] [B] [C] [D] [E]　　25 [A] [B] [C] [D] [E]　　30 [A] [B] [C] [D] [E]

31 [A] [B] [C] [D] [E]　　36 [A] [B] [C] [D] [E]　　41 [A] [B] [C] [D] [E]
32 [A] [B] [C] [D] [E]　　37 [A] [B] [C] [D] [E]　　42 [A] [B] [C] [D] [E]
33 [A] [B] [C] [D] [E]　　38 [A] [B] [C] [D] [E]　　43 [A] [B] [C] [D] [E]
34 [A] [B] [C] [D] [E]　　39 [A] [B] [C] [D] [E]　　44 [A] [B] [C] [D] [E]
35 [A] [B] [C] [D] [E]　　40 [A] [B] [C] [D] [E]　　45 [A] [B] [C] [D] [E]

46 [A] [B] [C] [D] [E]　　51 [A] [B] [C] [D] [E]
47 [A] [B] [C] [D] [E]　　52 [A] [B] [C] [D] [E]
48 [A] [B] [C] [D] [E]　　53 [A] [B] [C] [D] [E]
49 [A] [B] [C] [D] [E]　　54 [A] [B] [C] [D] [E]
50 [A] [B] [C] [D] [E]　　55 [A] [B] [C] [D] [E]

请在各题目的答题区域内作答，超出答题区域的答案无效

▲ 300

▲ 400

▲ 500

▲ 600

▲ 700

▲ 800

# 全国硕士研究生入学统一考试

## 管理类专业学位联考综合能力答题卡(199)

<table>
<tr><td>报考单位</td><td rowspan="2">准考证号（左对齐）</td></tr>
</table>

报考单位

准考证号（左对齐）

0 1 2 3 4 5 6 7 8 9

考生姓名

1 [A] [B] [C] [D] [E]
2 [A] [B] [C] [D] [E]
3 [A] [B] [C] [D] [E]
4 [A] [B] [C] [D] [E]
5 [A] [B] [C] [D] [E]

6 [A] [B] [C] [D] [E]
7 [A] [B] [C] [D] [E]
8 [A] [B] [C] [D] [E]
9 [A] [B] [C] [D] [E]
10 [A] [B] [C] [D] [E]

11 [A] [B] [C] [D] [E]
12 [A] [B] [C] [D] [E]
13 [A] [B] [C] [D] [E]
14 [A] [B] [C] [D] [E]
15 [A] [B] [C] [D] [E]

16 [A] [B] [C] [D] [E]
17 [A] [B] [C] [D] [E]
18 [A] [B] [C] [D] [E]
19 [A] [B] [C] [D] [E]
20 [A] [B] [C] [D] [E]

21 [A] [B] [C] [D] [E]
22 [A] [B] [C] [D] [E]
23 [A] [B] [C] [D] [E]
24 [A] [B] [C] [D] [E]
25 [A] [B] [C] [D] [E]

26 [A] [B] [C] [D] [E]
27 [A] [B] [C] [D] [E]
28 [A] [B] [C] [D] [E]
29 [A] [B] [C] [D] [E]
30 [A] [B] [C] [D] [E]

31 [A] [B] [C] [D] [E]
32 [A] [B] [C] [D] [E]
33 [A] [B] [C] [D] [E]
34 [A] [B] [C] [D] [E]
35 [A] [B] [C] [D] [E]

36 [A] [B] [C] [D] [E]
37 [A] [B] [C] [D] [E]
38 [A] [B] [C] [D] [E]
39 [A] [B] [C] [D] [E]
40 [A] [B] [C] [D] [E]

41 [A] [B] [C] [D] [E]
42 [A] [B] [C] [D] [E]
43 [A] [B] [C] [D] [E]
44 [A] [B] [C] [D] [E]
45 [A] [B] [C] [D] [E]

46 [A] [B] [C] [D] [E]
47 [A] [B] [C] [D] [E]
48 [A] [B] [C] [D] [E]
49 [A] [B] [C] [D] [E]
50 [A] [B] [C] [D] [E]

51 [A] [B] [C] [D] [E]
52 [A] [B] [C] [D] [E]
53 [A] [B] [C] [D] [E]
54 [A] [B] [C] [D] [E]
55 [A] [B] [C] [D] [E]

**请在各题目的答题区域内作答，超出答题区域的答案无效**

▲ 300

▲ 400

▲ 500

▲ 600

▲ 700

▲ 800

# 全国硕士研究生入学统一考试

## 管理类专业学位联考综合能力答题卡(199)

| 报考单位 |
| --- |
|  |

| 考生姓名 |
| --- |
|  |

**准考证号（左对齐）**

0 0 0 0 0 0 0 0 0 0 0 0 0 0 0
1 1 1 1 1 1 1 1 1 1 1 1 1 1 1
2 2 2 2 2 2 2 2 2 2 2 2 2 2 2
3 3 3 3 3 3 3 3 3 3 3 3 3 3 3
4 4 4 4 4 4 4 4 4 4 4 4 4 4 4
5 5 5 5 5 5 5 5 5 5 5 5 5 5 5
6 6 6 6 6 6 6 6 6 6 6 6 6 6 6
7 7 7 7 7 7 7 7 7 7 7 7 7 7 7
8 8 8 8 8 8 8 8 8 8 8 8 8 8 8
9 9 9 9 9 9 9 9 9 9 9 9 9 9 9

### 注意事项

1、填（书）写必须使用黑色字迹签字笔，笔迹工整、字迹清楚;涂写部分必须使用2B铅笔填涂。

2、选择题答案必须用2B铅笔涂在答题卡相应题号的选项上，非选择题答案必须书写在答题卡指定位置的边框区域内超出答题区域书写的答案无效；在草稿纸上、试题册上答题无效。

3、保持答题卡整洁、不要折叠，严禁在答题卡上做任何标记，否则按无效答卷处理。

4、考生须将"考生信息条形码"粘贴在答题卡的"考生信息条形码粘贴位置"框中。

| 正确涂卡 | ■ | 错误涂卡 | ☑ ☒ ▮ ● ⊠ ⊘ ▬ |
| --- | --- | --- | --- |
| 缺考标记 | ☐ | 缺考考生由监考员贴条码，并用2B铅笔填涂缺考标记。加盖缺考章时，请勿遮盖信息点。 | |

1 [A] [B] [C] [D] [E]    6 [A] [B] [C] [D] [E]    11 [A] [B] [C] [D] [E]
2 [A] [B] [C] [D] [E]    7 [A] [B] [C] [D] [E]    12 [A] [B] [C] [D] [E]
3 [A] [B] [C] [D] [E]    8 [A] [B] [C] [D] [E]    13 [A] [B] [C] [D] [E]
4 [A] [B] [C] [D] [E]    9 [A] [B] [C] [D] [E]    14 [A] [B] [C] [D] [E]
5 [A] [B] [C] [D] [E]    10 [A] [B] [C] [D] [E]    15 [A] [B] [C] [D] [E]

16 [A] [B] [C] [D] [E]    21 [A] [B] [C] [D] [E]    26 [A] [B] [C] [D] [E]
17 [A] [B] [C] [D] [E]    22 [A] [B] [C] [D] [E]    27 [A] [B] [C] [D] [E]
18 [A] [B] [C] [D] [E]    23 [A] [B] [C] [D] [E]    28 [A] [B] [C] [D] [E]
19 [A] [B] [C] [D] [E]    24 [A] [B] [C] [D] [E]    29 [A] [B] [C] [D] [E]
20 [A] [B] [C] [D] [E]    25 [A] [B] [C] [D] [E]    30 [A] [B] [C] [D] [E]

31 [A] [B] [C] [D] [E]    36 [A] [B] [C] [D] [E]    41 [A] [B] [C] [D] [E]
32 [A] [B] [C] [D] [E]    37 [A] [B] [C] [D] [E]    42 [A] [B] [C] [D] [E]
33 [A] [B] [C] [D] [E]    38 [A] [B] [C] [D] [E]    43 [A] [B] [C] [D] [E]
34 [A] [B] [C] [D] [E]    39 [A] [B] [C] [D] [E]    44 [A] [B] [C] [D] [E]
35 [A] [B] [C] [D] [E]    40 [A] [B] [C] [D] [E]    45 [A] [B] [C] [D] [E]

46 [A] [B] [C] [D] [E]    51 [A] [B] [C] [D] [E]
47 [A] [B] [C] [D] [E]    52 [A] [B] [C] [D] [E]
48 [A] [B] [C] [D] [E]    53 [A] [B] [C] [D] [E]
49 [A] [B] [C] [D] [E]    54 [A] [B] [C] [D] [E]
50 [A] [B] [C] [D] [E]    55 [A] [B] [C] [D] [E]

**请在各题目的答题区域内作答，超出答题区域的答案无效**

▲ 300

▲ 400

▲ 500

▲ 600

▲ 700

▲ 800

# 全国硕士研究生入学统一考试

## 管理类专业学位联考综合能力答题卡(199)

| 报考单位 |
| --- |
| |

### 准考证号（左对齐）

| 0 | 0 | 0 | 0 | 0 | 0 | 0 | 0 | 0 | 0 | 0 | 0 | 0 | 0 | 0 |
| 1 | 1 | 1 | 1 | 1 | 1 | 1 | 1 | 1 | 1 | 1 | 1 | 1 | 1 | 1 |
| 2 | 2 | 2 | 2 | 2 | 2 | 2 | 2 | 2 | 2 | 2 | 2 | 2 | 2 | 2 |
| 3 | 3 | 3 | 3 | 3 | 3 | 3 | 3 | 3 | 3 | 3 | 3 | 3 | 3 | 3 |
| 4 | 4 | 4 | 4 | 4 | 4 | 4 | 4 | 4 | 4 | 4 | 4 | 4 | 4 | 4 |
| 5 | 5 | 5 | 5 | 5 | 5 | 5 | 5 | 5 | 5 | 5 | 5 | 5 | 5 | 5 |
| 6 | 6 | 6 | 6 | 6 | 6 | 6 | 6 | 6 | 6 | 6 | 6 | 6 | 6 | 6 |
| 7 | 7 | 7 | 7 | 7 | 7 | 7 | 7 | 7 | 7 | 7 | 7 | 7 | 7 | 7 |
| 8 | 8 | 8 | 8 | 8 | 8 | 8 | 8 | 8 | 8 | 8 | 8 | 8 | 8 | 8 |
| 9 | 9 | 9 | 9 | 9 | 9 | 9 | 9 | 9 | 9 | 9 | 9 | 9 | 9 | 9 |

| 考生姓名 |
| --- |
| |

### 注意事项

1、填（书）写必须使用黑色字迹签字笔，笔迹工整、字迹清楚;涂写部分必须使用2B铅笔填涂。

2、选择题答案必须用2B铅笔涂在答题卡相应题号的选项上，非选择题答案必须书写在答题卡指定位置的边框区域内超出答题区域书写的答案无效；在草稿纸上、试题册上答题无效。

3、保持答题卡整洁、不要折叠，严禁在答题卡上做任何标记，否则按无效试卷处理。

4、考生须将"考生信息条形码"粘贴在答题卡的"考生信息条形码粘贴位置"框中。

| 正确涂卡 ■ | 错误涂卡 ☑ ☒ ▮ ● ◐ ◢ ▬ |
| --- | --- |
| 缺考标记 □ | 缺考考生由监考员贴条码，并用2B铅笔填涂缺考标记。加盖缺考章时，请勿遮盖信息点。 |

1  [A] [B] [C] [D] [E]
2  [A] [B] [C] [D] [E]
3  [A] [B] [C] [D] [E]
4  [A] [B] [C] [D] [E]
5  [A] [B] [C] [D] [E]

6  [A] [B] [C] [D] [E]
7  [A] [B] [C] [D] [E]
8  [A] [B] [C] [D] [E]
9  [A] [B] [C] [D] [E]
10 [A] [B] [C] [D] [E]

11 [A] [B] [C] [D] [E]
12 [A] [B] [C] [D] [E]
13 [A] [B] [C] [D] [E]
14 [A] [B] [C] [D] [E]
15 [A] [B] [C] [D] [E]

16 [A] [B] [C] [D] [E]
17 [A] [B] [C] [D] [E]
18 [A] [B] [C] [D] [E]
19 [A] [B] [C] [D] [E]
20 [A] [B] [C] [D] [E]

21 [A] [B] [C] [D] [E]
22 [A] [B] [C] [D] [E]
23 [A] [B] [C] [D] [E]
24 [A] [B] [C] [D] [E]
25 [A] [B] [C] [D] [E]

26 [A] [B] [C] [D] [E]
27 [A] [B] [C] [D] [E]
28 [A] [B] [C] [D] [E]
29 [A] [B] [C] [D] [E]
30 [A] [B] [C] [D] [E]

31 [A] [B] [C] [D] [E]
32 [A] [B] [C] [D] [E]
33 [A] [B] [C] [D] [E]
34 [A] [B] [C] [D] [E]
35 [A] [B] [C] [D] [E]

36 [A] [B] [C] [D] [E]
37 [A] [B] [C] [D] [E]
38 [A] [B] [C] [D] [E]
39 [A] [B] [C] [D] [E]
40 [A] [B] [C] [D] [E]

41 [A] [B] [C] [D] [E]
42 [A] [B] [C] [D] [E]
43 [A] [B] [C] [D] [E]
44 [A] [B] [C] [D] [E]
45 [A] [B] [C] [D] [E]

46 [A] [B] [C] [D] [E]
47 [A] [B] [C] [D] [E]
48 [A] [B] [C] [D] [E]
49 [A] [B] [C] [D] [E]
50 [A] [B] [C] [D] [E]

51 [A] [B] [C] [D] [E]
52 [A] [B] [C] [D] [E]
53 [A] [B] [C] [D] [E]
54 [A] [B] [C] [D] [E]
55 [A] [B] [C] [D] [E]

请在各题目的答题区域内作答，超出答题区域的答案无效

▲ 300

▲ 400

▲ 500

▲ 600

▲ 700

▲ 800

# 全国硕士研究生入学统一考试

## 管理类专业学位联考综合能力答题卡(199)

1 [A] [B] [C] [D] [E]
2 [A] [B] [C] [D] [E]
3 [A] [B] [C] [D] [E]
4 [A] [B] [C] [D] [E]
5 [A] [B] [C] [D] [E]

6 [A] [B] [C] [D] [E]
7 [A] [B] [C] [D] [E]
8 [A] [B] [C] [D] [E]
9 [A] [B] [C] [D] [E]
10 [A] [B] [C] [D] [E]

11 [A] [B] [C] [D] [E]
12 [A] [B] [C] [D] [E]
13 [A] [B] [C] [D] [E]
14 [A] [B] [C] [D] [E]
15 [A] [B] [C] [D] [E]

16 [A] [B] [C] [D] [E]
17 [A] [B] [C] [D] [E]
18 [A] [B] [C] [D] [E]
19 [A] [B] [C] [D] [E]
20 [A] [B] [C] [D] [E]

21 [A] [B] [C] [D] [E]
22 [A] [B] [C] [D] [E]
23 [A] [B] [C] [D] [E]
24 [A] [B] [C] [D] [E]
25 [A] [B] [C] [D] [E]

26 [A] [B] [C] [D] [E]
27 [A] [B] [C] [D] [E]
28 [A] [B] [C] [D] [E]
29 [A] [B] [C] [D] [E]
30 [A] [B] [C] [D] [E]

31 [A] [B] [C] [D] [E]
32 [A] [B] [C] [D] [E]
33 [A] [B] [C] [D] [E]
34 [A] [B] [C] [D] [E]
35 [A] [B] [C] [D] [E]

36 [A] [B] [C] [D] [E]
37 [A] [B] [C] [D] [E]
38 [A] [B] [C] [D] [E]
39 [A] [B] [C] [D] [E]
40 [A] [B] [C] [D] [E]

41 [A] [B] [C] [D] [E]
42 [A] [B] [C] [D] [E]
43 [A] [B] [C] [D] [E]
44 [A] [B] [C] [D] [E]
45 [A] [B] [C] [D] [E]

46 [A] [B] [C] [D] [E]
47 [A] [B] [C] [D] [E]
48 [A] [B] [C] [D] [E]
49 [A] [B] [C] [D] [E]
50 [A] [B] [C] [D] [E]

51 [A] [B] [C] [D] [E]
52 [A] [B] [C] [D] [E]
53 [A] [B] [C] [D] [E]
54 [A] [B] [C] [D] [E]
55 [A] [B] [C] [D] [E]

**请在各题目的答题区域内作答，超出答题区域的答案无效**

▲ 300

▲ 400

▲ 500

▲ 600

▲ 700

▲ 800

# 全国硕士研究生入学统一考试

## 管理类专业学位联考综合能力答题卡(199)

<table>
<tr><td>报考单位</td></tr>
<tr><td></td></tr>
</table>

<table>
<tr><td>考生姓名</td></tr>
<tr><td></td></tr>
</table>

## 注意事项

1、填（书）写必须使用黑色字迹签字笔，笔迹工整、字迹清楚;涂写部分必须使用2B铅笔填涂。

2、选择题答案必须用2B铅笔涂在答题卡相应题号的选项上，非选择题答案必须书写在答题卡指定位置的边框区域内 超出答题区域书写的答案无效；在草稿纸上、试题册上答题无效。

3、保持答题卡整洁、不要折叠，严禁在答题卡上做任何标记，否则按无效答卷处理。

4、考生须将"考生信息条形码"粘贴在答题卡的"考生信息条形码粘贴位置"框中。

**正确涂卡** ■    **错误涂卡** ☑ ☒ ◧ ● ⬅ ◨ ▬

**缺考标记** ☐    缺考考生由监考员贴条码，并用2B铅笔填涂缺考标记。加盖缺考章时，请勿遮盖信息点。

| 1 [A] [B] [C] [D] [E] | 6 [A] [B] [C] [D] [E] | 11 [A] [B] [C] [D] [E] |
| 2 [A] [B] [C] [D] [E] | 7 [A] [B] [C] [D] [E] | 12 [A] [B] [C] [D] [E] |
| 3 [A] [B] [C] [D] [E] | 8 [A] [B] [C] [D] [E] | 13 [A] [B] [C] [D] [E] |
| 4 [A] [B] [C] [D] [E] | 9 [A] [B] [C] [D] [E] | 14 [A] [B] [C] [D] [E] |
| 5 [A] [B] [C] [D] [E] | 10 [A] [B] [C] [D] [E] | 15 [A] [B] [C] [D] [E] |

| 16 [A] [B] [C] [D] [E] | 21 [A] [B] [C] [D] [E] | 26 [A] [B] [C] [D] [E] |
| 17 [A] [B] [C] [D] [E] | 22 [A] [B] [C] [D] [E] | 27 [A] [B] [C] [D] [E] |
| 18 [A] [B] [C] [D] [E] | 23 [A] [B] [C] [D] [E] | 28 [A] [B] [C] [D] [E] |
| 19 [A] [B] [C] [D] [E] | 24 [A] [B] [C] [D] [E] | 29 [A] [B] [C] [D] [E] |
| 20 [A] [B] [C] [D] [E] | 25 [A] [B] [C] [D] [E] | 30 [A] [B] [C] [D] [E] |

| 31 [A] [B] [C] [D] [E] | 36 [A] [B] [C] [D] [E] | 41 [A] [B] [C] [D] [E] |
| 32 [A] [B] [C] [D] [E] | 37 [A] [B] [C] [D] [E] | 42 [A] [B] [C] [D] [E] |
| 33 [A] [B] [C] [D] [E] | 38 [A] [B] [C] [D] [E] | 43 [A] [B] [C] [D] [E] |
| 34 [A] [B] [C] [D] [E] | 39 [A] [B] [C] [D] [E] | 44 [A] [B] [C] [D] [E] |
| 35 [A] [B] [C] [D] [E] | 40 [A] [B] [C] [D] [E] | 45 [A] [B] [C] [D] [E] |

| 46 [A] [B] [C] [D] [E] | 51 [A] [B] [C] [D] [E] |
| 47 [A] [B] [C] [D] [E] | 52 [A] [B] [C] [D] [E] |
| 48 [A] [B] [C] [D] [E] | 53 [A] [B] [C] [D] [E] |
| 49 [A] [B] [C] [D] [E] | 54 [A] [B] [C] [D] [E] |
| 50 [A] [B] [C] [D] [E] | 55 [A] [B] [C] [D] [E] |

**请在各题目的答题区域内作答，超出答题区域的答案无效**

▲ 300

▲ 400

▲ 500

▲ 600

▲ 700

▲ 800

# 全国硕士研究生入学统一考试

## 管理类专业学位联考综合能力答题卡(199)

| 报考单位 |
|---|
| |

| 考生姓名 |
|---|
| |

**准考证号（左对齐）**

0 0 0 0 0 0 0 0 0 0 0 0 0 0 0
1 1 1 1 1 1 1 1 1 1 1 1 1 1 1
2 2 2 2 2 2 2 2 2 2 2 2 2 2 2
3 3 3 3 3 3 3 3 3 3 3 3 3 3 3
4 4 4 4 4 4 4 4 4 4 4 4 4 4 4
5 5 5 5 5 5 5 5 5 5 5 5 5 5 5
6 6 6 6 6 6 6 6 6 6 6 6 6 6 6
7 7 7 7 7 7 7 7 7 7 7 7 7 7 7
8 8 8 8 8 8 8 8 8 8 8 8 8 8 8
9 9 9 9 9 9 9 9 9 9 9 9 9 9 9

### 注意事项

1、填（书）写必须使用黑色字迹签字笔，笔迹工整、字迹清楚;涂写部分必须使用2B铅笔填涂。
2、选择题答案必须用2B铅笔涂在答题卡相应题号的选项上，非选择题答案必须书写在答题卡指定位置的边框区域内 超出答题区域书写的答案无效；在草稿纸上、试题册上答题无效。
3、保持答题卡整洁、不要折叠，严禁在答题卡上做任何标记，否则按无效答卷处理。
4、考生须将"考生信息条形码"粘贴在答题卡的"考生信息条码粘贴位置"框中。

**正确涂卡** ■    **错误涂卡** ☑ ☒ ◧ ● ⊘ ⊿ ▬

**缺考标记** ▢    缺考考生由监考员贴条码，并用2B铅笔填涂缺考标记。加盖缺考章时，请勿遮盖信息点。

1 [A] [B] [C] [D] [E]    6 [A] [B] [C] [D] [E]    11 [A] [B] [C] [D] [E]
2 [A] [B] [C] [D] [E]    7 [A] [B] [C] [D] [E]    12 [A] [B] [C] [D] [E]
3 [A] [B] [C] [D] [E]    8 [A] [B] [C] [D] [E]    13 [A] [B] [C] [D] [E]
4 [A] [B] [C] [D] [E]    9 [A] [B] [C] [D] [E]    14 [A] [B] [C] [D] [E]
5 [A] [B] [C] [D] [E]    10 [A] [B] [C] [D] [E]    15 [A] [B] [C] [D] [E]

16 [A] [B] [C] [D] [E]    21 [A] [B] [C] [D] [E]    26 [A] [B] [C] [D] [E]
17 [A] [B] [C] [D] [E]    22 [A] [B] [C] [D] [E]    27 [A] [B] [C] [D] [E]
18 [A] [B] [C] [D] [E]    23 [A] [B] [C] [D] [E]    28 [A] [B] [C] [D] [E]
19 [A] [B] [C] [D] [E]    24 [A] [B] [C] [D] [E]    29 [A] [B] [C] [D] [E]
20 [A] [B] [C] [D] [E]    25 [A] [B] [C] [D] [E]    30 [A] [B] [C] [D] [E]

31 [A] [B] [C] [D] [E]    36 [A] [B] [C] [D] [E]    41 [A] [B] [C] [D] [E]
32 [A] [B] [C] [D] [E]    37 [A] [B] [C] [D] [E]    42 [A] [B] [C] [D] [E]
33 [A] [B] [C] [D] [E]    38 [A] [B] [C] [D] [E]    43 [A] [B] [C] [D] [E]
34 [A] [B] [C] [D] [E]    39 [A] [B] [C] [D] [E]    44 [A] [B] [C] [D] [E]
35 [A] [B] [C] [D] [E]    40 [A] [B] [C] [D] [E]    45 [A] [B] [C] [D] [E]

46 [A] [B] [C] [D] [E]    51 [A] [B] [C] [D] [E]
47 [A] [B] [C] [D] [E]    52 [A] [B] [C] [D] [E]
48 [A] [B] [C] [D] [E]    53 [A] [B] [C] [D] [E]
49 [A] [B] [C] [D] [E]    54 [A] [B] [C] [D] [E]
50 [A] [B] [C] [D] [E]    55 [A] [B] [C] [D] [E]

**请在各题目的答题区域内作答，超出答题区域的答案无效**

▲ 300

▲ 400

▲ 500

▲ 600

▲ 700

▲ 800

# 全国硕士研究生入学统一考试

## 管理类专业学位联考综合能力答题卡(199)

| 报考单位 |
| --- |
|  |

### 准考证号（左对齐）

| 0 | 0 | 0 | 0 | 0 | 0 | 0 | 0 | 0 | 0 | 0 | 0 | 0 | 0 | 0 |
| 1 | 1 | 1 | 1 | 1 | 1 | 1 | 1 | 1 | 1 | 1 | 1 | 1 | 1 | 1 |
| 2 | 2 | 2 | 2 | 2 | 2 | 2 | 2 | 2 | 2 | 2 | 2 | 2 | 2 | 2 |
| 3 | 3 | 3 | 3 | 3 | 3 | 3 | 3 | 3 | 3 | 3 | 3 | 3 | 3 | 3 |
| 4 | 4 | 4 | 4 | 4 | 4 | 4 | 4 | 4 | 4 | 4 | 4 | 4 | 4 | 4 |
| 5 | 5 | 5 | 5 | 5 | 5 | 5 | 5 | 5 | 5 | 5 | 5 | 5 | 5 | 5 |
| 6 | 6 | 6 | 6 | 6 | 6 | 6 | 6 | 6 | 6 | 6 | 6 | 6 | 6 | 6 |
| 7 | 7 | 7 | 7 | 7 | 7 | 7 | 7 | 7 | 7 | 7 | 7 | 7 | 7 | 7 |
| 8 | 8 | 8 | 8 | 8 | 8 | 8 | 8 | 8 | 8 | 8 | 8 | 8 | 8 | 8 |
| 9 | 9 | 9 | 9 | 9 | 9 | 9 | 9 | 9 | 9 | 9 | 9 | 9 | 9 | 9 |

| 考生姓名 |
| --- |
|  |

## 注意事项

1、填（书）写必须使用黑色字迹签字笔，笔迹工整、字迹清楚;涂写部分必须使用2B铅笔填涂。

2、选择题答案必须用2B铅笔涂在答题卡相应题号的选项上，非选择题答案必须书写在答题卡指定位置的边框区域内超出答题区域书写的答案无效；在草稿纸上、试题册上答题无效。

3、保持答题卡整洁、不要折叠，严禁在答题卡上做任何标记，否则按无效答卷处理。

4、考生须将"考生信息条形码"粘贴在答题卡的"考生信息条形码粘贴位置"框中。

| 正确涂卡 ■ | 错误涂卡 ☑ ☒ ■ ▢ ● ▨ ▨ ▬ |
| --- | --- |
| 缺考标记 ▢ | 缺考考生由监考员贴条码，并用2B铅笔填涂缺考标记。加盖缺考章时，请勿遮盖信息点。 |

1 [A] [B] [C] [D] [E]    6 [A] [B] [C] [D] [E]    11 [A] [B] [C] [D] [E]
2 [A] [B] [C] [D] [E]    7 [A] [B] [C] [D] [E]    12 [A] [B] [C] [D] [E]
3 [A] [B] [C] [D] [E]    8 [A] [B] [C] [D] [E]    13 [A] [B] [C] [D] [E]
4 [A] [B] [C] [D] [E]    9 [A] [B] [C] [D] [E]    14 [A] [B] [C] [D] [E]
5 [A] [B] [C] [D] [E]    10 [A] [B] [C] [D] [E]    15 [A] [B] [C] [D] [E]

16 [A] [B] [C] [D] [E]    21 [A] [B] [C] [D] [E]    26 [A] [B] [C] [D] [E]
17 [A] [B] [C] [D] [E]    22 [A] [B] [C] [D] [E]    27 [A] [B] [C] [D] [E]
18 [A] [B] [C] [D] [E]    23 [A] [B] [C] [D] [E]    28 [A] [B] [C] [D] [E]
19 [A] [B] [C] [D] [E]    24 [A] [B] [C] [D] [E]    29 [A] [B] [C] [D] [E]
20 [A] [B] [C] [D] [E]    25 [A] [B] [C] [D] [E]    30 [A] [B] [C] [D] [E]

31 [A] [B] [C] [D] [E]    36 [A] [B] [C] [D] [E]    41 [A] [B] [C] [D] [E]
32 [A] [B] [C] [D] [E]    37 [A] [B] [C] [D] [E]    42 [A] [B] [C] [D] [E]
33 [A] [B] [C] [D] [E]    38 [A] [B] [C] [D] [E]    43 [A] [B] [C] [D] [E]
34 [A] [B] [C] [D] [E]    39 [A] [B] [C] [D] [E]    44 [A] [B] [C] [D] [E]
35 [A] [B] [C] [D] [E]    40 [A] [B] [C] [D] [E]    45 [A] [B] [C] [D] [E]

46 [A] [B] [C] [D] [E]    51 [A] [B] [C] [D] [E]
47 [A] [B] [C] [D] [E]    52 [A] [B] [C] [D] [E]
48 [A] [B] [C] [D] [E]    53 [A] [B] [C] [D] [E]
49 [A] [B] [C] [D] [E]    54 [A] [B] [C] [D] [E]
50 [A] [B] [C] [D] [E]    55 [A] [B] [C] [D] [E]

请在各题目的答题区域内作答，超出答题区域的答案无效